Über die Autoren:
Die namhaften amerikanischen Geophysiker *Walter Pitman* und *William Ryan* forschen und lehren seit vielen Jahren am Lamont-Doherty Earth Observatory der Columbia University, New York. Beide haben zahlreiche wissenschaftliche Arbeiten veröffentlicht und wurden für ihre Forschungen auf dem Gebiet der Meeresbiologie mehrfach ausgezeichnet. Ihre spektakulären Erkenntnisse über die Sintflut gewannen sie durch Untersuchungen im Mittelmeer und im Schwarzen Meer.

Walter Pitman / William Ryan

SINTFLUT

Ein Rätsel
wird entschlüsselt

Aus dem Amerikanischen von
Andrea Kamphuis, Arnd Kösling und
Waltraud Götting

BASTEI LÜBBE TASCHENBUCH
Band 60492

1. Auflage: April 2001

Vollständige Taschenbuchausgabe
der im Gustav Lübbe Verlag erschienenen Hardcoverausgabe

Bastei Lübbe Taschenbücher und Gustav Lübbe Verlag
sind Imprints der Verlagsgruppe Lübbe

Titel der Originalausgabe:
*Noah's Flood. The New Scientific Discoveries
About the Event That Changed History*
© 1998 by Walter C. Pitman III und William B. F. Ryan
Originalverlag: Simon & Schuster, New York
© für die deutsche Ausgabe 1999 by
Verlagsgruppe Lübbe GmbH & Co. KG, Bergisch Gladbach
Textredaktion: Andrea Kamphuis und
Arnd Kösling, Bergisch Gladbach
Mit 13 Karten von William Haxby
Titelillustration: AKG, Berlin
Einbandgestaltung: Bachmann & Seidel / Manfred Peters
Satz: Druck & Grafik Siebel, Lindlar
Druck und Verarbeitung: Elsnerdruck, Berlin
Printed in Germany
ISBN 3-404-60492-X

Sie finden uns im Internet unter
http://www.luebbe.de

Der Preis dieses Bandes versteht sich einschließlich
der gesetzlichen Mehrwertsteuer.

Sean Hunter Ryan
4.6.1972 – 12.8.1995

Sie mögen weinen über dich und nicht
 schweigen Tag und Nacht!
Weinen mögen über dich die Ältesten
 des weiten Uruk-Gart, alles Volk, das betet
 nach unserem Tode, weine über dich!
Weinen mögen über dich die Männer
 der Berge, des Gebirges!
(…)
Klagen mögen die Fluren wie deine Mutter!
Weinen möge über dich der Wald,
 die Zypresse und die Zeder!
(…)
Weinen möge über dich Bär, Hyäne,
 Tiger, Wisent, Parder, Löwe, Wildstier,
 Hirsch, Steinbock, alles Getier des Feldes!
Weinen möge über dich der heilige Ulai-Fluß,
 an dessen Ufer wir stolz einhergingen!
Weinen möge über dich der reine Euphrat-Fluß,
 an dem wir so oft opferten klares Schlauch-
 wasser!

Gilgamesch-Epos, Achte Tafel, Spalte 1
übersetzt von Albert Schott

Inhalt

Kartenverzeichnis 9

Prolog: Zeugen 13

   I Die Entdeckung
   der Flutgeschichte 21

1. Die Entschlüsselung der Legende 22
2. Bekehrungen 35
3. Traumbilder versunkener Paläste 40
4. Ein Fundament gerät ins Wanken 53
5. Eine Flut – aber die falsche 62

   II Die Entdeckung
   einer wirklichen Flut 71

6. Ein verborgener Fluß 72
7. Die Katastrophe von Gibraltar 89
8. Ein Ziel nimmt Gestalt an 116
9. Schwarzer Schlamm und grauer Ton 128
10. Roter Hügel 138
11. Aquanauten 152
12. Muscheldetektive 164
13. Kalter Krieg 172
14. Die Kalendermaschine 183
15. Durchbruch am Bosporus 195

III DIE FLUT UND
DIE MENSCHEN 211

16. Woher sie kamen 212
17. Wohin sie gingen 245
18. Stammbäume 263
19. Das Lied des Guslar 286

IV FLUTBERICHTE –
GESTERN UND HEUTE 297

20. Noah, Utnapischtim und Ziusudra 298
21. Im Zeitraffer 318

Epilog: Vor den Mauern von Mari 332

Dank 340
Literaturempfehlungen 343
Anmerkungen 345
Register geographischer Bezeichnungen 372
Register der realen und mythischen
Personen 376
Sachregister 379

KARTENVERZEICHNIS

Mesopotamien und die Levante 42
Die Bosporus-Reise der *Chain*, 1961 77
Bohrstellen der *Glomar Challenger* im
 Mittelmeer, 1970 92
Die *Atlantis II* im Schwarzen Meer, 1969:
 Kartierung und Untersuchung des
 Bodens 130
Die Straße von Kertsch und der ehemalige
 Verlauf des Don 161
Die Abflußwege des Schmelzwassers vom
 eurasischen Eisschild ab etwa 12 500
 v. Chr. 201
Die Geschichte der Verbindung zwischen dem
 Schwarzen Meer und dem Mittelmeer 202 ff.
Anatolien – die Wiege des Ackerbaus? 228
Mutmaßliche Völkerwanderung nach Westen
 und Nordwesten infolge der Überflutung
 des Schwarzen Meeres 247
Mutmaßliche Völkerwanderung nach Norden
 (Osteuropa), Osten (Asien) und Süden
 (Levante, Ägypten und Mesopotamien) 254
Die Wüste Takla Makan in Westchina mit
 dem Uferverlauf des riesigen Sees, der
 früher das Tarim-Becken bedeckte 266
Babylonische Weltkarte 304

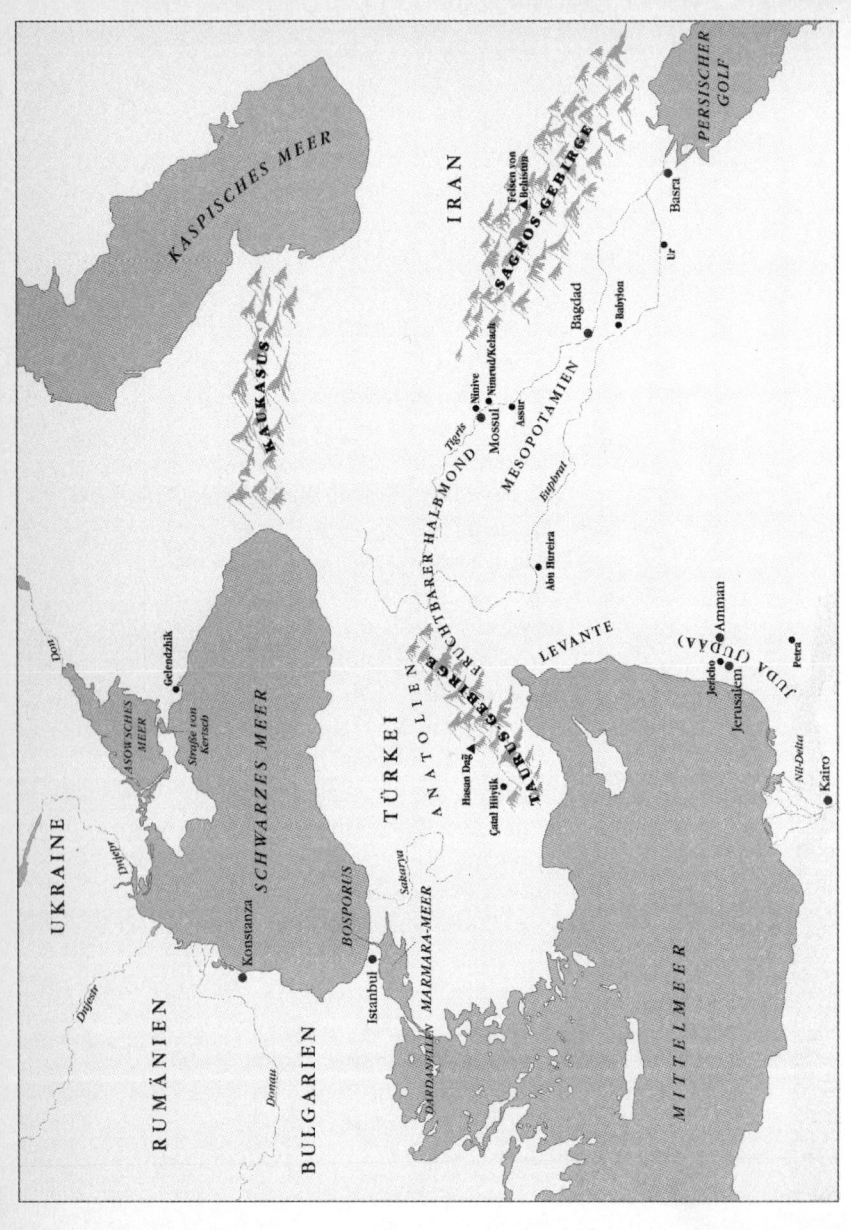

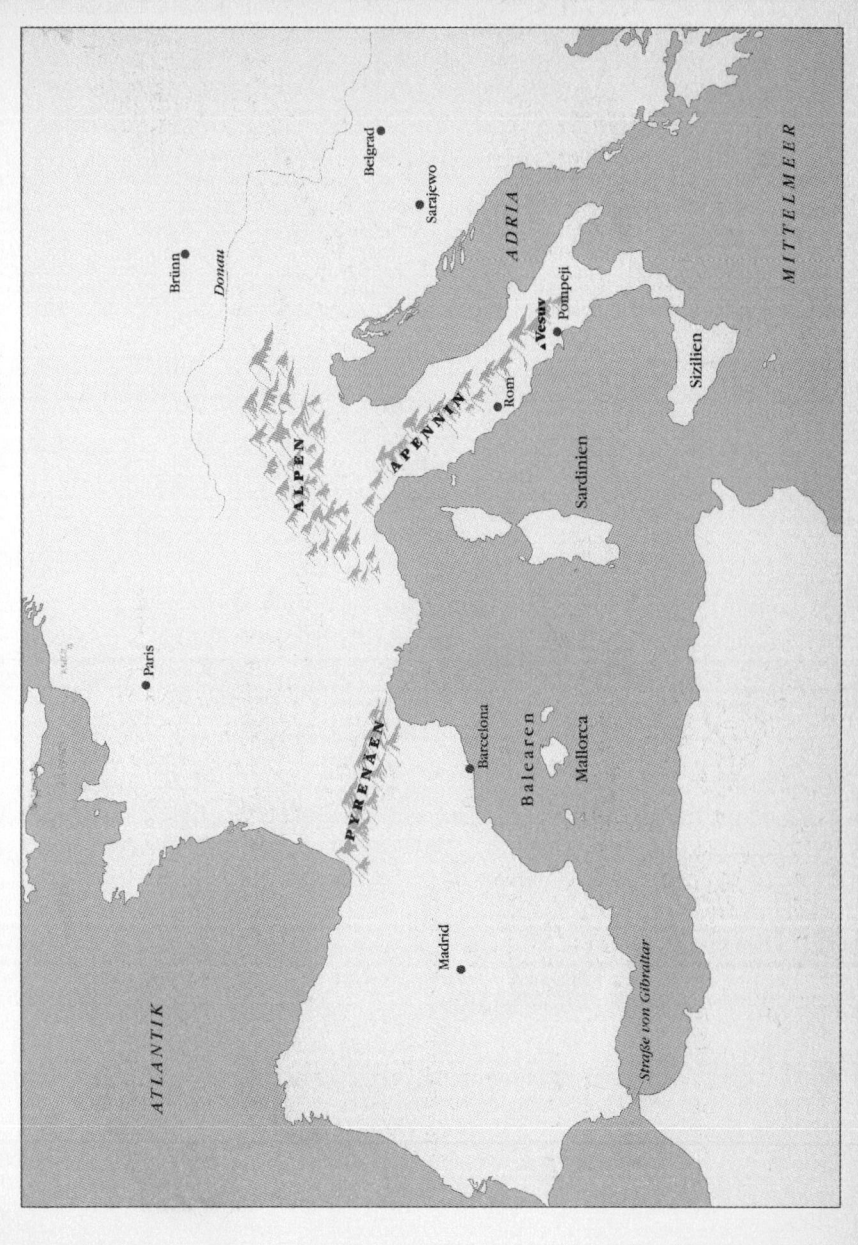

Da sprach Gott zu Noach: Ich sehe, das Ende aller Wesen aus Fleisch ist da; denn durch sie ist die Erde voller Gewalttat ... Ich will nämlich die Flut über die Erde bringen, um alle Wesen aus Fleisch unter dem Himmel, alles, was Lebensgeist in sich hat, zu verderben. Alles auf Erden soll verderben ...

An diesem Tag brachen alle Quellen der gewaltigen Urflut auf, und die Schleusen des Himmels öffneten sich ... Das Wasser war auf der Erde gewaltig angeschwollen und bedeckte alle hohen Berge, die es unter dem ganzen Himmel gibt ... Das Wasser aber schwoll hundertfünfzig Tage lang auf der Erde an.

Genesis 6:13, 17; 7:11, 19, 24

Prolog: Zeugen

Sein gekrümmter Körper zeugt von der Anstrengung, die das schier endlose Paddeln mit sich bringt. Während der Reisende sein Floß auf das Ufer zusteuert, sieht er zu seiner Verblüffung unter sich einen Wald auftauchen. Allmählich steigen die Baumkronen, seltsam eingehüllt in rotbraunen Humus, aus dem schwarzen Nichts auf, in das er und seine Familie ohne große Hoffnung tagein, tagaus gestarrt haben. Er ist verwirrt. Das ist kein Spiegelbild des Landes und des Himmels, wie er es von der glatten Oberfläche der Lagune her kennt. Und es ist auch nicht so wie am See, wo er bisweilen im stillen Zwielicht zwei Monden zusah, die sich vom Horizont entfernten, der eine in den Himmel steigend, der andere auf den Boden sinkend.

Mit dem Bug voran dringt sein Gefährt in diesen eigenartigen Wald ein, der nun die Wasseroberfläche durchbricht. Nur einmal zuvor hat er wie hier von oben auf Baumwipfel blicken können. Schürfer hatten ihn damals mitgenommen, als sie den großen Fluß[1] hinaufreisten, der, von der untergehenden Sonne kommend, zwischen den hohen Bergen hindurchfließt, in denen sie nach wertvollem grünem Metall suchten. Sie hatten ihn an einen wilden Platz gebracht, an dem das Wasser weiß schäumend über steile Stromschnellen in eine enge, gewundene Schlucht stürzte und unzählige kleine Tropfen, ganze Nebelwolken, weit in den Himmel sprühte. Er hatte auf einer Felsterrasse gestanden, auf der die Ruinen eines verlassenen Heiligtums[2] standen. Dort hatte ein rundgeschliffener Stein gelegen, den einmal jemand vom Fluß heraufgeschleppt haben mußte. Darauf war ein menschenähnliches Gesicht[3] dargestellt gewesen: eine Fischgöttin mit weit auseinanderstehenden, ovalen Augen und wulstigen Lippen, die eine schmerzliche Grimasse zog – als habe eine furchtbare Vision von ihr Besitz ergriffen[4]. Als der Reisende dann auf den Pfad zurückgeblickt hatte, auf dem er heraufgekommen war, hatte er nichts als Baumwipfel gesehen, die den Sprühnebel in der Schlucht durchbrachen, und er hatte sich wie ein Adler gefühlt, der über den Wolken schwebt.

Jetzt ist er wieder ein Adler – einer, der zwischen Bäumen nach einem Landeplatz sucht. Hungrig und erschöpft fleht er den Himmel an, daß sein Ruheplatz nicht wieder verschwinden und er nicht gezwungen sein möge, seine Flucht aus der untergegangenen Heimat fortzusetzen.

Der Mann legt das Paddel beiseite, um mit beiden Händen nach den Spitzen der Baumwipfel greifen zu können. Er erkämpft sich einen Weg durch das Gewirr kratzender Äste, bis er schließlich ein aus Hanf gedrehtes Rettungsseil um den ersten dicken erreichbaren Stamm schlingen kann: Dieser Baum mit seiner kalkig-grauen Borke erscheint ihm ausreichend solide. Seine Kinder springen ins Wasser und arbeiten sich schwimmend durch das Gestrüpp. Mühsam hangeln sich die ausgemergelten Gestalten durch das Dickicht, bis sie schließlich festen Boden unter den Füßen spüren. Endlich an Land, lassen sie sich fallen – zum Jubeln fehlt ihnen die Kraft. An ihren tätowierten Körpern kleben die Überreste des Waldes: verrottende Blätter, Insekten, Pilze und das schaumige Gemisch aus Pollen und Algen, das überall auf dem Wasser treibt.

Fast einen ganzen Mondzyklus lang sind die Reisenden einsam und ohne jeden Anhaltspunkt durch einen grenzenlosen Wasserkosmos getrieben. Sie hatten ihr Floß in aller Hast beladen müssen; nur die Familie und ein paar Ziegen[5] fanden darauf Platz. Aber sie haben wertvolles Saatgut dabei, mit dem sie künftig neue Felder anlegen können. Die Körner jeder Getreideart sind sorgfältig in eigenen Körben verpackt, die zum Schutz vor Nässe mit Tierhaut umwickelt sind. An Trinkwasser hatten sie nicht gedacht: Schließlich war das Wasser des Sees, dem sie sich anvertrauen mußten, trinkbar. Zu ihrem Entsetzen und ihrer Verwirrung wurde es jedoch im Verlauf der Reise ungenießbar. Es tötete die Fische und die Vögel, die sie als Nahrung brauchten. So weit das Auge reichte, trieben verwesende Tierkadaver.

Vögel hatten sich auf der Suche nach einem Ruheplatz auf dem Boot und dem Treibgut niedergelassen: nicht nur die vertrauten langbeinigen Wasservögel, die am Seeufer die kleinen Muscheln aufzupicken pflegten, sondern auch Arten, die man nur von Jagdexpeditionen in die Weiten des offenen Graslandes kannte. Schwalben fuhren in der Takelage mit und schwangen sich erst wieder in die Luft, als am Horizont schemenhaft die weißen Gipfel eines fernen Gebirgszugs auftauchten.

Die Familienmitglieder versammeln sich mit der geborgenen Fracht am Ufer. Noch während sie ihr Floß entladen, sehen sie, wie der Baum, an dem das Boot festgemacht ist, allmählich im Wasser versinkt – die Flucht ist noch nicht zu Ende. Um der gnadenlosen Flut zu entkommen, müssen sie ihre Reise zu Fuß fortsetzen. Sie entscheiden sich für eine Marschrichtung, die sie schräg nach oben über die Hügelflanke führt. So hoffen sie, auf ein Flußtal zu stoßen, dem sie in offenes Weideland folgen können, das ihre kleine Herde jetzt so dringend benötigt.

Die Haselnüsse in ihren abgeflachten, behaarten Hülsen sind noch nicht erntereif, ebensowenig die kleinen, kernreichen Früchte des Zürgelbaums. Aber die Familie gräbt erfolgreich nach eßbaren Wurzeln, Knollen und Maden, und entlang der Pfade, die das Wild ausgetreten hat, findet sie die Überreste der Mahlzeiten von Bären und Panthern. Der Duft von Lorbeerblüten erfüllt die Luft, und in der Nähe ist ein Bach zu hören. Während die Flüchtlinge in einer Reihe den Hang hinaufsteigen, neben sich die Tiere, die ihnen Milch und Wolle spenden, wird der Bestand an Laubbäumen spärlicher – das Sonnenlicht fällt ungehindert auf ihre Körper und spendet ihnen Wärme.

Der Trampelpfad mündet in einen Weg, den offensichtlich schon andere Gruppen gegangen sind. Er bringt sie hinauf in ein weites Tal, in Richtung der frühen Morgensonne. Ein gar nicht so kleiner Fluß[6] windet sich hindurch und strömt in den See[7], dem sie zu entkommen suchen. Sie schlagen ein vorläufiges Lager auf, damit die Tiere weiden können. Ängstlich blicken die Menschen zurück. Ist das Wasser, das ihre gesamte Welt verschlungen hat, ihnen noch immer auf den Fersen?

Die Eltern hatten ihnen von ihren Ahnen erzählt, die sich am Rand des riesigen Sees niedergelassen, dort Schilfhäuser[8] errichtet und Felder bestellt hatten. Im Laufe vieler Generationen zog sich dann der See immer weiter zurück, und zwischen seinem Ufer und dem Dorf bildeten sich eine Lagune und ein sandiger Landstreifen heraus. Der Wind formte Dünen aus dem Sand, in denen die Bewohner der Siedlung dicke Gräser sammelten, die sich zu Matten flechten ließen. Den Dorfleuten war das langsame Auf und Ab des Wasserspiegels vertraut, das mit dem Wechsel der Jahreszeiten einherging. Am Steg, an dem die Boote festgemacht wurden, wenn man sie nicht gerade zum Fischen oder zum Transport brauchte, konnte man die Jahreszeit an der Höhe der Muschelringe[9] ablesen, die sich an den Pfosten festgesetzt hatten. Gelegentlich legten hier auch größere Schiffe an, die von fernen Orten am anderen Ufer des Sees kamen und deren Besatzung nur wenige bekannte Worte sprach – die, die zum Handeln nötig waren.

Zunächst hatte man das Ansteigen des Pegels kaum bemerkt. Niemand schenkte ihm Beachtung, bis die Fischer irgendwann von einem seltsamen neuen Geräusch auf dem See berichteten. Schon wenige Tage später war das Tosen auch im Dorf zu vernehmen; es kam aus Richtung der Mittagssonne. Der anhaltende Klang schwoll an, ließ nach und schwoll wieder an. Die Bewohner waren so sehr an die natürliche Ruhe am Ufer gewöhnt, an das sanfte Plätschern kleiner Wellen, die über den Kies rollten, an das Rascheln der Tiere im Dickicht, an die alltäglichen Geräusche des Dorflebens, daß der neue Klang sie zutiefst beunruhigen mußte. Er durchdrang die Wände ihrer Hütten. Sie deuteten ihn als Vorboten eines in der Ferne wütenden Sturms, dessen Regengüsse den See bereits über die Ufer treten ließen.

Aber das Grollen des Unwetters ließ nicht nach, wenn auch der Regen das Dorf nie erreichte. Und doch waren seine Folgen allgegenwärtig: Der See hatte den Bootssteg verschluckt und gab ihn auch nicht wieder her. Der Boden bebte. Der Wasserspiegel stieg und stieg. Allmählich bedeckte die Lagune die Dünen und vereinigte sich wieder mit dem See.

Wenn der Sturm weiter tobte, würde das Hochwasser das Dorf erfassen. Die ersten Bewohner bereiteten ihre Abreise vor. Einige beluden ihre Einbäume, mit denen sie den Fluß hinaufreisen wollten, der zu ihrem Entsetzen inzwischen in die umgekehrte Richtung strömte: Er floß nun landeinwärts. Andere scheuten den Wasserweg. Sie fürchteten, daß der Sturm sie doch noch direkt treffen und ihre Boote kentern lassen könne, und nahmen deshalb den Weg über Land. Den See im Rücken, machten sie sich daran, die trockene Steppe zu durchqueren, um ihre jenseits gelegenen Jagdgründe zu erreichen. Viele konnten sich jedoch nicht dazu aufraffen. Sie konnten sich nicht erinnern, daß das Wasser jemals weit genug gestiegen war, um ihr Dorf zu überschwemmen, das auf den Überresten vergangener Dörfer errichtet und somit die höchste Stelle im Umkreis vieler Tagesreisen war.

Überschwemmungen waren im Grunde fast immer ein Segen. Sie tränkten und düngten die Aussaat auf den Feldern. Wenn das Wasser rechtzeitig zurückging, würde die nächste Ernte sehr ertragreich ausfallen. Doch das Unwetter hielt an, ja, es wurde noch heftiger. Das Land wich rasch zurück. Jene, die ihr Dorf nicht rechtzeitig verlassen hatten, saßen nun auf einer Insel fest, die kleiner und kleiner wurde. Wer ein großes Fischer- oder Handelsboot besaß, lichtete die Anker. Unter den Zurückgebliebenen brach Panik aus. Man riß Häuser und Ställe nieder, um die Pfosten und Streben in aller Hast zu Flößen zusammenzufügen. Verängstigte Gestalten kauerten auf den merkwürdigen Gefährten, die nach und nach von der Welle der Verwüstung und des Elends davongetragen wurden. Ein todbringendes Meer hatte inzwischen alles verschlungen, was den Menschen vertraut war.

Auch andernorts ließ sich die erste Warnung der kommenden Katastrophe vernehmen – ein verhaltenes Flüstern, ein schwaches Grollen in weiter Ferne. Im Delta[10] gab es mehrere Niederlassungen von Bauernsippen, deren kleine Haufendörfer[11] von Feldern und Pferchen umgeben waren. Die Bewohner kultivierten Getreide, hielten Rinder, fischten im nahegelegenen See und jagten das Wild des Sumpflandes. Das eigenartige Geräusch verwirrte sie, und so standen sie oft am Steilufer und blickten in die Richtung, aus der es zu ihnen drang. Das einzig Ungewöhnliche, was sie dort sahen, war eine große Wolke, die sich nicht von der Stelle rührte und am Nachthimmel zu leuchten schien.

Am Ufer entlang kam eine Gruppe abgezehrter, verstörter Gestalten auf sie zu: entfernte Verwandte, die ihnen erzählten, daß ihr Heimattal überschwemmt worden war. Die Wasser des oberhalb gelegenen Großen Salzmeeres waren in den tieferen See gestürzt. Die Senke, in der sie lebten, hatte sich in eine Stromschnelle verwandelt, und die reißende Flut hatte ihre Dörfer fortgerissen.

Einige Tage später erreichte die Flut das Delta. Durch das Netzwerk der Bewässerungskanäle bemächtigte sie sich der ersten, nahe am See gelegenen Felder. Die schlammigen Wassermassen schwappten um die Wohnhäuser und gefährdeten bald auch die Kornspeicher. Das weit entfernte Geräusch schwoll zu einem immer heftigeren Donnern an, während das schmutzige, mit Treibgut und Pflanzenresten durchsetzte Wasser von Tag zu Tag stieg. Die verängstigten Dorfbewohner flohen landeinwärts in die Hügel. In dem Glauben, sie würden für irgend etwas bestraft, opferten sie ihrer Göttin und flehten sie an, diesem furchtbaren Alptraum ein Ende zu bereiten. Sie gelobten, sich über die Wasserscheide des Gebirges zurückzuziehen und jenseits neues Land zu suchen, falls die Flut nicht zurückgehen werde. Wenn nötig, würden sie dafür auch andere vertreiben – etwa jene, mit denen sie bisher friedlich Handel getrieben und aus deren glänzenden, schwarzen Steinen sie scharfe Speerspitzen geschlagen hatten.

An einem anderen Uferstreifen des riesigen Sees[12] war ein Treck von Abenteurern auf die Quelle des Lärms zugewandert, wobei der steigende Pegel sie zu immer neuen Umwegen gezwungen hatte:

immer weiter fort von den versinkenden Lagunen, in denen sie einst ihre Fangschlingen für Wasservögel ausgelegt hatten. Sie entdeckten ein Band aus Treibgut, das entgegen ihrer Marschrichtung langsam am Ufer entlangdriftete. Das Wasser war trübe. Der Saum war mit verwesenden Fischen und anderem Aas übersät. Schmutziger Schaum schwappte in die Lagune. In der Brandung schaukelte der Kadaver eines Hirsches mit aufgerissenem Fell und grotesk verrenkten Gliedmaßen hin und her, als sei er einem riesigen Ungeheuer zum Opfer gefallen. Um dem widerlichen Gestank zu entgehen, erklomm die Gruppe die Böschung, die sich – noch – über der steigenden Wasserfront erhob. Die großen Tiere, die es hier normalerweise im Überfluß gab, waren nirgends zu sehen. Vielleicht hatten die ungewöhnlichen Naturereignisse sie verängstigt.

Über bebenden Boden bewegten sich die Menschen auf das ohrenbetäubende Tosen zu. Der Wind blies ihnen einen salzigen, kalten Nebel ins Gesicht, in dem sich das Sonnenlicht brach; es gab keinen Schatten an diesem unheimlichen Ort. Von einer Anhöhe aus[13] starrten sie furchtsam auf die gigantischen Sprühwasserfontänen, die sich aus der vor ihnen liegenden Kluft in den Himmel erhoben. In ihrem verborgenen Innern rumorte es furchtbar. Die Mutigsten wagten sich bis an die Kante der Klippe vor und blickten entsetzt in die Tiefe: Ihnen bot sich ein Bild der Zerstörung. Die Landschaft des einst fruchtbaren Talbodens existierte nicht mehr. Die Flanken, die sie als steile, bewaldete Hänge in Erinnerung hatten, waren ihrer Pflanzendecke beraubt. Das einstmals so friedvolle Tal hatte sich in eine einzige offene Wunde verwandelt, erfüllt von einem monströsen Leviathan, der sich schlangenhaft zum See hinabwand.

In einem Talknick donnerte das Wasser mit voller Wucht auf den Hang, fräste sich durch das Gestein und schwappte beinah bis zu dem Plateau herauf, auf dem die Wanderer standen. Das Wasser schien zu kochen, so wild schäumte und brodelte es. Ganze Bäume rotierten in den Strudeln, Stämme wurden wie Splitter in die Luft geschleudert und stürzten an anderer Stelle wieder in die Wellen oder auf die umtosten Felsblöcke. Ein großes Stück Steilhang löste sich von der Böschung, glitt ins Wasser und wurde augenblicklich davongetragen.

In weiter Ferne, wo sich der Ozean in den See stürzte, hatte sich ein gigantischer Mahlstrom aus Strudeln gebildet, in dem sich Wasser, Erdreich und Trümmer vermengten. Die Wasserströme schossen mit Hochdruck tief in den See hinein, und wo sie wieder auf seine Oberfläche trafen, hatten sich riesige Strudeltrichter gebildet. Dahinter erhob sich eine gewaltige Fontäne, von der andere Wellen zurückprallten. Und über dem ganzen Chaos ragte eine pilzförmige, schwarze Wolke auf, ständig genährt von der zu Nebeltröpfchen atomisierten Gischt und von innen durch unaufhörliche Blitze erleuchtet.

Die Druckwellen dieses Hexenkessels raubten den Augenzeugen die Sinne. Wie betäubt durch den Anblick der Vereinigung von Meer und See stolperten sie von der Klippe zurück und flohen in ihr Dorf, um den Daheimgebliebenen zu berichten, daß die Götter das Chaos entfesselt hatten und ihr aller Schicksal besiegelt sei.

Aber wer glaubt schon Berichten über eine verrückt gewordene Welt? Über eine Welt, in der die Flüsse rückwärts fließen, in der das Gebrüll eines rasenden Meeresungeheuers den Boden erbeben läßt, in der die Wasser aus der Tiefe aufsteigen und alles Leben auslöschen, das sich ihnen in den Weg stellt – und in der die Überlebenden ihre Flöße in den Baumwipfeln eines Bergwaldes festmachen...

I DIE ENTDECKUNG DER FLUTGESCHICHTE

Kapitel 1 –
Die Entschlüsselung der Legende

»Es wäre vermessen zu versuchen, jede Legende in Geschichte umzuwandeln, aber wir sollten doch annehmen, daß sich hinter vielem, was sich uns als ausgedacht oder unglaublich darstellt, Tatsachen verbergen.«

Charles Leonard Woolley, 1934

An einem Tag im Herbst 1835, im selben Monat, in dem Charles Darwin seine fünfwöchige Beobachtung der Galapagos-Finken abschloß, beging Henry Creswicke Rawlinson einen leichtsinnigen Fehler. Hoch oben in einer Steilwand des persischen Sagros-Gebirges hatte er eine Leiter der Länge nach auf die Seite gelegt, um an eine Felsnische zu gelangen, deren Sims zu schmal war, um ohne Hilfsmittel darauf herumzuklettern. Als Rawlinson nun auf dem unteren Holm stand, seine Füße immer abwechselnd zwischen die Sprossen setzte und sich mit beiden Händen am oberen Holm vorantastete, löste sich der untere Holm unter seinem Körpergewicht von den Zapfen[14] und stürzte polternd die Klippe hinab. Zum Glück besaß Rawlinson die Geistesgegenwart und die Kraft, den links und rechts immer noch fest aufliegenden oberen Holm nicht loszulassen. Wie durch ein Wunder konnte er so seinen Sturz abfangen – er war gerettet.

Erst Minuten zuvor hatte sich Rawlinson darangemacht, eine senkrechte Wand zu durchqueren, in die Spalte um Spalte Inschriften in einer uralten Sprache eingemeißelt waren. Diese Schriftzeichen, gekrönt von einer kolossalen Statue, bildeten vermutlich die älteste Reklametafel der Welt: den Felsen von Behistun[15]. Das riesige Reliefbild stellt einen mächtigen Herrscher dar, der über neun

Gefangene Gericht hält, während er mit dem Fuß den Nacken des zehnten zermalmt. Der Eroberer, dessen linke Hand auf der Spitze seines Bogens ruht, hat seine Rechte erhoben, um einer geflügelten Gottheit[16] zu huldigen. Die harten, fast senkrechten Schatten, die die Mittagssonne auf dem Relief erzeugte, verliehen der Szene etwas Erbarmungsloses.

Eilig hangelte sich Rawlinson Hand über Hand zu seinen entsetzten Freunden zurück, die, zur Untätigkeit verdammt, das Drama mit angesehen hatten. Erleichtert, daß er den Sturz überlebt und nur ein paar Kratzer davongetragen hatte, gewann er bald die Fassung zurück. Schon seit Monaten hatte er Leitern verwendet, um an diesem Felsen zu arbeiten, und nie war etwas schiefgegangen. Bis jetzt hatte er fast ein Drittel der Inschriften kopiert, die sich über eine Breite von fast zwanzig Metern über die Wand erstreckten. Er war ein erfahrener Kletterer, aber die Forschungsarbeit in diesem Berg forderte auch sein ganzes Können.

Rawlinson war im vergangenen März in Kermanscha eingetroffen (heute eine große Stadt im West-Iran), und zwar in seiner Funktion als militärischer Berater des Bruders des Schah. Er war Offizier im Dienst der East India Company, der er sich mit siebzehn als Kadett angeschlossen hatte. Im Jahre 1810 im englischen Oxfordshire zur Welt gekommen, hatte er seine Kindheit an einem Internat in Somerset verbracht und später ein Stipendium der Ealing School[17] am Rande Londons ergattert. Er entdeckte seine Ader für die Sprachwissenschaften und stürzte sich auf Latein und Griechisch, um die Werke Homers, Herodots, Platos, Virgils und Plinius' verschlingen zu können.

Während der heranwachsende Rawlinson sich an den Klassikern die Zähne ausbiß, fand auf dem Campus der Oxford University eine Veranstaltung statt, die das intellektuelle Klima der Naturwissenschaften auf ein halbes Jahrhundert hinaus prägen sollte. Im Laufe der Jahre hatte es sich herumgesprochen, daß große Flächen des englischen und schottischen Grundgesteins mit einem wilden Gemisch aus Sand, Geröll und Geschiebelehm überzogen waren. Die extreme Unordnung und das Fehlen von Schichtstrukturen in diesem sogenannten Geschiebe deuteten auf eine plötzliche Ablagerung des Materials hin, das vermutlich von einer kräftigen, raschen Strömung hierhergetragen worden war.

Im Jahre 1820 hielt Reverend William Buckland (1784–1856), der einflußreichste Geologe Englands, in Oxford seine Antrittsvorlesung als Professor für Mineralogie und Geologie. Bucklands Rede trug den Titel »Erklärung des Zusammenhangs von Geologie und Religion« und lief darauf hinaus, daß all diese weit verstreuten, schichtfreien Ablagerungen auf das Vernichtungswerk der weltumspannenden Sintflut zurückzuführen seien, die Noah überlebt hatte. Buckland verfocht leidenschaftlich die Ansicht, seine Wissenschaft habe keine geringere Aufgabe als

> die Aussagen der natürlichen Religion zu bestätigen und aufzuzeigen, daß die Tatsachen, die sie (die Geologie) zutage fördert, mit dem Schöpfungsbericht und der Schilderung der großen Flut in den Mosaischen Schriften zusammenpassen.[18]

In den zwanziger und dreißiger Jahren des 19. Jahrhunderts zählten sich viele der wichtigsten Geologen Großbritanniens, darunter Charles Lyell (1797–1875), stolz zu Bucklands Schülern. Die meisten Menschen, die in die Highlands reisten, um das Geschiebe zu untersuchen, meinten, einen eindeutigen Beleg für die Flut vor Augen zu haben, denn nur wilde Fluten könnten die immense Kraft besessen haben, den Kies und die Felsbrocken über so weite Strecken mitzuführen und sie – vermischt mit Muschelschalen – auf Böden abzulagern, die Hunderte von Fuß über dem Meeresspiegel lagen. Und so war es zu der Zeit, als Rawlinson seine Ausbildung abschloß und aufbrach, um seinen Dienst bei der East India Company anzutreten, unter Naturforschern und Archäologen gang und gäbe, in die Welt hinauszuziehen, um Belege für die Taten Gottes und der biblischen Menschen zu suchen (und zu finden), die im Alten Testament verzeichnet waren.

Im Lauf der viermonatigen Seereise nach Indien an Bord eines Klippers freundete sich der Kadett Rawlinson mit dem Gouverneur von Bombay an, der ihn während ihrer angeregten Konversation bei Tisch mit seiner Leidenschaft für die Geschichte Persiens ansteckte, für die alten Sprachen, die Religionen und die heiligen Schriften dieser Kultur. Auf diese Weise erfuhr Rawlinson aus berufenem Munde vom sogenannten Indoeuropäischen Rätsel, das ein englischer Jurist, der in Kalkutta tätig war, vierzig Jahre zuvor im Rahmen einer denkwürdigen Vortragsveranstaltung aufgestellt hatte: Sir William Jones, einer der drei Richter der Krone am Obersten Gerichtshof von Kalkutta, hatte der Asiatischen Gesellschaft von Bengalen 1786 von den Früchten seiner dreijährigen Vertiefung in alte hinduistische Rechts- und Religionsschriften berichtet, die in Sanskrit abgefaßt waren, der klassischen Schriftsprache der Veden. Die älteste dieser Textsammlungen – der Rigveda – hielt die noch viel älteren mündlichen Überlieferungen eines Heldenvolkes fest, das sich selbst als Arier bezeichnete. Auch im Sagen-Repertoire der Arier fand sich ein Flutepos. In diesem Mythos warnt ein Fisch den späteren Überlebenden der Flut, Manu, daß »ein Hochwasser alle Geschöpfe verschlingen wird«[19], und weist ihn an, ein »Schiff einzurichten«, das ihn zu den »Bergen im Norden« bringen werde. Im Zuge seiner Lektüre fiel Jones eine bemerkenswerte Verwandtschaft des Sanskrit mit einigen anderen Sprachen auf: mit Latein, Altgriechisch, Walisisch, mit altgermanischen Sprachen und mit Persisch, und zwar sowohl im Wortschatz als auch in der grammatikalischen Struktur. Diese Parallelen deuteten auf einen gemeinsamen Ursprung all dieser Sprachen hin, auf eine Ursprache, die es vielleicht schon lange nicht mehr gab[20].

Rasch erfaßte Rawlinson die Konsequenzen von Jones' Entdeckung. In vorgeschichtlicher Zeit hatte es demnach eine Muttersprache gegeben, gesprochen von einem unbekannten Volk in einer unbekannten Heimat. Diese Menschen waren in einer gleichfalls nicht bekannten Epoche nach Europa, Ostasien und Indien eingewandert. Sanskrit und Persisch waren aus dieser Protosprache abgeleitet. Die Hoffnung, eines Tages die Sprache von Noahs Sohn Jafet[21] und seinen Nachfahren zu entdecken, die aus Armenien – wo man den Landeplatz der Arche vermutete – ausgewandert waren, und vielleicht sogar die Entwicklungsbahnen und -gesetze rekonstruieren zu können, denen die Sprachausbreitung folgt, stachelte Rawlinsons Ehrgeiz an, und so sprach er bald fließend Persisch, Arabisch und Hindustani. Folgerichtig wurde er Übersetzer (und Zahlmeister) des Ersten Grenadier-Regiments, das in Bombay stationiert war.[22]

Später arbeitete er als Militärberater des Schah von Persien in Kermanscha. Der wißbegierige Attaché nutzte die Gelegenheit, die eindrucksvollen Ruinen von Persepolis zu besuchen, der Königsstadt der persischen Achämeniden-Dynastie, deren Wirken uns durch die ausführlichen Berichte der griechischen Geschichtsschreiber Herodot und Xenophon überliefert ist. Hier begegnete Rawlinson erstmals der Keilschrift. Siebzig Jahre zuvor hatten die ersten Zeilen dieser noch nicht entzifferten Schriftform, durchgerieben auf Papier, Europa erreicht.

Die Ruinen von Persepolis findet man einige Meilen westlich der breiten Ebene, auf der sich die Flüsse Kor und Polvar vereinigen. Fasziniert wanderte Rawlinson durch die verfallenen Paläste aus feinkörnigem Marmor, deren Säulen, von Bränden und Plünderungen gezeichnet, immer noch hoch in den Himmel ragten. Dem nicht einmal fünfundzwanzigjährigen Rawlinson erschien dies alles neu und großartig. Er stellte sich vor, daß eines der Grabmale die letzte Ruhestätte von Dareios I. war, dem Großkönig, der gegen Ende des 6. vorchristlichen Jahrhunderts nach einem blutigen Machtkampf und einer Palastrevolte den Thron bestiegen hatte. Lange vor Alexander dem Großen erwies sich Dareios als fähiger Herrscher über ein gewaltiges, wirtschaftlich wie kulturell prosperierendes Großreich, das die ehemaligen Herrschaftsgebiete der Ägypter, Chaldäer, Ionier, Perser und Meder umfaßte: Es erstreckte sich vom Industal im Osten bis nach Europa im Westen; im Süden reichte es bis nach Afrika hinein.

Bald nach seinem Eintreffen in Kermanscha warb Rawlinson einen einheimischen Kurdenjungen an, der bei ihren Ausflügen hinter ihm auf dem Pferderücken Platz nahm.[23] Rawlinsons Araberhengst trug die beiden über dreißig Kilometer weit bis an den Fuß des Alwend-Gebirges, wo der Junge seinen Arbeitgeber zu dem eindrucksvollen Behistun-Felsen führte, der der westlichen Welt bis dahin völlig unbekannt war. Seit Anbeginn der Zivilisation waren Karawanen und Armeen über den windigen Paß gezogen, auf dem Rawlinson nun stand. Überwältigt von der schieren Menge der Inschriften auf der fast senkrecht über ihm aufragenden Felswand, fragte er sich, warum sie ausgerechnet an dieser schwer zugänglichen Stelle angebracht worden waren. Spontan drängte sich ihm der Eindruck auf, daß diese unbekannten Schriftzeichen eine Art Proklamation darstellten. Wurde der Nachwelt hier der Name eines Siegers verkündet, sein Waffengang, die Genealogie seiner Familie? Rawlinson hoffte, daß ihm seine hervorragenden Sprachkenntnisse helfen würden, das unheimliche, Jahrtausende währende Schweigen des Felsens zu brechen.

Im Lauf der folgenden beiden Jahre kehrte Rawlinson wieder und wieder zum Berg Behistun zurück, um die Inschriften Stück für Stück zu kopieren. Er hatte rasch erkannt, daß der Text dreisprachig abgefaßt war, aber nur eine der Schriften war ihm vom Duktus her vertraut: Er hatte sie in den Ruinen von Persepolis gesehen. Die anderen beiden (Babylonisch und Elamitisch) waren völlig unbekannt. Also konzentrierte er sich auf die erste Fassung der Inschriften, die seines Erachtens in Zend abgefaßt war, der vielleicht ältesten Sprache Persiens, und er entdeckte rasch Ähnlichkeiten und Wiederholungen bestimmter Zeichengruppen. Rawlinson erinnerte sich an eine Stelle bei Herodot, wo der mächtige Xerxes ausruft:

> Ich will nicht Nachkomme des Dareios heißen, der Sohn des Hystaspes, der Sohn des Arsames, der Sohn des Ariaramnes, der Sohn des Teïspes, der Sohn des Kyros, der Sohn des Kambyses, der Sohn des Teïspes, der Sohn des Achaimenes, wenn ich die Athener nicht strafe![24]

Rawlinson kannte nicht nur die Namen dieser Könige – er wußte auch, wie sie auf persisch ausgesprochen wurden: oftmals mit völlig anderen Lauten und Betonungen als im klassischen Griechisch.

Stück für Stück versuchte er, die Königsnamen in ihrer mutmaßlichen persischen Fassung so mit den Zeichenfolgen in Einklang zu bringen, die jeweils direkt auf die wiederholten Sequenzen der Inschrift folgten, daß ein und demselben Schriftzeichen stets etwa derselbe phonetische Wert zukam. Die unglaublich mühsame Kopierarbeit und die schier unzählbaren Stunden, die Rawlinson am Schreibtisch des Britischen Amtssitzes in Kermanscha über seinen Notizbüchern brütete, wurden schließlich 1836 mit dem Erfolg belohnt. Er hatte die unsterbliche Inschrift entziffert, deren Bedeutung so lange vergessen war:

> König Dareios verkündet: Ich, Dareios, der große König, König der Könige, König Persiens, König vieler Länder, Sohn des Hystaspes, Enkel des Arsames, ein Achämenide ...[25]

Rawlinson schickte seine Übertragung an die Königliche Asien-Gesellschaft in London, und man zollte ihm den verdienten Respekt: Ihm war es als erstem gelungen, den Keilschrift-Code zu knacken. Nur wenige Monate später konnte er eine fast vollständige Übersetzung des zweihundert Zeilen umfassenden altpersischen Textes vorlegen, den er vom Behistun-Felsen kopiert hatte. König Dareios' Appell war tatsächlich zweieinhalbtausend Jahre lang befolgt worden:

> Du, der du in Zukunftstagen diese Inschrift sehen wirst, die ich in den Fels hämmern ließ, diese Menschenbilder hier – tilge und zerstöre nichts! Sorg, solange du Samen hast, unversehrt sie zu erhalten![26]

Indem er die Existenz der Orte und Personen aus Herodots Bericht bestätigte, gab Rawlinson einer Erzählung die Glaubwürdigkeit zurück, die, wie der griechische Geschichtsschreiber Thukydides meinte, »sich ihren Weg ins Reich der Mythen gebahnt«[27] hatte. Denn für seine Schilderung der Heldentaten des Königs Dareios hatte Herodot wie der Ependichter Homer fast nur auf mündliche Überlieferungen zurückgreifen können. Wenn es schriftliche Dokumente gab, fehlten ihm und seinen Zeitgenossen die Sprachkenntnisse, um diese Quellen zu nutzen.[28]

Von dem Augenblick an, da Rawlinson bei der Entzifferung der altpersischen Keilschrift der Durchbruch gelang, war er sich seiner außergewöhnlichen Begabung auf dem Gebiet der Schriftentschlüsselung wohl bewußt, und er ahnte, daß ihn unter dem Wüstensand vielleicht noch ältere Sprachen erwarteten, deren Kenntnis ihm erlauben würde, die Existenz versunkener Städte zu beweisen und die Taten ihrer legendären Herrscher wiederzugeben, für die sich bisher einzig das Alte Testament verbürgte. Siebenunddreißig Jahre später wurde Rawlinsons Überzeugung, daß die Steine viel zu erzählen hätten, wenn man sie zum Sprechen bringen könnte, durch einen seiner Schüler, George Smith (1840–1876), vollauf bestätigt.

Der schwache Schimmer der Öllampe vermochte den Nebel kaum zu durchdringen, der aus der Londoner Nacht in die beengte, unbeheizte und fensterlose Kammer oberhalb des Sekretariats der Königlichen Asien-Gesellschaft gezogen war. George Smith, beinahe regungslos und hochkonzentriert, blickte unermüdlich auf die Fragmente der Tontafeln, die er auf dem Tisch ausgebreitet und sortiert hatte. Der schräge Lichteinfall war ideal, um die keilförmigen Vertiefungen, die ein Schreiber vor Tausenden von Jahren in die feuchte Masse gedrückt hatte, durch Schattenwurf hervorzuheben.

Als Angestellter in Rawlinsons assyriologischer Abteilung des British Museum versuchte Smith, der Autodidakt, das Medium wiederzubeleben, auf dem man damals in Mesopotamien alle wichtigen Ereignisse festgehalten hatte. Die Scherben auf seinem Tisch hatte man aus der königlichen Bibliothek in Ninive geborgen. Die Inschriften, um die es ihm ging, waren mit einem Schilfgriffel[29] in ursprünglich rechteckige Tontafeln gedrückt worden. Diese Blöcke, jeder etwas kleiner als ein Buch, wurden anschließend in der Sonne getrocknet. Unglücklicherweise waren die meisten Tafeln von Rissen überzogen oder gar zerbrochen, teils durch die Hitze einer Feuersbrunst, die den Palast der letzten großen Hauptstadt des Assyrischen Reiches verwüstet hatte, teils vielleicht auch erst während der nicht sehr sorgfältigen archäologischen Erschließung der Bibliothek, die man ausgegraben hatte, als Smith noch ein Kind war.[30] Er stand nun vor der Aufgabe, aus einem riesigen Scherbenberg das Originalwerk zu rekonstruieren und aus dem richtig zusammengesetzten Ganzen die vollständige Information herauszulesen.

Smith saß vor einem gigantischen Puzzle, dessen Teile er anhand ihrer Form oder mit Hilfe des Wort- und Satzzusammenhangs auf ihrer Oberfläche an der richtigen Stelle zusammenzufügen versuchte. Bei den Vorarbeiten im Archiv des Museums war er ganz ähnlich vorgegangen, wie wir heute bei einem Puzzlespiel: Er hatte die Stücke nach ihrer Textur und Farbe sortiert und die Randteile, erkennbar an ihren geraden Seiten, auf gesonderte Stapel gelegt. Auch nach dem Inhalt der Mitteilungen hatte er eine grobe Sortierung vorgenommen: Was er für Handelsverträge und Kaufmannsnotizen hielt, kam auf einen Haufen, Hochzeitsvereinbarungen und andere Tafeln privat- und verwaltungsrechtlichen Inhalts auf einen anderen und so weiter. An diesem feuchten Herbstmorgen des Jahres 1872 überprüfte er nun den Teil der Sammlung, den er zuerst übersetzen wollte, weil der Inhalt ihn am meisten interessierte: die Scherbengruppe, die in seiner Systematik »mythologisch und mythisch« hieß.[31]

Seit er Lesen gelernt hatte, war Smith fasziniert von der Bibel.[32] In der Sonntagsschule hatte er die Erzählungen über die Erzväter Abraham, Isaak, Jakob und Joseph auswendig gelernt. In seine Jugendzeit fiel die aufsehenerregende Wiederentdeckung der untergegangenen Städte der Heiligen Schrift, vor allem von Nimrud, dem biblischen Kelach, und Ninive, der letzten und zugleich größten Hauptstadt des Assyrischen Reiches. In Ninive hatte man außergewöhnliche Darstellungen gefunden, auf denen die Belagerung von Lachisch im Land Juda (Judäa) dargestellt war, die in den Versen des Zweiten Buchs der Könige im Alten Testament geschildert wird. Dem frühreifen Jungen George Smith – der in jenem Monat geboren war, in dem William Buckland zum Konvertiten wurde – wäre es damals nicht in den Sinn gekommen, daß er eines Tages die Lehren der anglikanischen Kirche anzweifeln und die göttliche Herkunft der Bibel in Frage stellen würde.

Smith besaß ein angeborenes Talent zur Entschlüsselung alter Schriften. Die vor ihm liegenden Tafeln aus dem alten Ninive waren in Akkadisch verfaßt, einer semitischen Sprache. Daß er mit dem Hebräischen vertraut war, kam ihm nun bei seinem Versuch zugute, die vornehmlich phonetischen Zeichen des Akkadischen zu Wörtern und ganzen Sätzen zusammenzufügen, die seit mehr als zweieinhalbtausend Jahren nicht mehr ausgesprochen worden waren. Er war sich sicher, daß die Tafeln die biblische Version vom Anfang der Welt bestätigen würden, wenn sie erst einmal zu ihm sprachen.

An diesem speziellen Morgen lenkte der eifrige Tüftler Smith sein Augenmerk im flackernden Lichtschein auf eine besonders reizvolle Tafelscherbe. Aufgrund ihrer Form versuchte er sie zwischen zwei anderen Fragmenten einzufügen, die er am Vortag zusammen mit einem halben Dutzend weiterer Stücke auf der Arbeitsfläche arrangiert hatte. Leider hatten die Bruchkanten der Teile im Lauf der Zeit ziemlich gelitten, so daß die Form allein nicht ausreichte, um zu entscheiden, ob er die Fragmente richtig zusammengesetzt hatte. Also prüfte Smith auch den inhaltlichen Zusammenhang der rekonstruierten Textzeilen. Und da geschah es, wie er selbst später berichtete:

> Als ich die dritte Spalte verfolgte, blieb mein Blick an der Mitteilung hängen, daß das Schiff auf den Bergen von Nizir landete, daß die Taube ausgesandt wurde, daß sie keinen Ruheplatz fand und daß sie daraufhin zurückkehrte.[33]

Smith fielen vor Staunen fast die Augen aus dem Kopf, und er rief nach nebenan, Rawlinson solle mal schnell rüberkommen und sich das ansehen. Denn ihm war auf Anhieb klar, daß er beim Entziffern der winzigen Keilschriftzeichen – die nicht größer sind als die Buchstaben auf dieser Seite – zufällig auf die altbekannte Sintflut-Saga gestoßen war. In einem der Berichte über die Ereignisse dieses Tages heißt es, daß Smith in eine Art Trancezustand geriet, aus seiner Kammer auf den Flur stürzte und sich vor den Augen der verblüfften Museumsmitarbeiter die Kleider vom Leib riß.[34]

Was Smith so sehr aufwühlte, war die Erkenntnis, daß die Tontafeln, mit denen er sich herumplagte, eine eigenständige Version der biblischen Flutgeschichte enthielten. Diese Heidenworte erzählten bis in die Details hinein fast genau dieselbe Geschichte wie die hebräische Überlieferung: Ein Auserwählter wird von einem Gott vor der Katastrophe gewarnt und kann daher rechtzeitig ein hölzernes Schiff bauen; in der Arche finden alle Arten von Säugetieren, Vögeln und Reptilien Zuflucht; das Schiff setzt an der Flanke eines Bergs auf; nacheinander werden eine Schwalbe, ein Rabe und eine Taube freigelassen, um Land zu finden; ein Dankesopfer wird dargebracht, und ein Bund wird geschlossen, damit die Götter die Welt nie wieder im Wasserchaos versinken lassen.

In den folgenden Wochen konnte Smith die Tafel um einige Fragmente ergänzen. Während der Arbeit quälte ihn die Frage, wie die Sintflutgeschichte, die doch angeblich von Gott selbst stammte,[35] einer anderen Überlieferung, die noch älteren Ursprungs war und einer fremdartigen Mythologie angehörte, so sehr ähneln konnte. War es möglich, daß die Israeliten diese Erzählung während ihrer babylonischen Gefangenschaft gehört und übernommen hatten? Oder war jene Flut in grauer Vorzeit ein derart einschneidendes Ereignis gewesen, daß die Erinnerung daran sich in den Überlieferungen vieler verschiedener Kulturen erhalten hatte?

Er durchforstete die Lagerräume des Museums mit akribischer Sorgfalt nach allen verfügbaren Fragmenten dieser Tafel, und als er wirklich sicher war, nichts übersehen zu haben, veröffentlichte er eine Übersetzung derjenigen Teile, die er hatte zusammenfügen können. Drei Wochen vor Weihnachten stellte er seinen sensationellen Fund »einem großen und erlesenen Auditorium in den Räumen der Gesellschaft für Bibelarchäologie« vor.[36] Die Ankündigungen in den Londoner Tageszeitungen hatten in der Öffentlichkeit großen Wirbel ausgelöst. Unter den Zuhörern befanden sich William Gladstone, der Premierminister des Britischen Empire, und der Dean der Westminster Abbey. Starr vor Erstaunen lauschte die Menge, als George Smith von seiner Entdeckung berichtete.

Durch den Vergleich seines Textes, der im 6. oder 7. Jahrhundert

v. Chr. von einer älteren Quelle kopiert worden war, mit Inschriften aus der Epoche Sargons I., dem Begründer des ersten Akkadischen Reichs um 2300 v. Chr., hatte Smith herausgefunden, daß die Originalgeschichte sicher nicht nach dem 17. Jahrhundert v. Chr. entstanden war – vielleicht war sie sogar erheblich älter. Er stellte seine Übersetzung vor, und die Zuhörer erkannten die vertraute Geschichte eindeutig wieder – abgesehen natürlich von den seltsamen Namen der handelnden Personen.[37] Auch dauert das Unwetter in dieser Variante nur sechs Tage, und die Götter fürchten sich derart vor dem Sturm, daß sie sich wie unterwürfige Hunde zusammenkauern und ihm durch ihren Aufstieg in den Himmel des Anu zu entgehen suchen. Als der Sturm abflaut, sind die Götter so ausgehungert, daß sie das Dankesopfer, das ihnen der auserwählte Überlebende darbietet, wie Fliegen umschwirren. Nach dem Festmahl wirft eine der Göttinnen ihre Halskette in den Himmel, wo sie als Zeichen eines Abkommens sichtbar bleibt: Die Welt soll nie wieder überflutet werden.

Auch diese Parallele – der hebräische Gott Jahwe hatte seine Abmachung mit Noah, daß das Leben künftig als heilig gelte, durch einen Regenbogen am Himmel besiegelt – überraschte das Auditorium, doch nun erfuhr es, daß der akkadische Mythos sogar noch über die Bibelversion hinausging: Ihm zufolge waren der Flut eine Hungersnot und eine Seuche vorangegangen, aber diese Plagen hatten nicht ausgereicht, um die Menschheit auszurotten. In Smith' Übersetzung war weiter davon die Rede, daß ein großes Tor geöffnet wurde, daß ein Donnengrollen erklang und daß dem überlebenden Helden und seiner Frau nach der Rückkehr in ihr Land, einer fernen Gegend an der Quelle aller Flüsse, die Unsterblichkeit zuteil wurde.

Um den Zeitungsreportern Gelegenheit zu geben, ihre Artikel über den sensationellen Vortrag des jungen Smith (er war Anfang Dreißig) abzufassen, wartete Rawlinson höflich vierundzwanzig Stunden, bevor er mit seiner eigenen Interpretation des Fundes und weitergehenden Überlegungen über dessen Folgen an die Öffentlichkeit trat. Als er schließlich interviewt wurde, betonte er die starken Parallelen zwischen der soeben von seinem Schützling übersetzten Fassung der Flutsaga und einer anderen, die der babylonische Priester Berossus (siehe auch Anmerkung 37) im 3. Jahrhundert v. Chr. überliefert hatte. Außerdem deutete er den Hinweis auf die Eroberung Babylons durch die Meder, der sich in der von Smith vorgestellten Fassung fand, als Indiz für eine noch frühere Entstehung des Textes, nämlich im 3. vorchristlichen Jahrtausend.[38]

Die *Times* zitierte am nächsten Morgen Rawlinsons Schätzung, daß das erste der mesopotamischen Königreiche etwa 5150 v. Chr. entstanden sei und daß die Sintflut dann natürlich noch deutlich früher angesiedelt werden müsse. Seiner Ansicht nach bestand »kaum ein Zweifel daran, daß die *Genesis*-Fassung eine Variante derselben Legende darstellt, die die Siedlergruppe um Abraham bei ihrer ursprünglichen Wanderung vom chaldäischen Ur nach Haran und Palästina mitbrachte«.[39]

Kapitel II –
Bekehrungen

Am Nachmittag des 24. Juli 1837 sprach der kaum dreißigjährige Louis Agassiz (1807–1873) vor der Jahresversammlung der Schweizerischen Naturkundlichen Gesellschaft, deren Präsident er war. Als er vor seine Kollegen trat, die im Alpenstädtchen Neuchâtel in der Schweiz zusammengekommen waren, entschied er sich spontan, den Vortrag über brasilianische Fischfossilien, auf den er sich vorbereitet hatte und der im Konferenzprogramm angekündigt war, fallenzulassen. Statt dessen bekannte er, sich quasi über Nacht zu einer neuen Theorie bekehrt zu haben, die besagte, daß ein riesiges »Meer aus Eis«[40] einst die gesamte Oberfläche Europas sowie den ganzen Norden Asiens bis hin zum Kaspischen Meer[41] bedeckt habe.

Als Beleg für seine kühne Behauptung führte Agassiz Beobachtungen an, die sein wesentlich älterer Freund Jean de Charpentier und er im Sommer zuvor bei ihren Alpenwanderungen gemacht hatten. Über mehrere Wochen hinweg hatte de Charpentier ihm immer wieder vor Augen geführt, wie Gletscher harten Granit abschliffen und zermahlten und wie sie herausgebrochene Trümmerstücke mit sich davontrugen und weit entfernt in sogenannten Moränen ablagerten, Geröllansammlungen, die man regelmäßig am unteren Ende des kriechenden Eises fand.[42]

Der aufmerksame de Charpentier hatte ähnliche Schotterhügel, mit riesigen Brocken durchsetzt, auch noch achtzig Kilometer von den derzeitigen Gletschern entfernt entdeckt. Die Teilnehmer des Jahrestreffens mußten nur vor die Tür treten, um einen der größten alpinen Findlinge zu sehen, den zerschrammten und abgeschliffenen *pierre à bot*,[43] der später in einem Werk über die Gletschertätigkeit in Schottland als »gut hausgroßer« Klotz beschrieben werden sollte, der »auf der polierten, geriefelten und zerfurchten Oberfläche«[44] des Jura-Grundgesteins ruhte. Welche Kraft, wenn nicht eine dicke, langsam dahinziehende Eisschicht, wäre in der Lage gewesen, gewachsenen Fels zu zertrümmern, die Bruchstücke fortzutragen und dann irgendwo abzulagern? Weit oben in den heute bewaldeten Alpentälern stieß man allenthalben auf diese Geröllablagerungen.

Obwohl Agassiz' Theorie einer vorgeschichtlichen Gletscherzeit eigentlich eine wissenschaftliche Sensation war, stieß er auf taube Ohren. Der Zeitgeist des frühen 19. Jahrhunderts gestattete nur wenigen europäischen Naturkundlern die Annahme, daß das Landeis einmal eine ganz andere Rolle gespielt hatte als die der bloßen Dekoration des Hochgebirges. Die Vorstellung, daß das Eis als geologische Schöpferkraft Landschaften geformt und große Objekte verschoben haben sollte, war völlig inakzeptabel. Charles Lyell, den viele Historiker als Vater der Geologie bezeichnen, hatte in der ersten Ausgabe seiner berühmten *Principles of Geology* (1830 bis 1833) die Herkunft der riesigen »erratischen Blöcke«, die, in ungeschichteten Mergel eingebettet, überall in der Landschaft herumlagen, auf schmelzende Eisberge zurückgeführt, die während der Sintflut über Europa hinweggetrieben seien und sich dabei ihrer Felslast entledigt hätten.[45]

Während der Jahre, in denen Agassiz und de Charpentier durch die Alpenwildnis gewandert waren und Fossilien gesucht hatten, war zwischen ihnen eine vertrauensvolle Kameradschaft entstanden. Dennoch bezweifelte Agassiz die Theorie seines Freundes, daß Gletscher mit riesigen Felsklötzen im Bauch so weite Strecken zurücklegen konnten. Er bestand darauf, in einer Seilschlinge in Gletscherspalten hinabgelassen zu werden. Dort konnte er mit eigenen Augen sehen, wie der weiche Schnee Schicht um Schicht zu einer festen Masse aus gekörntem Eis kristallisiert war. Die blau gestreiften Wände der tiefen Spalten waren natürliche Querschnitte durch die Gletscher, in denen die Geschichte der jahrhundertelangen Anhäufung und Verdichtung des Schnees abzulesen war. Die so entstandene Masse gefrorenen Wassers verhielt sich wie ein extrem zähes Wachs: Unter dem Einfluß der Schwerkraft kroch sie langsam – mit einer Geschwindigkeit von etwa 60 Metern pro Jahr – den Hang hinab, wobei sie sich an Biegungen und größeren Unebenheiten ständig verformte und den Boden bis auf das Grundgestein abfraß und blank schabte.[46]

Bei einer dieser riskanten Expeditionen in die Unterwelt der Alpen wäre Agassiz beinahe erfroren. De Charpentier hatte ihn, ohne es zu bemerken, zu weit hinabgelassen,[47] so daß Agassiz in einen Schmelzwasserstrom eingetaucht war, der durch eine Tunnelhöhlung am Grund des Gletschers floß. Immerhin brachte dieses eisige Bad eine Erkenntnis. Agassiz erfuhr am eigenen Leib, daß es zwischen dem Eis und dem Grundgestein ein flüssiges Gleitmittel gab. Mit seiner Hilfe konnten die gigantischen Gletscher enorme Strecken zurücklegen und das »Geschiebe« weit entfernt vom Herkunftsgebirge ablagern. Agassiz räumte schließlich ein, daß sein Mentor ihn überzeugt hatte, und wie so viele Bekehrte wurde er zu einem besonders eifrigen Schüler.

Doch auf die Ablehnung, ja Feindseligkeit, mit der man seiner Eröffnung in Neuchâtel begegnete, war er nicht vorbereitet.[48] Selbst eine spontane Exkursion zwei Tage nach seinem Vortrag, bei der er seine älteren Kollegen und Kritiker in Pferdeschlitten über die Almen des Jura ziehen ließ, damit sie die Findlinge, die die Gletscher zwischen den Wildblumen zurückgelassen hatten, selbst in Augenschein nahmen, konnte sie nicht beschwichtigen. Ein Teilnehmer dieser »hitzigen Kontroverse über eine Eisschicht« schrieb später:

> Alles in allem vermittelte mir diese kurze Begegnung mit den wissenschaftlich führenden Köpfen der Gruppe den Eindruck, daß ihr Verhalten von Mißgunst und Egoismus beherrscht war.[49]

Die Mitglieder der Gesellschaft hielten an der These von der biblischen Sintflut, der Diluvialtheorie, als Ursache für die Geschiebe-

Ablagerungen fest und ließen die Argumente des jungen Naturkundlers nicht gelten. Als Agassiz aber drei Jahre später seine Gletscherstudien veröffentlichte,[50] erreichte er ein viel größeres und offeneres Publikum, das den Gedanken einer weitreichenden Vergletscherung begeistert aufnahm. Die wichtigste Gestalt des opponierenden wissenschaftlichen Establishments war Reverend William Buckland in Oxford, ein glühender Verfechter der Katastrophentheorie (nach der alle Lebewesen periodisch durch globale Katastrophen vernichtet und danach neu erschaffen sein sollten) und vielleicht derjenige unter Britanniens Wissenschaftlern, über den man in der Öffentlichkeit am meisten sprach.

Bucklands kurz zuvor erschienenes Hauptwerk, in dem er die Auswirkungen einer weltumspannenden Sintflut aufzuzeigen versuchte, war von der Kritik sehr gut aufgenommen worden. Agassiz war dem Architekten der Sintfluttheorie schon begegnet, ja sie hatten während einer Reise in die Alpen sogar über die Eiszeittheorie diskutiert, aber ihre gewaltigen Meinungsverschiedenheiten bezüglich der Deutung der in Augenschein genommenen Indizien ließen sich erst später ausräumen, als sie sich auf den Britischen Inseln wiedertrafen, wo Buckland sich im Heimvorteil wähnte. Im Herbst des Jahres 1840, im Anschluß an die Jahresversammlung der Britischen Vereinigung zur Förderung der Wissenschaften, fuhr der klassisch in Robe und Zylinder gewandete Oxford-Gelehrte mit dem Schweizer Naturforscher zu einer bekannten Geschiebe-Ablagerung auf dem Blackford Hill[51] südlich von Edinburgh. Mit großer Geste wies er dort auf den Geschiebemergel zu seinen Füßen (der in seinen Augen eine Sintflut-Ablagerung war) und erklärte, die darin befindlichen Steine hätten keinerlei Schrammen und Rillen von irgendwelchen Gletschern.

Doch Agassiz war vor seinem Widersacher auf der Hut, von dem man sagte, seine Vornehmheit könne dahinschwinden wie das ablaufende Wasser seiner Sintflut. Er zog Buckland zu einem nahegelegenen Steilhang hinüber, an dem keiner von beiden je gewesen war, und kletterte bis zu einer Stelle hinauf, an der der Felsen etwas überhing und so eine Art Höhlung bildete. Hier bürstete er den

Staub vom Gestein und brachte eine ausgeprägte Furchenstruktur ans Licht: parallele Riefen, die ein Gletscher in den Felsen geschnitten hatte, als er sich über die Landschaft schob. »Das stammt vom Eis!«[52] rief er, und Buckland konvertierte augenblicklich von der Diluvial- zur Eiszeittheorie.

Eine gute naturwissenschaftliche Theorie zeichnet sich durch ihre Fähigkeit zu Vorhersagen aus. An einem ihm unbekannten Ort war Agassiz auf Anhieb in der Lage gewesen, genau solche Indizien aufzuspüren, die für die Richtigkeit seiner Eiszeithypothese sprachen. Dennoch dauerte es zwei Jahrzehnte, bis seine neue Theorie einer globalen Eiszeit sich allgemein durchgesetzt hatte, doch so etwas ist eher die Regel. Noch ein weiteres Dutzend Jahre mußte verstreichen, bevor eine naturwissenschaftliche Expedition bestätigte, daß die Schneedecke Grönlands tatsächlich nur die dünne Haut einer gigantischen Eisschicht ist, die praktisch die gesamte Landmasse bedeckt, und erst ein halbes Jahrhundert später konnte man das Volumen der arktischen Eiskappe halbwegs realistisch abschätzen.

Das neue Eiszeitmodell machte alle weiteren Spekulationen über eine weltweite Flut als Ursache der Geschiebe-Ablagerungen entbehrlich. Sogar die »Muschel-Geschiebe« an der Ostseeküste ließen sich nun als Hinterlassenschaften von Eisbergen deuten, die auf ihrem Weg entlang der Ufer des flachen Meeres den Boden umgepflügt hatten. Entsprechend verschwanden die Bezüge auf die alttestamentarische Flut als globales Phänomen rasch aus geologischen Vorlesungen und aus der Fachliteratur. Die Diluvialtheorie schmolz dahin wie Eisberge in der Ostsee.

Während die Geologen sich von der Sintflut verabschiedeten, hielten die Bibelarchäologen weiter an ihr fest, mehr noch, sie gaben ihr neue Nahrung. Ungefähr zur selben Zeit, als Agassiz Buckland überzeugte, baute Henry Creswicke Rawlinson seine Kenntnisse der alten Sprachen weiter aus. Die Ausgrabungsarbeiten in den alten Städten des Nahen Osten kamen voran, und sie sollten die Sintflut als prägendes Ereignis in der Wiege der Zivilisation wiederauferstehen lassen.

Kapitel III –
Traumbilder versunkener Paläste

Im selben Jahr, in dem Buckland vom alttestamentarischen Diluvialismus Abstand nahm, durchbrach ein gewaltiges Hochwasser die Uferbefestigungen des Tigris. Die Innenstadt von Bagdad wurde unter einem Schlammbett begraben, das die Straßen bis zur Höhe der Eselskarren ausfüllte. Mauern und Häuser brachen unter dem Druck der schlammigen Brühe zusammen, die wochenlang durch die Altstadt schwappte. Häuser aus luftgetrockneten Ziegeln brachen von ihren Fundamenten, trieben davon und lösten sich allmählich in dem Schmelzwasserstrom von den Anhöhen des Taurus- und Sagros-Gebirges auf.

Auf den Ansturm der Wassermassen folgten die Seuchen. Und wer die Seuchen überlebte, sah sich von einer Hungersnot bedroht. Die Naturkatastrophe reduzierte die Bevölkerung von einhunderttausend auf ein paar Hundert erschöpfte, schmutzstarrende Gestalten.

Etwa zu dieser Zeit brach ein junger Engländer, Austen Henry Layard (1817 – 1894), zu einer Überlandreise auf. Sein Ziel war Bagdad, dieser gepeinigte Überrest der einstmals majestätischen Stadt der Kalifen, welche ihren Herrschaftsanspruch aus ihrer direkten Abstammung vom Schwiegersohn des Propheten, Ali, ableiteten. Der abenteuerlustige Layard sollte der viktorianischen Welt die Augen und Ohren für die untergegangenen Reichtümer von Euphrat und Tigris öffnen, jener Ströme, die der Bibel zufolge einst durch den Garten Eden flossen. Und er sollte die biblische Flut wieder ins Gespräch bringen, von der sich die Geologen gerade verabschiedeten.

Auf den Fußspuren von Henry Creswicke Rawlinson, der vor einem Dutzend Jahren gleiches unternommen hatte, hoffte auch Layard, Indien zu erreichen. Der Osten, wie ihn sein liebstes Kinderbuch, die *Geschichten aus 1001 Nacht*,[53] gezeichnet hatte, zog ihn magisch an. In Jerusalem, seinem ersten Etappenziel, schlug der Zweiundzwanzigjährige die eindringlichen Warnungen des britischen Konsuls in den Wind und durchstreifte selbstbewußt und von nur einem einzigen arabischen Führer begleitet die Territorien beduinischer Halsabschneider und Wegelagerer.[54] Am Horizont vor ihm reihten sich die staubbedeckten Ruinen alter biblischer Städte aneinander: Petra, Kerak, Jarash, Amman und zahllose andere. Aus Sicherheitsgründen reiste er so gut wie ohne Gepäck und nahm nichts Wertvolles mit.

> Mit dankbarer Freude denke ich an jene glücklichen Tage zurück, da wir frei und sorglos in der Morgenfrühe die schlichte Hütte oder das freundliche Zelt verließen und uns – nach Belieben verweilend und ohne uns um Zeit und Entfernungen zu kümmern – bei Sonnenuntergang an irgendeiner mächtigen, von wandernden Arabern bewohnten Ruine oder in einem verfallenen Dorf mit noch wohlbekanntem Namen einfanden.[55]

So oft er auch überfallen, verprügelt und ausgeraubt wurde, immer gelang es ihm, die jeweiligen Scheichs zur Herausgabe wenigstens seiner Notizbücher, wenn schon nicht seiner zerlumpten Kleider, zu überreden. In Mossul, einer im heutigen Irak gelegenen befestigten Stadt aus der Frühzeit des Christentums, geleitete ihn der britische Konsul, selbst ein angehender Assyrologe, zum Tell (Siedlungshügel) von Assur. Unterwegs schug die Reisegruppe ihre Zelte am Fuß einer Erhebung von beträchtlicher Höhe auf. Als Layard am Spätnachmittag deren Gipfel erklomm und in die Runde sah, konnte er am Horizont jenseits des Tigris die Umrisse einer noch größeren Erhebung ausmachen. Er ahnte nicht, daß er auf die düstere Silhouette der schon in der *Genesis* erwähnten Stadt Kelach (Nimrud) blickte, die ein Hort der erstaunlichsten Schätze aus Assyriens Blütezeit war. Layard hielt seine ersten Eindrücke in seinem Tagebuch fest:

Der Schauplatz ringsum gleicht den Ruinen, die er [der Wanderer] betrachtet: Wüste Einöde überall. Ein Gefühl der Angst bricht sich Bahn, denn es gibt nichts, was das Gemüt erleichtern, Hoffnung einflößen oder davon Kunde geben könnte, was hier einst geschah.[56]

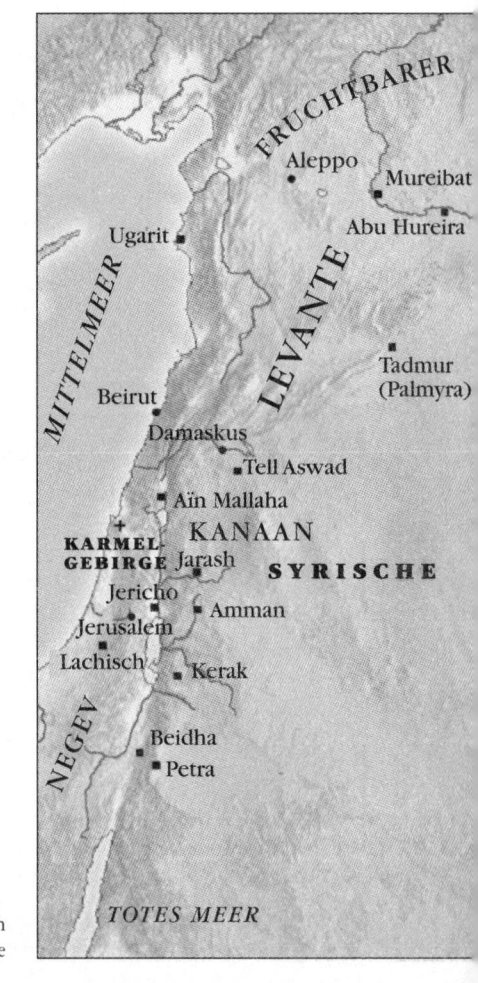

Mesopotamien und die Levante

Nach einer kurzen Verschnaufpause in Bagdad, das er als Ansammlung niedriger Lehmbauten und einer Menge Ruinen beschrieb, schloß sich Layard einer Karawane an, die ostwärts über das Sagros-Gebirge nach Persien zog. In Kermanscha, am Felsen von Behistun, ließ sich der Unermüdliche von der erst kürzlich von Rawlinson

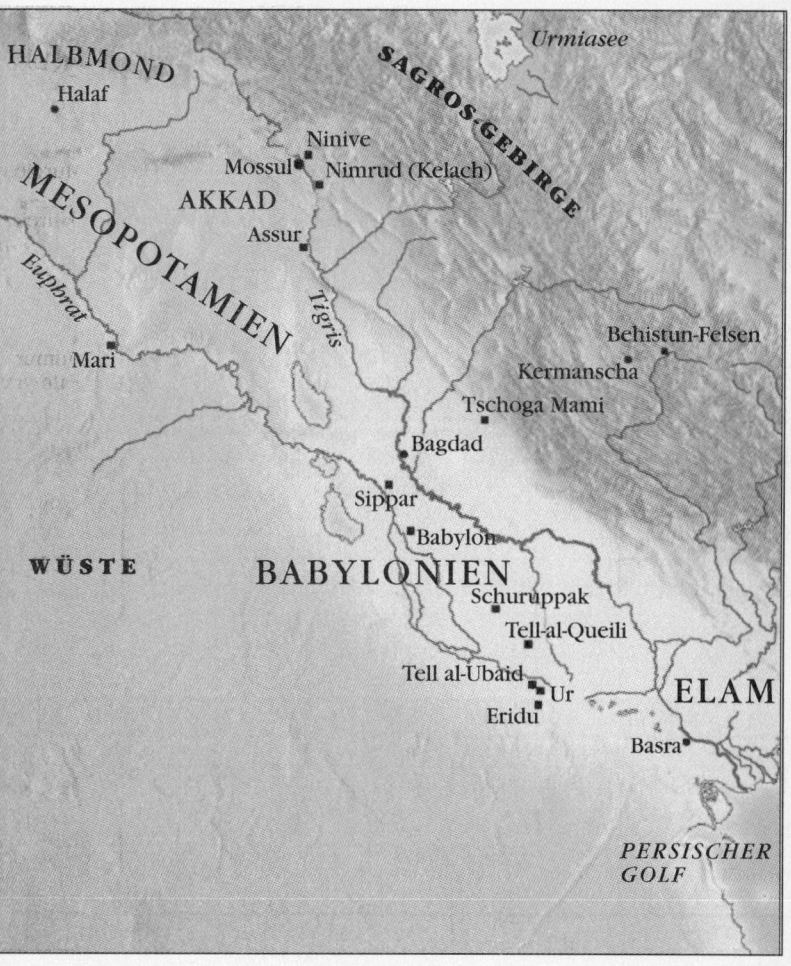

übersetzten Verkündigung des Königs Dareios und den immer noch ihrer Entzifferung harrenden babylonischen und elamitischen Inschriften so sehr fesseln, daß er sein ursprüngliches Reiseziel Indien aufgab, um sich mit assyrischen Altertümern zu beschäftigen.

> Meine Neugier war aufs Vortrefflichste geweckt, und von diesem Augenblick an hegte ich den Plan, diese einzigartigen Ruinen, sobald es in meiner Macht stünde, einmal gründlich zu untersuchen.[57]

Ein Jahr verging, bevor Layard nach Mossul zurückkehrte. Dort war inzwischen ein heftiges Gerangel um die Tells ausgebrochen, jene Hügel, die dadurch entstanden waren, daß eine Ansiedlung immer wieder auf den Fundamenten ihrer Vorgängerin errichtet worden war. Vor allem französische und britische Archäologen stritten sich um den Erstanspruch auf die alten Ruinenstädte. Da er keinen Verdacht erwecken wollte und befürchtete, ihm als unbekanntem Amateur werde man ohnehin keine offizielle Grabungserlaubnis erteilen, täuschte Layard Vorbereitungen für eine Jagd vor. Er heuerte einen bekannten Jäger an und ließ ihn Munition, Apportierhunde und Proviant einkaufen. In einem geeigneten Augenblick verstaute er unauffällig ein paar Schaufeln und anderes Gerät im Wagen; als Kutscher wählte er einen Steinmetz. Auch brach er nicht direkt in Richtung des Vorgebirges auf, sondern er ließ sich zunächst auf einem Floß den Tigris hinabtreiben, bevor er einem wenig benutzten Pfad zu jenem hohen, dunklen Hügel folgte, der sich in sein Gedächtnis eingebrannt hatte. Anderthalb Kilometer vor dem Ziel schlug er in den zugigen Resten eines weitgehend verlassenen Lehmziegeldorfs sein Lager auf. Seine Aufregung steigerte sich bis zur Ekstase, so daß er in der Nacht kaum Schlaf fand.

> Traumbilder versunkener Paläste, riesiger Fabeltiere, in Stein gehauener Figuren und endloser Inschriften umgaukelten mich.[58]

Der kegelförmig aufragende Schutthügel lag schon lange nicht mehr am Fluß. Während der Zahn der Zeit an der Stadt nagte, hatte der Tigris seine Uferbefestigungen überwunden und sich gut einen Kilometer weiter westlich ein neues Bett geschaffen. Gleich zu Beginn der Grabung wurde jedoch das alte Flußbett freigelegt, dessen linkes Ufer praktisch als Teil der Stadtbefestigung gedient hatte. Layard erkannte, daß die Gebäude des Stadtkerns ein Plateau von etwa 300 mal 600 Metern bedeckten. Im Norden standen die Reste der Zikkurat, eines ehemals riesigen, pyramidenartigen Tempels. Die erste Grabung, die Layard vornehmen ließ, setzte an einem aus dem Boden ragenden Stück Alabaster an, das sich nicht herausziehen ließ und sich als oberer Teil einer Wand entpuppte.

Die Arbeiterschaft wuchs rasch von sieben auf dreißig Personen heran; bezahlte Arbeit war bei den verarmten Beduinen Mangelware. In der zweiten Woche wurden in dem Raum, den man gerade ausgrub, die Oberkanten zweier mächtiger Steinplatten freigelegt. Während sie zentimeterweise aus dem Erdreich gekratzt wurden, trat darauf ein Band aus Keilschrift hervor (die Layard anfangs für eine »seltsame Dekoration« hielt). Daran schloß sich ein Streifen mit Basrelief-Figuren an. Innerhalb weniger Stunden beförderten Kellen und Bürsten ein Panoramabild ans Licht. Es zeigte Szenen einer Schlacht, die um eben diesen Ort geführt wurde, an dem Layard sich gerade befand, den zweiten Regierungssitz Assyriens, der wie der Urenkel Noahs hieß: Nimrud.[59] Als die riesigen Steintafeln vollkommen freigelegt waren, erblickte Layard hingerissen die Belagerung befestigter Feindesstädte, zahllose Reihen gegnerischer Soldaten, die in die Gefangenschaft geführt wurden, Infanteristen, die – inmitten schwimmender Pferde und springender Fische – den angeschwollenen Fluß auf aufgeblasenen Ziegenbälgen überquerten, Bogenschützen auf Kampfwagen, die über die weite Ebene hinter ihren Opfern herjagten, und ein über zwei Meter großes bizarres Bildnis einer adlerhäuptigen Gottheit[60] in Menschengestalt, die an den Gott Nisroch aus dem Alten Testament erinnerte.

In den folgenden Wochen traten stolz schreitende Löwen, geflügelte Stiere und überlebensgroße menschliche Wesen ans Licht. Layard hielt all diese Darstellungen eilig in seinem Skizzenbuch fest und ließ sie dann wieder mit Schotter bedecken. Er war sich der Bedeutung seiner Funde bewußt und sah ein, daß er nach Bagdad mußte, um sich mit Rawlinson in Verbindung zu setzen. Der sollte ihm verhindern helfen, daß raffgierige Provinzbürokraten oder die archäologische Konkurrenz sich dieser Schätze bemächtigten. Die Unterstützung, um die Layard ersuchte, wurde ihm schließlich in Form eines *firman* zuteil, einer Genehmigung des Gouverneurs.

Im nächsten Frühjahr verlegte ein gut erholter Layard als erstes sein Lager aus dem heruntergekommenen Dorf an den Uferstreifen des Flusses, der von einem Meer blühender Wildblumen bedeckt war. In seinem Notizbuch fing er etwas von dieser Atmosphäre ein:

> Die Sonne versank hinter den niedrigen Hügeln, die Fluß und Steppe trennen – auch die steinigen Hänge bemühten sich nun, mit dem Grün der Niederung zu wetteifern –, und die letzten Sonnenstrahlen glitten, allmählich schwächer werdend, wie ein durchscheinender Lichtschleier über die Landschaft... Weit über die Steppe warf der hohe Trümmerhügel seine dunklen Schatten. Zahllose Feuer glänzten nun in der Ebene auf. Mit dem Fortschreiten der Nacht verlosch eines nach dem anderen, und schließlich hüllte sich das Land in Dunkel und Schweigen, das nur vom Bellen der Araberhunde unterbrochen wurde.[61]

Nachts beanspruchten oft Löwen die Ruinen für sich, und von hier zogen sie einzeln oder paarweise los, um die Dorfhunde zu jagen. Ihre Erfolge wurden durch ein lautes Aufjaulen hörbar, auf das oft ein beduinischer Fluch folgte.

Eines Tages legten die Arbeiter ein riesiges Menschenhaupt frei, das offenbar auf den Schultern eines ebenso kolossalen geflügelten Wesens ruhte. Voller Aufregung riefen sie Layard herbei. Als der Expeditionsleiter den Ort des Geschehens erreichte, schwankte die Stimmung dort zwischen Verzückung und Panik, doch als er sich dann der bärtigen Statue mit dem herrschaftlich-starren Blick widmete, beruhigte sich die Lage halbwegs. Die riesige Skulptur wurde weiter freigelegt, und ein wahrlich furchterregendes Wesen, ein geflügelter Stiermensch, nahm Gestalt an. Konnte es sich um einen Wächter handeln, der das Haupttor flankierte?

Der elektrisierte Layard ließ sich von seiner Vorstellungskraft leiten: Er stellte sich an die Wand, vor der der Stier entdeckt worden war, machte drei große Schritte zur Seite, markierte die Stelle mit einem Spatenstich und gab Anweisung, einen Graben bis zu dieser Stelle auszuheben. Gegen Abend entwuchs – zum Entsetzen der Arbeiter und der inzwischen herbeigeströmten Menge – an dessen Ende das Spiegelbild des Kolosses dem Boden. Etliche Neugierige flohen vor dem Anblick der Bestien.

Trotz seiner erfolgreichen Prognose, trotz des so aufgespürten Portals war Layard unzufrieden: Daß er so wenig über die Stadt wußte, die er hier ausgrub, daß er ihre Geschichte nicht richtig nachvollziehen konnte, beunruhigte ihn ebenso wie die kühle Ablehnung, mit der das British Museum in London seinen wiederholten Bitten um Unterstützung seiner Arbeit begegnete. Vor allem brauchte er Leute, die die Funde vor Ort professionell zeichnen, sichern und konservieren konnten. In den Phasen größter Verunsicherung und Niedergeschlagenheit suchte er Ermutigung bei Rawlinson, der sich in Bagdad auf die Abschrift der zweiten Sprache des Behistun-Felsens vorbereitete, die man für Babylonisch hielt, das überall in Mesopotamien lange vor dem Altpersischen der Dareios-Zeit gesprochen wurde. Rawlinson wies Layard darauf hin, daß die rätselhaften Keilzeichen an den Palastmauern möglicherweise etwas über das Alter von Nimrud verraten könnten – ein schwacher Trost.

Mittlerweile konnte man sich in der alten Stadt geradezu verlaufen. Achtundzwanzig Räume und Säle des Königspalasts von Nimrud hatte Layard in der Tiefe des Hügels freigelegt, einige mit freskengeschmückten Gipswänden, andere mit langen Reihen von Reliefplatten, und immer noch kannte er den Namen des assyrischen Königs nicht, dessen Hauptstadt dies war. Der Palastboden war mit gebrannten Ziegeln gefliest[62], die alle mit genau diesem Namen gestempelt waren, doch Layard konnte ihn nicht lesen. Wäre er in der Lage gewesen, die Inschriften auf den Reliefbildern zu entziffern, so hätte er den demonstrativen Sadismus von Assurnasirpal II. (reg. 883–859) kennengelernt:

> Gegenüber von seinem Stadttor errichtete ich eine Säule, und ich zog allen Anführern, die gegen mich aufbegehrt hatten, die Haut vom Leibe, und ich bedeckte die Säule mit ihren Häuten. Manche von ihnen mauerte ich in die Säule ein, manche spießte ich auf Stangen, die von der Säule aufragten, und andere band ich an die Stangen, die in der Säule verankert waren... Und den Offizieren, den königlichen Offizieren, die rebelliert hatten, schnitt ich die Glieder ab...
>
> Viele der Gefangenen aus ihren Reihen ließ ich im Feuer brennen, und ich machte viele zu Sklaven. Einigen von ihnen schnitt ich die Nase, die Ohren und die Finger ab, und vielen stach ich die Augen aus. Ich stapelte die Lebenden zu einer Säule und ihre Häupter zu einer anderen Säule, und überall in der Stadt schmückte ich die Bäume mit ihren Häuptern. Ihre Jünglinge und Mädchen verbrannte ich im Feuer.
>
> Zwanzig Männer, die ich lebend gefangen, ließ ich im Innern seines Palastes einmauern... Den Rest ihrer Krieger ließ ich in der Wüste des Euphrat vom Durst vernichten.[63]

Die Zeit dieser Ausgrabung gehörte sicher zu den produktivsten Phasen in der Geschichte der Assyriologie. Zu den wissenschaftlich ergiebigsten Schätzen, die Layard barg, zählte der Schwarze Obelisk von Salmanassar III. (reg. 858–824), dem Nachfolger des grausamen Assurnasirpal II., der auch im Alten Testament erwähnt wird (2. Könige, 17.3 u. 18.9). Das detailreiche Basrelief, das alle vier Seiten des Steins bedeckt, stellt ausländische Würdenträger dar, die einem assyrischen Herrscher Tribut zollen. Der lange Text zwischen und unter den Szenen, den Layard nicht lesen konnte, enthält viele interessante Einzelheiten. So berichtet er zum Beispiel, daß Jau (Jehu), Sohn des Omri und König von Juda, Gold und Silber an den Herrscher lieferte.

Im Verlauf des Jahres ließ Layard mehrfach Flöße mit großen Holzkisten beladen, in denen Reliefplatten, Elfenbeinschnitzereien, mächtige Löwenstatuen und geflügelte Stiere den Tigris hinab Richtung Basra geschickt wurden. Diese Flöße erhielten ihren Auftrieb übrigens auf dieselbe Weise, die schon auf den assyrischen Reliefs dargestellt war, die sie transportierten: durch abgedichtete und aufgeblasene Tierhäute. In Basra wurde die wertvolle Fracht auf Schiffe umgeladen, die sie in den Persischen Golf und schließlich nach England brachten.

Noch bevor die Ausbeute der Nimrud-Grabung London erreichte, war Rawlinson wieder zum Felsen von Behistun zurückgekehrt, um die babylonischen Schriftzeichen zu kopieren. Diese waren den Inschriften der assyrischen Monumente, die auf dem Weg ins British Museum waren, bemerkenswert ähnlich. Ihrer Entzifferung leisteten die fünfhundert verschiedenen Zeichen aber erheblichen Widerstand: Nach drei vollen Jahren unablässiger Bemühungen, bei denen er immer wieder feststellen mußte, daß er in eine Sackgasse geraten war, räumte Rawlinson freimütig ein, daß er »mehr als einmal drauf und dran war aufzugeben, weil [ich] jeder Hoffnung, irgendwann zu einem befriedigenden Ergebnis zu gelangen, verlustig gegangen war.«[64]

Ihm war aufgefallen, daß in jenen babylonischen Satzteilen, die Königsnamen und -titel enthielten, bestimmte Worte wie »König« und »Sohn« offenbar durch einzelne Zeichen ausgedrückt wurden und nicht etwa durch Buchstabenfolgen, wie er es aus dem Altpersischen kannte. Das wies darauf hin, daß das Babylonische vielleicht – zumindest teilweise – primitiver Natur war und sich aus Ideogrammen zusammensetzte. Bekannte Namen wie Xerxes waren in der babylonischen Version deutlich kürzer als in der altpersischen. Wenn diese Sprache von einem semitischen Volk gesprochen wurde, so Rawlinsons Überlegung, dann hatten die alten Schreiber vielleicht nur die Konsonanten der Worte festgehalten, so wie man es aus dem Hebräischen kennt. Als er aber die Konsonanten, die er in bestimmten Schlüsselworten erkannt zu haben glaubte, auf andere Worte übertrug, mußte er feststellen, daß sich daraus eine ganze Reihe gleichberechtigter phonetischer Alternativen ergab.

Im Jahre 1851, als ihm diese Sprache wieder einmal völlig undurchdringlich erschien, kam Rawlinson plötzlich die entscheidende Erleuchtung: Er erkannte, daß es im Babylonischen gar keine einfachen konsonantischen Lautzeichen gab. Offenbar gab es überhaupt keine klar abgrenzbaren Buchstaben, zumindest nicht in dem Sinn, wie wir sie aus den modernen indoeuropäischen Sprachen kennen. Statt dessen bestand diese Sprache aus »agglutinierten« Silbenlauten, die jeweils durch ein spezielles Zeichen repräsentiert wurden. Ein einzelnes Schriftzeichen stand für eine Kombination aus einem Vokal und einem Konsonanten.

Und so schallten den Assyriologen schließlich doch noch Geisterstimmen aus den mesopotamischen Altertümern entgegen. Ihre Sprache wurde Akkadisch genannt und kurze Zeit für die erste Schriftsprache der Welt gehalten. Mehr als anderthalb Jahrtausende lang hatten sich die Menschen im »Land zwischen den beiden Flüssen« ihrer bedient.

Als 1847 die letzte Schiffsladung Nimrud verließ – zu ihr gehörte auch einer der besterhaltenen Stierkolosse –, ließ Layard die Gräben und Gruben zum letztenmal wieder mit Erdreich auffüllen und kehrte nach Mossul zurück. Er hatte in diesem Jahr bereits mit Stichproben am Hügel von Kujundschik begonnen, auf dem zu Zeiten Xenophons (um 380 v. Chr.) die Stadt Mespila gestanden hatte. Die Ruinen waren von Mossul aus zu Fuß erreichbar: Man brauchte lediglich über die Tigris-Brücke zu gehen. Die Sache war allerdings dennoch heikel, da ein Teil des Hügels als islamischer Friedhof und Heiligtum genutzt wurde.

Layard begann daher ganz unauffällig zu graben – und stieß am nördlichsten Tor der alten Anlage auf ein Paar geflügelte Wesen, die größer waren als alle bis dahin entdeckten. Im Vergleich mit ihnen nahmen sich die Exemplare von Nimrud wie Zwerge aus. Daraufhin traute er sich, etwas offener vorzugehen, und entdeckte eine Reihe von Kalksteintafeln, die zu einem großen Palast gehörten. Rawlinson half beim Übersetzen der Inschriften. Sie erfuhren, daß König Sanherib (reg. 704–681) diese Metropole hatte erbauen lassen und daß es sich bei ihr tatsächlich um das biblische Ninive handelte. In der Folgezeit fand sich eine wahre Flut von meisterhaft in Alabaster ausgeführten Basreliefs. Ein Panorama, das mehrere große Platten überspannte, zeigte den berühmten Angriff der Assyrer auf das biblische Lachisch, von dem im Zweiten Buch der Könige (18.13 ff.) und an anderen Stellen des Alten Testaments berichtet wird. Auf den Reliefs, die heute als Dauerausstellung im British Museum in London zu sehen sind, ist die totale Niederlage des Königreichs Juda für die Nachwelt festgehalten (die in der Realität allerdings nicht ganz so total war, wie die Darstellungen glauben lassen).

Layard konzentrierte sich bei seiner Erschließung Ninives auf das Innere des Haupthügels (an den noch ein kleinerer Hügel angrenzte). In einem seiner Bücher schrieb er:

> In diesem Prachtbau hatte ich nicht weniger als 71 Säle, Zimmer und Gänge geöffnet, deren Wände fast ausnahmslos mit Reliefs auf Alabasterplatten bedeckt waren, welche die Kriege, Siege und Großtaten des assyrischen Königs zeigten. Einer groben Überschlagsrechnung zufolge sind während meiner Forschungsarbeit allein in diesem Teil des Gebäudekomplexes etwa 9880 Fuß, also fast zwei Meilen Basrelief mit 27 Portalen freigelegt worden, die jeweils von kolossalen Flügelstieren oder Löwen-Sphingen flankiert wurden.[65]

Und diese Wandskulpturen, von denen einige die Errichtung der Stadt schilderten und zum Beispiel Reihen zusammengeketteter, versklavter Kriegsgefangener darstellten, die Schlitten mit riesigen Stierstatuen über Rollen zogen[66], entpuppten sich als bloßes Präludium. Als die Arbeiter sich mit ihren Fackeln weiter ins Innere des Schuttbergs hineingruben, brachen sie durch die Decke der königlichen Bibliothek Assurbanipals, der von 668 bis etwa 627 regiert hatte. Der Boden der beiden Gewölbe war über und über mit rechteckigen, sonnengehärteten Tontafeln bedeckt. Viele waren zerbrochen, aber es fanden sich erstaunlicherweise auch etliche intakte. Jede Tafel war in mehrere Felder unterteilt, und aus jedem Feld lachten Heerscharen von Keilschriftzeichen den glücklichen Entdecker an. Layards Arbeiter bargen und verpackten insgesamt mehr als 24 000 Fragmente, die alle nach London geschafft wurden. Dies war der wahre Schatz, den zu finden und zu heben Rawlinson Layard gedrängt hatte: das angehäufte, schriftlich fixierte Wissen einer untergegangenen Kultur – ihr Rechtswesen, ihre Medizin, ihr Handelssystem, ihre Literatur und ihre Mythologie. Die Scherben einer dieser Tafeln sollten fünfundzwanzig Jahre später auf dem Arbeitstisch von George Smith wieder zueinanderfinden.

Der Öffentlichkeit wurden Layards Funde 1851 auf der Weltausstellung in London vorgestellt, welche die Fortschritte des Viktorianischen Zeitalters feierte. Der wiederentdeckte assyrische Stil kam groß in Mode. Armreifen, Anstecker und versilberte Kästchen, geschmückt mit Motiven der Palastmauern von Nimrud und Ninive, wurden Verkaufsschlager.

Kapitel 4 –
Ein Fundament gerät ins Wanken

Die Tafeln aus König Assurbanipals Bibliothek in Ninive erfüllten vollauf die Erwartungen, welche die Bibelkundigen des British Museum in sie gesetzt hatten. Die Forscher konzentrierten ihr Augenmerk sofort auf diejenigen Texte, die von Herrschern handelten, deren Namen und Taten sich auch im Alten Testament fanden. Die überschwengliche Palastpropaganda so berühmter Könige wie Tiglat-Pileser III., Šalmanassar V., Sargon II. und Sanherib wie auch von Nebukadnezar II. aus Babylon verlieh der Heiligen Schrift als historischer Quelle neue Glaubwürdigkeit.

Nebukadnezar II. galt geradezu als unbesiegbar. Seinen kriegerischen Ruf begründete er bereits als babylonischer Thronfolger in der berühmten, auf beiden Seiten sehr verlustreichen Schlacht bei Karkemisch, in der er die gigantische Streitmacht Ägyptens zurückschlug:

> Denn Held an Held ist gestürzt, miteinander sind beide gefallen. (Jer. 46,12)

Die Bibelkundigen kannten Nebukadnezar natürlich aus einem anderen Zusammenhang: Achtzehn Monate lang belagerte er Jerusalem, bis dessen Mauern schließlich stürzten und die Stadt geplündert und verwüstet wurde. Der Tempel wurde niedergebrannt und bis auf die Grundmauern geschleift, die Regenten der Stadt fanden den Tod, die überlebenden Bewohner Judäas wurden nach Babylon verschleppt und mußten über Generationen ihr Dasein als Sklaven fristen.

Während im British Museum die Untersuchung der Tontafeln in Angriff genommen wurde, erkannte einer der eifrigsten Verfechter der historischen Glaubwürdigkeit der Heiligen Schrift, der junge George Smith, daß die chaldäischen Schreiber ihre Literatur größtenteils aus viel älteren Quellen übernommen hatten. Smith meinte: »Es schien mir wahrscheinlich, daß eine gründliche Suche in den assyrischen Textfragmenten Spuren von wenigstens einigen babylonischen Legenden zutage fördern müßte.«[68] Sein Vorgesetzter in der Abteilung für Orientalische Altertümer, Sir Henry, der seit 1855 geadelte Rawlinson, wies auf »etliche Übereinstimmungen zwischen der Geographie Babylons und der Schilderung des Garten Eden in der *Genesis* sowie ... die hohe Wahrscheinlichkeit« hin, »daß die Erzählungen der *Genesis* babylonischen Ursprungs waren«.[69]

So kam es, daß Smith die Stücke und Stückchen von Henry Layards Keilschrifttafeln zu katalogisieren begann. Eine seiner Kategorien nannte er »Legenden und Mythologie«. Bevor er auf jene ungewöhnliche Tonscherbe gestoßen war, deren Übersetzung die erstaunliche Aussage enthüllte, »daß das Schiff auf den Bergen von Nizir landete, daß die Taube ausgesandt wurde, daß sie keinen Ruheplatz fand und daß sie daraufhin zurückkehrte«[70], hatte er auf dem Fragment K63 einen Hinweis auf einen Schöpfungsmythos entdeckt. In der Aufregung über die Entdeckung eines Vorgängers des biblischen Noah hatte er diese Scherbe allerdings beiseite gelegt. Statt in dieser Richtung weiterzuforschen, versteifte er sich darauf, die fehlenden Stücke der Flutgeschichte zu finden. Er schrieb in sein Tagebuch:

> Diese Suche gestaltete sich zu zeitraubender Schwerstarbeit, denn es lagen Tausende von Fragmenten vor, die alle durchgesehen werden mußten.[71]

In nur wenigen Wochen fast pausenloser Arbeit setzte er aus seiner Bruchstücksammlung »Legenden und Mythologie« drei verschiedene, nur geringfügig voneinander abweichende Versionen der Sintflutgeschichte zusammen. Keine Fassung war vollständig, und alle bestanden nur aus wenigen kleinen Tafelscherben. Von den insgesamt sechs Textspalten konnte er die dritte und vierte fast komplett rekonstruieren, aber die anderen vier fehlten entweder ganz oder waren aufgrund großer Lücken kaum interpretierbar. Dennoch gelang es Smith dank seiner Überzeugung und Hartnäckigkeit, ausreichend viele Passagen der Überschwemmungsgeschichte zu übersetzen, um seinen mit Spannung erwarteten Vortrag vor der Gesellschaft für Bibelarchäologie vorbereiten zu können, der für den 3. Dezember 1872 angesetzt war.

Eines Vormittags fiel ihm bei der Arbeit in seinem fensterlosen Kämmerchen etwas auf: Die Schriftzeichen, die den Namen des Helden der Sintflutsaga darstellten, tauchten genauso auf einer weiteren, bemerkenswert gut erhaltenen Tafel auf. Deren Text drehte sich jedoch nicht um die Flut. Statt dessen erfuhr George Smith hier, daß der ihm vertraute Held das verlockende Heiratsangebot einer Liebesgöttin ausschlug und dann den »Himmelsstier« tötete, den sie zur Erde niedergesandt hatte, um sich für diese Erniedrigung zu rächen.

In diesem Augenblick ging Smith auf, daß die Sintfluttafel nur ein Kapitel eines viel umfangreicheren Epos war, das von den Abenteuern eines Königs aus der Stadt Uruk berichtete. Durch den Tod seines besten Freundes mit der eigenen Sterblichkeit konfrontiert, hatte dieser König sich auf eine lange Reise begeben, um das ewige Leben zu suchen. Zwar war die Geschichte durchaus »poetisch überzeichnet«, aber Smith war davon überzeugt, daß sie »einen wahren Kern enthält und dieser Monarch tatsächlich geherrscht und das babylonische Königreich begründet hat«.[72]

Der Vortrag, den Smith vor der Gesellschaft für Bibelarchäologie hielt, rief ein solches Aufsehen hervor, daß die Eigentümer des Londoner *Daily Telegraph* demjenigen eine Belohnung von eintausend Guineas versprachen, der die Ausgrabungen in Ninive wieder aufnahm und »die fehlenden Tafeln findet«[73]. Angesichts dieser beträchtlichen Summe nahm das Kuratorium des Museums diese Herausforderung ohne zu zögern an. Man wies Smith an, die neue

Ausgrabung rasch durchzuführen, und gewährte ihm für dieses Unterfangen sechs Monate Urlaub.

In Mossul saß er dann allerdings zwei Monate auf glühenden Kohlen, weil sich die Erteilung der Grabungserlaubnis verzögerte. Sobald er aber den Hügel von Kujundschik betreten durfte und die Treppe zu König Assurbanipals herrschaftlicher Bibliothek hinabgestiegen war, wurde seine Geduld fast augenblicklich belohnt. Am Abend des fünften Grabungstages, so schrieb er in seiner Depesche an die Redaktion des *Daily Telegraph*,

> habe ich ein neues Fragment des chaldäischen Sintflutberichtes gefunden, das in die erste Spalte der Tafel einzufügen ist und in dem es um den Befehl zum Bau der Arche und ihrer Beladung geht.[74]

Und den Eigentümern der Zeitung – seinen Finanziers – telegrafierte er, daß das neue Stück, das zu finden er ausgeschickt worden war,

> den Hauptteil von siebzehn Zeilen der Inschrift enthält ... und genau an die einzige Stelle paßt, an der die Geschichte bisher eine wesentliche Lücke aufwies.[75]

Diese Zeilen beschreiben, wie das Schiff mit Lebensmittelvorräten, Wertgegenständen, Saatgut und Tieren beladen wurde; auch die Kinder der Handwerker kamen mit an Bord. In seinem Bericht an die Zeitung wies Smith auf einen erheblichen Unterschied zwischen diesem Text und der Bibelfassung hin, was die Arche betraf. Im Gegensatz zu der eigens angefertigten Konstruktion der *Genesis*, auf der die acht Mitglieder der Familie Noah die einzigen Menschen sind, wird sie auf der Tontafel aus Ninive als ganz normales Schiff geschildert, das von routinierten Seeleuten auf das Meer hinausgesteuert wird. Für Smith, der das Akkadische inzwischen gut beherrschte, konnte das nur heißen, daß die Sintflutgeschichte »der Überlieferung eines Seefahrervolkes entstammte, zumindest aber eines Volkes, das im Tiefland eines großen Flußdeltas beheimatet war«.[76]

In den folgenden Wochen konnte Smith weitere Abschnitte der Geschichte aufspüren, so daß er schließlich Teile von jeder der zwölf Tafeln des *Gilgamesch-Epos* – wie wir es heute nennen – beisammen hatte. Die Sintflutsaga nimmt die elfte Tafel ein. Heute gilt das *Gilgamesch-Epos*, das über eine Spanne von zweitausend Jahren entstand und oft umgedichtet wurde, als wichtigstes literarisches Werk des alten Mesopotamien. In ihm sind die Stimmen jener Barden verewigt, die Wort für Wort die Erinnerung wachhielten, lange bevor jemand in der Lage war, sie in Keilschrift niederzuschreiben. Die Vielzahl seiner frühen Übersetzungen in verschiedene Sprachfamilien – sumerisch, semitisch und indoeuropäisch –, innerhalb derer die Geschichte ebenfalls von Generation zu Generation weitergegeben wurde, zeugt von der unglaublichen Beliebtheit und Bekanntheit dieses literarischen Meisterwerks, dessen Wurzeln in Mesopotamien liegen.

Als Smith nach Ninive reiste, hoffte er, alle Leerstellen der »späten« oder »Standardversion« füllen zu können. Er glaubte, daß das *Gilgamesch-Epos* bei den Babyloniern den Status einer »Nationaldichtung« eingenommen habe, »in gewissem Sinn vergleichbar mit der Bedeutung der Werke Homers für die Griechen«.[77] So, wie Homers Achilles mit seinem Kriegerstolz die Tragödie der *Ilias* auslöst, so führt die Überheblichkeit des Helden Gilgamesch letztlich zu Leid und Verzweiflung. Mit dem Instrumentarium einer Tragödie versucht der Poet eine allgemeine Wahrheit, eine Lehre zu vermitteln. Die ersten Zeilen des *Gilgamesch-Epos* – »Der alles gesehn hat überall, das Land regierte, der die Ferne kannte, Jegliches erfaßt hatte...«[78] – gebieten Ehrfurcht vor der großen Weisheit des Helden, die er sich im Rahmen jener Abenteuer erwarb, die im Anschluß besungen werden.

Auch von seinem nächsten glücklichen Fund schrieb Smith den Londonern; es

> war ein Fragment, das offensichtlich zu einem Schöpfungsmythos gehörte. Es handelte sich um die obere Ecke einer Tafel, und darauf war – lückenhaft – von der Erschaffung der Tiere die Rede.[79]

In demselben Bereich, nur ein paar Schritte entfernt, fand er zwei weitere Scherben dieses Textes, »eine über des Menschen Schöpfung und Fall, die andere über den Krieg zwischen den Göttern und den bösen Geistern«[80]. Smith war tief beeindruckt von der Bestätigung, die Rawlinsons Vorhersage hier gefunden hatte, es müsse einen babylonischen Schöpfungsmythos geben, der viel älter als die hebräische *Genesis* sei. Um so mehr ärgerte es ihn, daß man ihn drängte, die Ausgrabung rasch zu beenden. Bis zu seiner Rückkehr nach England blieben ihm nur noch wenige Stunden.

Smith brachte Hunderte von zerbrochenen Tontafeln mit nach Hause. Sie waren durchgängig numeriert, und jeder Nummer waren die Buchstaben DT vorangestellt worden, um den *Daily Telegraph* als Sponsor der Expedition zu ehren. Vielleicht lag es an dem schlechten Zustand der Funde, die unter dem Brand gelitten hatten, der Assurbanipals Palast zerstörte; jedenfalls erkannte Smith die Bedeutung des letzten Fragments, das er im Mai 1873 in Ninive eingesammelt hatte, nicht auf Anhieb.

Anderthalb Jahre später ergab sich die Gelegenheit, zum Hügel von Kujundschik zurückzukehren; diesmal finanzierte das Museum die Reise aus eigenen Mitteln. Smith nutzte seinen zweiten Aufenthalt in Ninive, um ausführlich nach weiteren literarischen Texten zu suchen, die nicht direkt mit dem Sintflutepos zusammenhingen. Der feine Ton der Tafeln war im feuchten Zustand beschriftet und anschließend in der prallen Sonne getrocknet worden. Wohl aufgrund dieser Belastung waren die meisten von ihnen in viele Teile zersplittert. In krassen Fällen mußte eine einzelne Tafel in mühevoller Kleinstarbeit aus über hundert Bruchstücken rekonstruiert werden. Doch der Aufwand lohnte sich: Nun wurde der Zusammenhang zwischen dem Fragment K63 aus Layards Grabung mit demjenigen, das Smith am Ende seiner ersten Ninive-Expedition hastig eingesammelt hatte, erkennbar. In seinem Zwischenbericht, der am 4. März 1875 im *Daily Telegraph* erschien, merkt man Smith die Aufregung darüber an:

Ich habe ... ein weiteres Stück ausgegraben, das zu dieser [Schöpfungs-]Geschichte gehört und das viel wertvoller ist. Tatsächlich ist es in meinen Augen für die Öffentlichkeit die bislang interessanteste und bemerkenswerteste Keilschrifttafel überhaupt. Sie enthält den Bericht von der ursprünglichen Unschuld des Menschen, von seiner Versuchung und seinem Fall.

... Die Geschichte von der Schöpfung und dem Fall ist, so sie denn einst vollständig vorliegen wird, ... viel länger und ausführlicher als der entsprechende Abschnitt der *Genesis*.

... Die Erzählung auf den assyrischen Tafeln setzt mit der Beschreibung der Zeit vor der Erschaffung der Welt ein, in der Chaos oder Wirrnis herrschte. Lebhaft werden der wüste und leere Zustand des Universums und die Hervorbringung von Monstern durch das Chaos geschildert. Das Chaos wird von einer weiblichen Macht namens Tisalat und Tiamat beherrscht.

... [Die] Entdeckung allein dieses Artefakts ist meiner Meinung nach erheblich bedeutender als die *Daily-Telegraph*-Sammlung.[81]

Was Smith so ins Schwärmen geraten ließ, waren die frappierenden Parallelen zwischen den Eröffnungsversen der babylonischen Schöpfungslegende und den ersten beiden Versen des biblischen Schöpfungsberichts, den er in seiner Kindheit auswendig gelernt hatte:

1. Am Anfang schuf Gott Himmel und Erde.
2. Und die Erde war wüst und leer,
   und es war finster auf der Tiefe;
   und der Geist Gottes schwebte auf dem Wasser.

(Luther-Übersetzung)

Die Keilschriftzeichen auf der Tontafel, die er gerade vom Staub befreit und entziffert hatte, sprachen im selben Tonfall:

1. Als droben der Himmel noch nicht errichtet war,
2. Und drunten der Erde noch keine Pflanze erwachsen;

3. Und die Tiefe hatte ihre Schleusen noch nicht geöffnet:
4. Da war Tiamat, das Wasser des Chaos, die Urmutter von ihnen allen.[82]

(übersetzt nach G. Smith)

Smith wagte seiner eigenen Übersetzung kaum zu trauen. Die beiden Überlieferungen erzählten nicht nur dieselbe Geschichte – sie bedienten sich zum Teil auch identischer Worte: *Chaos* (ein ursprüngliches Meeresungeheuer) stand für die tiefen (Salz-)Wasser, die im Hebräischen *Tehom* oder *Tehomot* heißen, *Tiamat* im Akkadischen. In der Smithschen Übersetzung des babylonischen Schöpfungsberichts wird das (weibliche) Meeresmonster Tiamat getötet, sein Körper wird zweigeteilt, und eine Hälfte wird im Firmament angebracht, um seine (Tiamats) Wasser auf ewig daran zu hindern, die Erde zu überfluten. Dem Salzwasserterror wird ein für allemal ein Riegel vorgeschoben. Genau das gleiche Bild, das Verriegeln eines Tores, findet sich in Hiob, 38,8–11.[83]

Auch an anderen Stellen drängten sich Parallelen auf. Der »Baum des Lebens« im Garten Eden entsprach mit großer Wahrscheinlichkeit dem Heiligen Hain oder Baum des Anu (des alten mesopotamischen Himmelsgottes, der die Hauptimpulse bei der Schöpfung gab und die anderen Götter aus erhabener Distanz anführte), von dem es auf der Tafel aus Ninive heißt, »er wurde durch ein Schwert beschützt, das in alle vier Himmelsrichtungen wies«[84]. Der Heilige Baum schmückt viele Reliefs in den Palästen von Nimrud und Ninive und findet sich oft auch auf den kleinen Zylindern – sogenannten Rollsiegeln –, mit denen wichtige Dokumente abgestempelt wurden. Auf bildlichen Darstellungen ist dieser Baum stets zusammen mit einer Schlange zu sehen.

Die babylonischen Tontafeln warfen für Smith und seine bibelfesten Kollegen etliche heikle Fragen auf: Wie konnten diese mesopotamischen Texte derart deutliche Übereinstimmungen mit der Heiligen Schrift aufweisen? Der Mythos im Kern derselbe, die Begriffe zum Teil identisch, die Erzählweise verblüffend ähnlich – sollte die Bibel etwa doch nicht die erste und allein gültige historische Quelle von der Erschaffung des Menschen sein?

Es gab keinen Zweifel: Der Bericht von der großen Flut, von der das *Gilgamesch-Epos* so bewegend kündet, war zu einer Zeit in Stein geschlagen und in Ton geprägt worden, als die ältesten Bücher des Alten Testaments noch lange nicht existierten. War das *Gilgamesch-Epos* etwa der Originalbericht von Noahs Flut? Wenn ja, dann mußten die Israeliten ihn in ihre mündliche Überlieferung aufgenommen haben, bevor er schließlich in hebräischer Schrift festgehalten wurde.

Zwar gab es eine theoretische Alternative zu dieser Überlegung: Beide Fassungen konnten frei erfundene Dichtung sein. Aber mit dieser häretischen Interpretation konnte sich Smith nicht anfreunden. Er hielt weiter an seiner Überzeugung fest, daß den alten Texten ein Tatsachenbericht zugrunde lag. Er versprach den faszinierten Lesern des *Daily Telegraph*:

> Wenn ich meine Untersuchungen abgeschlossen habe, werde ich eine vollständige Dokumentation und Übersetzung all dieser *Genesis*-Legenden veröffentlichen, die aufzuspüren ich das Glück hatte.[85]

Das Schicksal hinderte George Smith daran, dieses Versprechen einzulösen. Auf seiner dritten Fahrt nach Ninive wurde er 1876 beim Warten auf die Ausgrabungsgenehmigung sechs Monate in Istanbul aufgehalten. Trotz zahlreicher Warnungen unternahm er mitten im Sommer einen Abstecher nach Aleppo und infizierte sich – vermutlich an einem geliehenen Kochgeschirr – in der brütenden Hitze mit der Ruhr. Er starb, erst sechsunddreißig Jahre alt, in einer Bauernhütte.

Kapitel 5 –
Eine Flut – aber die falsche

George Smith hinterließ den folgenden Generationen die Gewißheit, daß es tatsächlich eine Sintflut gegeben hatte – eine Flut von solcher Gewalt, daß sie die Menschheitsgeschichte klar in ein »Davor« und ein »Danach« gliederte. Da die Flutgeschichte aus Mesopotamien stammte, sollte man – so hatte er vorgeschlagen – dort nach handfesten geologischen Beweisen für dieses Ereignis suchen. Die Königslisten[86], auf denen die Herrschaftszeiten der Regenten festgehalten waren, spiegelten die Untergliederung der Geschichte in eine vorsintflutliche und eine nachsintflutliche Epoche wider. Smith hatte eine Tontafel[87] rekonstruiert, auf der einer der vorsintflutlichen Könige namentlich genannt war. Dieser »Mann aus Schuruppak«[88] war angewiesen worden, »sein Haus abzureißen und ein Schiff zu bauen«[89]. Die Inschrift siedelte seine Stadt »an den Ufern des Euphrat«[90] an, an einem Ort, den die Archäologen als Tell Fara kennen und der auf halber Strecke zwischen Babylon und dem Nordufer des Persischen Golfs liegt[91].

Der Mann, der dort weitermachte, wo Smith aufhören mußte, hieß Charles Leonard Woolley. Woolley, Sohn eines Geistlichen, wurde nach seiner Ausbildung am New College in Oxford, wo der berühmte Archäologe Sir Arthur Evans zu seinen Lehrern gehört hatte, stellvertretender Direktor des Ashmolean Museum in Oxford[92] und leitete zwischen 1911 und 1914 seine ersten Ausgrabungen in Syrien. Dort entwickelte er rasch ein Gespür dafür, wie man in der osmanischen Herrschaftssphäre effektiv arbeitet. Diese Fähigkeiten kamen im Ersten Weltkrieg seinem Vaterland Britannien zugute, bis seine Tätigkeit als Geheimdienstoffizier ruchbar wurde und er im Gefängnis landete.

Nach seiner Entlassung und Rückkehr bekam Woolley 1922 die Chance seines Lebens: Er wurde zum Expeditionsleiter einer gemeinsamen Ausgrabung des British Museum und der University of Pennsylvania am Tell el-Muqajjar ernannt. In diesem Hügel, etwa achtzig Kilometer südlich von Tell Fara im heutigen Südirak gelegen, hatte man siebzig Jahre zuvor Steinfundamente mit Keilschrifttexten freigelegt, die kein anderer als Henry Creswicke Rawlinson übersetzt hatte. Rawlinson hatte unter seinen Kollegen für erheblichen Wirbel gesorgt, als er diese versunkene Stadt 1853 anhand der Inschriften als das Ur der Chaldäer identifizierte, welches – laut *Genesis* 11, 27 ff. – der Geburtsort Abrahams war. Woolleys Ausgrabungen in Ur zogen sich über zwölf Jahre hin, in deren Verlauf er einen Großteil der ehemaligen Metropole freilegte und so ein lebendiges Bild des altbabylonischen Lebens zeichnen konnte,[93] wie es sich im 3. Jahrtausend v. Chr., also zur Zeit der schriftlichen Fixierung der Flutlegende, abgespielt haben mochte. Er legte die ehemaligen Wohnviertel mit den Grundrissen der Häuser und Höfe frei, wobei er den Straßen Namen gab, an die er sich aus seiner Oxforder Schulzeit erinnerte, zum Beispiel Broad Street, Church Lane und Paternoster Row.[94] Er war überrascht, wie sehr die zweigeschossigen Ziegelhäuser der grauen Vorzeit den neuzeitlichen Wohnbauten ähnelten, deren Anblick ihm aus der Altstadt des nahegelegenen An Nasiriya vertraut war. Die Türen und Fenster zum Beispiel folgten immer noch demselben Konstruktionsprinzip: Man spannte Schilfmatten in einen Holzrahmen.

Besonders die weiteren Königslisten, die im Lauf der Grabung ans Licht kamen, faszinierten Woolley. Felsenfest vom historischen und religiösen Wahrheitsgehalt der Bibel überzeugt, sah er in diesen Tafeln die wichtigste Quelle zur Geschichte Urs. Er interessierte sich vor allem für diejenigen Herrscher, die vor der Sintflut regiert hatten, sowie für die zahlreichen Dynastien der langen Übergangszeit zwischen der Flut und dem Aufstieg Urs zur mächtigen, prächtigen Metropole.

Leider mußte Woolley feststellen, daß man der Chronologie der Listen nicht trauen konnte. Zwar schlossen die Dynastien nahtlos aneinander an, aber die einzelnen Personen sollten oftmals über Spannen von mehreren hundert Jahren geherrscht haben,[95] was nahelegte, daß es sich um mythologische Gestalten handelte. Da er aber während der Grabung an verschiedenen Stellen auf Inschriften stieß, die den Namen eines dieser Monarchen enthielten,[96] gab es guten Grund zu der Annahme, daß zumindest diese Person wirklich gelebt und geherrscht hatte. Woolley fragte: »Müssen wir die Königslisten als reines Fabelwerk abtun?«[97] Eine rein rhetorische Frage, denn sofort liefert er die Antwort: »Es wäre vermessen zu versuchen, jede Legende in Geschichte umzuwandeln, aber wir sollten doch annehmen, daß sich hinter vielem, was sich uns als ausgedacht oder unglaublich darstellt, Tatsachen verbergen.«[98]

Was den Forscher zutiefst beeindruckte und seine Phantasie beschäftigte, war eine Auflistung jener vorsintflutlichen Städte, die von der Flut zerstört worden waren. Das hieß, daß in Mesopotamien schon vor der Flut ein altes Volk heimisch gewesen sein mußte. Er erwog die logischen Konsequenzen: »Um die vollständige Zerstörung der Menschheit kann es sich natürlich nicht gehandelt haben, nicht einmal um die völlige Auslöschung aller Deltabewohner... aber der Schaden kann durchaus so groß gewesen sein, daß man dieses Ereignis als wichtige Zäsur in der Geschichte, ja als epochalen Wendepunkt empfand.«[99]

Die Hinweise auf eine vorsintflutliche Besiedlung des Zweistromlands weckten in Woolley die Hoffnung, er müsse nur tief genug graben, um unterhalb der Stadt Ur auf Ablagerungen der Flut zu stoßen, auf den Schlick, der sich über die Ebene verteilt haben mußte, als das gemeinsame Delta von Euphrat und Tigris unter den Wassermassen begraben lag. Seiner Hypothese zufolge sollte diese Schlammschicht die Hinterlassenschaften der vorsintflutlichen Kultur von denen der nachsintflutlichen Neubesiedlung deutlich abgrenzen. Fünf Jahre nach Beginn des Projekts, in denen sein Team aus einheimischen Arbeitern viel Erfahrung bei der sorgfältigen Erschließung der Schutt- und Erdschichten gewonnen hatte, begann er, tiefe Schächte ausheben zu lassen, die ihn zu den Königsgräbern führten. Als er die Grabkammern öffnete, fand er die Überreste nicht nur des Königspaars, sondern auch einer großen Zahl von Menschenopfern.[100] Der gesamte Hofstaat – Diener, Wachsoldaten, Musikanten, Fuhrleute und Stallknechte, ja selbst der Ochse, der den Begräbniswagen gezogen hatte – lag dort in Reih und Glied zu Füßen des Monarchen, als sei er komplett durch einen Zauberspruch in Schlaf versetzt worden.[101] Die Königin, die auf einer eigenen hölzernen Plattform ruhte, trug einen filigranen Kopfschmuck mit Blumenmotiven, dessen Blätter und Blüten aus papierdünner Gold-, Silber- und Elektrumfolie gefertigt waren. All diese Menschen waren offenbar »auserwählt« worden, den Regenten ins Jenseits zu begleiten. Mit erfahrenem Auge taxierte Woolley die Grabbeigaben. Die hohe Kunstfertigkeit und die metallurgischen Fähigkeiten, die aus ihnen sprachen, konnten nur von einem Volk entwickelt worden sein, das viel Zeit zur Reifung gehabt hatte. Auch die Architektur der Grabräume selbst war revolutionär, denn manche ihrer Bauelemente – Bögen, Gewölbe und Kuppeln – tauchten außerhalb Mesopotamiens erst in Mykene wieder auf, also gut ein Jahrtausend später.

Getreu seinem Plan ließ Woolley noch tiefer graben und stieß schließlich auf die allerersten Siedler Südmesopotamiens[102], zu deren Zeit Ur nicht viel mehr als ein Dorf im Sumpf gewesen war.[103] Und im Lauf dieser Ausschachtung hatten die Arbeiter tatsächlich eine drei Meter dicke, einheitliche Schicht aus angespültem Schlamm durchquert, der keinerlei menschliche Artefakte enthielt – ein handfester Beleg für eine große Überschwemmung.[104] Dieser Schlick hatte Häuser und Tempel unter sich begraben. Da das Land hier in weitem Umkreis ziemlich eben war, wertete Woolley die bemerkenswerte Dicke der Ablagerungsschicht als Indiz für die große Ausdehnung der Überschwemmung. In seinen Augen sprach vieles dafür, daß die alte Bevölkerung fast auf einen Schlag ausgelöscht worden war.[105] Viele Jahre später schrieb er über das überflutete Gebiet: »Das Land war zu wertvoll, um es unbestellt zu lassen, also wanderten Horden von Immigranten aus dem Norden ein. Sie ließen sich gemeinsam mit den wenigen Überlebenden nieder und führten neue Kulturtechniken ein.«[106]

Die Entdeckung der Schicht, die Woolley für eine Hinterlassenschaft genau jener Sintflut hielt, die in der *Genesis* beschrieben wird, elektrisierte die Öffentlichkeit – Kirchenleute und Laien gleichermaßen –, und Zeitungsartikel, Radioberichte und Kino-Wochenschauen verbreiteten die Nachricht davon in Windeseile über den Globus. Nicht nur hatte der Wüstensand die zur Legende gewordenen biblischen Städte freigegeben, auch die Geschichten, die die Bibel erzählte, fanden nun ihre Bestätigung.[107] Mehrere Jahrzehnte lang galt Woolleys Interpretation der Schlammschicht von Ur als Beleg dafür, daß das Alte Testament eine glaubhafte Quelle für die menschliche Geschichte ist. Die Durchschlagskraft und Langlebigkeit seiner These verdankte er allerdings weniger seiner wissenschaftlichen Beweisführung als vielmehr seiner ansteckenden Begeisterungsfähigkeit und seiner Begabung zum Schreiben allgemeinverständlicher Werke.[108] Sein 1929 erschienenes Buch *Ur of the Chaldees* (Das Ur der Chaldäer) fand mehr Leser als jedes andere bis dahin veröffentlichte archäologische Werk.[109]

Allerdings erbrachten alle nachfolgenden Untersuchungen,[110] sowohl in Ur selbst als auch in den Tells der Umgebung (zum Beispiel in Abu-Schahrein, dem biblischen Eridu) sowie in anderen, ebenso alten Ansiedlungen weiter im Norden (Tell al-Queili, Tschoga Mami[111]), das gleiche niederschmetternde Ergebnis: Die Schlammschicht ließ sich nicht finden.[112] Anhand zahlreicher Stichgräben und Bohrungen wurde festgestellt, daß die Fläche, auf der sich die Ablagerungen finden, äußerst begrenzt ist. Vielleicht war ein einzelner Dammbruch am Euphrat die Ursache für diese »Schrägschichtung« (wie die Hydrogeologen heute sagen), die höchstens ein paar Quadratkilometer der weiten Schwemmlandebene erfaßte. Inzwischen messen die Archäologen Woolleys Schlickablagerung in Ur nicht mehr Bedeutung bei als den tausend anderen örtlich begrenzten Schlammschichten, die die beiden großen Ströme seit der letzten Eiszeit ausgespien haben. Offenbar war keine dieser Überschwemmungen so umfangreich, daß sie in der Geschichte Mesopotamiens eine Zäsur bewirkt hätte.

Noch im 18. Jahrhundert sah sich praktisch jeder Naturforscher, wie auch jeder Bildungsbürger, der sich für das Wesen und Wirken der Welt interessierte, bemüßigt, Wissenschaft und Religion miteinander in Einklang zu bringen. In den britischen Hochburgen der Gelehrsamkeit, wie in Oxford und Cambridge, wurde diese Verquickung bisweilen ins Extrem getrieben, wofür der schon erwähnte Reverend William Buckland als Beispiel dienen mag. Indem er die Natur studiere, so hatte er gemeint, studiere er zugleich die Entfaltung von Gottes Weisheit und Güte.[113] Die immense Wassermenge, die für eine weltumspannende Flut vonnöten gewesen wäre, stellte für ihn kein Problem dar, denn die Sintflut hatte sich seiner Ansicht nach auf einer Erde ereignet, die sich von der heutigen krass unterschied: »Vor der Sintflut war das Antlitz der Erde eben, regelmäßig und einförmig; es gab weder Gebirge noch Meer.«[114] Um eine solche Welt vollständig versinken zu lassen, bedürfe es nicht mehr Wassers als bereits vorhanden sei. Die nötige Menge käme dann aus »dem großen Schlund, der See, oder den unterirdischen Gewässern, die in den Eingeweiden der Erde verborgen sind«[115], oder aber die Fluten regneten während des nahen Vorbeiflugs eines Kometen aus dem Himmel.[116]

Solche wilden Theorien konnten, unbehelligt von Fakten und den Prinzipien wissenschaftlichen Arbeitens, munter ins Kraut schießen, bis man irgendwann einsah, daß die Erde in Wirklichkeit viel älter war, als es die immer noch populäre Chronologie von James Usher die Menschen hatte glauben lassen. Dieser Primas von Irland hatte Mitte des 17. Jahrhunderts das Alter des Erdballs aus den Genealogien der Heiligen Schrift errechnet und war so zu dem Schluß gelangt, daß Himmel und Erde am Vorabend des 23. Oktober 4004 v. Chr.[117], natürlich an einem Sonntag, geschaffen worden seien. Der erste Geologe, der schlagkräftige Argumente für ein immens höheres Alter der Erde vorlegte und meinte, man könne »keine Spur ihres Anfangs, keine Andeutung ihres Endes«[118] entdecken, war James Hutton (1726–1797) gewesen. Sein Monumentalwerk *Theory of the Earth* (Theorie der Erde), dessen erste zwei Bände 1785 im Rahmen der *Proceedings of the Royal Society* (Erkenntnisse der Königlichen [wissenschaftlichen] Gesellschaft) veröffentlicht wurden, ließ keinen Platz für die Sintflut.[119] Der Mensch war ihm zufolge erst im letzten, winzigen Abschnitt der bereits viele Milliarden Jahre währenden Geschichte unseres Planeten auf der Bildfläche erschienen, lange nach den Fischen, Amphibien, Reptilien, Pflanzen, Vögeln und Säugetieren. Zu seiner Zeit hatte Hutton allerdings nur mäßigen Einfluß auf die Entwicklung des westlichen Weltbildes: Allein in den europäischen Enklaven der Aufklärung nahm man seine Schlußfolgerungen an.

Der fast sechzig Jahre jüngere Buckland dagegen gehörte zur großen, einflußreichen Schule der sogenannten Diluvialisten, die unterstellten, die Erde habe bereits eine ganze Reihe von »Revolutionen« erfahren, die ihr Antlitz, die Verteilung der Kontinente und Meere, jedesmal von Grund auf umgestaltet hätten. Bei diesen Umwälzungen sei stets ein Großteil der Erdenbewohner umgekommen und habe so neuen Formen Platz gemacht; Noahs Flut wurde als jüngstes dieser Ausrottungs- und Neubesiedlungsereignisse angesehen. Die in Schottland und Nordeuropa weit verbreiteten Geschiebe-Ablagerungen – ungeordnete Wackersteinfelder, in Mergel eingebettet – galten als eindeutige Belege für die alles verwüstenden Sturzbäche und Strömungswirbel der Sintflut. Sogar Charles Lyell bekannte sich ursprünglich (in der Erstausgabe seiner *Principles of Geology*[120]) vorbehaltlos zu der Theorie, daß diese Ablagerungen Hinterlassenschaften der Flut seien, wenngleich er persönlich meinte, sie seien aus Eisbergen herausgefallen, die durch das rasche Ansteigen des Meeresspiegels nach Europa getrieben worden seien. Später ließ er jedoch beide Theorien fallen.

Seit Louis Agassiz' folgenschwerer Entdeckung der Eiszeit und der Bekehrung Bucklands, die im zweiten Kapitel geschildert wurde, glaubte kaum mehr jemand ernsthaft daran, daß eine weltweite Sintflut die Erde grundlegend umgestaltet habe. In einem zeitgenössischen Essay über die Rolle der *Genesis*-Geschichte in der westlichen Geisteswelt heißt es: »Man erkannte die Diluvialtheorie nun als das, was sie wirklich war: eine der vielen phantasievollen, aber letztlich falschen Spekulationen, die die Wissenschaft von der

Erde im Laufe ihrer Entwicklung hervorgebracht hat.«[121] Einzig die christlichen Fundamentalisten und Kreationisten[122] halten nach wie vor ernsthaft an dieser Idee fest.

Zwar konnte der Flutmythos von Seiten der Erdwissenschaften nicht bestätigt werden, aber vielleicht lagen George Smith, Henry Creswicke Rawlinson und Charles Leonard Woolley gar nicht so falsch. Keiner dieser begabten Gelehrten hatte behauptet, die mesopotamische Legende spreche von einer *weltweiten* Überflutung. Jeder von ihnen hatte die Flut der Legende lediglich als lokales Ereignis betrachtet, das jedoch gewaltig genug gewesen sein mußte, um das Leben eines ganzen Volkes in andere Bahnen zu lenken – die Ahnen jener Menschen nämlich, die anschließend die großen Stadtstaaten Südmesopotamiens begründeten. Auf der Suche nach den physikalischen Hinterlassenschaften, nach den handfesten Beweisen der Sintflut interpretierten Rawlinson, Smith und Woolley die Saga im Rahmen ihrer eigenen Lebenserfahrungen: Die Flut mußte aus einem Sturm hervorgegangen sein, der Regen und vielleicht auch ein Hochwasser brachte, das vor allem die küstennahen Regionen überschwemmte. Der Niederschlag war zwar außergewöhnlich heftig und zerstörerisch, wie die Legende zu berichten weiß, aber sobald er endete, ging das Wasser zurück, das Land fiel trocken, und die Städte erwachten zu neuem Leben.

Was für ein Bild erhält man aber, wenn man den Mythos einmal gegen den Strich bürstet und annimmt, daß dieses Ereignis die Geschichte der Menschheit deshalb so grundlegend in ein Davor und ein Danach aufteilte, weil die Überflutung nicht vorübergehend, sondern vielmehr ein Dauerzustand war? Könnte nicht eine Flut, die *nicht mehr* zurückging, ein Volk aus seinem angestammten Gebiet vertrieben und zur Suche nach einer neuen Heimat gezwungen haben? Könnte es sein, daß das Schiff, das einige der Flüchtenden bauten und mit Saatgut und Tieren beluden, gar nicht wieder in der Nähe seines Ausgangspunkts landen sollte, sondern dazu diente, alles Lebenswichtige (Nutzpflanzen, Haustiere und die Bewahrer des handwerklichen Könnens) an einen weit entfernten, sicheren

Ort zu tragen? Und warum sollte man die Suche nach den Indizien für so eine Hypothese auf Mesopotamien beschränken, wenn doch die Herkunft der Überlebenden aus einem weit entfernten Ort Teil dieser Hypothese ist?

Für die Suche nach einer versunkenen Welt jenseits der Flut, jenseits dieses dunklen Schleiers der Geschichte, stehen uns heute noch ganz andere Mittel zur Verfügung als den »klassischen« Archäologen, die Hügel anstechen und Ruinenstädte ausgraben. Eine neue Generation von Forschern kann mit den modernen Methoden der Ozeanographie, Klimakunde, Radiokarbon-Datierung, Anthropologie, Genetik und Linguistik erneut in jene Vorgeschichte eintauchen, der Rawlinson, Smith, Agassiz, Layard und Woolley schon so viele Geheimnisse entlockt haben. Diese neue Reise in die Vergangenheit wird die Aufmerksamkeit der Leser später noch einmal in das Jahr 1872 zurücklenken und sich ein zweites Mal auf die Tonscherben richten, denen George Smith eines nebligen Vormittags in seiner düsteren Kammer im British Museum ihre Nachricht zu entlocken versuchte. Und wir werden diese Botschaft ganz anders deuten als er.

II DIE ENTDECKUNG EINER WIRKLICHEN FLUT

KAPITEL 6 –
EIN VERBORGENER FLUSS

Der starke Motor versetzte die beiden Schrauben der *Chain* in Drehung. Das schlammige Wasser des Goldenen Horns kochte in schäumenden Wirbeln hoch, und das Forschungsschiff erzitterte. Die Vibration signalisierte den Wissenschaftlern, die im Hauptlabor unter Deck dieser mit Meßgeräten vollgestopften, schwimmenden Beobachtungsstation bereits ihre Arbeit aufgenommen hatten, daß es jetzt losging. Als sie von der Werkbank aufblickten, die sich an der Backbordseite entlangzog, sahen sie die Hafenanlagen von einem Bullauge zum nächsten wandern: Das 1800-Tonnen-Schiff manövrierte langsam und im Rückwärtsgang von seinem Liegeplatz ins offene Hafenbecken, über dem dunkle Kohlerauchschwaden waberten. Für die »Woods Hole Oceanographic Institution« auf Cape Cod, Massachusetts, war der heutige Tag – der 18. Oktober 1961 – ein historisches Datum: Das Flaggschiff des Meeresforschungsinstituts brach zur ersten US-amerikanischen Expedition ins Schwarze Meer auf. Hohe Gäste von der türkischen Marine befanden sich an Bord.

Oben auf dem Achterdeck legte der Bootsmann im Licht der Morgendämmerung die Halteleinen sorgfältig in parallelen Reihen aus. Sechzehn kurze Stunden würden sie dort liegenbleiben, denn länger würde die Tour nicht dauern, die die Amerikaner durch den Bosporus in jenes Meer unternahmen, über das sie praktisch genausowenig wußten wie vor 3000 Jahren Jason und seine Argonauten.

Auf dem blauen Gerüst, das fast das ganze Achterdeck einnahm, hatte ein Techniker gerade seine Inspektion der über hundert elektronischen Thermometer abgeschlossen, die an den Gliedern einer

Kette befestigt waren. Dieser Instrumentenstrang, der nun wieder auf einer massiven Winde aufgetrommelt war, würde bald ins Wasser gelassen werden, um den Temperaturabfall an der sogenannten Thermokline zu messen. In dieser Wasserschicht fällt die Temperatur rapide ab, wodurch Schallwellen, die durchs Wasser wandern, abgelenkt werden – ähnlich wie Licht, das durch ein Glasprisma fällt, je nach Wellenlänge verschieden stark gebeugt und so in seine Farbkomponenten aufgespalten wird. Wer etwa ein U-Boot anhand seiner Schraubengeräusche zu orten und zu verfolgen versucht, muß über die Lage der Thermokline und die Steilheit des Temperaturabfalls genaustens Bescheid wissen.

Im Schutz der Dunkelheit war vergangene Nacht eine Reihe sowjetischer Kriegsschiffe aus Richtung des Schwarzen Meeres vorübergezogen. Die Schlachtschiffe und Fregatten, die sich durch die turmhohen Silhouetten ihres Raketenradars und durch das Kreischen ihrer Turbinen verraten hatten, kamen aus Sewastopol und Novorossiysk und waren auf dem Weg in den Atlantik und den Indischen Ozean. Der kalte Krieg eskalierte und sog beide Supermächte in eine Spirale immer neuer Machtdemonstrationen. Kurz zuvor hatte die NATO die Türkei mit Atombombern ausgestattet, und die Sowjets reagierten mit dem Ausbau ihrer Offensivstreitkräfte.

Die *Chain*, die 1943 als Hochseeschlepper in Dienst gestellt worden war, um Schiffe der Alliierten zu retten, die im Nordatlantik von deutschen U-Booten manövrierunfähig geschossen worden waren, diente nun zivilen Wissenschaftlern für ozeanographische Forschungsprojekte (die vom Militär bezuschußt wurden). Die einundzwanzigste Expedition[123] der *Chain* hatte vor zwei Monaten begonnen, als sie ihren Heimathafen in Woods Hole verließ und über den Atlantik und durch das Mittelmeer Kurs auf die Türkei genommen hatte. Da sie mit der neuesten akustischen Technik ausgestattet war, die sich nicht nur zur Meeresboden-Kartierung, sondern auch zur U-Boot-Bekämpfung einsetzen ließ, konnten die Sowjets das Eindringen ins Schwarze Meer – in dem ihre gesamte Südwestflotte beheimatet war – durchaus als Provokation empfinden.

Auf der Brücke gab Kapitän Edmund Hiller jeden Befehl des türkischen Hafenlotsen, der nach internationalem Seerecht während der Passage durch die enge und gewundene Bosporus-Straße das Kommando über das Schiff hatte, an seinen Steuermann weiter. Erst wenn die *Chain* das offene Meer erreicht hätte, würde er seine Befehlsgewalt zurückerhalten. Hiller, der seine Paradeuniform trug, hatte eine sehr aufrechte Haltung eingenommen und war äußerst zuvorkommend gegenüber seinen ausländischen Gästen, die eben die Wendeltreppe von der Offiziersmesse heraufkamen, sich durch den vollgestopften Kartenraum drängten und die steilen Stufen zu dem kleinen Labor hinaufstiegen, das sich ungewöhnlicherweise über der Kommandobrücke befand. Der erste Maat erkannte hinter der höflichen Maske seines Vorgesetzten jedoch dessen Anspannung. Eigentlich hätte die *Chain* drei ruhige Tage im Hafen verbringen sollen, aber die Bordwissenschaftler hatten sich im letzten Moment für diesen nicht unriskanten Abstecher entschieden. Und Maat wie Kapitän waren sich einig, daß dies nicht die letzte Überraschung war, mit der sie von dieser Seite rechnen mußten.

Der kleine Raum oberhalb der Brücke, den alle das »obere Labor« nannten, diente als Kommandoposten, auf dem rund um die Uhr Techniker Wache hielten und sich um den reibungslosen Ablauf der wissenschaftlichen Datenerhebung kümmerten. Fast die gesamte elektronische Ausrüstung, in Regalen vom Fußboden bis zur Decke gestapelt, war Marke Eigenbau: entworfen und hergestellt in einer großen Werkstatt am Pier von Woods Hole. Noch bevor die Taue von den Pollern gelöst worden waren, hatte einer der Wissenschaftler das neuartige Echolot angeworfen, dessen graue Konsole beinah so hoch und breit war wie der Mann, der es bediente. Damit ein Echolot (oder seine Weiterentwicklung, das Sonar) genaue Ergebnisse liefern kann, muß es ein höchst gleichmäßiges rhythmisches Signal aussenden. Auf der *Chain* erreichte man dies mit Hilfe einer Trommel, die sich mit exakt vier Umdrehungen pro Sekunde drehte. Bei jeder Umdrehung wischte eine speziell präparierte, stromleitende Papierzunge über ein dünnes Stahlband und schickte einen starken Stromimpuls an ein Megaphon-ähnliches

Gerät, das unter dem Kiel des Schiffs montiert war. Darin befand sich ein keramischer Kristall, der sich durch diesen kurzen Stromstoß ausdehnte und dabei ein Geräusch erzeugte, das – durch die Zylinderform des Kristalls fokussiert – ins Meer abgestrahlt wurde. Der so produzierte Schallwellenstrahl jagte mit fast anderthalb Kilometern pro Sekunde[124] durchs Wasser, bis er genau unterhalb der Apparatur auf den Meeresboden oder, wie in diesem Moment, auf den Hafenboden traf.

Während die *Chain* durch das Goldene Horn fuhr, glitt die mächtige Kuppel der im 6. Jahrhundert errichteten Hagia Sophia ins Blickfeld. Das überwältigende historische Panorama, die mittelalterlichen Moscheen mit ihren Minaretten und vergoldeten Kuppeln, auf denen das Sonnenlicht glühte, flößte den amerikanischen Meeresforschern Ehrfurcht ein. Noch ahnten sie nicht, daß sie selbst in den kommenden Stunden dazu beitragen würden, Licht auf eine noch fernere Epoche der Menschheitsgeschichte zu werfen – auf eine Zeit, in der Meere zu Wüsten wurden, Wälder der Tundra wichen und Land unter Eis begraben wurde; eine Zeit, in der unsere Vorfahren sich nicht mehr mit Jagen und Sammeln begnügten, sondern in einem mythenumrankten Garten Eden ihr erstes Getreide ernteten, bis Flutwellen über ihr Land hereinbrachen.

Die türkischen Offiziere in ihren Paradeuniformen mit Epauletten und Ehrenabzeichen traten sich inzwischen im oberen Labor fast auf die Füße; unter ihnen befand sich auch der Chef der hydrographischen Abteilung der türkischen Marine. Sie alle konnten es kaum erwarten, sich mit eigenen Augen von der Leistungsfähigkeit des neuen Sonarsystems zu überzeugen, zumal der Praxistest gewissermaßen vor ihrer Haustür stattfinden sollte. Die Tagesorder sah vor, eine Erkundungsfahrt über die ganze Länge des Bosporus zu unternehmen, das heißt über eine Strecke von 17 Seemeilen. Die *Chain* würde dazu im Zickzackkurs zwischen dem europäischen und dem asiatischen Ufer hin und her pendeln, wobei sie sich den Küsten jeweils bis auf wenige hundert Meter nähern sollte.

Wie auf einem Fluß, so ist auch in der engen Bosporus-Straße der Schiffsverkehr strengen Regeln unterworfen: Wer hier durchfahren will, muß innerhalb der Fahrrinne bleiben. Da die *Chain* aber während ihrer Kartierungsübung quer dazu kreuzen mußte, wurden die entsprechenden Signalwimpel gehißt, und jeder Kurswechsel wurde per Schiffsfunk rechtzeitig angekündigt. Lotse, Kapitän und Steuermann hatten reichlich damit zu tun, die Position von mehreren Dutzend anderer Schiffe im Auge zu behalten.

Im oberen Labor zeichnete ein dünner, brauner Stift die vom Meeresboden reflektierten Daten des Echolots auf eine sich drehende Papierwalze. Brackett Hersey, der Expeditionsleiter, beauftragte einen seiner Assistenten, William Ryan, damit, die wechselnden Wassertiefen unter dem Schiffsrumpf samt der entsprechenden Längen- und Breitengrade (die ein Peilkompaß lieferte) auf einem großen, leeren Kartenbogen einzutragen. Ryan hatte erst kürzlich seinen Collegeabschluß gemacht und begann seine wissenschaftliche Laufbahn in der Ozeanographie mit diesem Praktikum als Elektrotechniker und Protokollant. Während er nun Aberhunderte von Punkten (Ort) und Zahlen (Wassertiefe) auf dem Bogen eintrug, wurde allmählich ein Muster erkennbar: Ryan bemerkte, daß der Bosporus dort, wo er am breitesten war und relativ geradlinig verlief, am Boden einen Zentralkanal hatte.

Die Gäste waren verblüfft, daß sie auf dem breiten Streifen Endlospapier, den das Echolot ausspuckte, sogar die winzigen Sandriffel im Profil des Kanalbetts erkennen konnten, das tief unter ihnen im dunklen Wasser lag. Die Dauer, die Amplitude und die Wellenlänge der Echosignale deuteten darauf hin, daß es dort unten sowohl Sand als auch Kies gab. Daß die Asymmetrie der Strukturen eine Wanderungsbewegung des Sedimentteppichs nach Norden, auf das Schwarze Meer zu, anzeigte, entging Ryan, der in Sachen Geologie noch viel zu lernen hatte.

Als die *Chain* in die gewundene Meerenge zwischen den steilen Felsen von Kandilli und Kanlıca einfuhr, wo Perserkönig Dareios 513 v. Chr. seiner Armee für den Skythenfeldzug eine Brücke hatte bauen lassen,[125] enthüllte das Bodenprofil eine Unterwasserschlucht von mehr als einhundert Metern Tiefe. Hier bekam das Echo plötz-

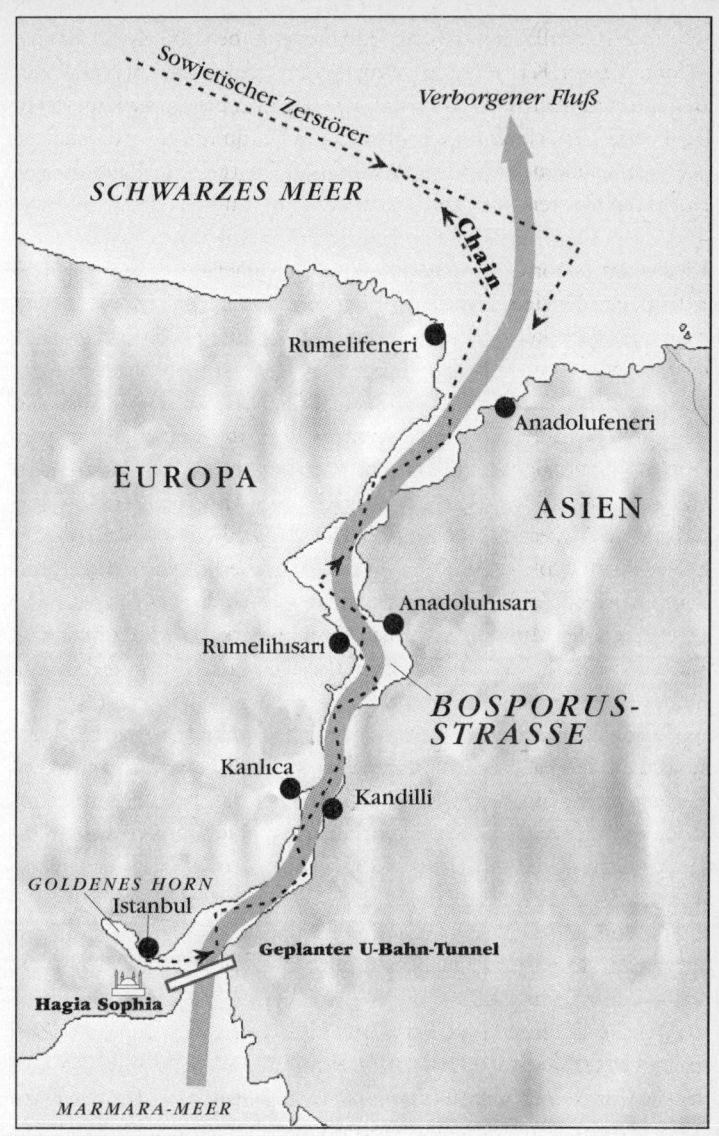

Die Bosporus-Reise der *Chain*, 1961

lich einen deutlichen Nachhall. Hersey erläuterte seinen gebannten Gästen, dieses An- und Abschwellen der reflektierten Schallwellen zeige, daß der Kanal sich in das Grundgestein hineingefräst habe, der Boden des Kanals aber mit lockeren Ablagerungen bedeckt sei, die durch Wasserströmung eine wellenförmige Oberfläche angenommen hätten.

Daß es hier in Bodennähe eine Strömung gab, war nicht weiter verwunderlich. Das Schwarze Meer, in das die *Chain* nun einfuhr, ist ein riesiges, bis zu 2200 Meter tiefes Becken, in das sich zahlreiche große Flüsse ergießen. Durch diese Zuflüsse und den Regenfall empfängt es deutlich mehr Süßwasser, als es durch Verdunstung wieder verliert. Folglich wird überschüssiges Süßwasser ans Mittelmeer abgeführt.[126] Die Bosporus-Straße und ihr südwestliches Pendant, die Dardanellen, die das Marmara-Meer mit dem Mittelmeer verbinden, bilden den einzigen Auslaß des Schwarzen Meeres.[127] An manchen Stellen dieser Wasserstraßen erreicht das abfließende Oberflächenwasser eine Geschwindigkeit von über fünf Knoten, d. h. über neun Kilometern pro Stunde.[128] Auf ihrem Nordkurs ins Schwarze Meer fuhr die *Chain* dieser sanften Strömung entgegen.

Der türkische Chef-Hydrograph berichtete den Amerikanern, daß die Gegenströmung unter der eigentlichen Südwestströmung schon seit Jahrtausenden bekannt war. Als zum Beispiel der byzantinische Kaiser Herakleios im 7. Jahrhundert n. Chr. persische Invasoren besiegt hatte, enthauptete er seinen Widersacher und ließ Kopf und Rumpf in den Bosporus werfen. Der aufgeblähte Torso ging nicht unter, sondern trieb mit der Oberflächenströmung südwärts. Der schwere Kopf sank hingegen sofort zu Boden, und Monate später wurden an Kiesbänken im Norden menschliche Zähne angespült.

Anschließend bekamen die Amerikaner die Sage von Jason und den Argonauten erzählt, den ersten Griechen, die – auf der Suche nach dem Goldenen Vlies – das Schwarze Meer befahren und erkundet hatten. Seit der Ära der hellenistischen Kolonisation der Schwarzmeer-Region im 8. und 7. Jahrhundert v. Chr. bis zum Aufkommen der Dampfschiffe hatten die Seeleute sich die bodennahe

Gegenströmung zunutze gemacht, indem sie steingefüllte Körbe an langen Seilen hinunterließen, die von der Unterströmung erfaßt wurden und ihre Boote – gegen die sanfte Oberflächenströmung – nordwärts zogen.[129] Der erste Mensch, der sich auf wissenschaftliche Weise mit der Unterströmung beschäftigte, war der einundzwanzigjährige Italiener Luigi Ferdinando Marsilli gewesen: Im Jahr 1680 hatte er weiß angemalte Korken an eine Lotleine gebunden, ein Senkblei an der Leine befestigt und sie ins Wasser hinabgelassen. Dann versuchte er zu beobachten, wie schnell die tieferen Korken nach Norden drifteten.[130]

Der türkische Wasserkundler äußerte die Vermutung, daß der sagenhafte Jason diese Bodenströmung gemeint haben könnte, als er von einem Fluß Acheron sprach, der sich vom Hades in ein rätselumwobenes Meer ergießen sollte, welches er – Jason – als erster mit Segel und Ruder bewältigen wollte. Die Felsen, die die *Chain* in der letzten halben Stunde passiert hatte, wären demnach die ominösen Symplegaden, jene Klippen, die zusammenschlagen und Schiffe zwischen sich zerquetschen konnten, von denen ebenfalls in der Jason-Sage die Rede ist.[131] Hinter den Felsen wandelte sich das Bild vor dem Bug des Forschungsschiffs: Nun blickte man auf eine weite, grüne Wasserfläche, die sich deutlich vom vertrauten Azurblau des Mittelmeeres unterschied.

Es war Zeit für den Schichtwechsel, und andere Protokollanten führten die von Ryan begonnenen Meßwerteintragungen und das Zeichnen einer Höhenlinienkarte des Meeresbodens fort. Hersey nahm die Karte in Augenschein und stellte verblüfft fest, daß sich der Bosporus-Kanal bis weit in die Kontinentalplatte des Schwarzen Meeres hinein fortsetzte. Er kam zu dem Schluß, daß er es hier mit einem ausgewachsenen Unterwasserfluß zu tun hatte. Über die Gegensprechanlage bat er darum, daß irgend jemand Bud Knott – den Mann, der für die Technik zuständig war – aufspüren und zu ihm schicken möge.

Knott war auf alles gefaßt, als er zu Hersey eilte, und war überrascht und erleichtert, als er den Expeditionsleiter mit einem lausbübischen Grinsen im Gesicht vor dem Echolot stehen sah. Er hatte schon befürchtet, daß eines der Geräte versagt hatte und er sich die nächsten Stunden mit der Reparatur herumschlagen müßte. Nun war er ganz Ohr, als Hersey ihn beiseite nahm und außerhalb der Hörweite der anderen fragte, ob der »Funkenschläger« auch im Süßwasser des Schwarzen Meeres funktionieren würde. Der Funkenschläger war ein neuartiges Kartierungsinstrument, das die Energie von nahezu einem Viertelpfund Dynamit freisetzte und dazu dienen sollte, die Dicke der Sedimentschicht auf dem Meeresboden auszumessen. Knott nickte lächelnd. Weil im Wasser des Schwarzen Meeres nur etwa halb soviel Salz gelöst ist wie in normalem Meerwasser, hatte er den Elektrodenabstand in diesem Gerät bereits verringert, um die schwächere elektrische Leitfähigkeit des Schwarzmeerwassers auszugleichen.

Knott bewunderte Hersey, dem es gelungen war, das Office of Naval Research (das amerikanische Amt für Meeresforschung) zur Investition einer erheblichen Summe in die Entwicklung und den Bau des Funkenschlägers zu bewegen – des stärksten Echolotgeräts dieses Funktionsprinzips. Nun konnte er Hersey versprechen, daß er das Instrument innerhalb einer halben Stunde in Betrieb nehmen könne. Sein Vorgesetzter konfrontierte ihn sofort mit einer weiteren brisanten Frage: Konnte man den Funkenschläger und die Thermometerkette gleichzeitig einsetzen? Bislang hatte das noch niemand versucht.

Unten im Frachtraum des Schiffs hatte Knott einen metallenen Schutzkäfig von der Größe eines begehbaren Tresors gebaut, dessen Tür immer verriegelt war, damit sich niemand versehentlich in Lebensgefahr begab. Im Inneren standen zweiunddreißig benzinkanistergroße Kondensatoren, in denen eine enorm hohe elektrische Ladung gespeichert werden konnte, die ein Generator im Maschinenraum erzeugte. In dem Käfig befand sich außerdem ein Tisch, der über eine kardanische Aufhängung von den Bewegungen des Schiffs abgekoppelt war. Auf dieser stets waagerechten Fläche standen Vakuumröhren von Bowlingkegel-Größe, deren Glühfäden so empfindlich waren, daß sie das Schwanken des Schiffs auf keinen Fall mitmachen durften. Die Röhren hatten zwei Aufgaben: Erstens lenkten sie Elektronen in die Kondensatoren hinein, und zwar so viele, daß die Speichereinheiten während der Aufladung sichtbar anschwollen. Zweitens leiteten sie auf ein Auslösesignal hin die gesamte Ladung auf einen Schlag in ein armdickes Kabel, das aus dem Käfig und durch einen Kabelschacht nach oben aufs Achterdeck lief, wo es in einem Stahlschlitten endete. Zur Zeit war der Schlitten noch fest an Deck vertäut, und neben ihm lagen etwa dreißig Meter des Kabels, sorgfältig zu Achterschlaufen aufgewunden.

Während seines Einsatzes wurde der Schlitten etwa anderthalb Meter unter der Wasseroberfläche hinter dem Schiff hergeschleppt. Salzwasser ist ein recht guter elektrischer Leiter, und jedesmal, wenn eine Ladung den Schlitten erreichte, entlud sich daher die elektrische Hochspannung zwischen zwei Elektroden. Ein Miniaturblitz entstand, der ruckartig das Seewasser um die Elektroden herum verdampfen ließ, so daß sich ein Hohlraum von der Größe eines Basketballs im Wasser auftat. Diese Explosion löste eine heftige Schockwelle aus. Das Geräusch war so laut, daß es nicht vollständig vom Meeresboden zurückgeworfen wurde, sondern teilweise in ihn eindrang und sich durch seine Sedimentschichten fortpflanzte. Vor ein paar Wochen war das Gerät östlich von Sardinien im Tyrrhenischen Meer zum Einsatz gekommen, wo das Meer fast 3000 Meter tief ist. Die Schallwelle war etwa 1000 Meter tief ins Sediment eingedrungen und dann vom darunterliegenden vulkanischen Grundgestein reflektiert worden. Leider hatte sich der Schlitten nach wenigen Betriebsstunden selbst in Stücke gerissen.

Zwar war das Gerät inzwischen repariert und so umgebaut worden, daß man die für die Panne verantwortliche Explosion, deren Heftigkeit man ursprünglich unterschätzt hatte, besser kontrollieren konnte, aber Knott hatte so seine Zweifel, ob es klug war, den Schlitten und die versenkbare Kette mit den elektronischen Thermometern gleichzeitig einzusetzen. Knott wie auch Hersey befürchteten, daß die elektrische Ladung über den Schlitten hinausreichen und durch das Meerwasser bis zu der Thermometerkette wandern könnte, die aus einem hervorragend leitenden Metall bestand. Dieses Szenario drohte vor allem dann, wenn der Schlitten sich wieder selbst zerstören sollte. Der Stromschlag würde vermutlich die Temperatursensoren zerstören und vielleicht sogar Besatzungsmitglieder treffen, die sich auf dem Achterdeck in der Nähe des großen blauen Windengestells aufhielten.

Die Thermometerkette war für den Erfolg der Mission unentbehrlich, denn eine genaue Vermessung der Schwarzmeer-Thermokline hatte bisher noch niemand vorgenommen. Andererseits wollte Hersey unbedingt den Funkenschläger einsetzen, um herauszufinden, ob der eben entdeckte Kanal im Kontinentalschelf des Schwarzen Meeres jung und damit so gut wie sedimentfrei oder aber alt und daher zum Teil mit Ablagerungen aufgefüllt war. Er rief die Brücke an und bat Kapitän Hiller ins obere Labor. Alle Entscheidungen, die sich auf den Zustand des Schiffs und die Sicherheit der Menschen an Bord auswirken konnten, mußten vom Kapitän getroffen werden.

Für Hiller war die heikle Rolle des Entscheidungsträgers in Zweifelsfällen nicht neu. Seine Aufgabe war klar: Er sollte die Wissenschaftler, die die Gelder für die gesamte Operation aufgetrieben hatten, nach Kräften unterstützen, damit sie ihre hochgesteckten Forschungsziele erreichten. Wichtige neue Erkenntnisse waren dabei vor allem durch den Einsatz neu entwickelter, bislang wenig erprobter Geräte zu erwarten. Ging dabei etwas schief, so trug er allein die Verantwortung; lief hingegen alles glatt, so würden die Wissenschaftler den ganzen Ruhm einstreichen.

Hersey und Hiller waren schon bei vielen früheren Expeditionen gemeinsam zur See gefahren und hatte im Lauf der Zeit eine gute Arbeitsbeziehung entwickelt. Hiller hatte Hochachtung vor Herseys wissenschaftlichen Zielen. Nachdem er das Problem mit Knott beratschlagt hatte, schlug er vor, daß man den Funkenschläger-Schlitten von einem weit über die Steuerbordseite der *Chain* hinausragenden Schwenkbaum aus ins Wasser lassen sollte, damit er möglichst weit von der Thermometerkette entfernt blieb, die man nur vom Heck hinablassen konnte. Als weitere Vorsichtsmaßnahme gaben Hiller und Hersey die Order aus, daß die gesamte Mannschaft sich während des Versuchslaufs unterdecks aufzuhalten habe.

Als Hiller auf die Brücke zurückgekehrt war, versammelten sich die zuständigen Techniker an der blauen Kranwinde. Das schwere, torpedoförmige Gewicht am Ende der Thermometerkette wurde hochgehievt, über die Heckreling geschwenkt und in den trüben Fluten versenkt. Die Winde drehte sich, die Kettenglieder rasselten, und einer nach dem anderen verschwanden die elektronischen Sensoren im schäumenden Wasser.

Im oberen Labor war ein weiteres Aufzeichnungsgerät eingeschaltet worden, auf dessen Endlospapier nun über hundert Linien erschienen, die den Verlauf der Isothermen, also der Ebenen gleicher Temperatur, anzeigten. Dicke Striche standen für ein volles Grad Celsius, dünne Striche für jedes Zehntelgrad. An der Oberfläche war das Wasser angenehme 22 °C warm. Nach unten hin sank die Temperatur zunächst nur langsam ab, denn die oberen Wasserschichten wurden im Spätsommer und Herbst durch Stürme gründlich umgewälzt. Bei einer Wassertiefe von 60 Metern zeigte das Gerät jedoch einen abrupten Temperaturabfall auf 8 °C an; über die ganze restliche Strecke von dieser Zone bis zum Meeresboden blieb es im wesentlichen so kalt.

Die *Chain* war nun weit vom Ufer entfernt und schwamm etwa 75 Meter über dem Kontinentalschelf, als am Horizont ein anderes Schiff auftauchte. Auf dem Radarschirm war es schon vor einer halben Stunde bemerkt worden, als es noch 40 Seemeilen entfernt gewesen war: Es hatte sich mit 30 Knoten genähert und war damit deutlich schneller als jedes zivile Schiff.

Knott wollte nun das Aussetzen des Funkenschläger-Schlittens vorbereiten, also wurde das Achterdeck geräumt. Erst danach konnte sich Kapitän Hiller wieder dem so plötzlich aufgetauchten Zaungast zuwenden. Schon zuvor hatte er das fremde Schiff per Funk zu erreichen versucht, aber es gab keine Antwort. Wer auch immer sich da näherte, er war ihnen offenbar nicht allzu gewogen.

Die ganze Besatzung spürte die erste Explosion. Die Schallwelle, die von der sich ruckartig ausdehnenden Wasserdampfblase ausging, ließ das Schiff erbeben. Der Schlag war offenbar durch die seitliche Anbringung des Schlittens noch heftiger als bei der ursprünglich vorgesehenen Hecklage. Bei jeder neuen Explosion wölbte sich die Wasseroberfläche über dem Schlitten zu einem ansehnlichen Dom auf, Sprühwasserfontänen schossen in den Himmel, und die Schockwellen breiteten sich kreisförmig über die kabbelige See aus. Von der Brücke aus wirkte der Schlitten wie einer jener pfeilschnell schwimmenden Tümmler, die das Schiff oft begleitet hatten: Eben war er noch ruhig unter den Wellen entlanggeglitten, im nächsten Moment verschwand er plötzlich unter einer rasch anwachsenden weißen Gischtwolke.

Knott gab bekannt, daß die Thermometerkette offenbar keine elektrische Streustrahlung abbekommen hatte – ein gutes Zeichen. Die Echos des vom Funkenschläger ausgesendeten Schalls wurden nun als dünne braune Wellenlinien auf der Papierrolle des Aufzeichnungsgeräts sichtbar: Das waren die Reflektionen aus den zahllosen Sedimentschichten, die ein stetiger Partikelregen im Lauf der Jahrzehntausende auf dem Meeresboden hatte wachsen lassen. Hersey warf einen Blick auf den Vergrößerungsmaßstab, auf den Knott das Gerät eingestellt hatte, und rang nach Luft. Er begriff, daß er dank der neuen Schalltechnik tief ins Innere des Schwarzmeer-Kontinentalschelfs hineinsah, auf vielleicht Millionen Jahre alte Schichten, die damals den Meeresboden gebildet hatten.

Das fremde Schiff hatte sich mittlerweile als sowjetischer Zerstörer entpuppt, der sie nun argwöhnisch begleitete. Die *Chain*, die neben ihm wie ein Zwerg wirkte, nahm nun wieder Kurs auf den Bosporus, zurück nach Istanbul. Der Begleiter hatte sich bis auf eine Schiffslänge genähert und hielt denselben Kurs. Zwischen den beiden Schiffen glitt weiterhin der Schlitten, über dem in regelmäßigen Abständen Wasserfontänen aufstiegen. Nach wie vor gab es keinen Funkkontakt, und Hiller konnte auch keinerlei visuelle Signale ausmachen. Kein einziger neugieriger sowjetischer Matrose stand an der Reling – das einzige Lebenszeichen an Bord des Zerstörers waren die Offiziere auf der Backbordseite der Brücke, die durch große Ferngläser starrten.

Obwohl sie eindeutig verfolgt wurde, behielt die *Chain* ihre gemächliche Fahrt von wenigen Knoten bei, denn bei einer höheren

Geschwindigkeit würden die Wasserturbulenzen an den Schiffsschrauben das Echo vom Meeresgrund überdecken. Das Forschungsschiff steuerte nun wieder auf den unterseeischen Kanal zu, der – wie Hersey vermutete – vielleicht vom Bosporus bis zur Kante des Kontinentalschelfs reichte. Daß das Schiff den Kanal erreicht hatte, ließ sich sowohl am abrupten Anstieg der Wassertiefe als auch an einem deutlichen Wechsel der Bodenbeschaffenheit ablesen: Hersey und der türkische Chef-Hydrograph untersuchten das Profil und kamen zu dem Schluß, daß der Kanal tief in das Grundgestein eingeschnitten und nur mit einer dünnen Schicht jungen Sediments gefüllt war, das sie in dieser Form nirgends sonst gefunden hatten. Die beiden Forscher verglichen ihre Aufzeichnungen und Meßwerte. So wie es aussah, war diese Rinne, wie auch immer sie entstanden sein mochte, ursprünglich völlig glatt gewesen – wie leergefegt. Nun wurde sie allmählich von Ablagerungen begraben, von all dem Material, das der Unterwasserstrom mitführte, der durch sie hindurchfloß.

Vor lauter Aufregung über diese Entdeckung hatten die Techniker der Nachmittagsschicht das Endlospapier mit den Aufzeichnungen der Thermometerkette völlig aus den Augen verloren. Es quoll unaufhörlich aus dem Aufzeichnungsgerät und hatte inzwischen auf dem Boden des Labors einen ansehnlichen Stapel gebildet. Die Isothermen-Linien waren nun über die ganze Breite des Papiers ausgespreizt. Hersey stutzte. Direkt über dem Meeresboden war es angeblich fast genauso warm wie an der Oberfläche. Aber das war unmöglich! Warmes Wasser ist weniger dicht als kaltes; da es leichter ist, steigt es normalerweise auf. Welche Kraft hielt es hier am Boden? Funktionierten die Temperaturfühler nicht mehr richtig? Hatte der Funkenschläger doch noch unerwünschte Nebeneffekte hervorgerufen?

Hersey war alarmiert. Vielleicht begann der Schlitten auseinanderzubrechen. Hatten die Schweißnähte den ständigen Explosionen nicht standgehalten? Zutiefst beunruhigt wandte er sich an Knott, der bereits gespürt hatte, daß etwas schieflief. Noch bevor Hersey ein Wort sagen konnte, hatte er schon den Schalter umgelegt, mit dem sich der Stromkreis des Funkenschlägers unterbrechen ließ. Der Nachhall der letzten Explosion ebbte ab, dann war es still.

Ein Blick aus dem Laborfenster zeigte Hersey, daß der stumme Zerstörer sich inzwischen direkt hinter das Heck der *Chain* gesetzt hatte und ihr dichtauf folgte. Sein Gesicht wurde aschfahl. Waren die Russen ihnen zu nahe gekommen und hatten sich in der stählernen Kette mit den Temperaturfühlern verfangen, so daß deren beschwertes Ende an die Oberfläche gezerrt worden war? Oder schlimmer noch: Hielten sie die Kette absichtlich fest? Hersey eilte zur Gegensprechanlage und fragte auf der Brücke nach, ob man dort einen Geschwindigkeitsrückgang bemerkt habe, der darauf hinweise, daß sie den Zerstörer gewissermaßen im Schlepptau hatten. Der Steuermann hatte nichts dergleichen festgestellt. Inzwischen hatten auch einige der türkischen Offiziere mitbekommen, daß irgend etwas nicht stimmte.

In diesem Moment blickte der türkische Chef-Hydrograph vom Aufzeichnungsgerät auf und verkündete, daß der unterste Sensor der Kette 15.5 °C meldete, eine Temperatur, die durchaus seinen Annahmen über die Verhältnisse knapp über dem Boden des Kanals entsprach. Er erklärte, daß die Gegenströmung, über die sie auf der Hinfahrt im Bosporus gesprochen hatten, aus dem warmen, salzreichen Wasser des Mittelmeeres bestand. Salz macht Wasser schwer, und aus diesem Grund blieb das Mittelmeerwasser, dessen Salzgehalt doppelt so hoch ist wie der des Schwarzen Meeres, am Boden des Kanals. Dieses schwere, stark salzhaltige Wasser lief durch die Rinne am Grund des Bosporus aus dem Mittelmeer ins Schwarze Meer hinab und verdrängte dabei das leichtere, salzärmere Wasser, das an der Oberfläche in die Gegenrichtung floß.

Hersey fiel ein Stein vom Herzen. Als er wieder aus dem Fenster sah, stellte er fest, daß der sowjetische Zerstörer eine Meile hinter der *Chain* zurückgeblieben war und nach Osten abdrehte. Seine Beobachtungsmission war offensichtlich beendet.

Bei der niedrigen Geschwindigkeit, die der *Chain* durch den Betrieb des Funkenschlägers auferlegt war, würde sie Istanbul auf keinen Fall vor Sonnenuntergang erreichen. Es gab jedoch keinen

Grund, den Funkenschläger jetzt noch einmal einzuschalten, und die Thermometerkette vertrug es durchaus, wenn das Schiff volle Fahrt machte. Also folgte der Steuermann jetzt mit höherem Tempo und vom Echolot geleitet der Kanalrinne zurück in den Bosporus.

Hersey konnte seine Begeisterung nicht verbergen: Direkt unter ihm stürzte sich ein verborgener Fluß ins Schwarze Meer! Der türkische Chef-Hydrograph erzählte der hingerissenen Crew des oberen Labors, daß im September 1932 ein kleines Meßboot des Türkischen Hydrographischen Amtes im Schlepptau einer einzigen Flasche gegen die Strömung des Bosporus in Richtung Schwarzes Meer gezogen worden war: Die angeleinte Flasche, mit der man Wasserproben nahm, war in den verborgenen Fluß hinabgelassen und von dessen starker Strömung mitgerissen worden.

Der kurze Ausflug, bei dem die Amerikaner vor dem NATO-Partner Türkei mit den jüngsten technologischen Errungenschaften hatten prunken wollen, hatte sich für sie zu einer veritablen Nachhilfestunde in Ozeanographie, Geologie und Geschichte ausgewachsen. Seit Jahrtausenden floß Tag für Tag ein unterseeischer Strom vom Mittelmeer nordwärts ins Schwarze Meer. Das Bild, das man aus den Echos des Funkenschlägers zusammengesetzt hatte, wies darauf hin, daß dieser Fluß früher einmal viel wilder gewesen war. Er hatte eine tiefe, U-förmige Rinne ins feste Grundgestein geschliffen und Stromschnellen, Wasserfälle und Fallbecken geschaffen, die zum Schwarzen Meer hin immer steiler und tiefer wurden. Im Lauf der Jahrmillionen hatte die Kraft seiner Strömung allerdings nachgelassen, und nun konnten sich auf dem Boden der Rinne Sedimente bilden. Als man Jahrzehnte später, im Rahmen der Vorarbeiten zur Untertunnelung des Bosporus, in der Nähe von Istanbul Proben aus diesem Ablagerungsmaterial zog,[132] stellte man fest, daß die unterste Schicht, die sich als erste auf dem Boden der tiefen Rinne abgesetzt hatte, aus einem chaotischen Gemisch von riesigen Grundsteinbrocken, rundgeschliffenen Wackersteinen, Kies, Sand und Muschelschalen bestand.[133] Was letztere betraf, so stellten die Forscher fest, daß einige dieser ans Salzwasser angepaßten Molluskenarten aus dem Mittelmeer stammten.[134] In einer weit zurückliegenden Phase der Erdgeschichte war dieser Strom mit unvorstellbarer Gewalt nordwärts gerauscht und hatte dabei buchstäblich alles zerschlagen und mitgerissen, was ihm im Weg gewesen war. Wodurch war diese unbändige Kraft freigesetzt worden?

Kapitel 7 –
Die Katastrophe von Gibraltar

Die Nadel auf der großen Skala machte einen Satz, ging aber wieder auf konstante 120 000 Pfund zurück. Dann sprang sie noch einmal hoch. Der Ingenieur an der Steuerkonsole blickte auf den Bohrleiter, der die Anzeige ebenfalls beobachtete. Mit einem Nicken gab er zu verstehen, daß auch ihm der Nadelausschlag aufgefallen war, der auf eine abrupte Änderung der Bodenformation hinwies. Der Ingenieur erhöhte den Pumpendruck ein klein wenig. Die Nadel zitterte und fing dann an, in regelmäßigen Intervallen auszuschlagen. Er drückte den langen Hebelarm hinunter, mit dem man die Absenkgeschwindigkeit des Bohrgestänges einstellte. Die riesige Winde hinter dem Bohrschuppen kreischte und gab Pfeiflaute von sich.

William Ryan, der sich hinter den Ingenieur gezwängt hatte und ihm über die Schulter blickte, trug unter dem Datum 23. August 1970 in sein Protokollbuch ein:

Kern 13-122-4
Bohrbeginn 19.45 Uhr
2328 Meter unter Arbeitsbühne
Sind auf was Hartes gestoßen![135]

Ryan lenkte seine Aufmerksamkeit auf das rotierende Rohr, das sich nun in Zeitlupengeschwindigkeit durch die Mitte der Arbeitsbühne nach unten bewegte. Dahinter sah er die orange Sonnenscheibe am wolkenlosen Horizont versinken, der im stählernen Gitter des Bohrturms auf und ab schwankte. Am dunkler werdenden Himmel über seinem Kopf schwang die Mondsichel im selben Takt hin und her, wobei sie im Zenit ihres Weges hinter der hydraulischen Apparatur verschwand, die in dem 65 Meter hohen Bohrturm aufgehängt war.

Eine frische Brise setzte den Wellenkämmen des westlichen Mittelmeeres weiße Käppchen auf. 90 Kilometer vor Barcelona wiegte sich das Bohrschiff *Glomar Challenger* in der unruhiger werdenden See. Alle paar Sekunden sprangen automatisch die computergesteuerten Stabilisatoren an: In offenen Tunneln, die an Bug und Heck unterhalb der Wasserlinie durch den Rumpf liefen, wirbelte eine Reihe von Schrauben das Wasser auf und preßte die Ströme seitwärts hinaus, um durch den Rückstoß die schwimmende Forschungsstation gegen Wind und Strömung an Ort und Stelle zu halten: an der Bohrstelle 122, genau 2159 Meter über dem Meeresboden.

Fast neun Jahre nach der Bosporus-Erkundungsfahrt an Bord der *Chain* nahm Ryan wieder an einer wissenschaftlichen Expedition in Europa teil – diesmal als einer der beiden wissenschaftlichen Leiter der dreizehnten Forschungsfahrt im Rahmen des »Projekts Tiefseebohrung«. Die Entnahme und Analyse von Proben der Sedimentschichten aller Weltmeere war das Kernstück eines ehrgeizigen neuen Programms der U.S. National Science Foundation, das helfen sollte, die großen offenen Fragen der Erdgeschichte und der Entwicklung des Lebens auf diesem Planeten zu beantworten.[136]

Die Sedimentschichten des Meeresbodens sind so etwas wie eine Bibliothek. Ihr Bestand setzt sich aus Schlick, Sand und Stein zusammen, und das Drehbuch der darin festgehaltenen Geschichte hat das wechselhafte Erdklima geschrieben: ein Drama, in dessen Verlauf Niederschläge Gebirge abtragen, Winde den Staub der Wüsten über die Erde verteilen, riesige und dennoch unsichtbare Wasserströme über den Globus mäandern, die Polkappen anschwellen und abschmelzen, Generationen von Lebewesen – auf dem Festland wie unter Wasser – den Boden besiedeln und ihre Skelette und Gehäuse sich allmählich in Fossilien verwandeln. Um die Texte dieser Meeresboden-Bibliothek zu entziffern, muß man die Sprachen der Physik, der Chemie und der Biologie beherrschen.

Die Geschichte der Erde ist also in Form der Jahrmillionen währenden Ansammlung von Sedimentpartikeln auf dem Meeresboden dokumentiert, in einer Schichtenfolge, die oftmals eine Gesamtdicke von vielen hundert Metern erreicht. Je nachdem, wo und wie tief man bohrt, liest man eine andere Erzählung: Manche Meere erfreuten sich einer warmen, tropischen Umgebung, andere froren die meiste Zeit ihres Daseins im polaren Extremklima. Gelegentlich kann ein Sturm ein Meeresbecken so durchmischen, daß dabei die Sedimente wieder aufgewirbelt werden. Ein solches Ereignis löscht dann vielleicht eine Seite oder gar ein ganzes Kapitel aus dem Geschichtsbuch dieses Ozeans wieder aus.

Mit jeder neuen Bohrung, welche die 1968 in Dienst gestellte *Glomar Challenger* in den Tiefen zunächst des Atlantik und dann des Pazifik niedergebracht hatte, wurde dem Gesamtbild ein weiteres Mosaiksteinchen hinzugefügt und so ganz allmählich der Gestaltwandel der Kontinente und Meere erkennbar. Die Wahl der Bohrstellen bedurfte dabei sorgfältigster Planung: Es galt Orte zu finden, an denen die Sedimentschichten möglichst unversehrt geblieben und daher am aussagekräftigsten waren. Und doch gab es immer wieder Überraschungen. Gerade bei der ersten Probenentnahme im Mittelmeer, im Sommer 1970, ereignete sich eine glückliche Fügung.

Das Krächzen der Trommelbremse brach plötzlich ab. Der Vorarbeiter signalisierte dem Bohrleiter, der Druck der Umwälzpumpen falle rapide ab, und nach kurzer Diskussion beschloß dieser, die Bohrung zu stoppen. Der Drehtisch, eine Art kreisrunder Schraubstock, der sich um das Bohrgestänge schloß und es in rasend schnelle Drehung versetzte, wurde geöffnet. Der Vorarbeiter warf die große Winde an. Ihr Hydraulikmotor protestierte lautstark, aber sie hievte den Bohrhaken, an dem das gesamte Gestänge hing, zur Spitze des Bohrturms hinauf. Anschließend wurde das Gestänge wieder in den Drehtisch eingespannt. Die Bohrmannschaft löste mit den sogenannten Zangen – riesigen, luftdruckbetriebenen Schraubenschlüsseln – ein Gewinde, so daß die hohle Bohrstange nun geöffnet war. Im nächsten Arbeitsschritt mußte ein Kabel in die Öffnung eingeführt und hinuntergelassen werden, bis es am oberen Ende des Bohrkernrohrs einrastete, jenem Hohlzylinder, in dem sich das Ziel des immensen Aufwands befand: ein Sedimentkern, der soeben 160 Meter unter dem Meeresboden aus der Tiefe gefräst worden war.

Ryan verließ den Schuppen auf der Arbeitsbühne und lief den schmalen Steg zum Labor hinunter. Zwei Sedimentologen der zweiten Schicht, die von Mittag bis Mitternacht dauerte, beugten sich über eine Werkbank und untersuchten konzentriert den Kern, den man kurz vor dem Abendessen eingeholt hatte. Der eine stach gerade ein fingergroßes Probenröhrchen aus Kunststoff in den feuchten, weichen Halbzylinder aus olivgrauem Schlick, der in einer langen Wanne ruhte. Der andere fragte, wann mit dem nächsten Kern zu rechnen sei. »In knapp einer halben Stunde«, erwiderte Ryan. »Und macht euch auf eine Abwechslung gefaßt!«

Ryan, mit seinen dreißig Jahren das jüngste Mitglied des Wissenschaftlerteams, wusch sich den Schmutz von den Händen und nahm vor einem Binokular-Mikroskop Platz, um den Schlick zu un-

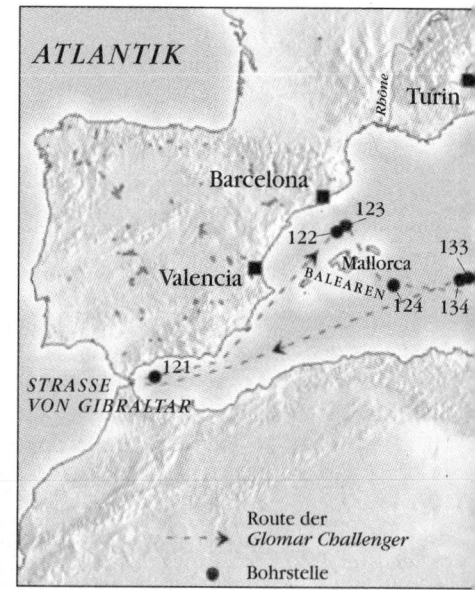

Bohrstellen der *Glomar Challenger* im Mittelmeer, 1970

Route der *Glomar Challenger*

Bohrstelle

tersuchen. Er sah die gekammerten Schalen winziger Einzeller, die problemlos auf einer Nadelspitze Platz gehabt hätten, und erkannte in ihnen Lebewesen, die vor mehr als vier Millionen Jahren im warmen Wasser des westlichen Mittelmeeres gediehen waren. Sie gehörten zur Ordnung der Foraminiferen, von denen sehr viele verschiedene Arten existierten (und noch immer existieren). Aus dem Häufigkeitsverhältnis der einzelnen Arten zueinander kann man Aufschluß über die Klimaverhältnisse dieser unvorstellbar frühen Vorzeit erhalten.

Hie und da enthielten die Bohrkerne eine dünne Schicht aus sandigem Bimsstein, den ein Vulkanausbruch bis in die Stratosphäre hinaufgeschleudert hatte. So war auch der Bimsstein des Vesuv, der 79 n.Chr. die Städte Pompeji und Herculaneum ausgelöscht hatte, für immer in den Tiefen des Meeres begraben worden. Der erste Sedimentkern, den Ryan während seiner Ausbildung zum Ozeanographen untersuchen mußte, hatte Bims aus dem Vesuv enthalten,

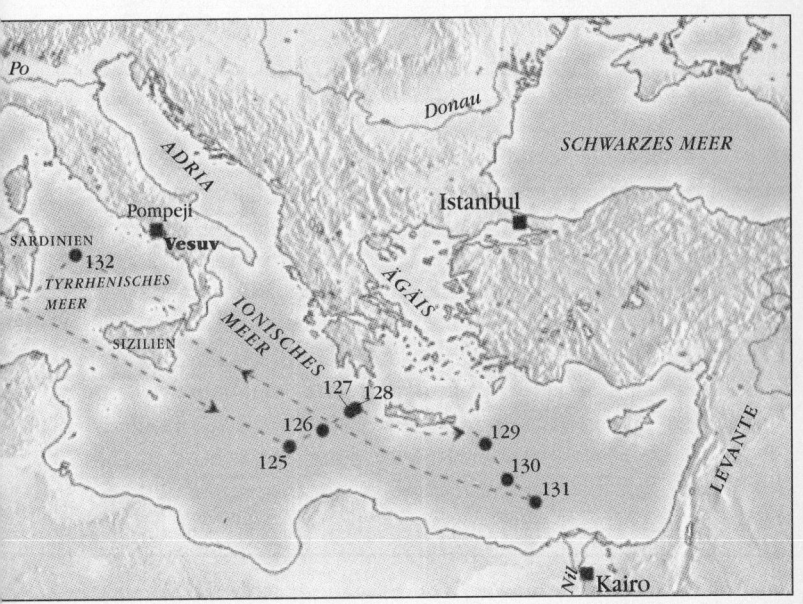

der über der Bucht von Neapel aus dem Himmel geregnet war. Infolge der Erdbeben, die den Ausbruch begleitet hatten, war er zusammen mit Sand und Kies durch einen unterseeischen Canyon geschwemmt worden und hatte auf diese Weise über 160 Kilometer zurückgelegt.[137]

Ryan hörte, daß sein Name aus der Gegensprechanlage schallte: Er werde augenblicklich auf der Arbeitsbühne gebraucht. Als er dort eintraf, wurde er mit einem ernsten Problem konfrontiert. Offenbar hatte sich das Bohrkernrohr weit unten im Gestänge verklemmt. Der Bohrleiter befürchtete, daß das Bohrloch eingebrochen und Sandwasser in das Bohrgestänge gedrungen war, so daß der Sand das Kernrohr im Bohrgestänge eingekeilt hatte. Das konnte auch die Ursache für die Überlastung und anschließende Notabschaltung der Umwälzpumpen gewesen sein. Was auch immer in das hohle Gestänge hineingelangt war, es hatte das Gewinde vollkommen blockiert. An ein Weiterbohren war nicht zu denken. Ryan war niedergeschmettert.

Er eilte zur Brücke, um sich mit Kapitän Joe Clarke zu besprechen. Der wußte schon, daß der Bohrleiter noch vor Ryans Ankunft beschlossen hatte, das Loch aufzugeben, und stand nun vor der unangenehmen Aufgabe, Ryan mitzuteilen, daß er und sein Team an einer anderen Stelle weitermachen mußten, an der die Sedimentschichtung des Meeresbodens nicht so instabil war. Die Verstopfung des Bohrgestänges war ein Warnzeichen. Bei Ölbohrungen hatte man die Erfahrung gemacht, daß solche Vorfälle oft die ersten Anzeichen für die Annäherung an eine Zone sind, in der das Rohöl oder das Gas unter sehr hohem Druck stehen. Die *Glomar Challenger* hatte nicht genug schwere Druckausgleichsflüssigkeit in ihren Tanks, die man in solchen Fällen in das Bohrloch pumpte, um ein mit Kohlenwasserstoffen durchsetztes Sediment unter Kontrolle zu halten. Ein versehentlicher Anstich einer unter Hochdruck stehenden Gas- oder Ölblase auf offener See würde eine immense Umweltkatastrophe mit furchterregenden Folgen auslösen.

Während der Herausforderungen der letzten beiden Wochen hatten Clarke und Ryan Gelegenheit gehabt, die fachliche Kompetenz des anderen kennenzulernen, und sie hatten Respekt voreinander entwickelt. Obwohl beide das Temperament ihrer irischen Ahnen geerbt hatten, nahmen sie ihre jeweilige Verantwortung sehr ernst, der eine für die Sicherheit der Mannschaft und die Effizienz der Mission, der andere für ein Maximum an wissenschaftlichen Ergebnissen. Wann immer möglich, versuchten sie diese unterschiedlichen Ziele zur Deckung zu bringen.

Seinen Kollegen von der Expeditionsleitung, Kenneth Hsü, fand Ryan in ihrer gemeinsamen Kabine, die drei Decks unterhalb der Brücke lag; er schloß gerade seine Durchsicht des hundert Seiten starken vorläufigen Berichts über die vorige Bohrstelle ab. Mit einer tröstenden Umarmung gab er seinem neuen Freund zu verstehen, daß er dessen Enttäuschung über den Abbruch der Bohrung teilte. Hsü, chinesischer Abstammung, hatte seinen Abschluß an der University of California in Riverside gemacht und war bei der Shell Oil Company zum Profi geworden. Jetzt hatte er eine Professur an der Eidgenössischen Technischen Hochschule in Zürich inne und galt als einer der führenden Sedimentologen der Welt. Er nahm zum zweiten Mal an einer Expedition der *Glomar Challenger* teil.

Hsü zog aus einem Kasten unter dem Etagenbett Papprohren hervor und rollte die darin enthaltenen Karten auf dem Fußboden aus – in dem überfüllten Quartier gab es keinen anderen Platz dafür. Auf Händen und Knien suchten die beiden Expeditionsleiter die nächste Bohrstelle aus, die etwa 20 Kilometer nordöstlich ihrer jetzigen Position auf der Flanke eines inaktiven Vulkans liegen sollte. Dieser Vulkan ragte durch eine Lücke in jener Sedimentschicht auf, die sich gerade ihrer Durchlöcherung widersetzt hatte. Während der kommenden Tage, in denen das neue Loch gebohrt und die Kerne heraufgezogen werden sollten, würden sie hoffentlich Zeit und Ruhe haben, um den Ursachen des heutigen Mißerfolgs auf den Grund zu gehen. Sie hofften, doch noch einen Weg zu finden, tief in diese widerspenstige Sedimentschicht einzudringen, ohne das Schiff, die Mannschaft oder die Umwelt zu gefährden.

Bei der Analyse des Probenmaterials aus den Bohrkernen konnte Ryan auf Hsüs Hilfe rechnen. Hsü wiederum zehrte bei seiner

Rekonstruktion der tektonischen Geschichte des Mittelmeeres, dieses komplizierten Gebildes, das während der letzten fünfundzwanzig Millionen Jahre zwischen den aufeinander zutreibenden Kontinenten Afrika und Europa entstanden war, von Ryans Kenntnis des Mittelmeerbodens. Der Arbeitsplan sah vor, daß Hsü Ryan um Mitternacht auf der Bohrplattform ablöste, aber jetzt war dessen Schicht durch den Abbruch der Bohrung vorzeitig beendet worden. Hsü bot an, die Koordinaten der nächsten Bohrstelle selbst bei Kapitän Clarke vorbeizubringen, damit Ryan ein bißchen Schlaf nachholen konnte.

Nachdem Hsü ihn am frühen Morgen geweckt hatte, traf Ryan in den naturwissenschaftlichen Labors keine Menschenseele an, also stieg er zur Arbeitsbühne hinauf. Auf der hell erleuchteten Plattform hatten zwei Arbeiter gerade die stahl- und hartmetallbezahnte Bohrspitze vom Vortag abgeschraubt. Einer der beiden drückte Ryan einen Eimer in die Hand und meinte, darin liege der Missetäter, der für den Bohrlochkollaps verantwortlich gewesen sei. Die routinierte Bohrkolonne hatte einen Feuerwehrschlauch benutzt und einen kräftigen Wasserstrahl in das untere Ende des Gestänges gespritzt, um den Pfropfen herauszuspülen und so das Kernrohr zu befreien.

Da er bis zum Sonnenaufgang und dem warmen Frühstück noch etwas Zeit hatte, kehrte Ryan ins Bohrkernlabor zurück und kippte den Eimer in ein Spülbecken aus. Er drehte den Wasserhahn nur wenig auf und wusch den Schlamm von den etwa erbsgroßen Gesteinsbröckchen. Rasch stellte er fest, daß er nur drei Gesteinssorten vor sich hatte.[138] Die eine war schwarz und enthielt winzige Hohlräume: Basalt, eine Lava, in die bei einem Vulkanausbruch kleine Wasserdampfbläschen eingeschlossen werden. Die zweite Sorte war hellbraun und reagierte heftig sprudelnd, wenn er ein Tröpfchen Salzsäure darauf träufelte, was auf Kalkstein hinwies. Die dritte Sorte war durchscheinend und bestand aus länglichen Kristallen mit glatten Facetten, die ein wenig wie Kandiszucker aussahen. Die Kristalle waren leicht zu zerkratzen und schäumten unter Säureeinwirkung nicht auf. Als Ryan den Schotter weiter sauberwusch, bemerkte er winzige Muschelschalen und Schneckenhäuser, so klein wie ein Bleistiftradiergummi. Obwohl sie sehr fragil wirkten, waren viele der Schalen noch intakt. Und noch bedeutsamer: Er konnte keine Bruchstücke von größeren Muscheln entdecken, wie man sie normalerweise am Strand findet.

Ryan wählte von jedem Gesteinstyp etwa zwanzig Stückchen und von jeder Molluskenart eine Handvoll Exemplare aus und fixierte sie mit je einem Tropfen Sofortkleber auf einem Blatt Karton. Dann betrachtete er seine Sammlung unter dem Binokular-Mikroskop. Verdutzt kehrte er noch einmal auf die Arbeitsbühne zurück, um mehr von dem Material einzusammeln. Jede Probe, die er wusch, bestand wiederum nur aus den drei Gesteinssorten und den winzigen Schneckenhäusern und Muschelschalen. Nirgends konnte er etwas anderes finden.

Am Lamont-Doherty Geological Observatory der Columbia University von New York war Ryan von zwei überragenden Gestalten auf dem Feld der Meeresgeologie ausgebildet worden: Bruce Heezen und Maurice Ewing. Nach dem, was die beiden ihm beigebracht hatten, war Ryan über den Schotter, den er gefunden hatte, nicht weiter verwundert. Er wurde häufig durch Unterwasser-Erdrutsche am Kontinentalabfall, sogenannte Trübeströme,[139] Hunderte von Kilometern weit auf die Tiefseetafel im Inneren der Meere hinausgetragen. Und schließlich hatte die *Glomar Challenger* gerade den Boden eines Canyons angebohrt, in dem man Schotter geradezu erwartete. Auch die Anwesenheit der Überreste von Flachwasserlebewesen an einem Ort, der anderthalb Kilometer unter der Wasseroberfläche lag, war an sich kein Problem, denn sie konnten über dieselben Sedimentlawinen hierhergelangt sein, so wie der Vesuv-Bimsstein aus der Bucht von Neapel, der tief in die See hineingespült worden war.

Was Ryan in Erstaunen versetzte, war weniger die Art des Gesteins, das er gefunden hatte, als vielmehr das vollständige Fehlen anderer Sorten. Schotter, der durch Trübeströme in die Tiefsee transportiert wird, sollte den Erosionsabtrag der Kontinente repräsentieren, den die Flüsse und Ströme von den Bergen an die Küsten brachten. Er sollte eine breite Vielfalt von Kontinentalgestein enthalten, also Stücke aus Granit, Gneis und Grauwacke. Grauwacke ist ein altes Sedimentgestein, das aus Quarz, Glimmer und Feldspat besteht und die Überreste noch älterer Gebirgszüge enthält. Aber all das, was man in einer solchen Bodenprobe erwarten würde, fehlte hier. Statt dessen bestand sie aus Stücken von ozeanischem Grundgestein (schwarzem Basalt), verhärtetem marinem Sediment (Kalkstein) und den eigenartigen transparenten Kristallen.

Die Sonne ging auf. Ryan wollte mit jemandem über dieses Rätsel reden. Im Paläontologie-Labor, das tief im Bauch des Bohrschiffes lag, fand er Maria Cita. Er zeigte ihr die Sammlung, die er angelegt hatte, gab ihr keine weitere Information als die, daß dieser Schotter aus dem verstopften Bohrgestänge stammte, und bat sie um ihre neutrale Meinung. Cita war zunächst empört, daß niemand es für nötig gehalten hatte, sie über den Abbruch der Bohrung zu informieren. Aber dann erklärte sie Ryan, daß es sich bei den winzigen Muscheln und Schnecken um kleinwüchsige, aber dennoch voll ausgewachsene Exemplare handelte; eigentlich würden diese Arten etwa zehnmal so groß. Wenn er sie eher zu Rate gezogen hätte, hätte er sich die Suche nach größeren Exemplaren also schenken können.

Cita, Professorin für Stratigraphie am Geologischen Institut der Universität Mailand, hielt ihrem aufmerksamen Schüler aus dem Stegreif eine Vorlesung über Zwergwuchs, ein Phänomen, das infolge einer starken natürlichen Auslese in extrem ungünstigen Umwelten auftritt. Als Mikropaläontologin hatte sie die Aufgabe, die Plankton-Skelette zu identifizieren, die aus dem Sediment herausgesiebt wurden, und anhand ihres Befundes das Alter der Ablagerung und den Charakter der damaligen Umwelt zu rekonstruieren. An den Laborwänden hingen Schautafeln mit Stammbäumen. An den Stämmen und ihren Verzweigungen ließ sich ablesen, wann die Evolution im Lauf der letzten 65 Millionen Jahre die einzelnen Arten dieser kleinen Tiere hervorgebracht hatte, wann sie ihre Blütezeit erlebten und wann sie schließlich wieder von der Bildfläche verschwunden waren.

Auf Citas Tisch stapelten sich Monographien, deren aufgeschlagene Seiten mit Zeichnungen von Schneckengehäusen gefüllt waren. Einige der jüngeren Abhandlungen enthielten auch hervorragende elektronenmikroskopische Aufnahmen verschiedener Arten.

Jetzt betrat auch Kenneth Hsü das Labor. Sein Blick fiel sofort auf die glänzenden, glitzernden Kristalle, die wie Kandiszucker aussahen. »Selenit!« rief er. »Woher?«

»Aus dem Schotter«, gab Ryan Auskunft. »Meinen Notizen nach haben wir gestern mehrere dünne, harte Schichten durchstoßen, bevor das Bohrloch eingebrochen ist. Der Schotter ist vermutlich der Grund, warum sich der Bohrkopf festgefressen hat. Diese Sammlung hier gibt seine Zusammensetzung wieder. Der ganze Fuß des Gestänges war voll mit dem Zeug.«

Als Ryan erzählte, warum er es so verblüffend fand, daß er nichts als diese dunklen vulkanischen Kiesel, den braunen Kalkstein, die durchsichtigen Selenitkristalle und die zwergwüchsigen Mollusken hatte entdecken können, ließen sich Cita und Hsü von dem Rätsel anstecken. Hsü merkte an, daß Selenit eine kristalline Form von Gips ist, ein Mineral, das bei der Verdunstung von Wasser ausgefällt wird. Cita, der die gipsführenden Schichten des Apennin und Siziliens vertraut waren, die man in Italien Gessoso Solfifera[140] nennt, fügte hinzu, daß die hochkonzentrierten Salzpfannen, in denen sich Gips bildet, typische Beispiele für solche extremen Umweltbedingungen darstellten, bei denen Organismen einer Küstenfauna zum Zwergwuchs übergehen. Und dann legte sie dar, daß alle Mollusken in Ryans Schotter Lebensformen einer Küstenregion waren. Manche Arten entstammten den Strandzonen, andere hatten in Lagunen hinter Sandbänken gelebt. Sie konnte sogar einige Brackwasserarten identifizieren, die wie heute im abflußlosen Kaspischen Meer lebende Formen aussahen.

All das verwirrte Ryan immer mehr. Er hatte erwartet, daß Cita und Hsü die Anwesenheit der Gesteinsbröckchen und Schalen einhellig durch Unterwasserlawinen erklären würden. Statt dessen schienen sie davon auszugehen, daß sich diese Steine vor Ort gebildet hatten, wo auch die Miniaturmollusken gelebt haben sollten – genau dort, wo man sie aus dem Sediment gestanzt hatte.

Flache Lagunen am Boden des Mittelmeeres? Niemals! Ryan protestierte gegen diese Vorstellung, die ihm zu absurd erschien, um sie auch nur als vorläufige Arbeitshypothese gelten zu lassen.

Hsü hielt seinem Freund vor, daß er die Belege, die er so sorgfältig auf den Kartonbogen geklebt hatte, ignoriere: Wenn hier unterseeische Erdrutsche gewirkt hatten, wo waren dann all die anderen Erosionsgesteine, die spanische und französische Flüsse ebenfalls ins Meer getragen hätten? Immer noch ratlos und darüber hinaus hungrig, beschlossen die drei, ihre Diskussion in der Schiffsmesse fortzusetzen. Dort gesellte sich Herb Stradner zu ihnen, ein australischer Experte für Nannofossilien (Kleinstfossilien). Als er erfuhr, was die anderen so erregte, fragte er nach dem Alter des Schotters. Sofort konnte Cita das nicht genau beantworten, denn die Schneckengehäuse waren die Überbleibsel von Arten, die über lange Zeit fast unverändert existiert hatten; manche gab es heute noch. Allerdings hatte sie den vorigen Bohrkern, der oberhalb der Schotterschicht aus dem Sediment geschnitten worden war und daher jünger sein mußte, dem Unterpliozän zugeordnet, einer Zwischenepoche, die nach den radiometrischen Altersbestimmungen vor fünf Millionen Jahren begonnen und vor drei Millionen Jahren geendet hatte. Stradner bat darum, ein paar der braunen Kalksteinbröckchen pulverisieren zu dürfen. Er hatte ein stärkeres Mikroskop an Bord und konnte sie bei tausendfacher Vergrößerung untersuchen.

Die Gruppe kehrte ins Paläontologie-Labor zurück, und im Handumdrehen hatte Stradner aus verschiedenen Kalksteinstückchen ein Dutzend Präparate angefertigt. Das Pulver aus den einzelnen Fragmenten wurde auf kleine Glasplatten gestreut und mit einem Tropfen Immersionsöl bedeckt, das sich durch besondere optische Brechungseigenschaften auszeichnet. Dann stellte er die Optik seines Mikroskops nach und nach auf verschiedene Ebenen innerhalb der Präparate ein. Was er erblickte, waren die skelettierten Überreste winziger Meerespflanzen. Wenn er die Glasplatten auf der Mikroskopbühne hin und her schob, änderten sich die Lichtverhältnisse, so daß bald diese, bald jene Konturen besser erkennbar waren. Das gab ihm Aufschluß über die Form der Partikel, aus der er wiederum auf die Pflanzenarten zurückschloß. Er fing an, die Namen aller ausgestorbenen Arten aufzuzählen, die er mit Sicherheit identifizieren konnte. Cita ging zu einer der Wandtafeln und suchte auf dem Diagramm jene Entwicklungslinie, die die Namen dieser Arten trug. Deren Stellung im Stammbaumsystem verriet ihnen, in welcher erdgeschichtlichen Epoche diese Pflanzen sich in den sonnendurchfluteten Gewässerschichten des Mittelmeeres ausgebreitet hatten. Stradner und Cita fanden heraus, daß die Organismen aus den Kalksteinstücken vor etwa sieben Millionen Jahren gelebt hatten, im Miozän, einer Epoche des sogenannten Känozoikums. Damit war das mutmaßliche Alter des Selenits und der winzigen Schneckenhäuser von beiden Seiten eingegrenzt: Sie waren vor sieben bis fünf Millionen Jahren entstanden. Der italienische Gessoso Solfifera war genauso alt – eine Übereinstimmung, die das Team sprachlos machte. Hsü brach das Schweigen: »Meint ihr, daß das ganze Mittelmeer einmal ausgetrocknet sein könnte?«[141]

Cita und Ryan blickten ihn überrascht an, und Hsü erbot sich, mit dieser abenteuerlichen Hypothese die Runde bei den übrigen Wissenschaftlern der Expedition zu machen. Als sich zeigte, daß die anderen dieser Vorstellung teils mit Skepsis, teils mit Spott begegneten, räumte er ein, daß seine Belege, eine Handvoll Schotter, etwas dürftig waren. Ryan war einerseits fasziniert, andererseits fühlte er sich angesichts der Groteskheit des Gedankens nicht ganz wohl in seiner Haut. Hsü und Cita taten sich damit leichter. In ihrem vorläufigen Bericht schrieben sie: »Da wir keine andere plausible Erklärung anbieten konnten, bedrängten wir Ryan, eine neue Stelle auszusuchen, an der wir den Meeresboden gefahrlos durchbohren konnten.«[142] Das hieß, die *Glomar Challenger* mußte einen Platz finden, an dem nicht befürchtet werden mußte, wieder auf eine Schotterschicht zu stoßen, so daß das Bohrloch hoffentlich nicht mehr einbrechen würde. Die Wissenschaftler hatten es nicht leicht, Kapitän Clarke davon zu überzeugen, daß ihr neuer Plan sinnvoll war und in das bestehende Programm eingeschoben werden sollte.

Als die *Glomar Challenger* zwei Tage später ihre Bohrung an der

Flanke des unterseeischen Vulkans abschloß und zu einer Stelle südöstlich von Mallorca aufbrach, ergab sich eine günstige Gelegenheit. Im vorigen Monat hatte die *Jean Charcot*, ein Forschungsschiff französischer Ozeanographen, das Meer in dieser Region mit einer Technik vermessen, mit der man – ähnlich wie seinerzeit auf der *Chain* – mit Schallwellen ins Sediment hineinblickte. Während das Schiff am Rand des Zentralbeckens auf- und abgekreuzt war, hatte es ein Netz aus Unterboden-Reflektionsprofilen erstellt, aus denen die einzelnen Sedimentschichten abgelesen und kartiert werden konnten. Wie sich dabei gezeigt hatte, gab es ein Gebiet, das keinerlei Unterwassercanyons enthielt und in dem folglich kein Schotter zu erwarten war, da dieser sich am Boden solcher Gräben sammelt. Die Sedimentschichtung schien insgesamt sehr gleichmäßig zu sein; man hatte auch keine jener Verwerfungen gefunden, in denen sich oft Öl oder Gas ansammelt. Die fünf bis sieben Millionen Jahre alten Schichten lagen in einer Tiefe, die der Bohrkopf problemlos sollte erreichen können. Das Risiko, auf eine Überdruckformation zu stoßen, war minimal. Der Einsatzleiter segnete den Bohrplan ab und reichte ihn zur Absegnung an Kapitän Clarke weiter.

Mitten in der Nacht zum 27. August begann das ganze Bohrschiff zu beben. Das neue Loch war bereits 380 Meter in den Meeresboden vorangetrieben worden, und bisher war die Bohrung glatt und ereignislos verlaufen: Sieben Kerne waren geborgen und untersucht. Die Vibration verstärkte sich und hielt ohne Unterbrechung bis zum Sonnenaufgang an. Das konnte nur heißen, daß die Bohrkrone sich durch festes Gestein fraß. Die französischen Reflektionsprofile zeigten Hsü und Ryan aber, daß das Grundgestein viel tiefer lag. Dennoch hatten sie in sechs Bohrstunden nicht einmal drei Meter Tiefe gewonnen. Hsü wurde ungeduldig und wollte keine weitere Panne riskieren. Er beschloß, den Kern heraufzuholen – oder vielmehr das, was davon übrig war.

Überall, wo Platz war, hatte sich eine aufgeregte Menge versammelt, um zuzusehen, wie das Kernrohr aus dem Bohrgestänge gezogen wurde. Als die Arbeiter die transparente Kunststoffmanschette aus dem Rohr gedrückt hatten und sie mit ihrer Gesteinsfracht zu den ungeduldig wartenden Wissenschaftlern hinübertrugen, rief jemand: »Mein Gott, eine Säule aus Atlantis!«[143] Durch die fettverschmierte Hülle schimmerte eine weiße, marmorierte Steinsäule.

Als der anderthalb Meter lange und nur knapp acht Zentimeter dicke Steinzylinder im Bohrkernlabor auf der Arbeitsfläche aus seinem Behälter befreit wurde, zerbrach er in eine ganze Reihe von Einzelstücken. Die Wissenschaftler betrachteten die Stücke zunächst durch ihre Handlupen. Die blättrige Beschaffenheit des Materials entlockte einem von ihnen das Wort *Balatino*. So nennt man auf Sizilien papierdünne Schichten aus Alabaster, einem relativ weichen Stein, aus dem zum Beispiel die Assyrer die Basreliefs geschlagen hatten, die die Paläste von Nimrud und Ninive schmückten. Einer der Forscher hielt ein Fragment hoch, damit alle es betrachten konnten. Der hellgraue, dunkel geäderte Stein hatte die Textur von verklumptem Zucker und war mit vielen reinweißen Knötchen durchsetzt. Sie hatten einen typischen Bestandteil des sizilianischen Gessoso Solfifera vor sich.

Die Stücke, die sich im Bohrkernrohr zuoberst und zuunterst befunden hatten, erinnerten an Blätterteig, der in der Mitte Falten geworfen hatte. Einer der Wissenschaftler schnitt verschiedene Stücke davon mit der Diamantsäge auf, um ihre Innenstruktur bloßzulegen. Hsü legte eine Scheibe auf seine Zunge, zuckte zusammen und verkündete: »Von jetzt an solltet ihr uns lieber glauben, wenn wir sagen, daß das Mittelmeer einmal ausgetrocknet war!«

Was seine Zunge erkannt hatte, war Anhydrit, wasserfreies Kalziumsulfat, eine trockene Variante des Selenits, die bei Temperaturen oberhalb von 43 °C entsteht. Heute bildet sich Anhydrit nur noch in den Flutebenen des extrem heißen und trockenen Persischen Golfs.[144] Diese Küstentiefebenen, von der arabischen Bevölkerung *sebkhas*[145] genannt, werden nur bei besonders starken Stürmen überspült, also vielleicht einmal pro Jahrzehnt. In der übrigen Zeit brennt die Sonne jedes bißchen Flüssigkeit, das aus dem

Grundwasser zu ihnen aufsteigt, aus ihnen heraus; zurück bleibt das aus der Lake ausgefällte Anhydrit.

Hsü deutete auf die faltigen Strukturen. »Die werden von Algen gebildet«, erklärte er, »die nach jedem Sturm in enorm dicken Matten auf den feuchten Sebkhas wachsen. Seht ihr, man kann sogar noch die Umrisse der ehemaligen Zellen erkennen. Das sind Photosynthese-Lebewesen: Sie brauchen Sonnenlicht!«

In den nächsten zwei Tagen biß sich die *Glomar Challenger* hartnäckig tiefer in den Untergrund. Nach weiteren 30 Metern Anhydrit war der Bohrkopf jedoch verschlissen, und damit war an dieser Stelle Schluß. Man hatte sieben weitere Kerne geborgen und an Deck bestaunt. Jeder von ihnen hatte die revolutionäre neue Hypothese weiter unterstützt: Vor fünf bis sieben Millionen Jahren war das Mittelmeer eine Wüstenlandschaft gewesen, deren letzte Seen und Schlammpfützen allmählich in der stechenden Sonne verdunstet waren.

Während die *Glomar Challenger* Kurs auf das Ionische Meer zwischen Sizilien und Griechenland nahm, stellten Hsü, Cita und Ryan weitere Überlegungen über die Entwicklung des austrocknenden Mittelmeeres an. War eine Kette flacher, salziger Lagunen übriggeblieben, die durch eine Wasserstraße miteinander in Verbindung standen und durch den ständigen Nachschub von atlantischem Wasser durch die Meerenge bei Gibraltar der vollständigen Austrocknung entgingen? Oder war das Gebiet durch einen natürlichen Damm restlos vom Atlantik abgeschnitten gewesen, über den nur gelegentlich ein Wasserschwall in das Hitzeinferno hinabstürzte, das sich zwanzig- bis dreißigmal tiefer unter dem Meeresspiegel befand als das Death Valley in Kalifornien?

Die Forschercrew der *Glomar Challenger* zerbrach sich jetzt den Kopf darüber, wie das gigantische Wüstenloch wieder zu einem Meer geworden war. Hatte das Wasser die Senke allmählich wieder aufgefüllt, oder war sie in einer Flutkatastrophe untergegangen? Dazu mußte man mehr über die Ablagerungen oberhalb der Anhydritschicht wissen. Am nächsten Ziel, südwestlich des Peloponnes, lieferten neue Bohrkerne schon bald wichtige Hinweise auf die Tiefe des

Meeresbodens gegen Ende der mediterranen Trockenphase. Die Forscher opferten außerplanmäßig Zeit und Mühe, um zwei benachbarte Löcher bis zum Anfang des Anhydrits zu bohren. So konnten sie sicher sein, daß die untersten Kerne tatsächlich die typischen Sedimente vom Boden des ausgetrockneten Salzsees enthielten. Diese Kerne stellten also eine weitgehend vollständige Chronik jener Zeit dar, in der das Meer sich die Wüstenlandschaft zurückerobert hatte. Als der orangebraun gesprenkelte Schlick so weit untersucht worden war, daß man seine Zusammensetzung, seine pflanzlichen und tierischen Komponenten und sein Alter kannte, hielt das Team im vorläufigen Expeditionsbericht seine Schlußfolgerung fest, daß sich der Schlick, der »nach der Bildung der Anhydritschicht auf den Flutungsflächen abgelagert wurde, sich nicht von dem Schlamm unterscheidet, den man heute findet«.[146] Cita, die aus den Überresten der Bodenfauna Rückschlüsse auf die damalige Wassertiefe ziehen konnte, war zu der Überzeugung gelangt, daß das Gebiet des ausgetrockneten Mittelmeeres ganz plötzlich wieder in ein Meer von erheblicher Tiefe und großer Entfernung zum Festland verwandelt worden war. Es gab keine Anzeichen für einen allmählichen Übergang. Die Meeresbodengeschöpfe, die nach der Rückkehr des Meerwassers unmittelbar über der Anhydritschicht gelebt hatten, waren typisch für die sogenannte bathyale Tiefenstufe – so nennen die Paläontologen den mehr als eintausend Meter unter der Wasseroberfläche liegenden kalten und stockfinsteren Bereich am Hang des Festlandsockels. Diese Beobachtung untermauerte die These, daß sich die Wüste in einer austrocknenden Senke herausgebildet hatte und diese Phase durch eine plötzliche Überflutung der Senke mit mehr als eintausend Metern frischen Meerwassers beendet worden war.

Zwar werteten Hsü, Cita und Ryan diese neue Erkenntnis als Indiz dafür, daß die Senke bereits vor der Überflutung existiert hatte, aber die anderen Wissenschaftler waren noch nicht restlos davon überzeugt. Sie entwickelten eine Alternative zu dem Szenario der raschen Überflutung eines tiefen Lochs: Vielleicht hatte eine ursprünglich flache Senke unter dem Druck des einströmenden Wassers nachgegeben. Da sie sich nicht einig wurden, beschlossen die

Forscher, weitere Bohrungen durchzuführen, um sich zwischen den alternativen Erklärungsversuchen entscheiden zu können. Zuvor mußten die Befürworter der beiden Hypothesen allerdings aus den jeweiligen Szenarios eine Reihe von Vorhersagen ableiten, die anhand der Bohrkerne überprüfbar sein sollten. Diejenige Hypothese, deren Vorhersagen den Befunden der kommenden Wochen – der letzten Phase der Expedition – am nächsten kämen, würde man aufrechterhalten, die andere verwerfen, ein klassisches naturwissenschaftliches Ausschlußverfahren.

Wenn das tiefe Becken durch ein Einsinken des zuvor flachen Mittelmeeres entstanden war, sollte man im Sediment oberhalb der Anhydritschicht Hinweise auf die allmählich fortschreitende Absenkung des Meeresbodens finden. Anhand der tierischen und pflanzlichen Überreste müßte man nachweisen können, daß der Übergang von einer knietiefen Lagune zu einem Tausend-Meter-Meer sich über eine erhebliche Zeitspanne erstreckt hatte. Fauna und Flora reagieren recht sensibel, wenn in ihrer Umgebung die Temperatur abnimmt, der Druck ansteigt und Nahrung, Sauerstoff und Licht immer spärlicher werden. Im Sediment sollten sich die allmählichen ökologischen Veränderungen, die mit einer schrittweisen Absenkung des Bodens einhergegangen wären, daher eindeutig nachweisen lassen.

Wenn das Mittelmeer andererseits schon immer tief gewesen war, dann mußte der Wüstenboden nach einem Dammbruch ganz abrupt überflutet worden sein.[147] Bei dem enormen Wasserdruck des Atlantischen Ozeans hätte nichts mehr die Salzwasserfluten aufhalten können, wenn sie erst einmal durch das Schleusentor bei Gibraltar (oder wo auch immer) eingeströmt wären.

Zur Entscheidung zwischen den Verfechtern der »Allmählichen Absenkung« und den der »Abrupten Flutung« kam es, als die *Glomar Challenger* die letzte Station ihrer Erkundungsfahrt, das Tyrrhenische Meer, erreicht hatte, wo sie gut 100 Kilometer östlich von Sardinien bohren sollte. Diese Zone gehört zu den jüngsten Teilen des Mittelmeeres, und die vorgesehene Bohrstelle schien den Vertretern der Absenkungs-Hypothese daher hervorragend geeignet, um eine schrittweise Absenkung eines ursprünglich dicht unter der Wasseroberfläche gelegenen Meeresbodens nachzuweisen.

Aus einer Wassertiefe von 3000 Metern wurden Kerne geborgen, die die gesamte Sedimentschichtung vom heutigen Meeresbett bis zur Anhydrit- und Alabasterablagerung abdeckten. Die Bohrkolonnen konnten vor allem den unmittelbaren Übergang vom ausgedörrten Boden zum feuchten Schlamm intakt ans Licht befördern. Folglich blieb bei der Analyse der Kerne kein Spielraum für Spekulationen. Der Übergang vom trockenen Wüstensand zum Meeresbodenschlick war gestochen scharf und dünn wie Papier. Schon die allererste Schlammschicht, die sich auf dem ehemals angewehten Sand abgesetzt hatte, gehörte eindeutig der bathyalen Tiefenstufe an. Diese Schlickschicht wächst typischerweise in tausend Jahren zweieinhalb Zentimeter an, und damit war klar, daß der Übergang von der Salzwüste zum kilometertiefen Meeresboden keinesfalls mehr als hundert Jahre in Anspruch genommen hatte.

Für die wenigen Tage, die bis zum Ende des Unternehmens noch blieben, kehrte das Forschungsschiff ins westliche Mittelmeer zurück, um am Kontinentalabhang an Sardiniens Westküste und in der vorgelagerten Tiefsee-Ebene eine Serie von Löchern zu bohren. Die Kerne, die man vom oberen Abhang zutage förderte, enthielten rundgeschliffene Kopfsteine und Kiesel aus einem alten, verzweigten Flußbettsystem, das einst nur nach den seltenen, heftigen Regenfällen Wasser geführt hatte. Diese Sturzflutablagerungen waren mit trockener, rostroter Erde vermischt, die immer noch Samen und versteinerte Wurzeln des Wüsten-Beifuß enthielt.[148]

Im nächsten Bohrloch, etliche Kilometer weiter westlich an der Basis des Kontinentalabhangs gelegen, stieß die Crew auf die charakteristischen Anhydritstrukturen, die eindeutig auf Sebkhas am Rand eines Salzsees hinwiesen. Darauf folgte, genau in der richtigen Abfolge, die Lagune mit ihren blätterteigartigen Alabasterschichten und Algenmatten. Am aufregendsten aber waren die unteren Bohrkerne aus dem allerletzten Loch, das in den Boden der Tiefsee-Ebene getrieben wurde: Sie enthielten eine Ablagerung, von der niemand zu träumen gewagt hätte, daß sie die weite Reise vom

Meeresgrund bis hinauf ins Schiff überstehen könnte, ohne sich im Wasser aufzulösen.

Auf den ersten Blick sah es fast so aus, als hätte die Bohrkolonne den Wissenschaftlern einen groben Streich gespielt und die transparenten Bohrkernhüllen leer abgeliefert. Aus der Nähe und bei gutem Licht betrachtet, zeigte sich jedoch, daß sie beinahe vollkommen durchsichtige Steinzylinder enthielten. Hsü konnte es wie immer nicht abwarten und griff in die Röhre. Er zog ein Stück heraus, das für Ryan haargenau wie ein Eiszapfen aussah. Hsü führte es an seine Lippen und leckte daran. Dann reichte er es herum, damit alle in den Genuß kämen: Der Salzgeschmack war unverkennbar.

In den vorläufigen Expeditionsberichten würde das Salz später fachsprachlich als das Mineral Halit geführt werden; Zusammensetzung: Natriumchlorid mit magnesium- und kaliumreichen Zonen. Daß dieses außerordentlich leicht lösliche Mineral überhaupt heil an Bord gelangen konnte, verdankten die Forscher dem Vorarbeiter, der den Hebel für die Einholgeschwindigkeit eigenmächtig bis zum Anschlag durchgedrückt und damit den Kern 134-10 so rasch wie möglich auf die Arbeitsbühne hochgezogen hatte.

Als die *Glomar Challenger* in dieser Nacht Kurs auf Lissabon nahm, ruhten die erschöpften Wissenschaftler und Bohrleute schon in Morpheus' Armen. Zermürbende 55 Tage lang hatten sie rund um die Uhr geschuftet. Plötzlich fuhr Ryan hoch, er wußte nicht mehr, was Traum und was Wirklichkeit war. Widerwillig kehrte er noch einmal ins Bohrkernlabor zurück. Auf dem Tisch lag noch der Salzzylinder, an dem Hsü geleckt hatte. Mit einer Juwelierssäge trennte Ryan das Stück vorsichtig der Länge nach durch, um die streifige Innenstruktur bloßzulegen. Auf der glatten Schnittfläche erkannte er deutlich den Querschnitt eines Austrocknungssprungs, der mit Salzkristallen ausgefüllt war. Tatsächlich: Für kurze Zeit war sogar die trostlose Pfütze hochkonzentrierter Salzlake in der Mitte der Mittelmeersenke komplett eingetrocknet gewesen!

Die Konsequenzen der Expeditionsergebnisse begriff Ryan in ihrer ganzen Reichweite erst später, nachdem die Bordberichte abgeschlossen, die Pressekonferenz abgehalten und er wieder ins Lamont-Doherty Geological Observatory heimgekehrt war. Gerade hatte er einen Brief eines russischen Wissenschaftlers namens I. S. Chumakov erhalten, der in der *Prawda* einen Auszug des Berichts der *New York Times* über die Resultate und Schlußfolgerungen der Expedition gelesen hatte. Chumakov hatte dem Team sowjetischer Ingenieure angehört, das in Ägypten den Bau des mächtigen Assuan-Staudamms geleitet hatte. Zu seinen Aufgaben hatte es dort gehört, quer über das Niltal eine Reihe von Probebohrungen ins nubische Grundgestein zu treiben, um geeignete Stellen für die solide Verankerung des Damms zu finden. Als die Bohrungen die Flußmitte erreichten, hatte der Bohrkopf wie üblich das sechs bis neun Meter starke Sand- und Schlammbett durchstoßen, doch anstatt dann auf das Grundgestein zu treffen, war er ohne großen Widerstand noch dreihundert Meter tief in den Boden eingedrungen, ehe er sich im Granitgrund festbiß.[149] Die Ingenieure waren auf eine unter dem Nil verborgene, außerordentlich tiefe und enge Schlucht gestoßen, die ehedem ein Fluß geschaffen hatte. Noch erstaunlicher war die Bergung von Tiefseeschlick vom Boden dieser Schlucht, der zwischen dem Nilschlamm und dem Granit des Grundgesteins lagerte. Der Schlick hatte genau das gleiche Alter wie die Proben, die die *Glomar Challenger* dem Sediment unmittelbar über dem Anhydrit entnommen hatte.

Als er den Bericht in der *Prawda* las, begriff Chumakov, daß dieser alte Fluß unterhalb des Nil vor fünf Millionen Jahren ein spaghettidünner Ausläufer des Mittelmeeres gewesen war. Verblüffend war vor allem der Ort, an dem man auf die Schlucht gestoßen war: Die heutige Küste lag rund 1000 Kilometer entfernt. Aber an der Verbindung des schmalen Canyon mit dem Mittelmeer konnte es keinen Zweifel geben, denn in dem Schlamm hatten sich nicht nur die winzigen Gehäuse mariner Planktons gefunden, sondern auch Haifischzähne! Bei seinem Versuch nachzuvollziehen, wie das Salzwasser so weit landeinwärts und flußaufwärts hatte vordringen können, hatte Chumakov ein Szenario entwickelt, das ebenso phantastisch wirkte wie die Indizien aus seinen Bohrkernen. Unabhängig von seinen westlichen Kollegen war er zu dem Schluß gekommen, daß der Wasserspiegel des Mittelmeeres einst mehr als 1500 Meter unterhalb des heutigen Niveaus gelegen haben mußte.

Je mehr das Mittelmeer austrocknete, desto steiler und reißender stürzte der Nil in es hinab, wodurch sich sein Bett immer tiefer in den Boden grub. Als die Überflutung Millionen Jahre später den urspünglichen Pegel wiederherstellte, wurde das tiefe Flußtal überspült und in einen Meeresarm verwandelt. Das Salzwasser hatte sich so schnell seinen Weg ins Innere Afrikas gebahnt, daß der Nil, der nur einmal jährlich Hochwasser führte, wenn in seinen Quellgebieten starke Niederschläge gefallen waren, die Eroberung Assuans durch das Mittelmeer nicht hatte verhindern können. Die Wissenschaftler der *Glomar Challenger*-Expedition feierten Chumakovs Brief als phänomenale, unabhängige Bestätigung ihrer These von der Verwandlung und Rückverwandlung des tiefen Mittelmeeres.

Ein paar Monate später lud die Phillips Petroleum Company Ryan zu einer Stippvisite nach Bartlesville, Oklahoma, ein, wo er den Erschließungsgeologen der Firma die Resultate der Expedition darlegen sollte. Nach seinem Vortrag, in dem Ryan die Entwicklung der Mittelmeerwüste skizziert und aufgezeigt hatte, wie die Tiefenbohrungen diese Austrocknung belegten, bat man ihn, seine Rückfahrt zu verschieben. Am nächsten Morgen holte der Gastgeber Ryan im Hotel ab und geleitete ihn durch die Sicherheitskontrollen ins Forschungszentrum des Konzerns, in dem man – unter strikter Geheimhaltung – potentielle künftige Ölförderfelder untersuchte. Phillips hatte zusammen mit italienischen und ägyptischen Fördergesellschaften erfolglos Probebohrungen im Untergrund des Nildeltas durchgeführt. Im Licht der Ergebnisse der *Glomar Challenger*-Mission betrachtet, war der ausgebliebene Erfolg nicht überraschend. Aus dem Gitternetz der Reflektionsprofile, die man nun vor Ryan ausrollte, ließ sich die einstige Gestalt der ägyptischen Landschaft rekonstruieren: Von Alexandria im Nildelta bis weit hinter die Pyramiden von Gizeh am Stadtrand von Kairo erstreckte sich auf diesen Karten ein Netz aus verborgenen Flußcanyons. In dem vorzeitlichen Ödland konnte man deutlich die Betten des Nil und eines Dutzends größerer Nebenflüsse ausmachen. Offenbar war die gesamte Randzone des nordafrikanischen Kontinentalsockels während der verdunstungsbedingten Absenkung des Mittelmeerspiegels trockengefallen und durch Erosion stark in Mitleidenschaft gezogen worden. Kein Wunder also, daß es hier weder Öl noch Gas gab: Alle Schichten, die sich als Sammelplätze für Kohlenwasserstoffe geeignet hätten, waren von Wasser, Wind und Wetter abgetragen worden.

Von den unterschiedlichsten Seiten kamen jetzt mehr und mehr unterstützende Indizien. Paläontologen des American Museum of Natural History in New York meldeten, daß sie bei ihrer Knochensuche in Südspanien auf einige weit entfernte afrikanische Verwandte gestoßen waren. Die Primaten-Ahnen waren offenbar über jene Barriere aus Afrika eingewandert, die den Atlantik vom Mittelmeer getrennt hatte, das daraufhin ausgetrocknet war. Auf Zypern hatten Forscher des University College in London aus fünfeinhalb Millionen Jahre alten Bodenschichten Elefanten- und Flußpferdskelette ausgegraben. Diese Säugetiere hatten jedoch wenig mit den riesigen Vieltönnern gemein, die man aus Ostafrika kennt, denn es waren Winzlinge, die man leicht hätte hochheben und wie Schoßhündchen unter den Arm klemmen können. Offenbar waren ihre Vorfahren einem der Nebenkanäle des Nil gefolgt und tief in das eingetrocknete mediterrane Becken vorgedrungen, wo sie sich in den verbliebenen Sümpfen und in der benachbarten Savanne niedergelassen hatten. In ihrer neuen Heimat am Boden der kochend heißen östlichen Mittelmeersenke hatten die Elefanten und Flußpferde durch starke natürliche Auslese allmählich Zwergformen herausgebildet, die sich in dieser höllischen Umwelt besser behaupten konnten als ihre großen Verwandten. Ihre Skelette waren in den Ablagerungen der Flußbetten versteinert. Später hatte der fortwährende Druck der afrikanischen und asiatischen Kontinentalplatte den versunkenen Nordrand eines ehemaligen Sees, der sich schon lange in Sedimentgestein verwandelt hatte, angehoben und zu einer Landschaft in Nordzypern umgeformt, die wir Menschen eines Tages unter dem Namen Pentadaktylos-Gebirge kennen würden.

Eines Sonntagnachmittags im Jahre 1972 meißelte ein Hobbyfossiliensammler Stücke aus einer offenliegenden, gipshaltigen Gesteinsschicht an einem Hang im Tarano-Tal, das in der Piemont-Region Norditaliens liegt. Er betrachtete die Innenseite eines fein geschichteten Anhydritbrockens, den er gerade aufgespalten hatte, und sah einen Aal, ein vollständig erhaltenes Exemplar, dessen Körperumriß sogar die einzelnen Flossen gut erkennen ließ. Das Fossil hatte sich in diesem Stein deshalb so ungestört ausbilden können, weil sich der Aal, als er starb und zu Boden sank, in einer salzhaltigen Lagune befunden hatte, deren Wasser in Bodennähe strömungs- und sauerstofffrei war und daher von Aasfressern gemieden wurde.

Die Steintafel mit dem Fossil gelangte in die Hände von Carlo Sturani, einem hervorragenden und umtriebigen Professor der Paläontologie am Geologischen Institut der Universität von Turin. Er erkannte auf den ersten Blick, daß sie ungefähr so alt sein mußte wie der Gessoso Solfifera auf Sizilien und das Anhydrit und das Salz, das die *Glomar Challenger* kürzlich auf dem Boden des Mittelmeeres entdeckt hatte. Er fuhr ins Tarano-Tal, um sich ein genaueres Bild von der Abfolge der fossilienreichen Gesteinsschichten zu verschaffen. Neben weiteren Aalen fand er versteinerte Foraminiferen (eine Klasse der Einzeller), Korallen, Echinodermen (Stachelhäuter wie etwa Seeigel), Muscheln, Heringe, kleine Flundern, Libellen, Laub, Eicheln, Landschildkröten, Süßwasserschilf und Baumwurzeln, die noch an ihrem ursprünglichen Wuchsort verankert waren. An einer knapp hundert Meter hohen Steilwand konnte Sturani ablesen, wie ein mäßig tiefes Meer eingetrocknet war und sich in eine Flutungsebene mit Algenmatten und Trocknungsrissen im Schlamm verwandelt hatte. Dann war daraus eine flache Lagune entstanden, deren Lake durch Verdunstung so stark konzentriert wurde, daß große Massen Selenit ausgefällt wurden. In einer solchen Selenitbank war der erste Aal eingeschlossen gewesen. Nach einer Weile hatte sich die Lagune in einen Brackwassersee verwandelt, der sich gelegentlich mit Süßwasser auffüllte. Als die Gegend sich dann aus Marschland zu einem Mammutbaumwald weiterentwickelt hatte, war aus dem See ein Torfmoor geworden. Doch urplötzlich, in einer

Zeitspanne, die gerade einmal zwei bis drei Millimetern Sedimentgestein entsprach, befand sich dieser Flecken Erde wieder tief unter dem Meeresspiegel, weit von jeder Küste entfernt. Diese Transformation vom Meer zum Festland und zurück zum Meer hatte weniger als eine halbe Million Jahre in Anspruch genommen.[150] Außer den privilegierten Teilnehmern der Bohrexpedition der *Glomar Challenger* hätte es zu diesem Zeitpunkt kein Mensch für möglich gehalten, daß ein großes Meer wie das Mittelmeer in so kurzer Zeit verdunsten und wieder vollaufen konnte.

Sturani war überrascht, wie gut die hier – in einem fernen Randbezirk des alten Mittelmeeres – dokumentierte Ereignisabfolge mit den Sedimentzeugnissen aus den Tiefseebohrungen übereinstimmte. Seine Resultate wollte er der Fachwelt auf einer Konferenz in den Niederlanden vorstellen, wo er auch Hsü, Ryan oder Cita zu treffen hoffte. Wie sich herausstellte, waren gleich alle drei zu der Tagung eingeladen worden, um der europäischen Forschergemeinde die Ergebnisse ihrer Expedition vorzustellen.

Während seines Vortrags warf Sturani ein Dia seines Aals auf die riesige Projektionsfläche des Versammlungssaals und beschrieb sein Aussehen:

> Das Rückgrat dieses jungen Aals ist zu einem ungewöhnlichen Zickzackmuster verrenkt. Diese Verkrümmung ist erst nach dem Tode eingetreten, und zwar durch die Schrumpfung der weichen Gewebe: Auf diese Weise gab das starre Rückgrat der Spannung nach. Ein Körper kann so bis auf ein Viertel seiner Ursprungslänge zusammenschrumpfen. Die Ursache der Schrumpfung ist Entwässerung.[151]

Ryan hörte gespannt zu, wie Sturani seine Interpretation dieses Befundes entwickelte: Seiner Ansicht nach war der Aal in eine Lagune geraten, deren hochkonzentrierte Salzlake mit einer dünnen Lage weniger dichten Süßwassers überschichtet war. Dort war das Tier eingegangen, war auf den sauerstofffreien, sterilen Boden gesunken und dort gepökelt worden. Die Lake hatte das körpereigene Wasser durch die intakte Haut hindurch aus dem Gewebe gezogen, ein Vorgang, den man als Osmose kennt, und der einschrumpfende Körper hatte das Skelett gezwungen, diese bizarre Zackenform einzunehmen, die das Auditorium auf der Leinwand bewundern konnte.

Plötzlich jagten Ryans Gedanken weit zurück. Vor ihrer Bosporus-Erkundung war die *Chain* 1961 im Mittelmeer unterwegs gewesen und hatte dort unter anderem die Straße von Gibraltar mit dem Echolot vermessen. An jenem Tag, der ihm jetzt lebhaft vor Augen stand, hatte er Aufsicht am Echolot gehabt und zwischendurch die vielen hundert bunten marokkanischen Fischerboote beobachtet, die in der Meerenge auf Aalfang waren. Man hatte ihm damals erklärt, daß die Laichgründe dieser Tiere hier in dieser Schmalstelle lägen. Und jetzt begriff er plötzlich den Grund dafür! Der Damm, der vor fünf Millionen Jahren den Atlantik vom Mittelmeer abtrennte, hatte sich quer über die Straße von Gibraltar erstreckt. Auch für die Aale war er ein unüberwindliches Hindernis gewesen: Die Mittelmeeraale konnten sich nicht mehr mit ihren atlantischen Verwandten vereinigen.

Jene Aale, die in europäischen Flüssen leben, welche in die Ostsee oder in den Atlantik münden, laichen in der Sargassosee südlich der Bermuda-Inseln, wohingegen diejenigen Aale, deren europäische oder nordafrikanische Heimatflüsse ins Mittelmeer fließen, sich östlich von Gibraltar paaren. Ihre Paarung findet also immer noch am Fuß des längst nicht mehr existierenden Damms statt, der damals die Wasserstraße verschloß. Ryan fragte sich, ob die Erinnerung an ihre damalige Isolation über Millionen Jahre im Erbgut der Tiere bewahrt worden war.

Am letzten Tag der Konferenz betrat Dick Benson das Podium, ein Spezialist für Muschelkrebse am National Museum of Natural History des Smithsonian Institute in Washington, D.C. Ihm erschienen »die Indizien für ein flaches Meer oder mehrere Lagunen mit rasch wechselndem Salzgehalt im Messinium [der stratigraphische Name der Zeit vor 7.2 bis 5.4 Millionen Jahren, in der das Mittelmeer vom Atlantik getrennt war] sehr überzeugend«.[152] Das, was er zu erzählen hatte, wirkte zunächst allerdings wenig spektakulär. Für das Anhydrit und den Wüstensand hatte Benson wenig übrig; vielmehr begeisterten ihn die mikroskopisch kleinen Lebewesen im Meeresschlick ober- wie unterhalb der Salzschicht. Bei seiner Analyse der Bohrkerne von der *Glomar Challenger* hatte er winzige Kleinkrebse einer Art gefunden, die ihre Sehfähigkeit verloren hat, da sie in der lichtlosen Tiefsee zu Hause ist.[153] Exemplare dieser Art befanden sich in den Sedimenten, die wie die Brotscheiben eines Sandwichs ober- und unterhalb jener Schichten lagen, die die Austrocknung und spätere Überflutung des Mittelmeeres dokumentierten. Die Kleinkrebse hatten also *vor* der Austrocknung im Mittelmeer gelebt und waren *sehr bald nach* dieser trockenen Epoche dorthin zurückgekehrt. Da sie aber auf Tiefseewasser angewiesen waren, mußte sich die trockene Senke sehr schnell wieder gefüllt haben, und das war nur möglich, wenn sich das große Schleusentor abrupt und weit geöffnet hatte.

Der Gibraltar-Damm mußte also plötzlich geborsten sein – eine Naturkatastrophe. Das Salzwasser aus der »bathyalen Tiefenstufe« des Atlantik hatte die Wüste im Mittelmeerbecken mit einer Wucht unter sich begraben, die mehreren tausend Niagarafällen entspricht. Dabei hatten die tosenden Wassermassen das Gestein der Barriere immer weiter angefressen und mit sich fortgerissen, bis der Durchbruch etwa 300 Meter unter den Meeresspiegel des eindringenden atlantischen Ozeans reichte. Diese Tiefe hielt Benson für notwendig, um die blinden Krebse aus ihrer Lebenszone im Nordatlantik mitzureißen und sie mitsamt ihrer vertrauten Umgebung, dem 4 °C kalten Salzwasser, in das sich rasch füllende Becken des Mittelmeeres zu schwemmen. Wäre das Schleusentor kleiner gewesen, so argumentierte er, dann hätte er in den Bohrkernen der *Glomar Challenger*-Expedition ganz andere Kleinkrebsarten finden müssen.

Vor fünf Millionen Jahren gab es noch keine Menschen. Andernfalls wären unsere Ahnen damals Augenzeugen eines überwältigenden Naturschauspiels geworden: der Verwandlung der mediterranen Wüste in ein anderthalb Kilometer tiefes Meer innerhalb der Spanne eines einzigen Menschenlebens.

Kapitel 8 –
Ein Ziel nimmt Gestalt an

An einem heiteren Herbstnachmittag im Jahre 1971 griff John Dewey, ein hyperaktiver Engländer mit rosigem Teint und frischgebackener Doktor der Naturwissenschaften am University College in London, nach einem nierenförmig ausgeschnittenen Stück Karton. Für ihn stellte dieses Puzzleteil eine Region in Mitteleuropa dar, die aus Milliarden Jahre alten Gesteinssorten bestand, und er suchte nun den geeigneten Platz dafür. Er schob es über die tektonische Karte der Alpen, die er gerade auf seinem Zeichentisch entwarf, und plazierte es schließlich neben ein Kartonstück, das ein Gebiet Afrikas repräsentierte, nun aber im Rhodope-Gebirge Bulgariens lag. Dewey ahnte nicht, daß er durch diese unspektakuläre Tat die Suche nach einer weiteren Flutkatastrophe auslösen sollte, die sich erheblich später abgespielt hatte als der Dammbruch von Gibraltar vor fünf Millionen Jahren – soviel später, daß sie wahrscheinlich auch von Menschen erlebt wurde.

Fünf Jahre zuvor hatte Dewey den Atlantik überquert, um sich an der Columbia University über das Auseinanderdriften des Meeresbodens[154] (auch von deutschen Geologen meist *sea floor spreading* genannt) weiterzubilden. An der Universität hatte Marshall Kay den Besucher unter seine Fittiche genommen, ein brillanter Gelehrter, der nun – kurz vor seiner Pensionierung – erleben mußte, wie sein Lebenswerk, seine geologische Theorie,[155] von einem neuen Paradigma[156] verdrängt wurde. Die noch junge Entdeckung des *sea floor spreading* hatte den Geologen offenbart, daß die Außenhaut der Erde nicht im Untergrund verankert ist, sondern auf dem zähflüssigen Inneren unseres Planeten treibt wie Eisschollen auf einem See.

Durch diese großräumigen Bewegungen werden die Kontinente mit einer Geschwindigkeit von etwa zehn Zentimetern pro Jahr gegeneinander verschoben, und an bestimmten Stellen stoßen sie zusammen. Hier entstehen neue Gebirgsketten: Die Ränder der kollidierenden Kontinente türmen sich gen Himmel.

Marshall Kay war aufgeregt und ausgelassen. Es erfüllte ihn mit Stolz, daß ein Doktorand der Columbia University gerade einen aufsehenerregenden Artikel über magnetische Anomalien des Ozeanbodens in der hoch angesehenen Fachzeitschrift *Science* veröffentlicht hatte.[157] Die Anomalien bestanden in einer ganzen Reihe abwechselnd nach Nord und nach Süd ausgerichteter, magnetisierter Gesteinsbänder in der ozeanischen Erdkruste. Wenn man diese Strukturen in eine Karte einträgt, erkennt man ein erstaunliches Zebrastreifenmuster: gerade und symmetrische Streifen, die am Boden des Pazifik auf halbem Weg zwischen Neuseeland und der Antarktis verlaufen. Wie sich zeigte, gleicht das pazifische Muster demjenigen, das kurz zuvor bei den geomagnetischen Erkundungsflügen des U.S. Naval Oceanographic Office südlich von Island im Atlantik entdeckt worden war. Eine solch durchgehende Symmetrie in beiden Ozeanen paßte perfekt zu der kühnen Vorstellung, daß sich während des Auseinanderdriftens der Kontinente entlang eines dauerhaft offenen Risses ständig neue Erdkruste bildete. Dort quoll flüssige Lava hervor und erstarrte zu Gestein. Dieses vulkanische Substrat hielt im Augenblick seines Erstarrens sowohl die Ausrichtung als auch die Stärke des Erdmagnetfelds für immer fest. Nach der Veröffentlichung in *Science* wurden überall eilig Aktionsprogramme aufgestellt, um die Weltmeere nach weiteren Mustern derselben Art abzusuchen und die Kartierung der Magnetstreifen über die ganze Erde auszudehnen.

Kay stellte seinem jungen britischen Gast den Autor des *Science*-Artikels vor: Walter Pitman. Dieser war vor sechs Jahren zur Ozeanographie gestoßen, hatte seither insgesamt fast anderthalb Jahre auf See verbracht – darunter eine zehnmonatige Fahrt auf dem Dreimaster *Vema* – und wollte in ein paar Monaten seine Doktorarbeit abschließen. Der Forschungsschoner *Vema* wurde vom Lamont-Doherty

Geological Observatory bereedert, einem hochkarätigen Forschungszentrum, das zur Columbia University gehörte, an der Kay lehrte und Pitman studierte.

Kay hoffte, daß Dewey sich von den geradezu unwiderstehlichen Indizien für die Kontinentaldrift, die sich aus dem Magnetisierungsmuster des Ozeanbodens ergaben, anstecken lassen würde. Außerdem brannte er darauf, seinen Gast durch das Lamont-Forschungszentrum zu führen und ein bißchen mit der modernen Anlage anzugeben. Hier arbeiteten mehr als einhundert Forscher aus allen Teildisziplinen der Erdwissenschaften, um der festen Erdkruste, den Meeren und der Atmosphäre ihre Geheimnisse zu entlocken. Außerdem diente dieser Satellitencampus der Columbia University etwa einhundert weiteren Doktoranden als Heimathafen, die in den entlegensten Winkeln der Welt ihren Forschungsprojekten nachgingen – sei es am Boden der ozeanischen Gräben, an den Polen oder gar auf der Oberfläche des Mondes.

Mit der *Vema* war Pitman um die ganze Welt gereist. Im Jahr vor Deweys Besuch hatte er an einer zweiten Forschungsexpedition teilgenommen, die der geomagnetischen Untersuchung des Pazifisch-Antarktischen Rückens diente. Das Resultat dieser Arbeit war jenes Diagramm der symmetrischen Anomalien gewesen,[158] das der britische Gast jetzt interessiert betrachtete. Pitman erklärte Dewey, wenn es stimme, daß die Bodenfläche der Ozeane wachse – worauf die Magnetisierungskarten des Meeresbodens hindeuteten –, dann gebiete es die Logik, daß die an die Ozeane angrenzenden Kontinente sich allmählich gegeneinander verschöben.

Im Lauf der nächsten beiden Jahre vervollständigte und veröffentlichte Pitman eine Zeitraffer-Rekonstruktion der Trennung Afrikas und Europas von Nordamerika, die sich in den letzten 200 Millionen Jahren vollzogen hatte. Aus den Magnetisierungsmustern und den bathymetrischen Karten (topographischen Meeresbodenkarten, die auf Tiefenlotungen basieren) des Nordatlantik hatte er die Wege der Kontinente mit bemerkenswerter Genauigkeit zurückverfolgen können.[159]

John Dewey, der sich tatsächlich von der Arbeit im Lamont-Forschungszentrum hatte anstecken lassen, war inzwischen für einen einjährigen Gastaufenthalt hier eingetroffen.

Pitman und Ryan, die bereits seit 1962 an diesem Institut zusammenarbeiteten, hatten Dewey gefragt, ob er sich an ihrem neuen, ziemlich waghalsigen Projekt beteiligen wolle: der Aufklärung der Entstehung der Alpen, eines relativ jungen Gebirgsbogens, der sich fast ohne Unterbrechung von der Betischen Kordillere Südspaniens über Frankreich, die Schweiz, Österreich, die tschechischen, slowakischen und ungarischen Karpaten, die Helleniden Jugoslawiens und Griechenlands, den bulgarischen Balkan und den anatolischen Taurus bis zum iranischen Sagros-Gebirge zieht, in dessen Behistun-Felsen König Dareios seine Nachricht an die Nachgeborenen schlagen ließ.

Die drei Kollegen nahmen sich vor, die alte Frage der Gebirgsbildung erneut anzugehen und die Verschiebung der driftenden Kontinentalplatten in ihre Überlegungen einzubeziehen. Bald bogen sich die Regalböden ihrer Aktenschränke unter der Last der Manuskripte, Abhandlungen, Expeditionsberichte, Strukturkarten, Computerausdrucke, Satellitenaufnahmen und stratigraphischen Tabellen, die sie zu diesem Thema zusammentrugen. Oft trafen sie sich zu Drei- oder Vier-Tages-Klausuren in Deweys Labor, um sich gemeinsam den Kopf zu zerbrechen. Ihr Ziel war eine Dokumentation[160] der allmählichen Zergliederung jener ursprünglich weiten Meereszone, die die Erdgeschichtler – nach der Schwester und Gemahlin des Titanen Okeanos aus der griechischen Mythologie – Tethys getauft hatten. Als die heutigen Kontinente einst noch dicht beieinanderlagen, hatte sich dieses Meer, dessen Geschichte sie nun in 20-Millionen-Jahr-Schritten zu rekonstruieren versuchten, von der Karibik bis zum Himalaja erstreckt, doch als die Kontinente auseinander- bzw. aufeinander zu gedriftet waren, hatte sich das Großmeer in die heutigen Meere und Ozeane aufgeteilt. Im Rahmen dieser Rekonstruktion interessierte die drei vorrangig der Zusammenprall der afrikanischen mit der europäischen Kontinentalplatte, bei dem letztlich die Alpen in die Höhe gedrückt worden waren. In diesem Zusammenhang vollzogen sie auch den Zusammenstoß des marokkanischen Vorgebirges mit dem spanischen

Vorgebirge nach, jenes Ereignis vor sieben Millionen Jahren, welches das Mittelmeer vom Atlantik getrennt und schließlich zur Verwandlung des ersteren in eine Wüste geführt hatte.

Die drei Geowissenschaftler schlugen sich vor allem mit den vielen kleinen Landstücken herum, die von den Kanten der Kontinente abgebrochen und ineinander verkeilt waren. Das Becken des Schwarzen Meeres bereitete ihnen besonders viel Kopfzerbrechen: Verglichen mit dem Untergrund der Ukraine, war die Kruste unter ihm recht dünn, was darauf schließen ließ, daß diese Vertiefung der Überrest eines alten Meeres war, das die Kollision der Kontinentalplatten irgendwie nicht erfaßt hatte. Nach der Entstehung des Mittelmeeres saß dieses Gewässer hinter dem sich auftürmenden Pontischen Gebirge der Türkei fest, fast lückenlos vom Festland umgeben. Nur durch den langen, engen Flaschenhals des Bosporus stand es mit dem Mittelmeer in Verbindung. Dieser Flaschenhals erinnerte Ryan an die Straße von Gibraltar. War womöglich auch das Schwarze Meer dereinst ausgetrocknet und wieder überflutet worden wie seine große Schwester, das Mittelmeer? Noch hatte Ryan seine Berichte zur kürzlich abgeschlossenen Expedition der *Glomar Challenger* nicht ganz fertiggestellt, und er hatte seinen alten Teamkollegen gegenüber ein ziemlich schlechtes Gewissen, weil er sich jetzt kopfüber in die Plattentektonik und Gebirgsauffaltung stürzte, anstatt sich weiter mit Anhydrit und Schlick zu befassen. Er teilte seinen irrlichternden Gedankengang, der ihn gerade vom Bosporus nach Gibraltar hatte abschweifen lassen, den anderen mit, und alle drei begannen, sich in Spekulationen darüber zu ergehen.

Plötzlich stellte Dewey mit sarkastischem Unterton die provokante Frage: »Bill, du glaubst doch nicht etwa, daß die Flutkatastrophe im Mittelmeerbecken dieselbe Flut war, der Noah in seiner Arche entkam?«

Und Pitman warf ein: »Wißt ihr, ich möchte wetten, daß es noch andere solche Fluten gegeben hat, die genau wie die Mittelmeerflut nicht durch Regenfälle ausgelöst wurden, sondern durch die dauerhafte Überschwemmung einer großen Senke, die ringsum von Bergen eingeschlossen war.«

Dewey überlegte einen Augenblick und stocherte dann weiter: »Also, wenn ihr das glaubt, dann müßt ihr mir auch einen guten Kandidaten für Noahs Sintflut aus dem Hut zaubern.« Und da sie sich in der letzten Zeit mit dem Kontinentalzusammenstoß auseinandergesetzt hatten, der sich vor zwanzig Millionen Jahren ereignet hatte, schickte er gleich eine Warnung hinterher: »Aber macht mir Noah nicht zum prähistorischen Affenmenschen. Keine Witzfigur, bitte! Ihr müßt mir schon was Neuzeitliches bieten.«

Die Mittelmeerflut schied damit aus. Wenn die Sintflut, von der *Genesis* und *Gilgamesch-Epos* berichten, wirklich ein historisches Ereignis gewesen sein sollte, dann mußte sie von modernen Menschen bezeugt worden sein, von Leuten, die der Sprache mächtig waren, die planvoll handeln konnten und über eine entwickelte Kultur verfügten.[161] Und was noch wichtiger war: Die Flutkatastrophe mußte ihre Lebensweise, ihre Daseinsgrundlage gefährdet haben. *Homo sapiens sapiens* aber hatte offenbar erst vor ungefähr 100 000 Jahren die Bühne betreten, und zwar in Afrika.[162] Erst gegen Ende der letzten Eiszeit, also vor etwa 12 000 Jahren, hatten unsere Vorfahren im Fruchtbaren Halbmond Mesopotamiens begonnen, mit festen Ansiedlungen zu experimentieren und Erfahrungen im Anbau von Getreide zu sammeln. Auch wenn das Spektakel der Wasserfälle von Gibraltar, die das Mittelmeerbecken aufgefüllt hatten, viel zu lange zurücklag, um als Kandidat für Noahs Flut in Frage zu kommen, so bot es doch ein brauchbares Modell, anhand dessen man sich die typischen Begleitumstände einer solchen Katastrophe vergegenwärtigen konnte. Nach diesen Kriterien konnte man nun den geologischen Datenbestand durchforsten, um eine viel jüngere abrupte Beckenfüllung aufzuspüren.

Der unumstößliche Nachweis der Austrocknung des Mittelmeeres hatte gezeigt, daß solche Salzwasserüberflutungen »seltene, aber reale Ereignisse darstellen«[163]. Pitman und Ryan mußten also nicht mehr belegen, *daß* es solche Fluten gegeben hatte. Die Frage war vielmehr, wo man nach den entsprechenden Voraussetzungen suchen sollte. Es lag nahe, den Boden solcher Gewässer zu untersuchen, die heute über schmale Durchlässe mit anderen Gewässern in Verbindung stehen. Wenn der Wasserspiegel eines eingeschlossenen Sees oder Meeres fällt, dann werden seine Zuflüsse (durch die das Becken später wieder aufgefüllt wird) mit ihrem wachsenden Gefälle zu Einbahnstraßen: Die Lebewesen, die im strömenden Wasser passiv treiben oder aktiv schwimmen, folgen dem Gefälle und gelangen schließlich an das Ufer des schrumpfenden Gewässers, das im schlechteren Fall nur noch eine Salzpfütze ist. Manch abflußloser See mochte aber durchaus lebensfreundliches Süßwasser enthalten haben; das hatten die Mollusken aus den Sedimentbohrkernen des östlichen Mittelmeeres ebenso bewiesen wie die Fisch- und Schilfarten, deren Fossilien Carlo Sturani in der Piemont-Region Italiens gefunden hatte. Diese Seen und ihre Zuflüsse müssen in einer ansonsten ungastlichen Welt Oasen von magischer Anziehungskraft gewesen sein. Und bei entsprechend langer Dauer sollten die Bewohner dieser Lebensinseln sich deutlich vom normalen Artenspektrum unterscheiden – Zwergelefanten und Miniaturschnecken fallen einfach auf.

Ryan hatte vor kurzem den Versuch unternommen, aus dem Szenario des ausgetrockneten, tiefen Mittelmeerbeckens konkretere Vorhersagen abzuleiten als jene, die man an Bord der *Glomar Challenger* erfolgreich überprüft hatte. Jetzt war er bereit, die Plausibilität seiner Überlegungen an Dewey auszutesten. Ryan schätzte Deweys Überblick und seine kritische Art, und außerdem war Dewey in der anstehenden Frage neutral. Er hatte kein persönliches Motiv, die bizarre Austrocknungshypothese abzulehnen oder zu propagieren.

»Als erstes müßte man nach einer ariden Umgebung suchen«, meinte Ryan. Er wußte, daß sich Wüsten nur unter ganz bestimmten Bedingungen bilden und daß das Vorhandensein von Wasser allein eine Wüste nicht unbedingt verhindert. In Teilen der Antarktis sind die Böden mit gefrorenem Wasser getränkt, und dennoch ist es dort knochentrocken, da seit Jahrhunderten kein Neuschnee gefallen ist. Wenn man eine untergegangene Wüste suchte, mußte man also dem Klima besondere Beachtung schenken. Zum Glück läßt sich eine aride Umwelt auch außerhalb des eigentlichen Dürregebiets nachweisen. Die Ausdehnung der asiatischen Wüstenregionen während der Eiszeiten ließ sich an Staubablagerungen ablesen, die der Wind bis auf die grönländische Eiskappe geweht hatte. Dieselben eiszeitlichen Winde hatten die Pollen von Gräsern und den Blütenstaub von Bäumen auf den Ozean hinausgetragen, in dessen Weltchronik, dem Tiefsee-Sediment, diese Indizien bis heute konserviert liegen. Findet der Pollenanalytiker in einer Schicht Beifuß, nicht aber Eiche oder Kiefer, so schließt er daraus auf eine Versteppung. »Mit ein bißchen Detektivarbeit«, sagte Ryan zu Dewey, »findet man immer ein paar Fingerabdrücke einer verschwundenen Wüste.«

Mit I. S. Chumakovs verborgener Nilschlucht[164] im Hinterkopf schlug Ryan noch einen weiteren Ansatz vor: »Man könnte auch nach besonders tief eingeschnittenen Flußtälern Ausschau halten.« Normalerweise fließt ein Strom über die Oberfläche seiner Überflutungsebene und bildet ein Delta. Viele der alten Metropolen Mesopotamiens, die im 3. und 2. Jahrtausend v. Chr. direkt an der Küste errichtet wurden – so Uruk, Ur und Eridu –, liegen heute über hundert Kilometer landeinwärts, weil sich das Delta von Euphrat und Tigris immer weiter ins Meer hinausschob. Über die Zeit sammelt sich immer mehr Sediment an, und der Fluß läuft über die ehemaligen Betten und Dämme seiner Vorgänger hinweg. Wenn jedoch entweder das Festland ansteigt oder der Meeresspiegel absinkt, schneidet sich das Flußbett tiefer in sein Fundament ein. Der neue, steilere Weg läßt das Wasser schneller fließen, und durch die höhere Energie frißt sich der Kanal in die Überflutungsebene hinein. Ein austrocknendes Meer wird daher von Strömen gespeist, die durch immer tiefere Täler fließen. Das Paradebeispiel für einen solchen Auswaschungsprozeß ist der Grand Canyon in Nordarizona. Dort wurde das Colorado-Plateau vor etwa 10 Millionen Jahren massiv angehoben, bis es etwa 1500 Meter über dem Meeresspiegel des Pazifischen Ozeans lag. Der alte Nil floß vor 6 Millionen Jahren unterhalb des heutigen Kairo durch eine Kluft, die genauso beeindruckend war wie der Grand Canyon.[165]

Dewey gab sich mit diesem Ansatz aber noch lange nicht zufrieden. Wie er denn solche tiefen Flußbetten zu finden gedächte, fragte er Ryan, der sich daraufhin verschiedene Möglichkeiten einfallen lassen mußte. Zum einen würde er nach massiven Ansammlungen von Erosionsmaterial suchen, die die zunehmende Strömung vermutlich weit in das Meeres- oder Seebecken hineingespült hatte. Wenn ein Fluß sich tief in sein Bett hineinschneidet, legt er irgendwann die Ablagerungen frei, mit denen die ehemaligen, tiefer gelegenen Flußbetten gefüllt sind. Wird das Gefälle immer stärker, dann werden der Schotter und der grobe Sand der früher verschütteten Gräben gemeinsam mit Süßwasserschnecken, Pflanzenresten etc. in das Gewässer geschwemmt, in das der Fluß mündet, wo sie sich am Boden ansammeln. An ihrer letzten Bohrstelle, westlich von Sardinien, war die *Glomar Challenger* auf Kieselsteine gestoßen, die von den Springfluten dorthingeschwemmt worden waren, die in der Wüste nach den seltenen, heftigen Wolkenbrüchen entstehen.

Weitere Hinweise erhoffte sich Ryan von Luftaufnahmen und topographischen Karten. In Südosteuropa lassen sich an der Donau mindestens sieben Terrassenstufen unterscheiden, an denen man die Höhe der ehemaligen Flußbetten ablesen kann. Je höher die Terrasse, desto älter ist sie. Offensichtlich hat sich jedes jüngere Strombett in den Boden des vorigen hineingefressen. Eine solche fortgesetzte Einengung zeigt zum einen, daß der Fluß nie wieder mächtig genug anschwoll, um über die ehemaligen Ufer zu treten und sich einen neuen Weg durch die alluviale Ebene zu suchen. Zum andern ist die abnehmende Wassermenge ein Indiz für eine zunehmende Versteppung des Einzugsgebietes des jeweiligen Flusses.

Dewey war weit entfernt davon, nachzulassen und seine Rolle als Katalysator aufzugeben. »Okay«, hakte er nach, »ihr findet also eine Wüste und tief eingeschnittene Flußtäler. Was beweist das schon? Wonach würdet ihr euch weiter umsehen?« Über dieses Thema hatte sich Ryan schon oft mit Maria Cita ausgetauscht, sowohl an Bord des Bohrschiffs als auch in ihrer anschließenden Korrespondenz.

Das Artenspektrum des Tierreichs hätte sich grundlegend ändern müssen. Ozeane sind im Grunde sehr störanfällige Ökosysteme. Das tierische Plankton reagiert ziemlich empfindlich auf Änderungen seiner Umwelt, da sich die Organismen zum Beispiel an neue Temperaturverhältnisse oder eine erhöhte Salzkonzentration nicht ohne weiteres anpassen können. Die küstennahe Fauna ist da noch am robustesten. In der Fachsprache nennt man solche Pflanzen und Tiere, die mit veränderlichen Umweltbedingungen gut zurechtkommen, Kosmopoliten.

Ryan führte aus, daß sich vor Beginn des Austrocknungsprozesses im Meer ein breites Artenspektrum hochspezialisierter Lebewesen etabliert haben dürfte, dessen einzelne Vertreter sich in ihre jeweilige ökologische Nische eingepaßt hätten. Solche Spezialisten haben in einer veränderten Umgebung schlechte Karten. In der Wüstenphase dürften sie daher durch flexiblere Abenteurer, durch kosmopolitische Generalisten ersetzt worden sein. Cita und Ryan hatten sich einen Überblick über die bisherige geologische Literatur zum Thema Umweltveränderung und Artenspektrum verschafft. In vielen dieser Fallstudien fanden sie den Grundsatz bestätigt, daß in einer umkippenden Umwelt, die auf eine Extremsituation hinausläuft, in der letzten Phase vor der totalen Sterilität nur noch ein, zwei besonders robuste Arten die Stellung halten.

Blaualgen etwa gehörten zu den ersten Lebensformen, die sich auf unserem Planeten entwickelten. Über eine Milliarde Jahre hinweg, vielleicht noch länger, beherrschten sie neben mikroskopisch kleinen Bakterien die Erde. Sie produzierten den Sauerstoff unserer Atmosphäre und gestalteten die Welt allmählich lebensfreundlicher. Mit der Entwicklung komplexerer Lebensformen traten dann auch die ersten Räuber auf die Bühne, die sich prompt über die Algen hermachten, deren segensreichem Wirken sie ihre Evolution verdankten. Seither sind die Blaualgen fast völlig von der Bildfläche verschwunden; nur hie und da tauchen sie vorübergehend wieder auf. Eine der letzten Gelegenheiten, bei denen es ihnen gelang, sich einen größeren Lebensraum zurückzuerobern, war die Austrocknung des Mittelmeeres: Als die Konzentration der Salzlake in den verbliebenen Tümpeln und Seen so hoch wurde, daß alle Algenvertilger darin ausstarben, konnten sie deren Randbereiche besiedeln.

Vergleichbare Blaualgen-Kolonien kennen wir heute nur an einem winzigen Fleck in Shark's Bay, Australien. Dort, im Innern einer Lagune, die vom Indischen Ozean abgeschnitten ist, liegt die Salzkonzentration zehnmal über dem Seewasser-Normalwert. Wer hier zu schwimmen versucht, macht dieselbe Erfahrung wie im Toten Meer: Wie ein Korken treibt man an der Oberfläche.

Nach dem Verschluß der Straße von Gibraltar hatte es tatsächlich nicht lange gedauert, bis Hunderte von spezialisierten Arten, die die riesigen, bunten Korallenriffe des Mittelmeeres bewohnt hatten, verschwunden waren. Nur eine zählebige Gattung der Steinkorallen, *Porites*, war noch eine Weile in der Lage, mit dem Riffbau fortzufahren.[166] Auch wenn es vielleicht der Intuition zuwiderläuft: Auf dem langen Marsch durch die Korridore der Evolution ist Stabilität der Vielfalt förderlich; rascher Wandel zerstört sie. Jede große Veränderung schlägt in der Geschichte unseres Planeten ein neues Kapitel auf.

Hier schaltete sich Pitman ein. Er schlug vor, nach einer ziemlich jungen Trockenperiode zu suchen: »Wie wäre es mit einer Zeit kurz nach dem Abschmelzen des letzten kontinentalen Eisschildes?« Und ohne die Reaktionen der beiden anderen abzuwarten, fuhr er fort: »Ich möchte wetten, daß sich Höhlen und Lagerplätze finden lassen, die von den Jägern und Sammlern plötzlich aufgegeben wurden, als die Umweltverhältnisse sie zwangen, irgendwo hinzuziehen, wo die Lebensbedingungen besser waren.«

Pitman wußte eine Menge über die Eiszeithöhlen in Frankreich und Spanien, die durch ihre phantastischen Felsmalereien zu Weltruhm gelangt waren. Er meinte: »Bei der Ausgrabung in einem alten Tell müßte man dann auf eine Schicht ohne menschliche Relikte stoßen, die zwischen den älteren und jüngeren Besiedlungsschichten eingeschlossen ist.« Solche Phasen völliger Sterilität hatte es mehrfach während der extremen Trockenheit gegeben, die im Mittelmeerbecken geherrscht hatte, als es für einige hunderttausend Jahre vom Atlantik isoliert war.

Dewey bilanzierte: »In Ordnung, ihr sucht nach einem Meer, das sich in eine Wüste verwandelt hat. Ihr findet auch tiefe Flußtäler und vielleicht sogar ein paar seltsame Siedler, die sich plötzlich komisch verhalten haben. Aber wie wollt ihr die Flut selbst aufspüren?«

»Durch genau die plötzliche Verdrängung der Fauna, von der ich dir gerade erzählt habe!« hielt Ryan dagegen. Als sich vor fünf Millionen Jahren das Schleusentor von Gibraltar auftat, wurden die Wüstenbewohner vermutlich schlagartig ausgelöscht und durch marines Plankton, Fische und Meeressäuger aus dem Ozean ersetzt. Die Füllung der riesigen Senke dürfte in weniger als hundert Jahren vonstatten gegangen sein. Die am Meeresboden lebenden Arten hatten vielleicht etwas länger gebraucht, um ihr neues Zielgebiet zu erreichen, als ihre schwimmenden oder passiv treibenden Mitbewohner, aber gemessen mit der langsam tickenden Uhr der Geologen hätte sich der gesamte Artenaustausch blitzschnell abgespielt. Ryan fügte hinzu: »Natürlich waren nicht mehr alle Stammgäste von früher bei der Wiedereröffnung ihres guten alten Mittelmeeres dabei, denn etliche von ihnen starben aus, während der Gibraltar-Damm es vom Atlantik abriegelte.«

»Und was passierte mit den Ärmsten, die der Flut im Wege waren?« wollte Dewey wissen.

Ryan dachte eine Minute nach. Dann sagte er: »Charles Lyell berichtete, daß auf einigen Mittelmeerinseln, zum Beispiel auf Sizilien, Sardinien und Malta, ganz plötzlich eine Menge neuer Säugetiere auftauchte – wie aus dem Nichts.[167] Das hat mir Maria Cita auf der *Glomar Challenger* erzählt. Auf Zypern und Kreta fand man Reste von Elefanten und Flußpferden. Sie flüchteten vor der Flut, erklommen alle möglichen Anhöhen und ließen sich notgedrungen an Orten nieder, die vorher nicht zu ihrem Lebensraum gehört hatten.«

Und damit hatten die drei Wissenschaftler, denen es eigentlich um ihre etwas ins Stocken geratene Rekonstruktion der Alpen gegangen war, den vielversprechendsten Schlüssel zu Noahs Flut gefunden: Man mußte die Spuren von Flüchtlingen suchen, von Menschen, denen das ansteigende Wasser ihren angestammten Lebensraum geraubt hatte.

KAPITEL 9 –
SCHWARZER SCHLAMM UND GRAUER TON

William Ryan beschäftigte sich intensiv mit dem Thema des Artenaustauschs. An Bord der *Glomar Challenger* hatte er mit Maria Cita darüber diskutiert, und seit einiger Zeit schenkte er den entsprechenden Fachartikeln in naturwissenschaftlichen Zeitschriften besondere Beachtung. Dennoch war er bisher noch nicht auf die ganz spezielle Geschichte gestoßen, die er zu finden hoffte.

Anfang Oktober 1970 verkündete die *New York Times* der Öffentlichkeit unter einer vier Spalten breiten Schlagzeile, das Mittelmeer sei »ein von Land umschlossenes Becken gewesen, in dem aufgrund der Verdunstung nicht viel mehr übrigblieb als eine Salzödnis«.[168] Diese breitenwirksame Veröffentlichung der Ergebnisse seiner Bohrexpedition hatte eine Zeitlang Ryans gesamte Aufmerksamkeit gebunden, und so war ihm ein zeitgleich in *Science* (dem hoch angesehenen Organ der American Association for the Advancement of Science) erschienener Artikel entgangen, in dem es um die jüngere Sedimentationsgeschichte des Schwarzen Meeres ging.[169] Tapfere, neugierige Leser, die sich trotz des wenig griffigen Titels an die Lektüre wagten, mußten sich zunächst durch den Fachjargon quälen, wurden aber mit der Erkenntnis belohnt, daß man hier etwas wirklich Bedeutendes gefunden hatte. In Wort und Bild breiteten die Autoren eine Entdeckung aus, die wohl ebenso bedeutsam war wie die der großen Mittelmeerflut.

Im Schwarzen Meer war die Fauna tatsächlich ausgetauscht worden – und das nicht vor fünf Millionen Jahren, sondern praktisch erst gestern: in der letzten Eiszeit, als sich überall in Europa und Südwestasien schon der moderne Mensch ausgebreitet hatte. Die Metamorphose, von der hier berichtet wurde, war jedoch keine weitere Meer-zu-Wüste-Verwandlung mit anschließender Rückverwandlung in ein Meer, sondern die doppelte Transformation eines alten Meeres in einen Süßwassersee und zurück. Der gesamte Fischbestand, das Plankton, die Krustentiere, die Mollusken und die ganze Küstenvegetation – alle Lebewesen waren betroffen gewesen. Zunächst waren die an das Salzwasser angepaßten Arten verschwunden und Stück für Stück durch Süßwasserarten ersetzt worden. Dann traten diese an das Süßwasser angepaßten Arten von der Bühne ab und machten wieder den typischen Meeresbewohnern Platz.[170]

Die Süßwasserphase hatte Tausende von Jahren angedauert:[171] Offenbar war der See erst verschwunden, als er wieder mit dem ägäischen Ausläufer des benachbarten Mittelmeeres verbunden wurde.[172] Im *Science*-Artikel hieß es, die Rückeroberung durch das Salzwasser habe sich irgendwann vor zwölf- bis siebentausend Jahren zugetragen. Keine einzige der Arten, die an die Umwelt des Süßwasser-Intermezzos angepaßt waren, hielt die Rückverwandlung in ein Meer aus. Als das Mittelmeerwasser eindrang und der Salzgehalt stieg, starben die meisten Seebewohner aus. Es überlebten nur Organismen, die in die Zuflüsse des Schwarzen Meeres geflüchtet waren und sich als so flexibel erwiesen, daß sie in der Flußumwelt zurechtkamen.

Durch den Anstieg des Salzgehalts wurde das Schwarze Meer zu dem Gewässer, das wir heute kennen. Die ersten, die es erkundeten, waren angeblich Jason und die Argonauten bei ihrer Suche nach dem Goldenen Vlies. Bis zur Ära dieses sagenumwobenen Helden war auch das Festland um das Schwarze Meer herum praktisch *terra incognita*. Den historischen Quellen zufolge wurden die ersten Seehäfen an der Schwarzmeerküste Mitte des 8. Jahrhunderts v. Chr. gegründet.[173] Diese Handelsstationen und weitere Vorposten, die im Laufe des nächsten Jahrhunderts hinzukamen, verschafften den Kaufleuten der Ägäis und des Ionischen Meeres Zugang zu reich gefüllten Kornkammern, schier unerschöpflichen Baumbeständen und Edelmetallvorräten.

In seiner *Naturalis historia* schreibt Plinius der Ältere über das

Schwarze Meer, es habe »eine große Fläche des Festlandes verschlungen, das sich vor ihm zurückzog.«[174] Er gab ihm den Namen Pontus Axenus[175] (gr.-lat.: unwirtliches Meer) und warnte eindringlich, daß die direkte Überquerung dieses riesigen Gewässers lebensgefährlich sei, da es kaum Inseln gebe, auf denen sich die Seeleute vor den berüchtigten heftigen Stürmen in Sicherheit bringen könnten. Aus derselben Furcht, in den peitschenden Wellen des Meeres

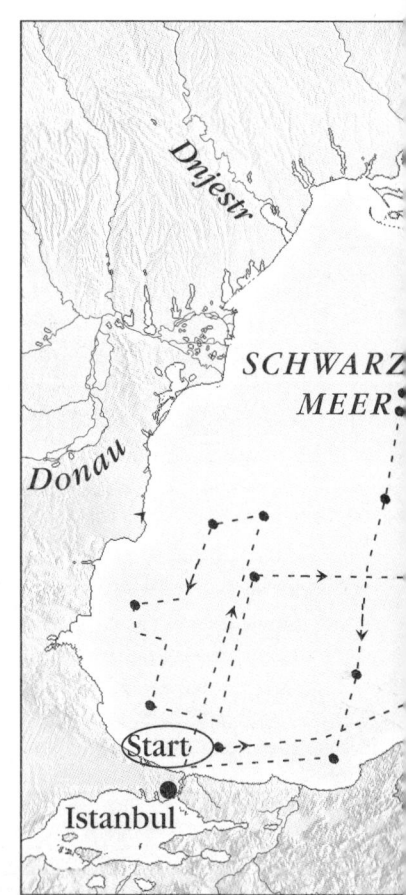

Die *Atlantis II* im
Schwarzen Meer, 1969:
Kartierung und
Untersuchung des Bodens

• Entnahmestellen der
  Sedimentbohrkerne
--- Schiffsroute

in Seenot zu geraten, nannten die Türken es im Mittelalter Karadeniz, das schwarze Meer, das Todbringende.

Die Erkenntnisse, die 1970 in *Science* veröffentlicht wurden, waren durch Glück im Unglück gewonnen worden. Ein Team von Geologen und Chemikern der angesehenen Woods Hole Oceanographic Institution wollte im Sommer 1967 eigentlich eine Expedition ins Rote Meer unternehmen, um dort an frühere Forschun-

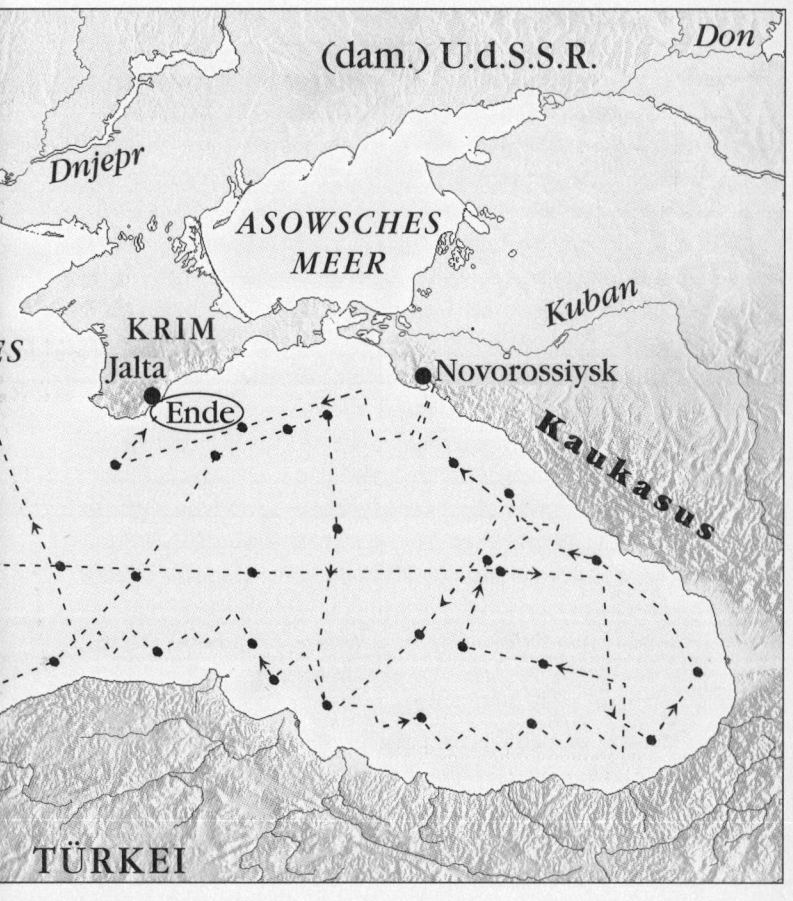

gen anzuknüpfen.[176] Aber die Pläne der Wissenschaftler wurden vom Ausbruch des Krieges zwischen Ägypten und Israel durchkreuzt. Also beschloß man, nach der Fahrt ins östliche Mittelmeer nicht – wie ursprünglich vorgesehen – auf Port Said und den Suezkanal zuzuhalten, sondern abzubiegen und die Ägäis sowie das Schwarze Meer anzusteuern.[177] Das Woods-Hole-Team wurde von David Ross und Egon Degens geleitet, und ihr Forschungsschiff, die *Atlantis II*, stand unter dem Kommando desselben Edmund Hiller, der uns schon als Kapitän der *Chain* begegnet ist.

Diesmal erschien das sowjetische Empfangskomitee nicht in Gestalt eines Zerstörers, sondern als viermotoriger Bomber, der gut ein dutzendmal bedrohlich im Tiefflug an der *Atlantis II* vorbeidonnerte, nachdem sie den Bosporus hinter sich gelassen hatte. Als das Dröhnen der Flugzeugmotoren endlich in der Ferne verebbt war, verfinsterte sich der Himmel, der Wind peitschte die Wellen auf und steigerte sich zum Sturm. Bei Einbruch der Dunkelheit hatte er beinah Orkanstärke erreicht.

Ungeduldig wie immer hatten Ross und Degens die *Atlantis II* bereits stoppen lassen, als die Mannschaft noch die Scheinangriffe des sowjetischen Flugzeugs erdulden mußte, und einen ersten Versuch mit dem Stechkastenlot gestartet. Der schwere Stahlbehälter war gerade auf dem Meeresboden aufgeschlagen, als Kapitän Hiller entschied, daß die Entnahme der Bodenproben wegen des aufkommenden Unwetters abgebrochen werden müsse. Leichter gesagt als getan: Das Schiff schwankte bereits so stark, daß das An-Bord-Hieven des schweren Geräts mit großen Risiken verbunden war. Allein mit der Heckschraube ließ sich das Schiff nicht mehr lange mit der Nase im Wind halten. Und wenn die *Atlantis II* Wind und Wellen erst einmal ihre Breitseite präsentieren müßte, wäre sie dem Sturm hilflos ausgeliefert, das war Hiller klar.

Zum Glück gelang es den wettergegerbten Seeleuten nach harter Anstrengung, das Stechkastenlot wieder an Bord zu bekommen, und die schlammgefüllte Röhre krachte auf das Deck. Als Degens sich am nächsten Vormittag die Beine vertrat, war der Himmel aufgerissen; die See beruhigte sich allmählich. Er wanderte zu dem

Stechkasten hinüber, der mit Holzkeilen und Ketten gesichert worden war, und bemerkte pechschwarzen Schlick, der aus dem einen Ende der Röhre hervorquoll, obwohl sie mit einer Ventilklappe verschlossen war, die genau so etwas verhindern sollte. Enttäuscht überprüfte Degens die Klappe. Sie war ordnungsgemäß verschlossen. Und doch suppte die Flüssigkeit weiter aufs Deck – irgendeine starke Kraft preßte sie heraus!

Ein Schnuppern führte zu des Rätsels Lösung: Gas. Ein farbloses, giftiges Gemisch aus Schwefelwasserstoff und Methan ging von dem eisähnlichen Aggregatzustand, in dem es sich unter den Temperatur- und Druckverhältnissen der Tiefsee befunden hatte, in die Gasphase über und dehnte sich dabei stark aus; der Sedimentschlamm mußte weichen. Degens besorgte sich einen batteriebetriebenen Schraubenzieher, um die Stahlröhre – sicherheitshalber unter freiem Himmel – zu öffnen. Er entfernte die sechs Meter lange Metallscheide und schabte den Sedimentkern mit einem sauberen Spatel ab, um einen ersten Blick auf die Schichtungen zu werfen. Die obersten einhundert Zentimeter bestanden aus einem tiefschwarzen, gelatinösen Schlamm.[178] Darunter befand sich ein hellgrauer Ton. Ein zweiter Blick zeigte, daß der schwarze Schlamm von haarfeinen weißen Bändern durchzogen war, wobei etwa einhundert der parallelen Streifen auf zweieinhalb Zentimeter kamen.[179]

Wo auch immer die *Atlantis II* im weiteren Verlauf ihrer Schwarzmeer-Tour Sedimentkerne einholte, überall fand man dieselbe Abfolge von schwarzem Schlamm über hellgrauem Ton. Der schwarze Schlamm war voll von pflanzlichen und tierischen Überresten. In manchen Tiefen erreichte dieser organische Kohlenstoff phänomenale 50 Prozent der gesamten Masse des Sedimentschlamms. Die Ablagerungen eines typischen Meeresbodens, zum Beispiel im Pazifik oder Atlantik, enthalten normalerweise lediglich ein Prozent davon. Die dünnen weißen Streifen, so zeigte sich bei hoher mikroskopischer Vergrößerung, bestanden vollständig aus den Kalkschuppen einer einzigen, Photosynthese betreibenden Planktonart, die dicht unter der Meeresoberfläche lebt, wo sie ausreichend Sonnenlicht findet.[180]

Eine noch stärkere Vergrößerung des organischen Schlamms brachte Membranstrukturen aus proteinähnlichen Makromolekülen ans Licht.[181] Niemand hätte erwartet, daß die Aminosäure-Bausteine dieser längst abgestorbenen Gewebe noch so hervorragend erhalten sein könnten. In der gelatinösen schwarzen Schicht waren die organischen Überreste mehrere tausendmal höher konzentriert als in dem darunterliegenden hellgrauen Ton.

Bei flüchtiger Betrachtung hätte man gar meinen können, die ältere Tonablagerung enthalte überhaupt keine Einschlüsse. Als man den Ton aber in einer Presse unter Druck setzte, quoll Wasser heraus, das offenbar in den Poren des Materials eingelagert war und kaum Salze enthielt. Hätte man genug davon gewinnen können, um es zu trinken, so hätte es vermutlich wie Mineralwasser aus einer Gebirgsquelle geschmeckt.

Ross und Degens setzten ihre Befunde zu einer überzeugenden Geschichte zusammen: In der Vergangenheit hatte sich das Schwarze Meer in einen See verwandelt, der mit dem Mittelmeer nur über einen schmalen Durchlaß in Verbindung stand. Dieser Abfluß war nicht so tief eingeschnitten, daß ständig schweres Salzwasser hätte eindringen können. Dieser Zustand hatte sich vor mehr als 20 000 Jahren eingestellt, als Skandinavien, Nordeuropa und ganz Kanada von Eisschilden bedeckt waren. Das Anwachsen der teilweise mehr als anderthalb Kilometer dicken Gletscher von der Größe eines Kontinents, deren Bedeutung zuerst von Louis Agassiz richtig eingeschätzt worden war, hatte zu einer weltweiten Absenkung des Meeresspiegels geführt, wodurch die Dardanellen und der Bosporus trockengefallen waren. Als das Eis über Rußland schließlich abzuschmelzen begann, wurde viel Schmelzwasser in den eiszeitlichen Schwarzmeer-See eingeleitet. Der hellgraue Ton in Ross' und Degens' Kernen stammte aus dem milchigen, mit zahllosen Stoffen angereicherten Schmelzwasser, das Donau, Dnjestr, Dnjepr und Don in das Becken gespült hatten.

Und dann kam die Zeit, in der der riesige See in ein Salzwassermeer zurückverwandelt wurde. In den Sedimentkernen der *Atlantis II* schlug sich dieses Ereignis in dem abrupten Übergang von der hellgrauen Tonschicht zum schwarzen Schlamm und im gleichzeitigen Ersatz der Überreste von Süßwasserlebewesen durch Relikte von Brack- und Salzwasserarten nieder. Ross und Degens hatten eindeutig einen schnellen Artenaustausch entdeckt, der noch nicht lange zurücklag. Aber sie hatten keinen Grund zu der Annahme, daß das Salzwasser katastrophal schnell eingedrungen war. Ihre Expedition endete gut ein Jahr, bevor das Team der *Glomar Challenger* auf den Wasserfall von Gibraltar stieß, der das Mittelmeerbecken aufgefüllt hatte. Daß ein isoliertes Binnenmeer möglicherweise ausgetrocknet sein könnte – dieser Gedanke war noch nicht geboren.

Was Ross und Degens nicht wußten, war, daß die Sowjets schon einen Hinweis auf ein zumindest teilweises Austrocknen des Schwarzmeer-Sees gefunden hatten. Offenbar war der See gegen Ende der Abschmelzphase auf etwa zwei Drittel seiner größten eiszeitlichen Ausdehnung geschrumpft. Im Rahmen der Planungsarbeiten für eine Eisenbahnbrücke quer über die strategisch wichtige Straße von Kertsch, einer 6 Kilometer breiten und 30 Kilometer langen Passage zwischen dem Schwarzen Meer und seinem nördlichen Ausläufer, dem Asowschen Meer, hatten russische Ingenieure eine Reihe von Bohrungen niedergebracht, um die Tiefe des Grundgesteins zu ermitteln. Sie fürchteten, daß die Sedimentschicht unter der geplanten Brücke sehr dünn sein könnte, wie es Chumakov im Nil unterhalb von Assuan erlebt hatte. Und tatsächlich stießen sie auf eine Kluft, die über 60 Meter tiefer reichte als der übrige Boden der Straße von Kertsch. In der Mittelrinne dieser Schlucht hatten sich Sand und Schotter abgelagert, und dazwischen fanden die Russen die Gehäuse typischer Flußschnecken.[182] Es gab keinen Zweifel: Das ganze Asowsche Meer war einst ein trockener Landstrich gewesen, in dessen Erdreich sich ein Fluß, vermutlich der alte Don, sein Bett gegraben hatte, um sich mehr als 150 Kilometer weiter südlich in den geschrumpften Schwarzmeer-See zu ergießen.

Dann war die ganze Region im Wasser versunken. In dem weichen Schlamm, der sich oberhalb der Flußbettablagerungen angesammelt hatte, fanden die sowjetischen Wissenschaftler winzige Schalen von Salzwassermuscheln, deren Hälften immer noch miteinander verbunden waren. Wären sie – gewissermaßen als Verunreinigungen – aus den älteren Nachbarschichten in diesen Schlamm hineingespült worden, dann wären die hauchdünnen Schalenpaare in den meisten Fällen auseinandergebrochen. Also waren die Muscheln offenbar echte Bewohner des neu entstandenen, tiefen Gezeitenbiotops an der Flußmündung gewesen. Diese Tiere mußten in einiger Entfernung zur Wasseroberfläche gelebt haben, um den Sturmwellen und den Oberflächenströmungen zu entgehen. Als die Forscher das Porenwasser des Schlamms untersuchten, in dem sie die Muschelschalen gefunden hatten, erkannten sie, daß nicht nur der Übergang vom Fluß zur tiefen Mündungszone ziemlich rasch vonstatten gegangen war, sondern daß auch das Wasser, das in diesen Landstrich eingedrungen war, eine ganz andere Zusammensetzung gehabt hatte: Es war natrium-, chlorid- und magnesiumreich. Die Mollusken selbst gehörten einer Ersatzfauna an, die vom Mittelmeer hierher verschleppt worden war. Rasch begriffen die Sowjets, daß ihre Sedimentkerne vom Rand des Schwarzen Meeres einen abrupten Übergang von Süß- zu Salzwasser dokumentierten – denselben Übergang, den auch die *Atlantis II* im zentralen Tiefseebecken des Schwarzen Meeres nachgewiesen hatte.

Um mehr über die Verbreitung der Sedimente aus der Straße von Kertsch zu erfahren, begannen die neugierig gewordenen Forscher der Moskauer Staatsuniversität eine große Zahl weiterer Bohrkerne zu untersuchen, die entlang der Schwarzmeerküste nach Westen hin geborgen worden waren: von der Straße von Kertsch um die Krim herum und an den Küsten der Ukraine, Rumäniens und Bulgariens entlang. Und überall bot sich das gleiche Bild: Ob 15 oder 150 Kilometer vor der heutigen Küste, überall überlagerte eine etwa meterdicke, dunkle Schlammschicht ehemalige Festlandzonen wie Flußbetten, Grassteppen und Sandwüsten.[183] Entlang der Kante des Kontinentalschelfs fanden die Wissenschaftler außerdem typische Strandablagerungen, die heute 100 Meter unter dem Meeresspiegel liegen.[184]

Die Sowjets fügten der von Ross und Degens skizzierten Geschichte einige wichtige Ergänzungen hinzu. Sie konnten nachweisen, daß das Ufer des Schwarzmeer-Sees sich weit ins Innere des heutigen Meeres vorgeschoben hatte. Alle Zuflüsse hatten einen deutlich längeren Weg zurückzulegen, um den fallenden Spiegel des schrumpfenden Gewässers zu erreichen: Sie hatten sich teilweise tief in den Boden hineingeschnitten, so daß das Gefälle entlang der ganzen Strecke bis zu ihren Deltas halbwegs gleichmäßig blieb.[185] Vor allem der Don hatte sich beim Durchqueren des neu aufgetauchten Landstrichs eine tiefe Schlucht geschaffen, von der niemand etwas gewußt hatte, bis die erstaunten Bauingenieure unterhalb der Straße von Kertsch auf sie gestoßen waren.

Die Sowjetwissenschaftler hatten außerdem zeigen können, daß die Ankunft der Ersatzfauna und -flora[186] mit dem Versinken des Schwarzmeersaumes in den Fluten einhergegangen war.[187] Zwar konnten sie nicht genau festlegen, wann und mit welcher Geschwindigkeit dieser Wasseranstieg abgelaufen war, aber sie nannten den Vorgang schnell und fanden die Größe der überschwemmten Festlandgebiete beeindruckend. Die große offene Frage in bezug auf das Schwarze Meer war nun, ob sein Pegel während seiner Zeit als Eiszeitsee jemals unter seinen Abfluß gesunken war und es damit zu einem abgeschlossenen Binnenmeer geworden wäre.[188] Dieser Zustand – die notwendige Voraussetzung für eine Überflutungskatastrophe – konnte nur eingetreten sein, wenn die Region von großer Trockenheit heimgesucht worden war, ähnlich jener Versteppung, welche die Austrocknung des Mittelmeerbeckens bewirkt hatte. Mit anderen Worten: Das Binnenmeer mußte verdunstet sein. Leider wußte man nur sehr wenig über das frühere Klima an der Peripherie des Schwarzen Meeres.[189] Die prähistorischen Aufzeichnungen der ehemaligen Witterungsverhältnisse lagen in den Böden der Anrainerstaaten verborgen, und man hatte gerade erst begonnen, diese Archive zu sichten. Um das ganze Puzzle zusammenzusetzen, mußten im nächsten Schritt die Kräfte gebündelt und die Kenntnisse aus West und Ost zusammengeführt werden.

KAPITEL 10 –
ROTER HÜGEL

Aus der Metro-Station tauchten zwei Männer auf, die sich einen Regenschirm teilten. Vorsichtig suchten sie sich gemeinsam einen Weg über den glänzenden Asphalt der Rue d'Assas und schlängelten sich durch den Verkehr, der seit dem Ende der Sommerferien wieder sehr dicht war. Der Mann mit dem Priesterkragen ging mit kurzen Schritten aufrecht, während sein Begleiter gebeugt voranschlurfte. Er mußte ständig darauf achten, daß das Paket, das er trug, nicht naß wurde, und so wagte er nicht, sich aus dem Schutz des Schirms herauszubeugen, um den Anblick der Obstgärten mit ihren Bienenstöcken im Jardin du Luxembourg zu genießen oder den Geruch des ofenfrischen Brots einzusaugen, der aus der Bäckerei wehte, die sie gerade passierten. Die Sehenswürdigkeiten von Paris konnten warten. Der Kurier war nervös; in seinem Kopf überschlugen sich die Gedanken.

Als das Nieseln in dichten Regen überging, beschleunigten die Männer ihre Schritte. Ihr Schirm war nun einer von vielen; sie trieben wie Quallen im aufgewühlten Meer den Boulevard hinab, der zu der dunklen Steinfassade des Hauptgebäudes der Akademie der Rechte führte. Die beiden Männer stiegen die Stufen zum Eingang empor. Das leuchtend bunte Banner mit dem vorgeschichtlichen Symbol, das über ihnen von einem Sims herabhing, schienen sie nicht wahrzunehmen. Die Buchstaben darauf verkündeten:

VIII. INQUA 1969

In der weitläufigen Vorhalle standen Delegierte in mehreren Schlangen an, um sich anzumelden. Viele waren schon am Vortag angekommen, um an der Eröffnungssitzung teilzunehmen. Kollegen begrüßten sich; von den mit Travertin verkleideten Wänden hallten ihre Worte wider, während der Mann mit dem Priesterkragen den Schirm schloß. Er schüttelte die Regentropfen ab und ermahnte seinen Begleiter: »Es ist besser, wenn *ich* den Anstecker hole. Ich sage an der Anmeldung, daß ich eingeladen wurde, um den Gottesdienst abzuhalten. Wenn dich jemand fragt: Was du da trägst, sind meine Gebetbücher.«

Vorübergehend allein gelassen, wanderte der mit dem Paket zu einer Warteschlange hinüber, die sich vor dem Schild »Namen A – D« gebildet hatte. Er fragte sich, ob wohl einer – und welcher – der älteren Herren in dieser Reihe der berühmte Professor von der Columbia University war. Während er die Neuankömmlinge musterte, kehrte sein Begleiter zurück und gab ihm einen Anstecker mit dem Namen JIRÍ KUKLA. Danach trennten sich die Heimlichtuer. Der vorgebliche Priester kehrte in die Alltagswelt zurück, während der Eindringling in die prähistorische Eiszeit eintauchte.

Jirí Kukla hatte zwar kein Geld, dennoch fühlte er sich beschwingt. Am Tag zuvor war die Teilnahmegebühr von 200 Franc noch eines der Hindernisse auf seiner Odyssee gewesen. Aber nun war er – dank des Tricks und der harmlosen Lüge, die ein Flüchtling von jenseits des Eisernen Vorhangs ausgeheckt hatte – ein eingetragener Teilnehmer des 8. Kongresses der Internationalen Gesellschaft für Quartär-Forschung.

Neun Jahre zuvor hatte die INQUA, so das Kürzel der Gesellschaft, in Warschau ihren sechsten Kongreß abgehalten. Damals hatte Kukla im Auftrag der Tschechoslowakischen Akademie der Wissenschaften an der Erstellung einer umfassenden Zusammenschau[190] der eiszeitlichen Ablagerungen in seinem Heimatland mitgearbeitet. Er hatte viel Sorgfalt auf den Bericht verwandt, denn er sollte sowohl für die Geologen wie auch für die Archäologen von bleibendem Wert sein. Zu seiner Enttäuschung hatten nur wenige Wissenschaftler aus dem Westen an dem Treffen teilgenommen; er hatte vor allem die amerikanischen Ozeanographen vermißt, mit denen er seine Überlegungen unbedingt diskutieren wollte.

Bei der zweiten Gelegenheit zum Austausch – der Internationale Geologen-Kongreß hatte sich 1968 zu seiner Eröffnungssitzung in Prag versammelt – waren Kolonnen russischer Panzer durch die Straßen gerollt, um den Wunsch der Tschechoslowakei nach Demokratie und Kapitalismus abzublocken. Seitdem hatten sich Kukla und seine Mitarbeiter am Geologischen Institut der Akademie in bitterer Isolation befunden. Es erboste sie nicht nur, daß sie keine Fachzeitschriften und Briefe aus dem übrigen Europa und aus Amerika mehr erhielten, sondern vor allem, daß sie ihre eigenen wichtigen Forschungsergebnisse nicht mehr verbreiten konnten.

Jetzt klemmte so etwas wie ein Ausreisevisum unter Kuklas Arm, ein dicker Packen wissenschaftlicher Arbeiten, die gerade erst in deutscher Sprache gedruckt und in Buchform gebunden worden waren, damit sie an der tschechischen Grenze keinen Argwohn erregten. Kukla mußte ein aufnahmebereites Ohr finden. Entschlossen, seinen Traum Wirklichkeit werden zu lassen, wanderte er durch die Gänge des Gebäudes, um das Symposium über die Entwicklung der Küstenlinien zu finden.[191]

Ein und ein viertel Jahrhundert zuvor hatte der Schotte Charles Maclaren eine Weiterführung von Louis Agassiz' revolutionärer Theorie eines globalen Eiszeitalters verfaßt. Er hatte sich einer Frage angenommen, die aus Agassiz' Behauptung hervorgegangen war, eine dicke Eisschicht habe wenigstens zwei Siebtel des Erdballs bedeckt. Das ungelöste Problem bestand zu seiner Zeit in dem Ursprung des Wassers, das in dem Eis der Gletscher gebunden war. Wo war es hergekommen? Maclaren argumentierte, es müsse als Wasserdampf aus den Ozeanen aufgestiegen sein und sich später als Schnee niedergeschlagen haben. Als Berechnungsgrundlage wählte er eine Eisdicke von einer Meile (1,6 km) – so viel wäre nötig, um die Bergspitzen des Jura unter einem weißen Mantel verschwinden zu lassen. Seine Untersuchungen ergaben, daß solch eine Schicht ausreiche, um den Meeresspiegel gut 100 Meter absinken zu lassen.[192] Aus Maclarens brillanter Eingebung folgte, daß jedes Vorrücken und Zurückweichen des kontinentalen Eisschilds überall auf der Welt am Sinken und Steigen der Küstenlinien ablesbar sein sollte.

Über ein Jahrhundert später[193] wurde im Kernforschungsinstitut der University of Chicago erstmals die Möglichkeit verwirklicht, das Alter organischer Stoffe mittels Kohlenstoff-14 (C-14, einer radioaktiven Variante des gewöhnlichen Kohlenstoffs C-12) zu bestimmen. Mit diesem Verfahren konnte man nun das Alter früherer Küstenlinien abschätzen[194] und so die Frost- und Tauperioden erkennen. Doch ein schwerwiegendes Problem begrenzte die Anwendungsmöglichkeiten dieser neuen Methode zur Ermittlung prähistorischer Daten, der sogenannten Radiokarbon-Methode[195]: Kohlenstoff-14 zerfällt vergleichsweise schnell. Nach 50 000 Jahren ist auch eine große Menge C-14 so gut wie vollständig zerfallen. Und so eine Zeitspanne hielt man damals für den Bruchteil einer einzigen Eiszeitphase.

Kukla war sich sicher, daß alle Teilnehmer des Kongresses das klassische europäische Dogma von vier Hauptphasen beim Wachstum und Rückgang des Eises während der letzten zwei Millionen Jahre vertraten. Doch seine Untersuchungen der Zusammensetzung angewehter und versteinerter Erdschichten in den Wänden eines Ziegellehm-Tagebaus in der Nähe seines Wohnorts sowie eine völlig neue Art der Zeitmessung, bei der man sich die Eigenschaft von Erden zunutze machte, Informationen über frühere Umpolungen des irdischen Magnetfelds[196] zu speichern, hatten ihn davon überzeugt, daß allein in den letzten 500 000 Jahren ein Dutzend Eiszeiten gekommen und gegangen war. Irgendwo unter den Kongreßteilnehmern befand sich ein Amerikaner, der diese Vorstellung schnellerer, rhythmischer Klimaschwankungen teilte und sie durch Meeresforschung zu belegen suchte.

Der Vormittag verging rasch. Die meisten Vorträge drehten sich um den Abschmelzvorgang der jüngsten Eiszeit und um Nachweise für den Anstieg des Meeresspiegels während der letzten 15 000 Jahre. Die Redner kamen aus Australien, Holland, England, Frankreich, Italien und den skandinavischen Ländern. Sie diskutierten verschiedene alte Küstenverläufe, die an den Rändern des Mittelmeeres und der Nordsee auszumachen waren.

Als ein junger Mann ans Redepult trat, beschloß Kukla, eine

Pause einzulegen. Er kehrte erst nach dem Ende dieses Vortrags in den Saal zurück und mußte feststellen, daß sich die Versammlung gerade auflöste. Vorne am Pult war der junge Mann in eine hitzige Debatte mit einigen Kollegen verstrickt, während die Organisatoren sich mühten, die Gruppe zum Verlassen des Raums zu bewegen. Als der Haufen in seine Nähe vorrückte, schnappte Kukla Fetzen des Gesprächs auf: »Wally, auch wenn dein Riff 125 000 Jahre alt ist, als Beleg für die Milanković-Zyklen reicht das nicht aus!«

Kukla erstarrte. Milanković war ein berühmter jugoslawischer Mathematiker, der mit einer astronomischen Eiszeittheorie[197] hervorgetreten war. Kukla spitzte die Ohren, um mehr zu verstehen. Der in die Enge getriebene Redner hielt seine Stellung bis zum nächsten Einwand, dann entschuldigte er sich und suchte das Weite. Kukla erhaschte einen kurzen Blick auf sein Namensschildchen: Dieser junge Hüpfer war der Wissenschaftler, dessentwegen er von Prag angereist war.

Den Rest des Tages verbrachte Kukla suchend. Als am Spätnachmittag die Lichter angingen, war er zutiefst entmutigt. Langsam schlurfte er die geschwungenen Treppen zum Erdgeschoß hinab Richtung Ausgang und folgte der Menge auf die Straße. Und da, nur wenige Meter vor ihm, sah er wieder das Gesicht, das sich ihm so eingebrannt hatte; wieder war es in eine Gruppe eingekeilt, in der lebhaft geredet wurde. Kukla jagte los und packte den verdutzten Amerikaner am Ärmel. »Wir müssen reden«, sagte er auf englisch, einer der zahlreichen Sprachen, die er flüssig beherrschte. Wally Broecker fühlte sich im ersten Moment eher belästigt, doch als er bemerkte, daß der Mann, der ihn bedrängte, von jenseits des Eisernen Vorhangs stammte, antwortete er mit einer einladenden Handbewegung: »Dann schließen Sie sich uns doch an. Ich wollte mit meinen Freunden hier erst zurück zu unserem Hotel und anschließend essen gehen.«[198]

Diesen Abend sollte Kukla nie mehr vergessen. Er begann seine Geschichte in der Ziegelei Roter Hügel am Stadtrand von Brünn (Brno), der Hauptstadt von Mähren. Zehn Jahre zuvor waren die

Arbeiter dort auf Knochen von Wollhaarmammuts gestoßen, die sich an das eiszeitliche Klima angepaßt hatten, das über fast ganz Europa hereingebrochen war. Die Überreste der Tiere ruhten in den kalkhaltigen Erdschichten, die sich am Osthang einer Terrasse an einem Donauzufluß abgelagert hatten. Die Abbaumaschinen hatten sich senkrecht durch diese Erdschichten gefressen und dabei ein Ablagerungsprofil zutage gefördert, in dem sich dunkelrotbraune, organische Humusschichten mit hellgelben Schichten aus angewehtem Löß abwechselten.

Man hatte Kukla hinzugezogen, weil er damals an anderer Stelle genau solchen Löß untersuchte: Er war auch in die Höhlen hineingeweht worden, in denen vor 20 000 bis 40 000 Jahren Steinzeitjäger hausten. Die beeindruckende, etwa 50 Meter dicke Aufschichtung verschiedener Erdtypen in der Westwand des Tagebaus Roter Hügel bot eine der seltenen Möglichkeiten, eine durchgängige Abfolge von Eiszeitsedimenten zu untersuchen. Jede klimatische Veränderung von warm zu kalt manifestierte sich als Folge wechselnder Bodenarten, in denen sich der Wandel von feuchten Laubwäldern zu trockenen, vom tief in die Erde reichenden Permafrost aufgesprengten Tundren widerspiegelte. In der Mitte jedes dieser Zyklen fiel Kukla ein Bereich auf, der zahlreiche Streifen aus feinem, angewehtem Staub enthielt, den gigantische Sandstürme von kontinentalem Ausmaß hertransportiert hatten. Er vermutete, daß solche Staubwolken die Erdoberfläche wochen- oder gar monatelang von der Sonnenwärme abgeschirmt und so zur Abkühlung des europäischen Klimas beigetragen haben könnten. Während der kälteren Abschnitte der Zyklen war alles so ausgetrocknet, daß selbst die mächtigsten Flüsse kein Wasser mehr führten – die ehemaligen Flußbetten waren unter angewehten Sanddünen begraben worden.

Der INQUA-Kongreß in Paris war für Kukla die einmalige Gelegenheit, die Welt über drei erstaunliche Tatsachen ins Licht zu setzen, die er aus seiner Untersuchung dieses Schichtenprofils gewonnen hatte. Erstens: Die Eisschilde, die sich wiederholt von Skandinavien aus quer über Europa nach Süden vorgeschoben hatten, waren jedesmal von der zeitweiligen Bildung riesiger Wüsten in Rußland und der Ukraine begleitet worden, die sich sogar bis nach Südosteuropa und an die Schwarzmeerküste ausgedehnt hatten. Zweitens: Die Schlußphase eines jeden Zyklus, vom klirrenden Frost zurück zur Wärme, war jedesmal höchst abrupt verlaufen – der ganze Vorgang hatte vielleicht nur Jahrhunderte gedauert. Diese Sprünge erschienen in der Wand des Tagebaus als gerade einmal handbreite Erdschichten. Der Übergang von warm zu kalt hingegen war immer in mehreren Stufen erfolgt und hatte viel Zeit in Anspruch genommen. Hatte das Klima die maximale Kälte erreicht, sprang es – unter Auslassung aller Zwischenstufen – wieder zurück zur Wärme. Trug man die Temperatur während mehrerer Klimazyklen mit ihrer allmählichen Abkühlung und plötzlichen Erwärmung in ein Diagramm ein, dann erinnerte das Bild an die schrägen Zacken einer Säge. Die dritte Überraschung lag in dem Umstand, daß der letzte Kälteeinbruch lediglich 10000 Jahre zurücklag – geraume Zeit, nachdem die letzte Eisdecke so gut wie völlig abgeschmolzen war. Doch diese kurze Rückkehr des Frosts hatte die vielleicht trockenste aller Perioden mit sich gebracht.

Fasziniert von der Erwähnung des langsamen Abkühlens und der schnellen Erwärmung unterbrach Broecker seinen neuen Bekannten: »Wenn Sie heute vormittag bei meinem Vortrag gewesen wären, hätten Sie dieses Sägezahnmuster, und zwar mit derselben Zyklusdauer, auch in meinen Tiefseeablagerungen bewundern können.« Dann berichtete er Kukla von den jüngsten Entdeckungen[199] der amerikanischen Ozeanographen.

Broeckers Team hatte sich seit den fünfziger Jahren an ozeanographischen Expeditionen auf Forschungsschiffen beteiligt. Dabei wurde dem Meeresboden üblicherweise pro Tag ein Bohrkern entnommen.[200] Als Kukla sein Zelt in der Ziegelei vor Brünn aufschlug, befanden sich bereits mehr als 2000 solcher Kerne aus den Tiefen des Atlantik, des Mittelmeeres, der Karibik und des Golfs von Mexiko im Lamont-Doherty Geological Observatory, dem geologischen Institut der Columbia University in Palisades, New York. Sie lagerten in übereinandergestapelten Metallbehältern in fünf Boxen einer

Remise des ehemaligen Landguts von Thomas Lamont[201], dem Chef des Bankenimperiums von J. P. Morgan. Lamonts Witwe hatte den Landsitz 1949 der Columbia University vermacht, und wenig später beherbergte er das Lamont-Doherty Geological Observatory.[202]

Broecker berichtete Kukla, daß zwei Diplomanden der Columbia University erst vor wenigen Jahren magnetische Umpolungen in Bohrkernen aus der Tiefsee entdeckt hätten.[203] Er begann zu erläutern, daß das irdische Magnetfeld zu gewissen Zeiten seine Pole vertauschte, so daß eine Kompaßnadel dann nicht mehr nach Norden, sondern nach Süden zeigte. Als er dann ausführen wollte, wie man diese Umkehrphasen dazu benutzen könne, um die Klimaentwicklung exakt zu datieren, unterbrach Kukla ihn, packte sein frisch gebundenes Buch[204] aus und öffnete eine Ausklapptafel. Voller Verblüffung mußte die Runde feststellen, daß auch die Tschechen die Klimaphasen des Eiszeitalters anhand magnetischer Umpolungen datiert hatten.[205] Die Erdschichten vom Roten Hügel umfaßten nicht nur die Epoche der »normalen« Polarität – die in den meisten Sedimentkernen aus der Tiefsee ausschließlich repräsentiert war –, sondern auch die darunterliegende der umgekehrten Polarität, in die nur eine Handvoll der Bohrkerne hineinreichte. Kuklas Sedimentschichten deckten diese Zeit komplett ab. Eine derart aufschlußreiche Erdformation war Broecker und seinen Mitstreitern noch nicht untergekommen: Sie reichte offenbar anderthalb Millionen Jahre weit zurück.

Die Runde hielt gespannt den Atem an, als Kukla eine Seite mit einer farbigen Zeichnung vom obersten Erdzyklus des Tagebaus in Brünn aufschlug und darlegte, daß die Eisdecke sich, ganz den Vorhersagen von Agassiz entsprechend, noch vor lediglich 20 000 Jahren von Skandinavien bis fast zu den Alpen erstreckt hatte – also zu einer Zeit, in der *Homo sapiens sapiens*, der moderne Mensch, in Südfrankreich und Spanien bereits Jagdszenen auf Höhlenwände malte. Ein Stamm mährischer Eiszeitjäger dieser späten Altsteinzeit hatte in der Nähe des Zusammenlaufs zweier Flüsse im Einzugsgebiet des Schwarzen Meeres gelebt; zu seinen Ansiedlungen gehörte auch der Ort Dolni Vestonice.[206] Diese Leute errichteten ihre Häuser über

Kuhlen, die sie mit Äxten in den gefrorenen Torf schlugen. Die Dächer dieser zeltartigen Konstruktionen bestanden aus Stangen, über die man mit Sehnen zusammengenähte Tierhäute legte. Deren auf den Boden herabhängende Ränder wurden mit mächtigen Hüftknochen oder Schädeln von Rentieren und Mammuts beschwert; gelegentlich fanden sich auch die Überreste eines Nashorns. Stoßzähne dienten als Brennmaterial für die Feuerstellen. Handwerklich zeichnete sich diese Kultur durch äußerst fein gearbeitete, blattförmige Feuersteinklingen aus sowie durch kleine Knochenschnitzereien von Tierköpfen, vor allem von Wölfen und Bären.

Kukla zeigte Broecker seine Zeichnungen der Siedlungsanlagen[207], die er anhand der Ausgrabungen und der gefundenen Gegenstände angefertigt hatte. Dann erläuterte er, daß es selbst während der schlimmsten Vereisung immer einen eisfreien Korridor entlang des Donautals gegeben hatte, in dem Menschen und Tiere sich zwischen Ost- und Westeuropa hin und her bewegen konnten. In diesem Zufluchtsgebiet hatten seine Kollegen die berühmten steinzeitlichen »Venus«-Figurinen[208] üppiger Frauen gefunden. Zu ihrem äußersten Erstaunen fanden die tschechischen Archäologen auch eindeutige Anzeichen einer kurzen Phase, in der Gefäße aus in Feuer gebranntem Ton hergestellt wurden – eine Technik, die sich erst geraume Zeit nach Ende der Vereisung wiederfindet, und dann an weit entfernten Orten wie in Anatolien oder in der Levante.

Für Broecker und die anderen war jetzt klar, daß die kontinentalen Erdschichten, die in Kuklas Rotem Hügel freigelegt worden waren, eine bemerkenswert vollständige und detailgenaue Chronik der Klimaveränderungen darstellten, die jene Chronik, die sie aus Tiefseebohrkernen und ehemaligen Küstenverläufen ermittelt hatten, bestätigte und vervollständigte. Sie gewannen auch die Erkenntnis, daß das Klima während der Eiszeiten extrem trocken war, so daß in Eurasien südlich der Eisdecke riesige Wüsten und Steppen entstanden. In den Einzugsgebieten von Dnjestr, Dnjepr und Don war unter diesen Bedingungen möglicherweise so viel Wasser verdunstet, daß der Spiegel des Schwarzen Meeres unter die Höhe seines Abflusses sank. Das würde erklären, warum der alte Küstenverlauf, den sowjetische Wissenschaftler ausgemacht hatten, so weit von den heutigen Küsten entfernt war, die derzeitig erheblich über dem Meeresboden des Bosporus liegen. Doch 1969 war noch niemand auf die Idee gekommen, daß der Wasserspiegel des Schwarzen »Sees« unter dem des Ozeans gelegen haben könnte, bis aus dem vorgeschichtlichen See wieder ein Meer wurde. Nach den Arbeiten von David Ross und Egon Degens ging man davon aus, daß die Verbindung am Bosporus eine harmlose Angelegenheit gewesen war. Die Frage, ob damals eine so lange Dürre geherrscht hatte, daß der Pegel deutlich gefallen war, war noch nicht aufgeworfen worden, und ohne Dürre kein abrupter Einbruch des Salzwassers – und damit keine Flutkatastrophe.

Zur Zeit des Pariser Kongresses war im Mittelmeer noch nicht gebohrt worden, und John Dewey hatte William Ryan und Walter Pitman noch nicht auf die Fährte von Noahs Flut gesetzt. Es sollten noch zwei Jahre vergehen, bis die beiden den Artikel von Ross und Degens in *Science* entdeckten, in dem vom Wechsel der Schwarzmeerfauna berichtet wurde, und erst nach weiteren Monaten hörten sie vom Treffen von Kukla und Broecker in Paris.

Hätten sie bei diesem Abendessen den Geschichten über die Eiszeit lauschen können, wären sie sowohl ermutigt als auch gut unterhalten worden. Wüstenklimate und globale Schwankungen des Meeresspiegels stellten sozusagen die Hauptgänge der Gedankennahrung dar, die an diesem Abend gereicht wurden. Sie erhellten nicht nur plötzliche Artenwechsel im Tierreich und tief eingeschnittene Flußbetten, sondern auch die Bedingungen, unter denen eine Flut die Menschen wirklich dauerhaft aus ihren angestammten Lebensräumen vertreiben kann – wodurch in der Überlieferung der Eindruck entstand, daß die Überlebenden die Welt neu besiedelt hatten. Die Austrocknung des Mittelmeeres hätte sich zum Beispiel nicht ereignet, nachdem der Zusammenstoß von Marokko und Spanien das Tor zum Atlantik verschloß, wenn das Klima nicht zugleich so trocken geworden wäre; denn damit ein Binnenmeer austrocknet, muß mehr Wasser verdunsten, als durch Flüsse und Regen hinzukommt. Zusätzlich zur Absenkung des Binnenmeeres durch Verdunstung müßte der Spiegel des äußeren Meeres deutlich ansteigen, um den natürlichen Damm zu durchbrechen und eine Flut auszulösen.

Ohne es zu wissen, hatte Jirí Kukla mit seinen wichtigen, aber allein nicht hinreichenden Indizien die Antwort auf Deweys kritische Fragen skizziert. Seine lößgefüllten Höhlen und Sedimentschichten des Tagebaus hatten frühere klimatische Verhältnisse in Südosteuropa enthüllt, bei denen ein Binnenmeer wenigstens zum Teil hätte verdunsten können. Aus dieser Zeit der Trockenheit stammten die riesigen, vom Wind geformten Sanddünen[209] in Süd-Mähren und der östlichen Slowakei. Als Schuljunge war Kukla mit seinen Klassenkameraden die steilen, windabgewandten Hänge dieser Sandhügel hinaufgejagt, um in den Genuß des großartigen Ausblicks auf – wie sein Lehrer darlegte – den Boden eines ehemaligen Sees zu kommen. Indem er die spitzen Enden der sichelförmigen Dünen als Hinweise auf die Windrichtung nahm, hatte Kukla sich ausgemalt, wie ein Jahrtausende währender Strom aus Sand unaufhörlich von Europa nach Asien geweht worden war. Woher stammte all dieser Sand? Wann war der ihn herantragende Wind abgeflaut? Erst später, an der Universität, sollte er erfahren, daß dieser Zeitpunkt ungefähr mit dem Auftauchen des ersten Ackerbaus in der Steinzeit zuammenfiel. Noch heute finden Bauern gelegentlich Messerklingen ihrer nomadischen Vorfahren oder auch Pfeilspitzen, die vom Regen aus den Dünen gewaschen wurden.

Wally Broecker hingegen hatte das Ansteigen und Absinken der Weltmeere untersucht. Obwohl zunächst raffinierte Apparaturen entwickelt und einige Fehlschläge verkraftet werden mußten, war es dem Geochemiker der Columbia University schließlich gelungen, die Hochwassermarken zu datieren. Als »Pegel« hatte er sich für Barbados entschieden. Diese langsam aus dem Wasser steigende Karibikinsel ist von einem intakten Korallenriff umringt. Jedesmal, wenn das milde zwischeneiszeitliche Klima wieder der Kälte wich und sich auf dem Festland die Eisdecke ausbreitete, war der Meeresspiegel abgesunken und das Riff trockengefallen. Ohne seine lebensspendende Hülle aus Salzwasser waren die Korallen abgestorben und hatten sich in eine ausgeblichene Felsenbank verwandelt. Wer mit dem Flugzeug nach Bridgetown kommt und auf die tropische See hinabblickt, sieht eine Reihe solcher Bänke aus dem Wasser ragen[210], welche die Insel konzentrisch umringen.

Seinem Instinkt als Chemiker folgend, entdeckte Broecker, daß lebende Korallen winzige Mengen des im Meerwasser gelösten Uran[211] in sich aufnehmen. Dieser von Natur aus radioaktive Stoff lagert sich in dem kalkigen Skelett der Korallen ab, jenem weißen oder rötlichen Gebilde, auf das die Taucher oft in warmen Gewässern stoßen. Im Lauf der Zeit zerfällt dieses Uran (mit dem Atomgewicht 234) zu Thorium (mit dem Atomgewicht 230), wobei sowohl die schwindenden U-234-Atome wie auch die sich akkumulierenden Th-230-Atome in dem Kalkskelett eingeschlossen bleiben. Das Tempo dieser Umwandlung ist bekannt. Broecker sammelte eine Vielzahl von Korallenproben, und indem er in ihnen das Verhältnis der beiden Isotope zueinander ermittelte, erhielt er einen exzellenten Uran-Thorium-Zeitmesser, der weit tiefer in die Vergangenheit zurückreicht als die C-14-Uhr.

Dann wendete er diesen Chronometer auf die ringförmigen Korallenriffe um Barbados an. Die Präzision seines selbstentwickelten Massenspektrometers ermöglichte es ihm, überzeugend darzulegen, daß jedem Anstieg des Meeres um die Korallenriffe von Barbados ein Abschmelzen der großen Eisdecken in Nordamerika, Europa und Asien vorangegangen war. Aufgrund von Broeckers Datierung der Wasserstandshöhen konnte man sich nun die hypothetische Situation kurz vor dem Umschlagen des Klimas von der trockenen zur feuchten Periode ausmalen: In der Erwärmungsphase stieg der Meeresspiegel plötzlich global an, während die Binnenmeere noch verlandet waren.

Im Jahr 1971 gab Wally Broecker den Anstoß zu einer Reihe ungewöhnlicher diplomatischer Aktivitäten, als deren Ergebnis Kukla in New York einflog, um als Gastforscher an der Columbia University tätig zu werden. Nachdem er sich in seinem neuen Labor am Lamont-Doherty-Institut eingerichtet hatte, hielt er sein erstes von zahlreichen spannenden Seminaren über das europäische Eiszeitalter ab. In der Folge des INQUA-Kongresses in Paris hatten bereits Gerüchte über seine »mächtigen Lößschichten« die Runde auf dem Campus gemacht, daher strömten Wissenschaftler und Studenten erwartungsvoll zu seinen Vorträgen.

Unter den Zuhörern in der Lamont Hall war auch William Ryan. Er sah Dias von zehn Meter hohen Sanddünen, die während der extremen Trockenheit des letzten Eiszeitzyklus ein ausgetrocknetes Flußbett nördlich von Prag hinabgewandert waren. Heute fließt die Elbe – von den Tschechen Labe genannt – durch diesen fruchtbaren grünen Streifen; vor nur 20 000 Jahren befand sich dort die gefrorene, baumlose Tundra, in der Herden von Wollhaarmammuts umherzogen. Was Ryan jedoch am meisten in Aufregung versetzte, waren Kuklas Belege dafür, daß sogar noch vor 8000 oder gar nur 7000 Jahren zu einer bestimmten Jahreszeit regelmäßig Sand angeweht wurde – zu einer Zeit also, als Horden mittelsteinzeitlicher (mesolithischer) Menschen auf der Jagd nach Rotwild, Wildschweinen und Bergziegen durch diese Landschaft streiften. Diese »junge« Trockenperiode war für William Ryan und Walter Pitman der entscheidende Hinweis auf eine ebenso »junge« Flut, die moderne Menschen heimgesucht hatte: Menschen, die bereits in Ortschaften siedelten und in der Lage waren, in Booten zu entkommen.

Ryan hatte mittlerweile den Bericht von Ross und Degens über die Bohrkerne aus dem Schwarzen Meer gelesen. In Kuklas Seminar fielen ihm nun die »9000 Jahre vor der Gegenwart«[212] wieder ein, der Zeitpunkt, dem die beiden Wissenschaftler aus Woods Hole das Eindringen des mittelmeerischen Salzwassers in das Schwarze Meer zugeordnet hatten. Obwohl Ross und Degens nie erwogen hatten, daß das Wasser in eine teilweise ausgetrocknete Senke geströmt sein könnte, wurde ihm klar, daß das Schwarze Meer durchaus unter sein Auslaßniveau abgesunken sein mochte, wenn die westliche Tschechoslowakei noch vor 8000 Jahren semi-arid gewesen war.

Kuklas Entdeckung relativ junger Schichten aus angewehtem Sand und Staub beflügelte Ryan. Doch während er über die Schlußfolgerungen nachdachte, dämpfte ihn zugleich der Umstand, daß weder Ross noch Degens jemals eine Überflutung als Erklärung für die Ergebnisse ihrer Bohrungen angenommen hatten – und ihr Wissen über das Schwarze Meer war dem seinen weit überlegen. Auch die sowjetischen Wissenschaftler, die über die überfluteten Küstenlinien und tief eingeschnittenen Stromtäler in diesem Gebiet gestolpert waren, hatten keine solchen Schlüsse gezogen. Ihrer Einschätzung nach war das Schmelzwasser der Eisdecken, das den Spiegel der Ozeane ansteigen ließ und die Riffe um Barbados unter sich begrub, die Flüsse hinab ins Schwarze Meer geströmt. Durch Don, Dnjepr, Dnjestr und Donau wurde dem Binnenmeer dadurch so viel Süßwasser zugeführt, daß es sich immer weiter ausdehnte und den Wasserüberschuß über Katarakte im Bosporus und an den Dardanellen ins Mittelmeer abgab.

Als daher der Wasserspiegel der Ozeane am Ende des Eiszeitzyklus bis zur Oberkante dieser Katarakte anstieg, lag dahinter – so die allgemeine Meinung – keine ausgetrocknete Senke, in die das Meerwasser hätte stürzen können, sondern ein riesiges Süßwassergebiet. Soweit Ryan bekannt war, hatte kein Fachmann je bezweifelt, daß dieses Schmelzwasser – selbst in einem Trockengebiet – ausreiche, um das Schwarze Binnenmeer bis zum Rand gefüllt zu halten.

Und so schwand die Neugier von Ryan, dem Tagträumer, und Pitman, dem Pragmatiker. Sie war von Salzpfannen auf dem Grund eines ehemaligen Sees angestachelt worden, vom Naturschauspiel des Wasserfalls von Gibraltar, vom plötzlichen Aussterben alter und dem ebenso plötzlichen Auftreten neuer Tierarten, von der Entstehung tiefer Canyons und dem Ansteigen und Absinken der Weltmeere – doch die Berichte der Schwarzmeer-Expedition waren ernüchternd. Zwar ließen sich aus deren Datenmaterial die *notwendigen* Bedingungen für eine Flut ableiten; aber *hinreichende* Belege für ihre abenteuerliche Hypothese gab es bei weitem nicht.

John Deweys Auftrag, Noahs Flut nachzuweisen, geriet zwei Jahrzehnte lang in Vergessenheit. Dann fiel eines Tages der Eiserne Vorhang.

KAPITEL 11 –
AQUANAUTEN

Aus heiterem Himmel traf ein Fax aus der ehemaligen Sowjetunion an der Columbia University ein, dessen Inhalt unzweideutig war: Die Oberfläche des Schwarzmeer-Sees hatte einst tiefer gelegen als der Spiegel der Weltmeere – und das vor nicht allzu langer Zeit.

> Bulgarische Akademie der Wissenschaften
> Ozeanologisches Institut
> Varna, Bulgarien
>
> 19. März 1993
>
> Lieber Mr. Ryan, lieber Mr. Pitman,
> ich erhielt einen Brief von Mr. Wegner, der mich auf Ihr Interesse am Schwarzen Meer hinweist. Ich kann Ihnen versichern, daß wir hier überzeugende Belege dafür haben, daß die Oberfläche des Schwarzen Meeres vor 9750 Jahren etwa 100 Meter tiefer lag als heute. Diese Absenkung hatte verheerende Folgen für die Umwelt.... Ich würde sehr gern persönlichen Kontakt zu Ihnen aufnehmen und mit Ihnen zusammenarbeiten.
> Hochachtungsvoll,
> Ihr Petko Dimitrov

Ohne Ryans oder Pitmans Wissen hatte ihre unfertige Hypothese von der Austrocknung und Überflutung des Schwarzen Meeres ihren Weg zu einem anderen Träumer gefunden, der in der Lage war, diese Vorstellung mit neuen Fakten zu untermauern. Im Verlauf des folgenden Briefwechsels berichtete Dimitrov von einer Reihe von Sedimentbohrungen[213] vor der bulgarischen Küste, deren Bohrkerne er mit der C-14-Methode datiert hatte. Das Bild, das sich aus 28 Einzelanalysen zusammensetzte, war weitaus vollständiger als die Resultate früherer Forscher. Überall vor der heutigen Küste war Dimitrov bis in eine Tiefe von 120 Metern auf »Sedimentauswaschungen« gestoßen, wie er es nannte; sie waren seiner Ansicht nach entstanden, als das Schwarze Meer so weit austrocknete, daß sein Boden den Auswirkungen von Regen, Wind und Brandung ausgesetzt war.

Er hatte seine »überzeugenden Belege« gefunden, als er weit vor der Küste Bulgariens mit einem Tauchboot unterwegs war. An dessen beweglichem Außenarm, den er von seinem Sitz hinter dem winzigen Bullauge aus sehen und steuern konnte, hatte er eine Art Schöpfkelle befestigt, mit der er algenverkrustete Muschelschalenkonglomerate einsammelte. Sie stammten von einem Sandsteinsims, der typisch für einen alten, nun tief unter Wasser liegenden Strand war. In dem Fax, mit dem er von seinen Entdeckungen berichtete, war sowohl das Alter – 9000 Jahre – als auch die Tiefe des ehemaligen Strandes – über 100 Meter – bemerkenswert, denn diese Zahlen besagten zweifelsfrei, daß es zwischen dem Becken des eingeschrumpften Schwarzen Meeres und dem Weltmeer einst eine Barriere gegeben haben mußte. Wally Broeckers Sägezahndiagramm der letzten Überflutung der Korallenriffe um Barbados sah den ozeanischen Wasserspiegel rund 60 Meter höher als den des Schwarzmeer-Süßwassersees – zu jener Zeit, als noch Wellen an den nun versteinerten Strand schlugen.

Dimitrovs Entdeckung kam genau im richtigen Augenblick. Eine Gruppe russischer Wissenschaftler vom P.-P.-Shirshov-Institut für Meeresforschung in Moskau hatte bei der Internationalen Behörde für Atomenergie eine Untersuchung beantragt, die klären sollte, ob die radioaktive Wolke der Reaktorkatastrophe von Tschernobyl[214] auch das Schwarze Meer erreicht und sich in dessen schwarzem Schlamm niedergeschlagen hatte, der viele organische

Stoffe enthielt. Wenn das der Fall war, konnten die gefährlichen Substanzen des Fallout in die Nahrungskette der Lebewesen am Meeresboden eindringen. Die Moskauer Ozeanologen hofften, im folgenden Juni eine Forschungsreise an Bord eines ihrer Laborschiffe antreten zu können, um diese Frage zu beantworten. Da sie dafür aber noch finanzielle Unterstützung brauchten, waren sie um die Teilnahme westlicher Wissenschaftler bemüht.

Seit Petko Dimitrovs erstem Brief hatten Pitman und Ryan sich nach einer solchen Gelegenheit umgesehen. Denn wer vor der russischen und ukrainischen Küste Bodenproben nahm, um radioaktives Cäsium und Kobalt aufzuspüren, der konnte mit denselben Proben auch Dimitrovs Hypothese von einer 9000 Jahre alten, im Meer versunkenen Küstenlinie bestätigen oder widerlegen. Dann wäre es jedoch sinnvoll, nicht nur die ufernahen Zonen des Schwarzen Meeres zu untersuchen, in deren Proben die Radioaktivität vermutlich am höchsten war, sondern auch an Stellen weit vor der Küste zu bohren, wo sich die Flüsse in der Endphase des letzten Eiszeitzyklus tief in die allmählich verlandeten Uferböden gegraben hatten. Um solche untergegangenen Flußbetten aufzuspüren, müßte man einen geophysikalischen Apparat hinter dem Forschungsschiff herziehen, der – dicht über dem Boden gleitend – den Schlick mit Schallwellen durchdringen könnte.

William Ryan hatte 1980 die Entwicklung eines solchen Geräts geleitet und es dann an kilometerlangen Stromkabeln über den Nordatlantischen Graben schleppen lassen, um erste Sonarbilder vom Wrack der *Titanic* zu gewinnen.[215] Der Prototyp war jedoch verlorengegangen, als er während eines Sturms wieder an Bord gehievt werden sollte.

Die Firma Datasonics aus Catamut (Massachusetts) hörte durch einen Kollegen Ryans von der geplanten russischen Expedition. In der Hoffnung, zukünftige Kunden auf sich aufmerksam zu machen, bot sie den amerikanischen Wissenschaftlern an, ihnen ein nagelneues, mobiles Sonargerät zu leihen, das die Fähigkeiten von Ryans ursprünglichem Gerät bei weitem übertraf. Und aus Moskau kam im Handumdrehen die Mitteilung, daß die Amerikaner samt ihrer ausgefallenen Spürgeräte an Bord willkommen seien. Der Auftrag der Expedition werde auf die Erforschung der untergegangenen Küsten und Flußbetten ausgeweitet, wofür die bewährte russische Bohrkerntechnik zur Verfügung stehe.

Mit den Einladungen und allen nötigen Papieren versehen, heuerten Pitman und Ryan eine zwanzigjährige Hilfskraft an, Candace Major, Kandidatin der Geologie an der Wesleyan University in Middletown (Connecticut). Sie erhielt den Auftrag, in der Peabody-Bibliothek von Harvard Facharbeiten über die Schnecken und Muscheln des Schwarzen und des Kaspischen Meeres ausfindig zu machen. Candace Major unterbrach also die Vorbereitung für ihre Abschlußprüfungen und stürzte sich Hals über Kopf in einen selbstentworfenen Schnellkurs für Fossilienidentifizierung, denn ihre Aufgabe bestand darin, den anderen durch die richtige Einordnung der Weichtierschalen und -gehäuse eine möglichst umfassende Rekonstruktion der ehemaligen Landschaft am Meeresboden zu ermöglichen.

Bald darauf packten die drei Amerikaner ihre Sachen und machten sich auf den Weg in ein ozeanographisches Labor am Ostrand des Schwarzen Meeres, zu Füßen des Kaukasus. Am Ende ihrer Reise holperten sie über eine staubige Serpentinenstraße, die sich immer wieder in die tief in die Berghänge eingeschnittenen Flußtäler hinein- und wieder herauswand. Sie führte schließlich zu einem Tor in einem Zaun. Eine zahnlose alte Pförtnerin wies den nachmittäglichen Besuchern den Weg zu einer Ansammlung schlichter Hütten in einem Kiefernhain, der an eine grüne Meeresbucht grenzte. Unter dem Baldachin der Nadelbäume verbargen sich etliche einstöckige Gebäude, Wohnhäuser, Büros und Labors für die Ozeanographen. Das einzige höhere Bauwerk war ein Sommerhaus aus dem vorigen Jahrhundert, das man über einen Küstenpfad erreichte. Von seinen stuckverzierten Kalksteinwänden blätterte die beige Farbe ab, doch unter dem Grauschleier des Verfalls war die ursprüngliche Eleganz noch gut zu erkennen. Die Gäste wurden in die Vorhalle geführt, die von einer reich verzierten Decke überwölbt wurde, und eine Freitreppe führte in zwei symmetrischen Schwüngen zum nächsten Stockwerk hinauf. In seinem Chefbüro im zweiten Stock empfing Ruben Kos'yan die Gäste in Badehose und mit nacktem Oberkörper – er war schwimmen gewesen, und Hose und Haare waren noch feucht. Er war groß, muskulös und sonnengebräunt und drückte jedem kräftig die Hand. Ein breites Grinsen verriet seine Freude über die Ankunft der Besucher von der Columbia University.

Er entschuldigte sich, weil das Sonargerät noch nicht eingetroffen war. Man hatte es vorab nach Moskau geflogen, von wo aus es per Lkw zum Labor gebracht werden sollte. Er versicherte aber, man habe seine Route im Auge. Der Fahrer sei zwar zweimal von Banditen bedroht worden, habe den Wegelagerern jedoch jedesmal entkommen können. Er plane seine Ankunft für den folgenden Nachmittag – notfalls würde er sich aber noch um einen weiteren Tag verspäten, da es zu gefährlich sei, die Straße nach Einbruch der Dunkelheit zu benutzen.

Das Klima der Furcht und Gefahr, das außerhalb des Forschungsgeländes herrschte, stand im krassen Gegensatz zu der gelassenen Heiterkeit im Inneren, geradezu einem Zustand der Entrücktheit. In glücklicheren Zeiten wäre diese Abgeschiedenheit vielleicht eher hinderlich gewesen, doch nun bot die entlegene Kleingemeinde Schutz vor dem gesellschaftlichen Chaos. Das Institut war berühmt für seine Pionierarbeit auf dem Gebiet des Überdrucktauchens. Verbunden mit einer Lebensrettungskapsel, atmeten seine Aquanauten ein Gemisch aus Helium, Wasserstoff und Sauerstoff. Auf diese Weise konnten sie über 300 Meter unter der Wasseroberfläche Arbeiten ausführen, welche die Geschicklichkeit bloßer Hände erforderten. Für noch größere Tiefen besaß das Institut ein Tauchboot, das einen Piloten und einen Beobachter bis zum Grund der tiefsten Meeresgräben bringen konnte. Sie blickten aus Bullaugen und steuerten mit einer Art Joystick einen Schwenkarm, mit dem Proben eingesammelt wurden. Viele der einfallsreichen Tauchgeräte waren von den Ingenieuren und Technikern der Institutswerkstätten gebaut worden. Die amerikanischen Besucher konnten sich nach Belieben auf dem Forschungsareal bewegen, und das nutzten sie, um sich alle Einrichtungen anzusehen, einschließlich der Gemüse- und Obstgärten sowie der Treibhäuser, aus denen sich die Wissenschaftler versorgten, wenn es auf dem Markt der nahegelegenen Stadt Gelendzhik nichts gab.

Elf Wissenschaftlern und ebenso vielen Besatzungsmitgliedern sollte in den kommenden zwei Wochen die *Aquanaut* als Zuhause dienen, ein Schiff von gut 30 Metern Länge. Ursprünglich war es ein Fischtrawler gewesen, doch das Shirshov-Institut hatte ihn schon vor Jahren zum ozeanographischen Forschungsschiff umgebaut, ohne dabei große strukturelle Änderungen vorzunehmen. Erst eine Woche zuvor hatte die Mannschaft den Rumpf und die Aufbauten mit leuchtendweißer Farbe herausgeputzt.

Auf dem Achterdeck stapelten sich die Ausrüstungsgegenstände, die noch verstaut werden mußten, und Kazimieras Shimkus, der Expeditionsleiter, machte das Bohrgerät fertig. Abgesehen von seiner Arbeit auf dem Meer, hatte er sein ganzes Berufsleben in diesem Institut zugebracht. Seine ständig feuchten blauen Augen in einem rötlichen, wettergegerbten Gesicht verliehen ihm etwas Melancholisches. Obwohl nur von durchschnittlicher Größe, verfügte er über eine beeindruckende Statur und Kondition. Er warf die langen und schweren Stahlröhren des Bohrgestänges in ihre Halterungen, als wären sie hölzerne Sportspeere. Dieser Mann war ein Experte für die Bodenbeschaffenheit des Mittelmeeres und des Schwarzen Meeres. Er hatte viele der Veröffentlichungen von Pitman und Ryan gelesen und freute sich über die Möglichkeit, sich an der Forschungsarbeit der Amerikaner zu beteiligen.

Das kompakte Bordlabor befand sich in einem höhlenhaften Raum unter dem Vorderdeck. Entlang seiner Steuerbordwand hatte man eine lange Bank angebracht, auf der die Bohrkerne zerlegt, fotografiert und beschrieben werden konnten; hier sollten ihnen auch Proben entnommen werden. Wenn erst die Steuergeräte und Monitore des amerikanischen Sonargeräts installiert waren, würde es hier noch viel enger sein. Bei seiner raschen Besichtigung der verfügbaren Einrichtungen erfuhr Ryan, daß der Kübel mit Seewasser auf dem gefliesten Boden als Waschbecken zu verstehen war.

Es blieben noch zwei Tage, bis man in See stechen würde, und bis dahin wohnten die Amerikaner in dem gemütlichen Gästehaus. Abends kamen Kos'yan, Shimkus und andere Wissenschaftler herüber, und man aß gemeinsam frischen Fisch mit Kartoffeln und Salat und trank dazu einen der leckeren einheimischen Weine, mit dem auf die Freundschaft, die Gesundheit und das Gelingen der Expedition angestoßen wurde.

Der Lastwagen aus Moskau mit dem Sonargerät traf erst wenige Stunden vor Aufbruch ein. Während Kos'yan unter dem Wehklagen und den Flüchen des Fahrers die Transportpapiere abzeichnete, deutete Shimkus auf einige frische Einschußlöcher in der Beifahrertür. Die Mannschaft der *Aquanaut* lud die schweren Transportcontainer vom Lkw auf das Vordeck des Schiffs. Der Teil der Apparatur, der die Schallwellen zur Abtastung des Meeresbodens abstrahlen sollte, sah aus wie eine gigantische Kaulquappe mit Flossen am Schwanz. In Länge und Gewicht mit einem ausgewachsenen Delphin vergleichbar, würde dieser sogenannte Fisch bald an einer Art Nabelschnur drei Meter neben der *Aquanaut* her und genauso tief unter den Wellen schwimmen. Die Töne, die er ausstieß, ähnelten einem hohen Vogeltrillern, und die Russen hatten ihn CHIRP, Zwitscherer, getauft.

Nachdem die *Aquanaut* von Gelendzhik aus rund sechs Stunden nach Westen gefahren war, näherte sie sich spät in dieser ersten Nacht auf See jener Gegend, durch die einst der Ur-Don auf seinem Weg zum eiszeitlichen Schwarzmeer-See geflossen sein mochte. Shimkus ließ das Schiff auf langsame Fahrt gehen. Wenn ein Gerät vom Deck gehoben und ins Wasser gebracht werden sollte, war es üblich, die Geschwindigkeit auf ein gemächliches Schrittempo zu drosseln. In weniger als einer Minute war der »Fisch« in seinem Element und glitt ruhig, ohne erkennbares Schwanken oder Taumeln, neben der *Aquanaut* her.

Unten im Schiffslabor, das mit aufgeregten Zuschauern überfüllt war, schaltete Pitman den Sender ein. Seine simple Melodie hallte durch die dicken Stahlwände des Schiffsrumpfs; viermal pro Sekunde wiederholte sich die Tonfolge. Dann richteten sich staunende

Gesichter auf den Monitor des Sonarcomputers. Der Bildschirm füllte sich mit dünnen Linien, aus denen das zweidimensionale Abbild der Bodenstruktur entstand. Es dauerte nur wenige Minuten, um Stärke und Zeitfolge der ausgesandten Töne zu justieren und so die bildliche Darstellung zu optimieren. Den Zuschauern war klar, daß sie an einer Premiere teilnahmen: Zum ersten Mal sahen sie ein farbiges Echtzeit-CAT-Bild des Schwarzmeerbodens. (CAT steht für Computer Aided Tomography, ein dem Röntgen verwandtes Abbildungsverfahren.)

Walter Pitman, dem ein riesiger Stein vom Herzen fiel, weil die Apparate nicht nur die gefahrvolle Reise von Boston zum Schwarzen Meer überstanden hatten, sondern auch tatsächlich funktionierten, empfahl, die Reisegeschwindigkeit für die eigentliche Untersuchung auf fünf Knoten zu erhöhen. Sie würden jetzt mit dem untergetauchten CHIRP im Zickzack über dem versunkenen Flußtal des einstigen Don[216] kreuzen, der seinerzeit durch die Straße von Kertsch zum Ufer des geschrumpften Binnenmeeres geflossen war. Bei den derzeitigen Einstellungen der Apparatur zeigte CHIRP einen knapp zehn Meter tiefen Querschnitt durch den Meeresboden. Der oberste Meter war bemerkenswert homogen. Die Schallwellen-Durchlässigkeit dieser Schicht zeigte, daß es sich dabei um wassergesättigten Schlamm handelte, der sich – tief unter den Turbulenzen an der Wasseroberfläche – ungestört abgelagert hatte.

Dieser homogene Schlamm ruhte auf völlig andersartigen Schichten, was selbst für den Laien erkennbar war. Diese enthielten stark reflektierende Lagen sowie viele Einschlüsse, die auf dem Bildschirm hell erschienen – nach Ansicht der russischen Experten Blasen aus Methan, einem Gas, das sich üblicherweise bei der Verwesung von Landpflanzen in küstennahen Marschlandschaften bildet. Die einzelnen, die Schallwellen verschieden stark zurückwerfenden Zonen und Objekte wurden auf dem Monitor in unterschiedlichen Farben dargestellt. Das bunte Schillern wies also auf eine Umgebung hin, die damals starken Einflüssen von Wind, Regen und Brandung ausgesetzt gewesen war.

Kaum eine Stunde nach Untersuchungsbeginn überquerte das

Schiff das eigentliche alte Flußbett. Der Blick in den Untergrund zeigte den Wissenschaftlern, daß die Ufer des Ur-Don vor ihrer Überflutung und Verschlammung fünf Meter hoch über den Boden seines Betts aufgeragt hatten; die Breite des Flusses betrug in diesem Bereich mehr als 400 Meter. Ohne CHIRP wäre der Verlauf des Flusses niemals ans Licht gekommen, es sei denn, man hätte auf gut Glück kostspielige Unterwasserbohrungen angestellt. Die Forscher an Bord der *Aquanaut* zweifelten keine Sekunde daran, daß die gleichförmige obere Schlammschicht sich erst gebildet hatte, nachdem der Fluß im ansteigenden Meer versunken war. Shimkus meinte, das Bild auf dem Monitor erinnere ihn an den typischen Querschnitt eines Flusses, der sich in engen Kurven durch das Schwemmland winde, bevor er sein Mündungsdelta erreiche. Aber auf dem Meeresgrund habe er so etwas noch nie gesehen.

William Ryan zog sich aus dem Laborraum zurück, um in der oberen Koje der gemütlichen Zwei-Mann-Kabine, die er für die kommenden zehn Tage mit Walter Pitman teilen würde, ein Nickerchen zu machen. Er hatte aus den Erfahrungen früherer Expeditionen gelernt, daß man sich rechtzeitig zurückziehen mußte, um fit zu sein, wenn die anderen von der ersten Schicht erschöpft waren. Allein im Dunkeln liegend, versuchte er, die Gedanken zu sortieren, die ihm durch den Kopf schwirrten. Schon jetzt hatte die Fahrt seine kühnsten Hoffnungen übertroffen. Nicht nur war der Empfang durch Kos'yan im Shirshov-Institut außergewöhnlich freundlich gewesen, die ersten Eindrücke hatten auch gezeigt, daß Shimkus und seine Assistenten emotional wie intellektuell hoch motiviert waren, versunkene Küstenlinien zu suchen. Die Russen steuerten zu dem gemeinsamen Unternehmen einen Schatz an praktischer Erfahrung sowie immenses Wissen über die Geologie des Schwarzen Meeres bei. Die Entdeckung eines untergegangenen Wasserlaufs, der alle Kennzeichen eines ehemaligen oberirdischen Flusses trug, bereits in den ersten zwei Stunden der Untersuchung – das war mehr als nur Glück.

Warum hatte bisher kein Forscherteam – weder Russen noch Amerikaner – die Hypothese einer Überflutung in Betracht gezo-

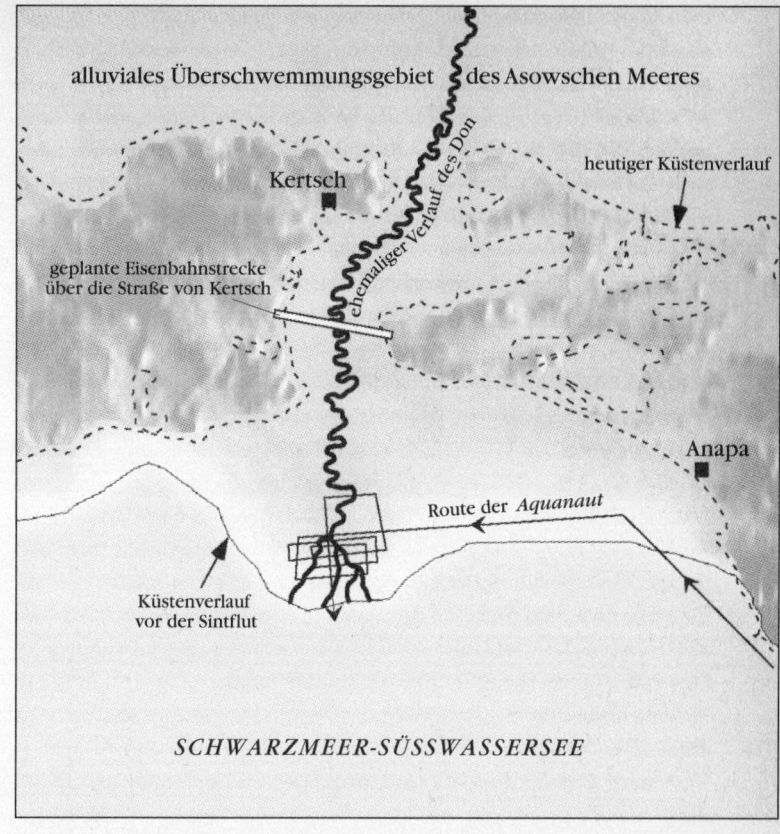

Die Straße von Kertsch und der ehemalige Verlauf des Don

gen? Hatten schlicht und einfach die notwendigen Geräte dazu gefehlt? Oder waren Pitman und Ryan, zugegebenermaßen Neulinge auf diesem Gebiet, einem logischen Fehlschluß aufgesessen? Hatten sie als Anfänger irgend etwas übersehen, das für »alte Hasen« eindeutig gegen eine Flutkatastrophe sprach? Die Zeit würde es zeigen. Ryan versank in Schlaf.

Pitman weckte seinen Zimmergenossen, um ihm mitzuteilen, daß das Schiff schon wieder einen untergegangenen Wasserlauf überquert habe, offenbar den ehemaligen Don. Seine Uferböschungen ragten deutlich aus dem Seeboden hervor. Nach der Überquerung hatte man das Schiff nach Süden gelenkt, um zur Schelfkante zu gelangen, die noch weiter von der Küste entfernt war. Wie erwartet, fiel der Meeresboden in dieser Richtung ab. Der Monitor des CHIRP zeigte auch hier unter der homogenen obersten Schicht die Folgen der Erosion: Die Oberfläche der tieferen, stark reflektierenden Schicht war geradezu abgehoben worden. Als das Binnenmeer geschrumpft war, mußte diese Schicht über lange Zeit bloßgelegen haben.

In den nächsten vierzig Minuten richtete sich die ungeteilte Aufmerksamkeit von Pitman, Ryan und Shimkus auf den Bildschirm, während sie der abfallenden ehemaligen Oberfläche seewärts bis zu einer Wassertiefe von rund 150 Metern folgten. Dort fiel der Boden steil in einen unterseeischen Canyon ab. Auf dem Weg zu dieser Kante entdeckten sie in der reflektierenden tieferen Schicht viele weitere Gaseinschlüsse, die wahrscheinlich aus den immer noch nicht vollständig verrotteten Pflanzenresten ehemaliger Lagunen und Sümpfe stammten. Einmal konnten sie sogar beobachten, daß ein Schwall von Gasblasen aus dem Boden aufstieg.[217] Obwohl die Methanbläschen so winzig waren wie die in einer Mineralwasserflasche, waren sie auf dem Computerbildschirm zu erkennen.

Solche Freisetzungen von Gas können – bei entsprechender Größe – sehr gefährlich sein, denn das Methan verringert die Dichte des Seewassers und damit auch die Schwimmfähigkeit eines darüber befindlichen Boots. Bohrplattformen und -schiffe kenterten urplötzlich, fingen Feuer (Methan und Sauerstoff ergeben ein explosives Gemisch) und sanken mit Mann und Maus, weil sie zufällig eine dicht unter dem Boden befindliche Blase aus Sumpfgas angestochen hatten.

Sie waren jetzt erst zwölf Stunden über einem vermuteten prähistorischen Flußbett gekreuzt, und schon hatte die Vorstellung von einem geschrumpften eiszeitlichen See faszinierende Konturen angenommen. Für Shimkus hieß sehen glauben: Die Terrassen und Bänke, die jetzt etwa 150 Meter unter der *Aquanaut* lagen, konnten nichts anderes sein als ehemalige Küstenteile, gestaltet von den Brechern vergangener Brandung. Damit war das nächste Ziel abgesteckt: Sie mußten den Sand der vorzeitlichen Strände in die Hände bekommen.

Kapitel 12 –
Muscheldetektive

So sehr ihn die Bilder des CHIRP auch fesselten: Kazimieras Shimkus fühlte sich doch verpflichtet, diese erste Untersuchung südlich der Straße von Kertsch nun abzuschließen und an der Krim vorbei nach Westen zu fahren. Die Untersuchung der radioaktiven Niederschläge durch die Katastrophe von Tschernobyl sollte auf dem breiten Ukrainischen Küstensockel beginnen.[218] Russische Forscher hatten bereits Bojen-Sonden eingesetzt und dabei eine alarmierend hohe Konzentration von in Wasser gelöstem Cäsium 137 ausgemacht. Das weckte Befürchtungen einer ernsthaften Gefahr für die Umwelt, denn dieses leicht lösliche Alkalimetall würde auch noch im 21. Jahrhundert erhebliche Strahlung abgeben.

Shimkus beabsichtigte, den ersten Bohrkern aus dem mittleren Schelf, also aus mittlerer Tiefe, zu entnehmen und sich dann in Richtung Festland zu den Mündungen des Dnjepr und des Dnjestr vorzuarbeiten, an denen die Schadstoffe aus Tschernobyl vermutlich angekommen waren. Auf diesem Weg zum flachen inneren Schelf sollten etwa alle 30 Kilometer Bohrungen durchgeführt werden. Dann würde das Schiff auf Gegenkurs gehen und sich wieder von der Küste entfernen, bis es rund anderthalb Kilometer Wasser unter sich hätte.

Wieder zeigte CHIRP die allgegenwärtige, erodierte Schicht, die kaum einen Meter unter der gleichförmigen Schicht aus offenbar homogenem Schlamm lag. Alle spekulierten heftig über die Ursachen dieser starken Erosion – die Antwort würde sich in den zylindrischen, vier Meter langen Stahlhüllen finden, in denen die Bohrkerne an Bord gehievt wurden.

Shimkus verkleidete die Innenseite einer solchen Röhre mit einer dünnen Manschette aus Mylar, einem leichten, aber stabilen Kunststoff. Darin konnte man den Sedimentkern nach der Bohrung aus der Röhre ziehen und in einem Metalltrog nach unten ins Labor schaffen. Dort würde Shimkus die Manschette auf der Arbeitsbank aufschneiden und den Sedimentkern freilegen. Candace Major sollte ihn dann vorsichtig der Länge nach zerteilen und die dünnen Hälften aufklappen. Von »ihrer« Hälfte würde sie dann zuerst die äußeren Merkmale festhalten – die Abfolge und Färbung der Schichten sowie andere optisch erkennbare Eigenschaften – und anschließend in regelmäßigen Abständen Proben entnehmen, um die eingeschlossene Fauna zu untersuchen, jene Muscheln und Schnecken, für deren Identifizierung sie so hart gepaukt hatte. Die andere Hälfte des Bohrkerns würden Shimkus und zwei seiner Assistentinnen untersuchen.

Shimkus verwendete dazu ein stabförmiges Gerät, das die Amerikaner noch nie gesehen hatten. Es strahlte ein elektromagnetisches Feld ab. Er führte den Stab langsam an seiner Kernhälfte entlang, wobei die zwischen den Mineralkörnchen eingeschlossenen Wassermoleküle einen Teil der Strahlung absorbierten. Ein kleines Display zeigte daraufhin die Stärke der Resonanzschwingung der Moleküle und damit auch die Menge des vorhandenen Wassers an. Shimkus las die Werte laut ab und nannte auch die Entfernung jeder Messung von der Spitze des Bohrkerns, und eine der Assistentinnen schrieb die Zahlen in ein Notizbuch. Er erklärte den Amerikanern, wozu diese Analyse dienen sollte: Wenn der Seeboden einstmals wirklich aus dem Wasser aufgetaucht sei, dann hätte die Sonne seine ursprüngliche Feuchtigkeit verdunsten lassen, und der ehemalige Meeresgrund wäre zu Landboden, zu Erde geworden. Bei einer erneuten Überflutung hätte diese Erde aber viel weniger neues Wasser aufnehmen können, da ihre Poren durch die Austrocknung und auch durch das Gewicht von Tieren, die darübergelaufen waren, zusammengequetscht sein mußten.

Um sein Gerät zu kalibrieren, entnahm Shimkus der Bohrkernhälfte Proben, die er wog, in einem Ofen trocknete und dann erneut wog. Der Gewichtsverlust entsprach dann genau der verdampften

Wassermenge. Andere Proben wurden verpackt und verstaut; sie sollten ins Institut mitgenommen werden, wo man die Menge der organischen Bestandteile, die chemische Beschaffenheit und die Konzentration des radioaktiven Fallout messen würde.

Schon die erste Bohrung[219] entfachte bei den Amerikanern helle Aufregung. Als der Sedimentkern langsam aus der Stahlhülle gezogen wurde, erkannte Ryan durch die durchsichtige Mylar-Hülle auf den ersten Blick die Schalen einiger Molluskenarten, von denen er glaubte, daß sie aus der Süßwasserphase des Schwarzen Meeres stammten. Doch seine Hoffnung war von kurzer Dauer. Als gut ein Meter des Kerns herausgezogen war, sackte die Ummantelung in sich zusammen. Offenbar war die Stahlröhre nicht in ihrer ganzen Länge in den Boden eingedrungen, obwohl sie mit ziemlich großer Wucht an ihrem Haltekabel herabgelassen worden war. Ryan folgte den Männern, die den Sedimentkern auf die Arbeitsbank im Labor trugen, und setzte sich an den Computer. Der Monitor zeigte ihm, daß die erodierte Schicht an dieser Bohrstelle von rund 1,2 Meter Schlamm bedeckt war. Die schwere Stahlröhre, die mit etwa 8 km/h herabgestürzt war, war hier schlagartig gestoppt worden, als sei sie auf Pflastersteine gefallen.

Als Candace Major den kurzen Bohrkern halbiert und die beiden Hälften voneinander getrennt hatte, erkannte Ryan am unteren Ende des feucht glitzernden, olivgrauen Schlamms ein, zwei Zentimeter blassen Sandes, der von hartem, trockenem Lehm zusammengehalten wurde. Auch wenn er enttäuscht war, daß das Objekt seiner Neugier nur angekratzt worden war, so wußte er jedenfalls, daß dieses kompakte Material, das sich dem Eindringen des Stahls widersetzt hatte, eine vollkommen andersartige Landschaftsstruktur repräsentierte als einen Meeresgrund – eine Umwelt, die jetzt allerdings 70 Meter tief unter Wasser lag.

Der olivgraue Schlamm war mit Muschelschalen durchsetzt; viele hatten die Größe von Briefmarken, manche waren aber auch dreimal so groß. Die Schalen selbst waren sehr dünn. Als Candace Major den Kern halbierte, war ihr Messer auf wenig Widerstand gestoßen. Allenfalls war ein schwaches Knirschen zu vernehmen, das an zerbrechende, zarte Christbaumkugeln erinnerte. Sie besah sich eine dieser Muscheln genauer: Ihr Inneres schillerte, als sei das Weichtier gerade erst abgestorben. Im Licht der Deckenlampe schimmerten regenbogenfarbener Perlmutt, königliches Purpur und das Orange des Sonnenuntergangs. Gerade wollte die Studentin ihre erste Identifizierung vornehmen, da rief Shimkus: »*Mytilus galloprovincialis*!«

»Na ja, ich weiß nicht...«, gab sie zögernd zurück, »es könnte auch *Mytilaster lineatus* sein. Sehen Sie, die Schale ist eher oval als länglich.«

Shimkus war verblüfft. Seine Autorität wurde nicht oft in Zweifel gezogen – und von einer Frau schon gar nicht, zumal einer so jungen und unerfahrenen! Doch als er die Muschel selbst in die Hand nahm und sie prüfend von allen Seiten betrachtete, mußte er einräumen, vorschnell geurteilt zu haben. Die beiden Arten waren sich ähnlich wie Geschwister, und beide verwiesen auf eine Salzwasserumgebung. *Mytilus* ist die gewöhnliche Miesmuschel, die in französischen Bistros mit viel Knoblauch, Zitrone und Basilikum als *moules à la marinière* gereicht wird. Mit einer Pinzette pickte Candace Major eine kleine, etwa pfenniggroße Muschel aus dem Schlamm, deren Hälften noch am Gelenk zusammenhingen. Sie war mit kleinen Rippen überzogen, die rechtwinklig zu ihren Wachstumsringen verliefen. Ihr Rand war innen mit Zähnchen aus reinweißem Perlmutt besetzt, ganz ebenmäßig und an den Spitzen etwas abgerundet, wodurch sie wie das Model einer Werbung für Zahncreme zu lächeln schien. Das war *Cardium edule*, eine Herzmuschel, die an den Küsten des Atlantik häufig vorkommt und einst auch an den Küsten Nordeuropas zu den häufigsten Muschelarten gehörte.

Zusammen mit *Monodacna caspia* und der kleinen, rostbraunen Art *Dreissena polymorpha* hatte sie sich direkt oberhalb des harten Lehms befunden. Der Namensbestandteil *caspia*, kaspisch, bei der zweitgenannten Art wies bereits auf deren Bedeutung hin, denn dieser Fund belegte einen steigenden Salzgehalt im Wasser – die beginnende Verwandlung eines Sees in ein Meer. Direkt über der festen Lehmschicht war diese Art, die in Wasser mit geringem Salzgehalt lebt, etwa im Brackwasser oder eben im Kaspischen Meer, zahlreich vertreten. Doch als Candace Major den olivgrauen Schlamm darüber untersuchte, ließ ihr Vorkommen drastisch nach. Dreizehn Zentimeter über der harten Schicht kam sie gar nicht mehr vor, statt dessen tauchten jetzt salzverträglichere Arten auf: *Mytilus galloprovincialis*, *Alba ovata*, *Parvicardium exiguum* und *Retusa truncatula*. Der Umstand, daß der Übergang von Süß- zu Salzwassermuscheln schon in den ersten Ablagerungen auf dem ehemals trockenen Landboden begann, war ein Beleg dafür, daß die Überflutung des Schwarzmeer-Sees mit einem Einbruch von Meerwasser in Zusammenhang stand.

Die genauere Untersuchung des Bohrkerns, bei der Candace Major sich von unten nach oben, also vom ältesten zum jüngsten Abschnitt vorarbeitete, erbrachte zwanzig weitere Seemuschelarten. All diese Arten tauchten schon in der unteren, älteren Hälfte der Sedimentschicht auf. Ryan mutmaßte, daß sich die neue Fauna innerhalb von ein paar tausend Jahren etabliert hatte. Die Tierarten des ehemaligen Sees hatten allenfalls einige Jahrhunderte überlebt.

In diesem Zusammenhang fiel William Ryan ein, daß *Dreissena* irgendwann in den dreißiger Jahren in den holländischen Küstengewässern den Platz von *Cardium edule* eingenommen hatte, als die Nordseebucht Zuidersee durch einen riesigen Deich in das süßwasserhaltige Ijsselmeer verwandelt worden war. Stück für Stück wurde dieses Binnenmeer, das sich aus dem Fluß Ijssel speist, in sogenannten Poldern trockengelegt. Damals hatte *Dreissena* – in einer Umkehrung der Vorgänge bei der Schwarzmeer-Überflutung – den Boden des zum See umgewandelten Meeres in ungeheuren Massen besiedelt, während die bisher dort lebende Fauna durch den Wasseraustausch ausstarb. Die Einwanderung aus ihrer Heimat im Schwarzen Meer war *Dreissena* mit Hilfe von Frachtkähnen gelungen, an deren Rümpfen sie die Donau hinauf und durch ost- und westeuropäische Kanäle bis nach Amsterdam und ins Ijsselmeer gekommen war.

Jeder Niederländer könnte sich recht gut vorstellen, was ums

Schwarze Meer herum passieren würde, wenn das Mittelmeer durch Ryans hypothetischen Damm am Bosporus bräche. Und wenn die Deiche, die Holland schützen, noch einmal nachgäben, wie in den sechziger Jahren bei einem katastrophalen Unwetter geschehen, dann wäre *Cardium edule* der erste Kolonist auf den überfluteten Poldern.

Während die *Aquanaut* nach Nordwesten auf die Mündungen von Dnjestr und Dnjepr zusteuerte, wurden fünf weitere Bohrkerne aus dem Meeresboden geholt, jeweils aus flacherem Wasser. Doch an der harten, erodierten Schicht unter dem Schlamm prallte das Stechkastenlot jedesmal ab, so daß nur ein paar Millimeter Sand und harter Lehm geborgen wurden – zu wenig, um die Theorie eines teilweise ausgetrockneten Sees zu überprüfen. Auf dem Rückweg nach Süden bat Shimkus den Kapitän, einen weiträumigen Zickzackkurs zu fahren. Mit Kurswechseln alle dreißig Kilometer hoffte er die Wege zu kreuzen, die die beiden großen russischen Flüsse zu dem eiszeitlichen Binnenmeer genommen hatten.

Bei der achten Probenentnahme[220] – diesmal in hundert Meter tiefem Wasser – wies Shimkus den Chefingenieur an, den Stahldraht, an dem der schwere Stechkasten befestigt war, mit der höchsten Geschwindigkeit abzuwickeln, welche die Seilwinde verkraften konnte. Das Risiko wurde belohnt. Obwohl die Hülse nur halb gefüllt war, als sie wieder auf dem Achterdeck landete, bestand der untere halbe Meter des Sedimentkerns aus einem Substrat, das mit dem olivgrauen Einheitsschlamm darüber nichts gemein hatte. Als sich der zylindrische Kern auf der Bank im Labor befand und aufgeschnitten werden sollte, lag etwas Besonderes in der Luft. Candace Major fing oben an zu schneiden, und ihr Messer glitt ohne Mühe durch den Schlamm. Doch als sie zu dem unteren Abschnitt kam, der sich dem Eindringen der Stanze so sehr widersetzt hatte, begann ihre Hand vor Anstrengung zu zittern. Sie kämpfte, sie mußte regelrecht sägen, und darum übernahm Shimkus das Messer. Doch auch er hatte Probleme, so sehr er seinen mächtigen Bizeps auch anspannte. Schließlich aber gab das letzte Stück aus beinahe steinhartem Lehm der Anstrengung nach und brach auseinander.

Am Übergang vom Schlamm zum trockenen Lehm befand sich eine dünne Schotterschicht, die besonders interessant war. Als sie in dem Eimer ausgewaschen wurde, der als Spüle diente, blieben lauter Muschelteile zurück. Ihre Schalen waren nicht einfach zerbrochen, sondern geradezu pulverisiert. Außer den stabilen Scharnieren war nichts übrig, allenfalls hier und da ein Fragment des dicksten Schalenteils, der direkt an das Scharnier anschließt. Die Reste stammten von der Süßwassermuschel *Dreissena rostriformis*, der Zebramuschel. Sie waren vollkommen weiß und porös, vom Sonnenlicht gebleicht und teilweise vom Regen angefressen. Auch der Lehm unterhalb dieser Schicht erwies sich als sehr informativ. Als Shimkus seinen Wassergehalt maß, stellte er fest, daß dieser nur einen Bruchteil dessen betrug, was in See- oder Meeresböden üblich war. Er entdeckte auch ein paar dünne Sandkammern im Lehm, in denen sich Holzstückchen und andere Pflanzenreste fanden, aber auch komplette, nicht ausgebleichte Exemplare der Gattung *Dreissena*, deren Schalenhälften noch zusammenhingen. Shimkus deutete auf einen dunklen Fleck auf einer der Schalen. »Das sind Algen«, sagte er. »Das heißt, daß diese Muscheln in einer flachen Lagune lebten. Wir müssen uns dicht am Ufer des Eiszeitsees befinden.«

Er stocherte weiter in den Sandeinschlüssen und pulte einige winzige Schnecken (Biologen sagen: Gastropoden) hervor, von denen keine größer als ein Reiskorn war. Ihre hohlen Spiralgehäuse erinnerten an Einhörner. Nach Einschätzung der russischen Experten wies diese spezielle Ansammlung von Mollusken darauf hin, daß der Sand sich in einer ehemaligen Flußdelta-Landschaft angelagert hatte, vielleicht in einem Nebenarm oder einem Altwasser, eventuell sogar in einem Sumpf. Heute findet man diese Weichtiere ausschließlich in Mündungsgebieten wie denen des Don, des Dnjestr oder des Dnjepr.

Während Shimkus die vorgefundene Fauna in seinem Notizbuch beschrieb, kratzte Candace Major die rauhe Bruchfläche des Lehms am unteren Ende des Bohrkerns glatt, der sich ihren Schneidebemühungen widersetzt hatte. Sie hoffte, daß seine Schichtung die Herkunft enthüllen werde. Minuten später bat sie Ryan herüber. Sie hatte Spalten gefunden[221], die mit Sand gefüllt waren. Sie waren entstanden, als der ursprünglich feuchte und feinkörnige Lehmboden in der Sonne ausgetrocknet und geschrumpft war. Diese Erscheinung beobachtet man häufig nach Regengüssen in den Fahrspuren wenig befahrener Pisten. Die schrumpfende Oberfläche bricht in drei- bis fünfseitige Polygone auf, deren Kanten zwei bis fünfundzwanzig Zentimeter lang sein können. Von Autos aufgewirbelter Staub setzt sich in den Rissen ab und füllt sie schließlich ganz auf. In diesem Fall war es ein Sandsturm gewesen, der über die rissige Landschaft gefegt war.

Als nächstes entdeckte Candace Major runde dunkle Flecken vom Durchmesser eines Bleistifts in dem trockenen Lehm. Aus einem dieser Flecken zog sie mit ihrer Pinzette ein gekrümmtes Fädchen aus faserigem Material. Ryan erkannte es sofort: »Kein Zweifel, eine fossile Pflanzenwurzel.«

Die Pflanzen waren hier offenbar gewachsen, als der Boden noch feucht gewesen war. Nach dem Verdunsten der Feuchtigkeit waren die Pflanzen abgestorben. Ihre Wurzeln wurden unter feinem, sauberem Sand begraben, in dem sich einzelne Lagen unterscheiden ließen, die von Geologen als »Dünenschichtung« bezeichnet werden. Die steile Neigung und das Profil dieser Schichten deuteten auf Wanderdünen hin, jene vom Wind getriebenen Sanddünen, wie sie Jirí Kukla in seiner Kindheit in der Tschechoslowakei als Spielplatz genutzt hatte. Die prähistorischen Stürme hatten nicht nur über Osteuropa gewütet, sondern auch am Rand des schrumpfenden Eiszeitsees breite Sandstreifen hinterlassen. Die Absenkung seines Wasserspiegels war nicht länger eine abstrakte Schlußfolgerung aus den Sonarprofilen des CHIRP oder eine Hypothese aufgrund tief eingeschnittener, unterseeischer Flußbetten und plötzlicher Artenwechsel in der Tierwelt: Sie war jetzt eine Tatsache, belegt durch die Algen auf den Schalen von Tieren, die in flachen Lagunen am Rand des Sees gelebt haben mußten, aber auch durch die Schalen selbst, die ausbleichten, als der See schrumpfte und seine Ufersümpfe austrockneten, und schließlich durch den wasserarmen, aufgesprungenen und sonnengebrannten Lehm, der einstmals den feuchten, schlammigen Boden dieser Sümpfe gebildet hatte.

Kapitel 13 –
Kalter Krieg

Als nächstes brachte die *Aquanaut* das Forschungsteam in einen deutlich tieferen Bereich des Schwarzen Meeres: Die nächste Bodenprobe sollte an einer Stelle jenseits der Kante des Festlandsockels entnommen werden, aus einer Tiefe von gut 120 Metern. Wieder ließ Kazimieras Shimkus das mit Gewichten beschwerte Stahlgehäuse mit größtmöglicher Geschwindigkeit auf den Meeresboden hinab. Die hydraulische Winde kreischte unter der Belastung, und die Stahltrosse drohte aus ihrer Außenbord-Umlenkrolle zu springen, weil sie nicht straff gespannt wurde – ein Zeichen dafür, daß das zehn Zentner schwere Stechkastenlot mit einer Geschwindigkeit durch die Wasserwelt unter ihnen stürzte, die nur vom Widerstand des Wassers selbst gebremst wurde. Shimkus wußte aus Erfahrung, daß die Bodenöffnung des Hohlkörpers bei dieser Geschwindigkeit eine Druckwelle vor sich herschob, die höchstwahrscheinlich die obersten Zentimeter des Bodenschlamms fortwirbeln würde, was bedeutete, daß er – so vorhanden – keine radioaktiven Niederschläge der Tschernobyl-Katastrophe würde bergen können. Doch dieses Opfer brachte er gern, wenn es half, die Frage zu klären, wie weit sich die ehemalige Landfläche seinerzeit erstreckt hatte.

Weder Shimkus noch irgendein anderer russischer oder bulgarischer Geologe hatte das Ufer des riesigen Süßwassersees je so weit vor der heutigen Küste vermutet. Doch in der Darstellung, die über den Monitor des CHIRP glitt, wollte die erodierte Oberflächenschicht vorerst kein Ende nehmen. In den letzten vierundzwanzig Stunden hatten Shimkus und seine Crew drei große unterseeische

Canyons kartiert, die tief in den steilen Hang des Schelfs eingefräst waren. Ein Mann las die Tiefen vom Echolot ab und trug sie entlang der Wegroute auf einer Karte ein. Dabei zeigte sich, das die Canyons noch einen inneren Kanal enthielten, der sich wie ein oberirdischer Fluß durch sie hindurchschlängelte. Damit solche Details erkennbar wurden, mußte die *Aquanaut* mit äußerster Präzision gesteuert werden. Um das zu gewährleisten, wurde ihre Position ständig telemetrisch durch mehrere Satelliten bestimmt.

Im Jahr 1983 hatte William Ryan zu den ersten nicht-militärischen Ozeanographen gehört[222], die ihre Schiffe mit Hilfe der Funksatelliten steuerten, die heute das *Global Positioning System* (GPS) bilden. Das System wird unter anderem vom amerikanischen Verteidigungsministerium finanziert, doch mittlerweile ist es auch zivilen Zwecken zugänglich. Seinerzeit waren drei mannshohe Regale voller elektronischer Geräte nötig gewesen, um die Signale der Satelliten zu empfangen und auszuwerten – ein Jahrzehnt später langte eine batteriegespeiste Box von der Größe einer Zigarrenkiste. Obwohl die Russen eigene Navigationssatelliten besaßen, schätzten sie die Einfachheit und Genauigkeit des amerikanischen Systems. Am Tag vor Ryans Abflug nach Moskau hatten sie ihn per Fax gebeten, die notwendige Ausrüstung dafür mitzubringen.

Als der 165 Zentimeter lange Sedimentkern auf der Laborbank aufgespalten und begutachtet wurde, erwies er sich als praktisch identisch mit dem vorigen: oben weicher, olivgrauer Schlamm, unten harter, trockener Lehm mit Sandlinsen, in denen sich intakte *Dreissena*-Exemplare befanden. Dazwischen eingeschlossen lag wieder eine 30 Zentimeter mächtige Schotterschicht, die ausschließlich aus den kompaktesten Teilen ausgebleichter *Dreissena*-Schalen bestand. Candace Major kämmte diesen Abschnitt mit allergrößter Sorgfalt nach heilgebliebenen Exemplaren durch, aber sie erblickte nur abgeschliffene und ausgebleichte Kleintrümmer. Dabei sollten, sofern diese Schicht früher ein Meeresstrand war, eigentlich auch ein paar intakte Schalen zu finden sein.

Sie wurde aus diesem Widerspruch nicht schlau und bat Ryan um Rat. Er schlug vor, sie solle einige Handvoll Lehm und Sand aus der unteren Schicht in den Spüleimer umfüllen. Sie brachten den Eimer aufs Vorderdeck, wo sie mit einem Schlauch abwechselnd Wasser auf den harten Lehm spritzten. Dabei versuchten sie den Wasserdruck so einzustellen, daß er in etwa dem einer gemäßigten Brandung an einem Strand entsprach. Eine halbe Stunde später hatten sie so ihren eigenen Schotter geschaffen – und er entsprach in Zusammensetzung und Struktur genau der Trümmerschicht, die zwischen dem Schlamm und dem Lehm eingeschlossen war. Die Schotterschicht war also offensichtlich keine Strandablagerung, sondern stammte aus einem Stück Meeresboden, das trockengefallen und ausgedörrt war, gelegentlich Regengüsse abbekommen hatte, wahrscheinlich von Tieren platt getrampelt worden und in der Sonne ausgebleicht war. Sie erwies sich als genauso fest wie der harte, trockene Lehm am unteren Ende des Bohrkerns, in dessen Sandlinsen sich heile Muschelschalen befanden. Diese Muscheln hatten früher in stillen, flachen Lagunen oder Brackwasserzonen gelebt, die mit zunehmender Trockenheit zu Pfützen geschrumpft waren. Jeder Meter Boden, der ehedem überflutet und durchweicht gewesen war, hatte, bevor er zu trockenem Landboden wurde, eine Zwischenphase durchgemacht, in der er ein Stück Strand war, an den Wellen schlugen.

Der Wasserstrahl aus dem Schlauch sollte diese Wellen simulieren. Er wirbelte Lehmteilchen auf, so daß ein trübes Gemisch entstand, das in stetem Strom über den Eimerrand und das Teakholzdeck lief und dann durch die Speigatts ins Meer floß. Je mehr Lehm sich auflöste, desto mehr heile Muscheln kamen zum Vorschein und sanken auf den Eimerboden. Dabei wurde die trübe Suppe allmählich immer klarer. Schließlich blieben nur die schwereren Muschelschalen übrig. Candace Major legte einige davon auf ihre Handfläche und richtete den Wasserstrahl direkt darauf, und prompt zerbrachen sie. Am Ende des Versuchs waren nur noch die robusten Scharniere und einige dickere Schalenstückchen übrig. Sie legte ein Handtuch über einen Lukendeckel und breitete die Muschelreste zum Trocknen aus, und bis zum Abendessen war ihr selbstfabrizierter Schotter weiß wie Schnee. Indem sie ihrer Intuition als Forscherin gefolgt war, hatte sie demonstriert, das die *In-situ*-Schicht aus Muschelgeröll durch einen sinkenden Wasserspiegel entstanden war.

Das Untersuchungsgebiet wurde allmählich ausgedehnt[223], bis es schließlich ein Rechteck umfaßte, das sich etwa 40 Kilometer weit in Ost-West- und rund halb so weit in Nord-Süd-Richtung erstreckte. Etwa 75 Meter unter dem Meeresspiegel offenbarten die CHIRP-Bilder eine Kette von Dünen. Sie hatten die Gestalt geradliniger Bergkämme und waren etwa anderthalb Kilometer lang und zweieinhalb bis drei Meter hoch. Die Bodenproben ergaben, daß diese Dünen mit der bekannten, gleichmäßigen Schicht aus homogenem grauem Schlamm überzogen waren, unter der eine Schicht aus Muschelresten lag, die bis auf Sandkorngröße abgeschliffen waren. Hätte die See das Land *allmählich* überflutet, so wurde Pitman klar, dann wären die Dünen bei ihrem Übergang vom Land durch die Brandungszone zum Meeresgrund vom Wasser abgetragen oder zumindest stark deformiert worden, denn lockerer, angewehter Sand hatte den starken Kräften, die am Küstengefälle wirkten, wenig Widerstand entgegenzusetzen. Und selbst wenn die Dünen ihre Überflutung halbwegs gut überstanden hätten, wären sie durch die Unterströmung des Meeres eingeebnet worden, folgerte er weiter.

Doch das Sonarbild zeigte Dünen, daran war nicht zu rütteln, und diese Dünen waren gut erhalten. Die Schlammschicht, die sich darauf abgelagert hatte, war in den Senken nicht dicker als auf den Kämmen. Nur bei einem sehr plötzlichen Untergang konnten sie so bemerkenswert gut konserviert worden sein.

Im östlichen Teil des Untersuchungsareals befand sich eine breite Terrasse, an deren äußerem Rand die Schicht der erodierten ehemaligen Erdoberfläche schließlich verschwand. Als die *Aquanaut* über das Ufer des ehemaligen Sees hinweg in tiefere Zonen des Schwarzen Meeres fuhr, befand sie sich über einem Meeresboden, der niemals dem Regen und der Brandung der Erdoberfläche ausgesetzt gewesen war. In seinen Sedimenten fanden sich keine Muschelsplitter, keine Pflanzenreste und keine trockene, harte Schicht, nur weicher, wassergetränkter Schlamm und Lehm – eine Zone, die ohne Unterbrechung feucht geblieben war.

Um die Grenzen des Sees zur Zeit seiner kleinsten Ausdehnung zu finden, nahm man wieder Kurs in Richtung Land und fuhr ganz langsam, bis die erodierte Schicht wieder auf dem Monitor erschien. Kurz nachdem die Reflektionen dieser Schicht zweifelsfrei zu identifizieren waren, holten die Wissenschaftler eine weitere Bodenprobe herauf. Erwartungsgemäß enthielt sie wieder dieselbe Schicht aus Muscheltrümmern und dieselben Indizien für eine Austrocknung wie die früheren Proben. Auf diese Weise hatten die Forscher nachgewiesen, daß die Ufer des stark geschrumpften Sees zwischen 150 und 170 Metern unter dem heutigen Wasserspiegel lagen.

Die Expedition hatte sich als phänomenaler Erfolg erwiesen, ihre Ergebnisse übertrafen sogar Petko Dimitrovs Schätzung, daß die Oberfläche des Schwarzen Meeres damals etwa 100 Meter unter dem heutigen Pegel gelegen hatte. Die Wissenschaftler der *Aquanaut* bestanden darauf, das Material aus den neuen Bohrkernen von unabhängiger Seite datieren zu lassen, ehe sie Dimitrovs Altersschätzung der ehemaligen Ufer blind übernahmen. Da sie planten, in den USA eigene C-14-Datierungen vorzunehmen, hatten Candace Major und William Ryan Muschelschalen aus den Sedimentkernen herausgeklaubt, und zwar aus dem unteren Bereich des olivgrauen Schlamms, der direkt über dem trockenen Abschnitt lag. Aus jedem Kern hatten sie vier bis fünf Exemplare entnommen, wobei sie solche bevorzugten, deren Schalen noch zusammenhingen. Diese Wesen waren die ersten Neubesiedler der überfluteten Landschaft gewesen. Der Zeitpunkt ihres Auftretens an der jeweiligen Entnahmestelle würde zugleich Aufschluß darüber geben, wann dieses Landstück zu Meeresboden geworden war. Da das Gebiet der Probenentnahme sich vom äußeren Übergang zwischen dem Kontinentalsockel und -abhang bis weit auf den mittleren und inneren Schelf erstreckte, würde die Datierung der Muscheln es Ryan und Major auch ermöglichen, das Tempo zu bestimmen, in dem die gesamte Schwarzmeerküste sich ausgedehnt hatte. War die Überflutung allmählich als Folge des Abschmelzens der kontinentalen Eiskappen erfolgt – wie im Fall der Korallenbänke um Barbados –, dann müßten zwischen den Bodenproben aus tiefem und flachem Wasser große Zeitunterschiede liegen. Auch müßten bei diesem Szenario die Pegel des Schwarzen Meeres und der Ozeane gewissermaßen im Gleichschritt angestiegen sein, und zwar von dem Zeitpunkt an, als das Schmelzen der Eiskappen einsetzte. Nach Wally Broeckers Sägezahnkurve waren die Riffe um Barbados – parallel zum Wasserstand – selbst im schnellsten Fall nicht mehr als knapp zwei Meter pro Jahrhundert gewachsen.

Das Alternativmodell einer plötzlichen Überflutung durch einen Dammbruch zwischen dem Mittelmeer und dem Schwarzem Meer ergab ein völlig anderes Szenario, das sich ebenfalls durch die C-14-Datierung überprüfen ließ. So eine Öffnung der Schleusentore am Bosporus hätte alles offene Land um den Schwarzmeer-See untergehen lassen, das zu diesem Zeitpunkt tiefer lag als der Spiegel der Weltmeere. Das Meerwasser hätte sich mit einem Tempo in diese Senke gestürzt, das nur durch die Enge des Durchbruchs beschränkt gewesen wäre. Bei der wahrscheinlichen Annahme, daß die Kraft dieses donnernden Wasserfalls die Reste der Barriere schnell fortgespült hatte, könnte der Pegel des ehemaligen Binnenmeeres pro Woche, nicht pro Jahrhundert, um zwei Meter angestiegen sein.

Die C-14-Methode, deren Genauigkeit auf jeden Fall ausreiche, um zwischen einigen Jahren und einigen Jahrtausenden zu unterscheiden, konnte diese Frage klären, denn im Fall der plötzlichen Überflutung müßten die Muscheln von den tiefsten Entnahmestellen in etwa dasselbe Alter haben wie die aus den flacheren Bereichen. Für diese Datierung hatte Ryan bereits ein geeignetes Labor ins Auge gefaßt. Ein Absolvent der Columbia University hatte – mit einem millionenschweren Zuschuß der National Science Foundation – im Ozeanographischen Institut von Woods Hole so ein Labor aufgebaut, in dem ein brandneues Gerät stand: ein Beschleuniger-Massenspektrometer, auch AMS (*Accelerator Mass Spectrometer*) genannt.

Da CHIRP so hervorragend funktionierte, beschloß Shimkus, die Expedition um ein paar Tage zu verlängern. Er wollte herausfinden, ob die erodierte Lehmschicht sich auch am Fuß des Kaukasus vor der Ostküste des Schwarzen Meeres fände. Für behördliche Genehmigungen sei es zu spät, erklärte er. Und so ging er die Sache einfach an und baute auf das entspannte politische Klima im Zuge der Perestroika.

Die einmalige Perspektive vom Schiff auf das nadelwaldbedeckte Vorgebirge, das aus dem Meer aufstieg, ermöglichte Pitman und Ryan einen direkten Blick auf die tiefen Furchen, die Flüsse bei einem starken Absinken des Meeresspiegels erzeugen. Sie fuhren an der Küste entlang, und alle paar Kilometer kam ein Fluß aus den Bergen, der sich eine klaffende Schlucht in den Kalk- und Sandstein gegraben hatte. Doch diese Einschnitte flachten in Ufernähe nicht etwa ab, sondern wurden noch ausgeprägter und führten einfach ins Meer hinein, als wäre dieses nie dagewesen. Die Küste war in lauter tiefe, geschützte Buchten untergliedert. Der Hafen von Kolchis – Jasons Ziel bei seiner legendären Suche nach dem Goldenen Vlies – lag in einer dieser Buchten, ebenso die Häfen von Gelendzhik und Novorossiysk. Diese zerklüftete Kaukasusküste zog Shimkus an wie die Verlockung der Sirenen, die Odysseus an den Gestaden Siziliens hatten stranden lassen. Tatsächlich war hier einst ein bekanntes Vergnügungsschiff beim Verlassen einer gewundenen Hafenzufahrt auf Klippen gelaufen und gesunken, wobei mehr als tausend Passagiere und Besatzungsmitglieder den Tod gefunden hatten. Das Wrack verleitete den Expeditionsleiter zu einem leichtsinnigen Entschluß: Im Schutz der Dunkelheit drehte die *Aquanaut* über dieser Hafenzufahrt stundenlang Pirouetten, bis der Monitor des CHIRP das geisterhafte Abbild eines Schiffsrumpfs zeigte. Er lag auf der Steuerbordseite, und seine weggerissenen Schornsteine wirkten wie Grabsteine. In Ryans Magengrube bildete sich das gleiche Gefühl wie zehn Jahre zuvor, als er seinen Sonar-»Fisch« über die *Titanic* zog, das Gefühl, widerrechtlich geweihten Boden zu betreten.

Der KGB sah das offenbar genauso. Seine Agenten hatten die

Aquanaut seit mehr als einer Woche überwacht; abgehörte Funkmeldungen über Gasblasen und kleine Petroleumeinschlüsse, die mit dem Sonargerät entdeckt worden waren, hatten Argwohn erregt. Und der Zickzackkurs über den versunkenen Flußtälern war von ihnen als die Suche nach unterseeischen Telefonkabeln interpretiert worden. Nie zuvor hatten Amerikaner die Genehmigung erhalten, Gewässer auf russischem Territorium zu erforschen, und diese hatten auch noch irgendwelche hypermodernen Geräte dabei, von denen der Leiter der Expedition so schwärmte. Was geschah also in dieser Hafenzufahrt?

Als die Wissenschaftler schließlich zur Forschungsstation zurückgekehrt waren, begrüßte Shimkus seinen Labordirektor. Danach wirkte er beunruhigt. Ryan erkundigte sich, was los sei, und erfuhr, der KGB habe den Direktor über die unangemeldeten Untersuchungen ausgefragt, und er, Shimkus, solle den Behörden die Computerbänder mit den Daten des CHIRP aushändigen. Ryan rückte die Bänder von der Argwohn erregenden Suche über der Hafenzufahrt heraus, nicht jedoch die wichtigen Daten der eigentlichen Untersuchung, die von den russischen Behörden genehmigt worden war. Er erklärte sich sogar bereit, diejenigen Seiten aus seinem Notizbuch zu reißen, welche die Arbeiten der letzten Tage betrafen, solange sie nicht auch die Muscheln haben wollten, die Candace Major in Hunderten kleiner Glasbehälter inventarisiert hatte.

Vor ihrem Rückflug nach New York mußten die Amerikaner in Moskau übernachten, wo sie in einem Vier-Sterne-Hotel abstiegen, das die Aeroflot für ausländische Geschäftsleute unterhielt. Pitman und Ryan teilten sich ein Zimmer, dessen Tür man mittels einer Plastikkarte öffnete, die am Empfang codiert und dann in einen Schlitz am Schloß eingeschoben wurde. Kaum hatten sie ihr Zimmer betreten, da klickte das Schloß erneut, und die Tür ging auf. Ein riesiger Mann vom Format eines Kleiderschranks in maßgeschneidertem Anzug und mit Aktentasche starrte die Amerikaner an und ließ den Blick durch den Raum wandern. Dann fragte er höflich und in stark gefärbtem Englisch: »Sind Sie bestimmt im richtigen Zimmer?« Und ohne auf eine Antwort zu warten, fuhr er fort:

»Entschuldigung, bestimmt ein Fehler der Rezeption.« Er legte den Rückwärtsgang ein, schloß die Tür hinter sich und ward nicht mehr gesehen.

Pitman, der für gewöhnlich mehr auf dem Quivive war als Ryan, saß perplex auf seinem Bett: »Der war vom KGB, da bin ich mir absolut sicher! Ist dir aufgefallen, daß er uns direkt auf englisch angesprochen hat? Und wie sein Blick von uns zum Gepäck und zu dem halboffenen Schrank und zum Bad und dann zu den Nachttischchen wanderte? Der wollte sich gezielt alles einprägen, bevor wir unsere Sachen verstaut haben.«

Für den Abend waren sie zu einer Zirkusvorstellung eingeladen. Walter Pitman gab vor, zu erschöpft zu sein, aber William Ryan und Candace Major konnten der Aussicht auf Luftakrobaten, Tanzbären und Zigeuneratmosphäre nicht widerstehen. Nachdem er im Speisesaal des Hotels ein einsames Abendessen eingenommen hatte, wollte sich Pitman aufs Zimmer zurückziehen, doch die Plastikkarte funktionierte nicht. Er fuhr mit dem Lift zum Empfang hinunter, wo man die Magnetisierung der Karte erneuerte. Er vermutete, daß dieser erzwungene Umweg eine Vorsichtsmaßnahme war, damit er nicht über jemanden stolperte, der ihr Gepäck durchsuchte. Doch alles war an seinem Platz, und nichts schien angetastet. War er zu mißtrauisch?

Am nächsten Tag – ihr Flug ging erst abends – hielt Ryan im Shirshov-Institut für Ozeanologie wie geplant einen Vortrag vor Mitgliedern der Akademie der Wissenschaften und der Moskauer Staatsuniversität. Er beschrieb ihre neuen Forschungsergebnisse und warf dazu einige Sonarbilder des CHIRP auf die Leinwand. Die Zuhörer reagierten höflich, aber zurückhaltend. An der anschließenden Diskussion beteiligten sich einige Leute, die er vom Namen und von ihrer Reputation her kannte, doch sie argumentierten nur auf der Basis ihrer eigenen Vermessungsarbeiten und Sedimentproben, als ob die neuen Resultate gar nicht existierten. Schließlich fragte ihn eine ältere Dame, die er für eine Spezialistin für Mollusken hielt und die wahrscheinlich die Autorin jenes Buchs war, das Candace Major weitgehend auswendig gelernt hatte, was er mit seinen Muschelproben zu tun gedenke. Ryans Interesse erwachte. Er gab zurück, er wolle sie sorgfältig identifizieren und dann ihr Alter bestimmen.

»Sie haben da aber ein Problem«, sagte sie. »Diese Muscheln gehören eigentlich in ein Museum. Man wird Ihnen kaum gestatten, sie außer Landes zu bringen, denn sie sind Eigentum des Volkes.« Dann schlug sie vor, sie selbst und ein Kollege könnten die Identifikation in ihrem Labor vornehmen. In Ryans Augen sprach viel dafür, daß diese namhafte Expertin persönlich Majors vorläufige Ergebnisse überprüfte. Rasch war man sich einig: Im Herbst würden die Amerikaner einen schriftlichen Bericht über die Befunde erhalten.

Major hatte aus zwei Dutzend Kernen systematisch Proben entnommen: etwa alle zehn Zentimeter eine, über die ganze Länge hinweg. Sobald Ryan wieder im Hotelzimmer war, stellte er eine repräsentative Auswahl dieser Proben zusammen, packte sie gut ein und schickte sie per Taxi an die angegebene Adresse. Den ganzen Rest verstaute er für die Reise in einem Handkoffer. Auf der Fahrt zum Flughafen räumte ihr Gastgeber vom Shirshov-Institut ein, daß man ihn im Lubamova-Gefängnis festgehalten und über die Ergebnisse der *Aquanaut*-Expedition befragt hatte. Seiner Einschätzung nach gingen die Amerikaner ein schwerwiegendes Risiko ein, wenn sie versuchten, ihr Material außer Landes zu schaffen. Er schlug vor, sie sollten den Handkoffer ihm überlassen. Sein Institut würde die Proben durchsehen und dafür sorgen, daß ihre Ausfuhr genehmigt werde. Anschließend würden sie per Kurier nach London gebracht und von dort nach New York geschickt werden.

Pitman war sofort dafür, doch Ryan, dem bewußt war, daß die Theorie der Schwarzmeer-Überflutung ohne das Material für ihre Datierung nicht viel wert war, fand, sie sollten den Koffer behalten. Seiner Ansicht nach sahen die anderen Gespenster. Doch als sie eine dreiviertel Stunde später den Kofferraum entluden, hatten die anderen ihn mit ihrer Skepsis angesteckt. Also verabschiedete er sich von dem Behälter, bezweifelnd, daß er dessen Inhalt je wiedersehen würde.

Auf dem Band am Terminal Delta des John-F.-Kennedy-Flughafens erschien das Gepäck von Pitman und Major, nur Ryans großer blauer Seesack, in dem sich außer seiner Kleidung auch der ausgeliehene Empfänger für die Satellitennavigation befand, war nirgends zu entdecken. Auf Nachfrage bekamen sie zu hören, dieses Gepäckstück werde mit einer späteren Aeroflot-Maschine eintreffen; Ryan könne es dann beim Zoll abholen. Und tatsächlich tauchte der Sack einige Stunden später auf.

Zurück im Lamont-Doherty Observatory, brachte Ryan das Navigationsgerät seinem Besitzer zurück, der den Apparat gleich einschaltete, um seine Funktionsfähigkeit zu überprüfen. Der LCD-Bildschirm zeigte zu Beginn immer die letzte empfangene Position; eine Batterie hielt die Daten im Speicher. Doch jetzt zeigte er nicht etwa die Koordinaten des Docks in Gelendzhik, an dem die *Aquanaut* am Ende der Forschungsfahrt festgemacht hatte, sondern die des Terminals II am Sheremetievo-Flughafen im Norden von Moskau. Jemand hatte den Empfänger in Ryans Sachen gefunden und eingeschaltet. Wären die Sedimentproben vom Boden des Schwarzen Meeres nicht im Shirshov-Institut, sondern bei dem Gepäck geblieben, hätte man sie wohl beschlagnahmt.

KAPITEL 14 –
DIE KALENDERMASCHINE

An diesem Januarmorgen des Jahres 1993 kam Glenn Jones früh ins Woods-Hole-Institut für Ozeanographie. Ein schmaler, von Wind und Wetter gegerbter Steg aus Zedernplanken führte ihn über Eiszeitfindlinge und durch einen Lorbeer- und Stechpalmenhain zum McLean-Labor, das sich in einer ruhigen Ecke des lebhaften, auf einer Anhöhe des Dorfes Quissett gelegenen Campus dieser legendären Einrichtung zur Erforschung der Meere versteckte. Heute erwartete er einen Besucher, den er besonders gern herumführen würde, um seine Reaktionen zu beobachten und mit ihm über alte Zeiten zu schwatzen. Mittags würde der Gast dann einen Vortrag halten. Auf Jones' Kalender war dieser Termin dick mit Filzstift umringelt.

Doch zuvor mußte er sich mit den Papierstapeln befassen, die sich auf seinem Schreibtisch angesammelt hatten. Unter anderem mußte er die Druckfahnen eines Artikels[224] durchsehen, den er der englischen Fachzeitschrift *Deep-Sea Research* zur Veröffentlichung angeboten hatte. Er trat darin der These entgegen, daß sich durch das Abzählen der hauchdünnen, abwechselnd hellen und dunklen Ablagerungen auf den Böden von Meeren und Seen eine genaue Zeitmessung vornehmen lasse.[225] Der Hauptverfechter dieses Ansatzes war Egon Degens, einer der Leiter der Schwarzmeer-Expedition der *Atlantis II* im Jahre 1969. Er hatte Woods Hole verlassen und lehrte nun am Institut für Biogeochemie und Meereschemie der Universität Hamburg. Doch diese These hatte noch viele weitere Anhänger gefunden.[226]

Jones hatte in der Zwischenzeit die Entwicklung und den Bau

eines Multi-Millionen-Dollar-Geräts geleitet, das die Zeit maß, indem es Atome statt Sedimentschichten zählte. Er hatte auf die neue Niedertemperatur-Vakuum-Technologie gesetzt, mit der sich pro Jahr über 4000 Proben datieren ließen, das heißt mehr als doppelt so viele wie mit jeder anderen bekannten Methode. Und er hatte richtig gelegen: Im nächsten Monat konnte das Beschleuniger-Massenspektrometer des Nationalen Instituts für Meereswissenschaften (*National Ocean Sciences Accelerator Mass Spectrometry*, kurz NOSAMS) sein zweijähriges Betriebsjubiläum feiern. Seine Genauigkeit war Schritt für Schritt so weit verbessert worden[227], daß es jetzt in der Lage war, 10000 Jahre altes Material auf 40 Jahre genau zu datieren. Diese Effektivitätssteigerung wurde dadurch erzielt, daß man den langsamen Beta-Zerfall des natürlichen radioaktiven Kohlenstoffisotops C-14 nicht mehr wie bisher registrieren mußte – ein Vorgang, der mitunter eine ganze Woche ständiger Beobachtung erforderte –, sondern das Mengenverhältnis des stabilen C-12 zum noch in der Probe verbliebenen Rest des instabilen C-14 inzwischen direkt ermitteln konnte.

Bei dieser Art der Datierung, AMS (*Accelerator Mass Spectrometry*) genannt, werden die Kohlenstoffatome der Probe in Plasma umgewandelt. Ihrer Elektronen beraubt, werden die Atomkerne dann mit 2,5 Millionen Volt in einem langen Tunnel beschleunigt, bis sie eine Geschwindigkeit von 16000 km/h erreichen. Starke Magneten, die auf die Atomgewichte 12 beziehungsweise 14 abgestimmt sind, ziehen den Strahl in zwei dicht benachbarte, aber doch hauchfein voneinander getrennte Einzelstrahlen auseinander und leiten diese zu unterschiedlichen, extrem empfindlichen Sensoren, welche die relative Häufigkeit der beiden Atomkerne messen. Auf diese Weise lassen sich zum Beispiel selbst winzige Bruchteile von Muschelschalen, Spuren im Tausendstel-Gramm-Bereich, in fünf Minuten analysieren. Jones ließ es allerdings langsamer angehen, denn er zog es vor, die Messung achtmal zu wiederholen, um die Genauigkeit des Ergebnisses zu erhöhen.

»AMS ist das einzig Wahre«, brüstete er sich gern. Seine Apparatur erzielte derzeit eine höhere Genauigkeit als jedes andere nach der herkömmlichen Methode arbeitende Labor weltweit. In vielen Zweigen der Geowissenschaften liefen die Streitfragen immer wieder auf die Datierung hinaus. Wann war dies oder jenes passiert? Hatte es vor oder nach jenem Ereignis stattgefunden? Nicht mehr lange, dann würde Glenn Jones seinem Besucher sagen: »Mit AMS kann man Berge von Fragen beantworten, die bisher als unbeantwortbar galten.«

Er hatte seine High-Tech-Methode auf einige Proben jener Bohrkerne angewendet, in denen Degens und seine Kollegen die extrem dünnen Schichten ausgezählt hatten – und seine Resultate hatten ihre Folgerungen vom Tisch gefegt. All die klimatologischen und chronologischen Schlußfolgerungen, die man aus der Annahme abgeleitet hatte, daß aufeinanderfolgende helle und dunkle Schichten so etwas wie Jahresringe seien, waren damit hinfällig. Doch Glenn Jones war ein Gentleman. Sein Artikel focht die bisherigen Forschungsarbeiten nicht offen an; sein Urteil war höflich und wohlwollend. Er prüfte jeden Absatz der Druckfahnen Wort für Wort, jede Tabelle Zahl für Zahl. Es ging ihm nicht allein um Druckfehler; genauso wichtig waren etwaige Auslassungen oder Unklarheiten, die vielleicht die Verdienste anderer schmälern konnten.

Das erste Objekt, das je auf den Zerfall von Kohlenstoff-14 hin untersucht wurde, war ein kostbares Stück Akazienholz[228] aus einem Deckenbalken der Gruft des Pharaos Djoser, tief im Innern der Stufenpyramide von Saqqâra. Die Holzprobe war 1947 untersucht worden; die so ermittelte Bauzeit lag 600 Jahre später, als die Archäologen bis dato aufgrund der astronomischen Chronologie und der Königslisten angenommen hatten.

Jones hatte bei der Einweihung seiner Apparatur der Tradition Tribut gezollt und dieses Stück Akazie erneut datiert. Er brauchte jedoch nur einen zahnstochergroßen Splitter, während man der Untersuchung vor 45 Jahren praktisch einen ganzen Balken hatte opfern müssen. Sein Ergebnis – kalibriert mittels Baumringen, aus denen die Schwankungen der atmosphärischen C-14-Produktion ermittelt wurden – paßte bis aufs Jahrhundert genau zu den Schätzungen der Archäologen. Eine genauere Datierung war unmöglich, da man nicht wußte, wie lange vor dem Tod des Pharaos der Baum gefällt worden war.

Entsprechend zuversichtlich war Jones, was die Präzision seiner Datierung der Schwarzmeer-Sedimente anging. In der Späten Bronzezeit war der Vulkan von Santorin in der Ägäis ausgebrochen und hatte die Insel praktisch in Stücke gerissen. Selbst die Krakatau-Eruption von 1883 im Indischen Ozean, deren Explosionswucht nur ein Zehntel der Katastrophe von Santorin betrug, war so bombastisch gewesen, daß man die Detonationen noch im mehr als 1500 Kilometer entfernten Australien gehört hatte[229]; damals waren die Küstenbewohner in weitem Umkreis einer gigantischen Flutwelle zum Opfer gefallen.

Von Santorin aus war eine Aschewolke[230] weit in die Stratosphäre hinaufgeschossen, wo sie von den Jetstreams einerseits nach Südosten über das östliche Mittelmeer zum Nildelta[231] getrieben wurde, andererseits nach Nordosten, wo man sie im Boden des Schwarzen Meeres in Form eines Teppichs aus winzigen, scharfkantigen Glassplittern nachweisen konnte.[232] Der Ausstoß von Ruß und Wasserdampf war so gewaltig, daß der verdunkelte Himmel über mehrere Jahre hinweg das Erdklima abkühlte. Die niedrigen Temperaturen und die verminderte Sonneneinstrahlung bremsten das Wachstum der Bäume. Verkümmerte Jahresringe[233], die aus der Zeit nach diesem Ausbruch stammten, waren jüngst in fossilem Holz in Irland und auf den Bergen der kalifornischen Sierra Nevada gefunden worden. Durch die Auszählung der Ringe ließ sich der Ausbruch von Santorin auf das Jahr 1626 v. Chr. (plus/minus ein paar Jahre) festlegen, was gut zu der AMS-Datierung von Getreidekörnern[234] aus einem Vorratsbehälter paßte, den man in dem unter Bimsstein begrabenen minoischen Ort Akrotiri[235] am Fuß des Vulkans ausgegraben hatte. Die Werte, die Jones aus den Überresten des Meeresplanktons gewonnen hatte, das sich im schwarzen Schlamm ober- und unterhalb der Vulkanasche fand, harmonierten ebenfalls mit diesem Datum.

Während Jones diese Untersuchung durchführte, hatte er eine unerwartete Entdeckung zur Ansiedelung von Flora und Fauna im

Schwarzen Meer gemacht, nachdem dieses wieder mit dem Mittelmeer verbunden war. Davon wollte er William Ryan berichten, dem Gast, den er in Kürze erwartete. Ryan hatte sich im vergangenen Herbst bei ihm gemeldet, nachdem seine Muscheln aus Rußland – wie versprochen – eingetroffen waren. Die beiden kannten sich gut. Jones hatte am ersten Kurs teilgenommen, den Ryan an der Columbia University abgehalten hatte, und war den Geheimnissen der Tiefsee erlegen. In diesem Rahmen hatte er auch von dem Vulkanausbruch auf Santorin gehört. Er konnte sich noch gut erinnern, wie er in Ryans Labor versucht hatte, mit raffinierten Geräten die genaue Größe und Form der kleinen Partikel auszumessen, die Wind und Strömung von der Insel weit aufs Meer hinausgetragen hatten.

Es war Glenn Jones peinlich, aber er würde William Ryan beichten müssen, daß seine Muscheln noch nicht datiert worden waren; sie befanden sich noch in der Warteschlange. Er hoffte, daß die Labortechniker noch an diesem Nachmittag damit anfangen konnten, mit Hilfe eines Zahnarztbohrers die oberen Perlmuttschichten abzuschleifen. Pulverisierte Proben aus winzigen Löchern in den tieferen Lagen würden dann zunächst in winzige Graphitkügelchen umgewandelt werden, mit denen man dann das Beschleuniger-Massenspektrometer bestückte. Vielleicht würde Ryan ja bei den Vorbereitungen zusehen wollen – eine kleine Entschädigung für das Warten.

Ryan war nach Woods Hole eingeladen worden, um den allwöchentlichen Mittagsvortrag zu halten, doch nun fehlte ihm seine Kernaussage: der Zeitpunkt der von ihm angenommenen Überflutung des Schwarzen Meeres. Zudem konnte die Analyse der Muschelschalen die ganze Fluttheorie auch völlig über den Haufen werfen; in diesem Fall hätte ihn einer seiner ehemaligen Studenten widerlegt.

Doch Jones hatte selbst noch ein Indiz gefunden, das zu einer plötzlichen Verwandlung des süßwasserhaltigen Schwarzen Binnenmeeres in ein salziges Gewässer paßte: Er hatte das Material, mit dem David Ross und Egon Degens 1969 den plötzlichen Faunenwechsel belegt hatten, mit der AMS-Methode noch einmal erheblich genauer datiert, als es seinerzeit möglich gewesen war. Danach waren die ersten Salzwassertierarten genau zu der Zeit im Schwarzen Meer eingetroffen, als dort auch die Konzentration des giftigen Schwefelwasserstoffs stark anzusteigen begann, und zwar in allen Tiefenstufen. Das bedeutete, daß der Salzgehalt schneller zugenommen hatte, als bisher vermutet, und daß die ungeheuren Salzwassermassen, die in den Schwarzmeer-See eingeströmt waren, sehr wenig Sauerstoff enthielten. Auf den Korrekturfahnen, die er bald nach England zurücksenden wollte, hatte ihm jemand ausdrücklich die Frage gestellt: »Fällt der neu datierte Beginn der Phase von Sauerstoffmangel mit dem mutmaßlichen Zeitpunkt der Wiedervereinigung von Schwarzem und Mittelmeer zusammen?« Jones hielt das für möglich.

Warum hatten andere Forscher den Zusammenhang zwischen Salzwasserzufluß und ruckartig steigendem Salzgehalt nicht hergestellt? Eine winzige Salzwasseralge namens *Emiliania huxleyi* hatte sie in die Irre geführt.[236] Diese einzelligen Coccolithophoren, sogenannte Kalkflagellaten, leben heute an der Oberfläche der Weltmeere, wo sie ausreichend Sonnenlicht finden. Die Fachleute entdeckten diesen mit bloßem Auge nicht zu erkennenden Organismus in ihren Mikroskopiepräparaten von David Ross' Bohrkernen, und zwar nur in solchen Schichten, die weit oberhalb der klaren Grenze zwischen dem alten, hellen Süßwasserlehm und dem jüngeren, schwarzen Salzwasserschlamm lagen. Sie waren deshalb davon ausgegangen, daß der Salzgehalt allmählich angestiegen war und daß *Emiliania huxleyi* das Schwarze Meer erst besiedelt hatte, als der ehemalige See schon fast so viel Salz enthielt wie heute, also etwa halb soviel wie die offenen Ozeane: Bei noch geringeren Salzkonzentrationen kann diese Coccolithophore nicht überleben. Nach Jones' Messungen und Berechnungen hatte sich die Alge zu Beginn des 7. Jahrhunderts v. Chr. im Schwarzen Meer ausgebreitet, also fast 5000 Jahre nach dem Eindringen des ersten Salzwassers. Zuerst hatte er – wie seine Kollegen – angenommen, daß die Verwandlung des Sees in ein Meer gemächlich abgelaufen war. Erst als er langwierig eine Vielzahl von exakten AMS-Bestimmungen vorgenommen hatte, um den Beginn der *Emiliania-*

Einwanderung möglichst genau einzugrenzen, erkannte er die Schwachstelle dieser Argumentation: Das Auftauchen der Alge fiel nämlich in die Zeit, in der die Griechen ihre ersten Handelsstationen an der Schwarzmeerküste errichteten.[237] Innerhalb eines einzigen Jahrhunderts hatten sie Kolonien in Byzanz (Istanbul), Chalkedon, Apollonia, Istros, Olbia, Tiritaca, Pantikapaion, Phasis, Trapezunt, Amisos und Sinope aufgebaut.

Emiliania huxleyi kann nicht aktiv schwimmen, sondern treibt passiv an der Wasseroberfläche. Die Alge kann daher nicht durch die Dardanellen und den Bosporus ins Schwarze Meer geschwommen sein, denn aus eigener Kraft wäre sie gegen die Oberflächenströmung, die seit der Wiederherstellung der Verbindung beider Meere dort herrscht, niemals angekommen. Ebensowenig konnte sie sich von der Gegenströmung der tieferen Wasserschichten – vom unterseeischen Fluß, den das Forschungsschiff *Chain* 1961 entdeckte – ins Schwarze Meer tragen lassen, da sie nur in den lichtdurchfluteten oberen Wasserschichten überleben kann. Jones wurde daher klar, daß dieses opportunistische Plankton die Strecke nur im Bilgenwasser griechischer Schiffe überwinden konnte[238], die tief im Wasser lagen, offene Decks hatten und nicht kalfatert waren. Schon Herodot hatte beschrieben, wie auf langen Reisen ganze Fischschwärme im Bilgenwasser gehalten und bei Bedarf mit Netzen herausgefischt wurden.

Kurz gesagt, *Emiliania huxleyi* kam als Anhalter ins Schwarze Meer, ähnlich wie die Zebramuschel *Dreissena* im späten 19. Jahrhundert via Donau und Rhein in die holländischen Binnengewässer oder in jüngerer Zeit per Frachter in die Großen Seen Nordamerikas[239] gelangte. Der Zeitpunkt von *Emilianias* Einwanderung hatte also überhaupt nichts mit der Geschwindigkeit des Wasseraustauschs in ihrer neuen Heimat zu tun. Die passive Alge war seit Äonen vor der Tür herumgetrieben, doch hindurch kam sie erst, als Seeleute – unter dem wirtschaftlichen und politischen Druck der Zeit – die starken Strömungen meisterten.

Jones hatte ein Talent dafür, Hypothesen zu zerpflücken. Er verstand sich nicht als bloßer Knöpfchendrücker, der Kohlenstoffproben in das eine Ende des Beschleunigers hineinzustecken und am anderen Ende Zahlen herauszuholen hatte. Das war einer der Gründe für Ryans Entschluß, ihm die Analyse der Muscheln von der *Aquanaut* zu übertragen. Die beiden Forscher brauchten sich gegenseitig, um herauszubekommen, was denn nun wirklich die entdeckten Umweltveränderungen im und am prähistorischen Schwarzen Meer hervorgerufen hatte. Wenn Ryan mit seiner Annahme einer plötzlichen Überflutung irrte, dann würde Jones ihn korrigieren.

William Ryan traf mitten am Vormittag ein. Als er hörte, daß ihm die entscheidenden Daten für seinen Vortrag am Mittag fehlen würden, war er weniger sauer, als Jones befürchtet hatte. Er referierte seine Geschichte ohne Daten und ohne Schlußfolgerungen und breitete 45 Minuten lang alle neuen Fakten aus. Die Zuhörer gingen engagiert und debattierfreudig mit und wollten unbedingt die CHIRP-Bodenprofile sehen. Zu guter Letzt wagte Ryan konkrete Vorhersagen: War die Überflutung des Schwarzen Meeres plötzlich erfolgt, dann würde Jones in den kommenden Wochen lauter identische Altersdaten erhalten. Sollten sich die Datierungen jedoch über mehrere Jahrtausende erstrecken – ein hohes Alter bei Mollusken, die aus den tiefsten Proben am Fuß des Festlandsockels stammten, und ein abnehmendes Alter bei den Exemplaren aus den folgenden Entnahmestellen im immer flacheren Wasser –, dann hatte es keine Katastrophe gegeben. Die Antwort lag nun in den mechanischen Händen eines Roboters, der am folgenden Montag mit der AMS-Aufbereitung der einzelnen Exemplare von *Cardium edule*, *Mytilus galloprovincialis* und *Monodacna caspia* anfangen würde.

Mitte Februar erschien auf dem Monitor von Glenn Jones' Bürocomputer eine Tabelle, in deren Kopf der Name William Ryan stand. Jones überflog die Überschriften der einzelnen Spalten: Kern, Wassertiefe, Lage im Kern, analysierte Spezies, konventionelles Alter, Reservoir-Alter und kalibriertes Alter.[240] Die Einträge in den Spalten hatte automatisch der Computer vorgenommen, der die AMS-Anlage steuerte. Alle Altersangaben waren identisch, was auf ein einzelnes Ereignis in der Vergangenheit hindeutete – genau wie

Ryan es vorhergesagt hatte. Doch das Alter dieses Ereignisses selbst elektrisierte Jones.

Er sah auf den ersten Blick, daß der Bildschirm dieselben Werte anzeigte, die er selbst Monate zuvor für seine eigenen Bohrkerne aus dem Schwarzen Meer erhalten hatte. Diese Proben waren dem Boden des tiefen Zentralbeckens und seinen abschüssigen Rändern entnommen worden, während Ryans Kerne aus dem Festlandsockel stammten. Der Zeitpunkt, an dem die ersten Neusiedler auf dem überfluteten Schelf angekommen waren, bezeichnete zugleich den einsetzenden Sauerstoffmangel in der Tiefsee. Bisher hatte Jones angenommen, der Verbrauch des im Schwarzen Meer gelösten Sauerstoffs hätte – von dem Augenblick an, als das Mittelmeerwasser am Bosporus durchzusickern begann – 1000 bis 2000 Jahre in Anspruch genommen. Ein Geochemiker seines Instituts hatte in den siebziger Jahren errechnet[241], daß die Entwicklung bis zur völligen Stagnation 5000 oder 6000 Jahre gedauert haben könnte. Doch die neuen Werte, mit denen sich Jones jetzt konfrontiert sah, erzählten eine völlig andere Geschichte: Der lebensfeindliche Zustand war praktisch über Nacht eingetreten! Eine der Schlußfolgerungen in den Druckfahnen, die er zur Veröffentlichung nach England geschickt hatte, würde ihm von nun an im Nacken sitzen. Der Mann, der so oft die Theorien anderer Wissenschaftler umgestürzt hatte, hatte nun eine seiner eigenen widerlegt.

Er rief William Ryan an und konnte ein Glucksen nicht unterdrücken: »Bill, hast du mich reingelegt? Die Muscheln stammen nicht zufällig alle aus derselben Sedimentprobe?«

»Was? Selbstverständlich nicht! Warum fragst du? Was ist los?« gab Ryan zurück. Beunruhigt hakte er nach: »Ist was schiefgegangen?«

Glenn Jones vertraute seinen Zahlen. Er las sie vor: »Das kalendarische Alter der einzelnen Proben beträgt: 7500 Jahre, 7580 Jahre, 7510 Jahre, 7510 Jahre und 7470 Jahre [sogenanntes Alter vor der Gegenwart, das heißt per Definition, vor 1950 n. Chr.]. Diese Zahlen beziehen sich auf deine Kalkschalen aus Tiefen zwischen 123 und 68 Metern. Die Standardabweichungen liegen bei plus/minus 35 bis 50 Jahren. Statistisch gesehen sind die Werte alle identisch, genau wie du es neulich in deinem Vortrag prophezeit hast.«

Er machte eine Pause, um die Neuigkeiten wirken zu lassen.

Die Antwort fiel knapp aus: »Phantastisch, nur – mit so jungen Daten habe ich überhaupt nicht gerechnet.«

»Ehrlich gesagt, ich auch nicht«, meinte Jones. »Aber sie sind bereits vollständig korrigiert und kalibriert.« Dann fragte er: »Weißt du, was es mit diesem Alter auf sich hat?« Und ohne Ryans Antwort abzuwarten, fügte er hinzu: »In all meinen Kernproben setzt genau zu diesem Zeitpunkt der Sauerstoffmangel ein.«

»Ach du meine Güte!« entfuhr es Ryan. »Du meinst, das Salzwasser kam derart schnell, daß das Schwarze Meer mit einem Schlag zu atmen aufhörte?« Er hielt kurz inne. »Das ist allerdings eine Sensation! Und so sorgfältig, wie wir waren, kann man wohl ausschließen, daß wir die Proben irgendwie verwechselt haben.«

»Hast du eine E-Mail-Adresse?« fragte Jones. »Dann kann ich dir die komplette Datei sofort zuschicken. Mit diesen Zahlen wirst du jetzt leben müssen.«

Wenig später starrte Ryan auf die Tabellen. Es beschwingte ihn, daß die AMS-Werte alle einheitlich waren, wie er es vorausgesagt hatte, aber dennoch hatte er nicht mit dem gerechnet, was er jetzt vor sich sah. Er hatte das Datum der Überflutung viel näher an Petko Dimitrovs Werten aus dem Küstenbereich vermutet – ein Alter irgendwo zwischen 9000 und 10 000 Jahren wäre völlig in Ordnung gewesen. Im Mai würde er vor der New Yorker Wissenschaftsakademie sprechen, und im Titel seines angekündigten Vortrags hieß es »vor 9000 Jahren«. Jetzt sah es so aus, als habe er sich ein bißchen zu weit vorgewagt.

Als Jones und Ryan ihr Telefonat beendet hatten, war es Spätnachmittag. Walter Pitman saß vermutlich irgendwo auf dem Palisades Parkway in seinem Wagen auf dem Heimweg vom Institut zu seiner Wohnung in Manhattan. Auch William Ryan fuhr zum Essen nach Hause. Er mußte seine Gedanken sammeln; später würde er seinen Freund anrufen. Als er es dann tat, erreichte er nur den Anrufbeantworter, auf dem er eine nüchterne Nachricht hinterließ: »Walter, ich habe gute und weniger gute Neuigkeiten.«

Als Pitman später zurückrief, bat er: »Also los, das Gute zuerst!« Die Belege für ein plötzlich aufgetretenes Ereignis entzückten ihn – er hatte nie daran gezweifelt. Schon die Gleichmäßigkeit der homogenen Schlammschicht auf den Sanddünen des ukrainischen Festlandsockels hatte ihn überzeugt.

»Gut, und was ist die schlechte Nachricht?« Insgeheim fragte er sich, was es jetzt überhaupt noch Schlechtes geben konnte. Als er hörte, daß die Flut erst vor so kurzer Zeit stattgefunden hatte – Mitte des 6. Jahrtausends v. Chr. –, war er fasziniert. Nach einer kurzen Denkpause sagte er: »Bill, deine schlechte Nachricht ist überhaupt nicht schlecht. Sie zeigt lediglich, daß die Muscheln auf Dimitrovs Strand ganze zweitausend Jahre lang in der Sonne dörrten, bis sie wieder in der Flut untergingen. Ich finde, dieses neue Datum macht die ganze Sache noch viel interessanter.«

William Ryan hatte während des vorangegangenen Semesters mit Candace Major und Kazimieras Shimkus an der Analyse der CHIRP-Daten gearbeitet. Sie hatten Höhenlinienkarten gezeichnet und die Muschelschalen ausgesucht, die dann an Glenn Jones geschickt worden waren. Walter Pitman hatte dagegen begonnen, sich mit archäologischen Befunden zu befassen, und dabei lieferte ihm die präzise AMS-Datierung des Bosporus-Durchbruchs einen willkommenen historischen Fixpunkt. Schon über tausend Jahre vor diesem Datum war in Anatolien und Griechenland Ackerbau betrieben worden.[242] Eine Gesellschaft, deren Existenz auf der Kultivierung von Böden, ihrer regelmäßigen Bewirtschaftung und der Einlagerung ihrer Erträge beruhte, mußte viel Kraft und Zeit in ihre Siedlungen und deren Infrastruktur investieren. Eine Vertreibung durch eine dauerhafte Überflutung kam daher fast einer Vernichtung gleich.

»Sammler und Jäger wären einfach in ein anderes Gebiet, an einen anderen Fluß oder in einen anderen Wald gezogen«, erläuterte er Ryan. »In ihren Augen hätte sich keine besondere Umwälzung ereignet. Aber Bauern und Hirten hätten mitsamt ihrer Saat und ihren Tieren flüchten müssen, um erst mal nur das nackte Leben zu retten. Eine Massenflucht dieser Art ist durchaus geeignet, Mythen entstehen zu lassen.«

KAPITEL 15 –
DURCHBRUCH AM BOSPORUS

Mit der Altersbestimmung der Muscheln, die sich als erste auf den untergegangenen Küstenstreifen des Schwarzen Meeres angesiedelt hatten, bekamen William Ryan und Walter Pitman nicht nur das genaue Alter der Überflutung an die Hand, sondern zugleich einen Ansatz für die Erfassung ihres Ausmaßes. Wie groß war die überschwemmte Fläche? Wie lange hatte die Flut gedauert? Wie schnell strömte das Wasser ein, und wie schnell stieg der Pegel des Sees an? Wie schnell mußten die Menschen fliehen, um nicht zu ertrinken?

Um Antworten auf so viele neue Fragen zu finden, mußten sich die beiden Informationen über etliche Rahmenbedingungen verschaffen. Um zum Beispiel das Ausmaß der Flut abschätzen zu können, mußte man wissen, wie hoch der Wasserfall an der Durchbruchstelle gewesen war, man brauchte die Breite und Länge des Durchbruchs selbst, dazu die Tiefe dieser Öffnung unterhalb des einströmenden Wassers sowie die Gestalt des Beckens, in das es floß.

Die Geschwindigkeit, mit der Wasser fließt, hängt nicht nur von der Reibung und den Turbulenzen ab, die es überwinden muß, sondern auch vom Druckgefälle. Um den Druck zu ermitteln, mit dem das Mittelmeer ins Schwarze Binnenmeer strömen konnte, mußte man die Fallhöhe kennen: Je tiefer der Fall, desto größer der Druck. Zieht man den Stöpsel aus einer Badewanne, dann fließt pro Zeiteinheit um so mehr Wasser ab, je höher die Wassersäule über dem Abfluß ist. Man stelle sich eine Talsperre vor, etwa den gigantischen Hoover-Damm, der in den dreißiger Jahren quer über den Colorado River errichtet wurde. Nach seiner Fertigstellung stauten sich in seinem Reservoir, dem Lake Mead, rund 40 km³ Wasser. Angenommen, man würde eine senkrechte Reihe gleich großer Löcher in die mehr als 200 Meter hohe Staumauer bohren, dann würde das Wasser mit unterschiedlicher Geschwindigkeit aus ihnen herausschießen. Das größte Tempo hätte das Wasser aus dem Loch ganz unten, wo der Staudruck – die Wassersäule – hinter dem Damm am höchsten ist. Aus dem Loch direkt unter der Oberkante der Staumauer flösse es dagegen am langsamsten. Die großen stromerzeugenden Turbinen werden deshalb so tief wie möglich installiert.

Stellen wir uns weiter vor, wir würden einen Spalt von oben nach unten durch die gesamte Staumauer schlagen. Das Wasser, das durch diese Bresche strömte, würde nun mit der Summe aller Drücke vorangetrieben, die von ganz oben bis ganz unten herrschen. Bald jedoch würde der Wasserspiegel des Stausees sinken und damit auch der Druck an der Bresche: Das Wasser würde immer langsamer fließen. Nach ein paar Tagen wäre der Lake Mead leer, sein Wasser wäre durch den Colorado in den Pazifik geströmt – was den Spiegel der Weltmeere allerdings nur um den Bruchteil eines Millimeters anhöbe.

Verlegen wir die Bresche aber in den Damm am Bosporus, dann würde sich der Wasserstrom nicht verlangsamen, denn der Druck, der den Strom antreibt, würde nicht nachlassen. Die Wassermassen des Mittelmeeres und der mit ihm verbundenen Ozeane sind so riesig, daß man sie in diesem Zusammenhang getrost als unerschöpflich bezeichnen kann. Jede Erweiterung des Dammrisses würde also nur die ins Schwarze Binnenmeer fließende Wassermenge erhöhen. Nachlassen würde der Zustrom nur dadurch, daß sich der Wasserspiegel des Schwarzen Meeres allmählich dem Pegel der Weltmeere angliche.

Die Höhe des Damms am Bosporus war anfangs nicht bekannt. Rein gefühlsmäßig konnte man davon ausgehen, daß sein Fuß auf der Höhe der Wasseroberfläche des Schwarzen Meeres vor dessen Überflutung lag, das heißt in Höhe seines ehemaligen Ufers. Obwohl Pitman und Ryan – aufgrund der CHIRP-Vermessungen der Uferterrassen und aufgrund der Bohrkerne, mit denen Sand, Muschelschotter und -schalen nach oben gebracht worden waren – recht zuverlässig abschätzen konnten, wo diese ehemalige Uferzone heute lag, konnte diese Tiefe nicht die ursprüngliche sein, denn zwei Faktoren hatten in der Zwischenzeit Veränderungen bewirkt. Zum einen war das Meer seitdem flacher geworden, weil sich immer mehr Ablagerungen auf seinem Boden angesammelt hatten. Das Maß dieser Verflachung ließ sich an der Dicke der homogenen Schlammschicht ablesen, welche die Sonarbilder gezeigt hatten. Im gesamten überfluteten Gebiet machte sie sicherlich nirgends mehr als fünf Meter aus. Die zweite Veränderung bestand darin, daß sich das gesamte überflutete Gebiet durch das Gewicht des eingeströmten Wassers abgesenkt hatte. Fachleute nennen diesen Vorgang »isostatische Senkung«.[243] Unter dem Gewicht solch neuer Wassermassen gibt die Erdkruste nach, verdrängt Teile des weichen, zähflüssigen Erdmantels unter sich und drückt sie seitlich aus dem belasteten Gebiet heraus.[244] Dieses Durchsacken des Untergrunds kann bis zu einem Drittel der Tiefe der Wassermasse ausmachen. Die Erdkruste ist jedoch von uneinheitlicher Festigkeit und verteilt den auf ihr lastenden Druck entsprechend ungleichmäßig.

Pitman stellte einige Überschlagsrechnungen an, die ergaben, daß das Ufer ehemals gut 120 Meter unter dem heutigen Wasserspiegel lag. Um die Höhe des Damms zu berechnen, mußte Pitman genau den Pegelstand der Weltmeere vor 7500 Jahren wissen, also zu jener Zeit, als das Salzwasser in den Schwarzmeer-See einzudringen begann. Zum Glück mußte er nicht lange suchen, um eine ziemlich genaue Antwort auf diese Frage zu finden.

Er erinnerte sich, daß Rick Fairbanks, der ebenfalls am Lamont-Doherty-Institut forschte, 1988 ein Schiff gechartert hatte, um das jüngste Korallenriff vor Barbados zu untersuchen. Während Wally Broecker sich mit den alten Riffringen befaßt hatte, die im Laufe der allmählichen Anhebung der Insel entstanden waren, um die Pegelhöchststände der Ozeane in der Zeit vor 50000 bis 130000 Jahren zu datieren, konzentrierte sich Fairbanks auf die jüngere Vergangenheit, auf die Spanne von der letzten Vereisung vor 25 000 Jahren bis zur gegenwärtigen Wärmeperiode. Um an dieses junge

Riff heranzukommen, mußte er vor der Küste in Bereichen arbeiten, die für die üblichen ozeanographischen Forschungsschiffe zu flach waren. Er sah sich daher nach einem Schiff mit einem flachen Rumpf um, dessen Deck dennoch geräumig genug war, um eine Bohranlage aufzunehmen. Eines der in Frage kommenden Fahrzeuge war die *Ranger*, die dem U. S. Naval Under Sea Command gehörte, einer Abteilung der amerikanischen Marine, die für den unterseeischen Bereich zuständig ist, und in New London, Connecticut, beheimatet war. Zufälligerweise befand sich die *Ranger* gerade im subtropischen Atlantik – also fast vor Ort – und führte Untersuchungen für das amerikanische Verteidigungsministerium durch, nach deren Ende sie noch nicht ausgebucht war.

Fairbanks verfügte weder über eine Bohrausrüstung, noch kannte er sich mit der Bedienung solcher Geräte aus. Daher wandte er sich an zwei Experten[245] aus dem Ölgeschäft, die jahrelang Erfahrungen in den hüfttiefen Sumpfgewässern an der Küste des Golfs von Mexiko gesammelt hatten. Sie trieben in Shreveport, Louisiana, ein transportables Drahtseil-Bohrgerät auf und schweißten seine Verankerung vorübergehend auf das Achterdeck der *Ranger*. Diese ungewöhnliche Kooperation zwischen harten Jungs aus den Südstaaten und Seeleuten aus dem Norden spiegelte sich in einem Thanksgiving-Fest auf See wider, dessen Menü in der Tradition der Nordstaaten aus Truthahn mit Süßkartoffeln bestand – zubereitet in der Cajun-Art des Südens.[246]

Fairbanks' Unternehmung wurde von der National Science Foundation finanziell unterstützt, doch dieses Budget war nicht eben üppig, darum konnte er die *Ranger* nur für wenige Wochen chartern. Die ersten zehn Tage vergingen allein mit der Montage des schweren Geräts und im frustrierenden Kampf mit den Widrigkeiten der See. Anders als die *Glomar Challenger*, die mit ihren computergesteuerten Schrauben tagelang dieselbe Bohrposition beibehalten konnte, mußte man die *Ranger* fest neben dem Riff verankern. Und das hieß: Vier riesige Anker mußten auf dem steil abfallenden Meeresboden in Position gebracht werden. Dicke Stahltrossen, angespannt wie die Saiten einer Riesengitarre, hielten die *Ranger* jetzt auf der Stelle, ohne daß sie sich drehen oder wenden konnte. Dazu bliesen Tag und Nacht die späten Herbstpassate mit 40 bis 50 km/h, und jedesmal, wenn die drei bis vier Meter hohen Wellen über die Untiefen jagten und dann auf die kaum 100 Meter entfernte Riffkuppe prallten, hob und senkte sich die *Ranger*, so daß die Trossen, gespreizt wie Spinnenbeine, vor Anspannung vibrierten und das Schiff zu zerreißen drohten.

Bis Thanksgiving scheiterten alle Versuche, tief in das Riff zu bohren und sein Höhenwachstum während der letzten eiszeitlichen Abschmelzphase zu verfolgen – erst an diesem Feiertag gelang es, die ersten Bohrkerne einzuholen. Alles in allem konnten sie an sechzehn Stellen erfolgreich in die tiefen Schichten des Riffs eindringen. Die Bohrkerne zeigten das Korallenwachstum vom Höhepunkt der Vereisung vor fast 20 000 Jahren[247] bis zum Mittelalter. Das Riff wurde von einer Steinkorallenart gebildet, der *Acropora palmata*[248], die nur bis Wassertiefen von etwa einem Meter leben kann. Wenn er also tief in den Bohrlöchern auf Reste dieser Koralle stieß, konnte Fairbanks sicher sein, daß die Oberfläche der vorzeitlichen Karibischen See damals nicht weit entfernt gewesen war. Um die Veränderungen der Pegelstände zu verfolgen, mußte er lediglich die Kalkschichten des Riffs möglichst vollständig erfassen und die Bohrkerne zur Datierung in sein Labor schaffen. Damit wäre er der erste Wissenschaftler, der genau darlegen könnte, wann und wie schnell sich die Ozeane mit dem Schmelzwasser der kontinentalen Eisdecken gefüllt hatten.

Beim Pariser Abendessen mit Jirí Kukla hatte Broecker die Prognose gewagt, daß dieser Vorgang schnell verlaufen war, doch vor Fairbanks wußte niemand, daß er pro Jahrhundert 360 Zentimeter ausmachen konnte. Neu war auch, daß der Prozeß sich während kurzfristiger Klimaschwankungen abgebremst und wieder beschleunigt hatte, und das viel öfter, als man es bis dahin für möglich gehalten hatte.

Zur Datierung seiner Bohrkerne benutzte Fairbanks die C-14-Methode sowie ein neues massenspektrometrisches Verfahren, die sogenannte *Thermal Ionization Mass Spectrometry* (TIMS). Bei letzterer wurde er von Edouard Bard unterstützt[249], einem promovierten Naturwissenschaftler aus Frankreich. Zusammen maßen sie Radioisotope in beinah einhundert fast lückenlos aneinander anschließenden Korallenproben. Die dichte Abfolge der Proben aus den Bohrkernen ermöglichte es Fairbanks, die gesamte eiszeitliche Schmelzphase in Schritten von wenigen Jahrhunderten auszumessen.

Fairbanks und Bard bestätigten nicht nur die Vermutung von Charles Maclaren aus dem 19. Jahrhundert, daß das Wachstum respektive das Abschmelzen der Eisdecke »in der Lage war, die Höhe des Meeresspiegels um dreihundertfünfzig Fuß zu verändern«[250] (also gut 100, ihren neuen Messungen zufolge sogar etwa 120 Meter), sondern sie zeigten auch, daß der größte Teil des Schmelzvorgangs in zwei kurzen, schnellen Abschnitten erfolgt war, unterbrochen von einer gut tausendjährigen Zwischenphase, in der das Klima wieder annähernd eiszeitlich geworden war.

Der Beginn des ersten dieser rasanten Schübe wurde von Fairbanks und Bard auf 12 500 v. Chr. datiert.[251] Dieser Zeitpunkt spiegelte sich auch in einer grauen Lehmschicht in den Sedimentkernen der *Aquanaut* aus dem Schwarzen Meer wider, die Kazimieras Shimkus (nach dem russischen, am griechischen »Pontos Euxeinos« orientierten Namen für den Schwarzmeer-See) »neu-euxinisch« genannt hatte.

Der erste Schmelzwasserschub aus der riesigen Eisschicht, die Nordeuropa und Asien bedeckte, war von ungeheurem Ausmaß. Er schuf Dutzende »Großer Seen«, die heute nicht mehr existieren, so etwa den Oberen-Dnjepr-See, den Oberen-Wolga-See, den Dvina-Pechora-See, den Tunguska-See, den Pur-See und den Mansi-See.[252] Ihre Gesamtfläche – einschließlich des ebenfalls angeschwollenen Aral-Sees und des Kaspischen Meeres – übertraf die des eiszeitlichen Schwarzmeer-Sees um das Vier- bis Fünffache. Diese »Großen Seen« füllten die Delle in der Erdkruste, die durch das Gewicht der gigantischen Eisdecke entstanden war. Ihre natürliche Begrenzung nach Süden hin fanden sie in einer zeitweiligen Erdaufwölbung, die sich dadurch gebildet hatte, daß das Eis zur Zeit seines größten Gewichts Teile des nachgiebigen Erdmantels zur Seite gedrückt hatte. Die »Großen Seen« schwollen immer weiter an, bis sie den Kamm

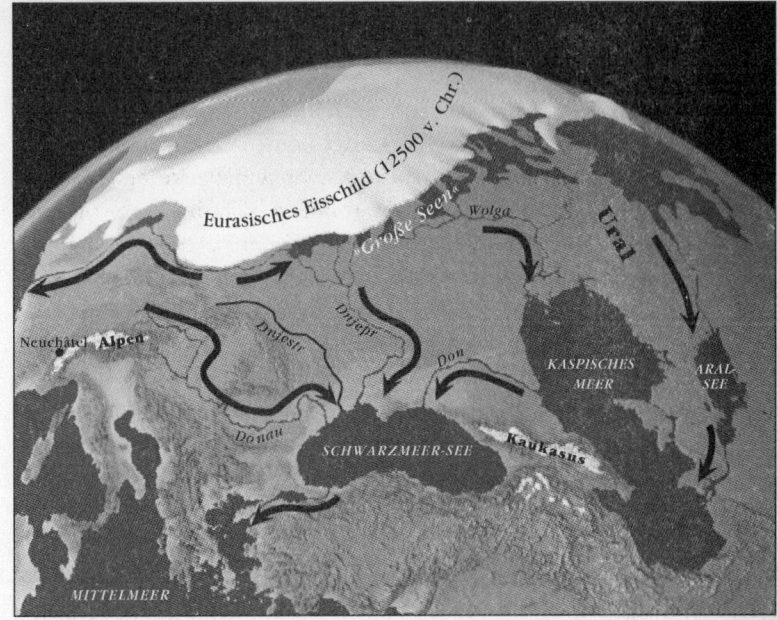

Die Abflußwege des Schmelzwassers vom eurasischen Eisschild ab etwa 12 500 v. Chr.

dieses Erdwalls durchbrachen und nach Süden zum Aral-See, zum Kaspischen und zum Schwarzen Meer hin abflossen. Die ersten Auffangbecken, deren Salzgehalt durch das Süßwasser der Eisschmelze stark reduziert wurde, quollen bald über; die Fluten ergossen sich in Kaskaden in das jeweils nächste Becken, so wie auch das Wasser der nordamerikanischen Großen Seen vom Superior- über den Huron- und Erie- in den Ontario-See fließt. Die weitverbreiteten »neu-euxinischen« Ablagerungen[253] im Aral-See, im Kaspischen und Schwarzen Meer entstanden infolge dieses ersten, gewaltigen Schmelzwasserschubs.

Der zweite Schub[254], der sich deutlich im Wachstum der Barbados-Korallen abzeichnet, setzte 9400 v. Chr. ein; er erreichte jedoch nie das Schwarze Meer. David Ross und Egon Degens wie auch die meisten Sowjet-Wissenschaftler hatten geglaubt, dieses Schmelzwasser habe das Schwarze Binnenmeer bis zum Rand gefüllt gehalten. Doch irgendwie hatten sie dabei eine Reihe von Umständen übersehen, die direkt vor ihrer Nase lagen, insbesondere den, daß die »Großen Seen« am Südrand der nordeuropäischen Eisschicht, als diese zurückzuweichen begann, in den Bodensenken gefangen blieben, die das Eis in den Untergrund gedrückt hatte. Die südlich dieser Rinne entstandene Erdaufwölbung lenkte die Oberläufe der Vorgänger von Dnjestr, Dnjepr und Wolga um, so daß ihr Wasser – statt ins Schwarze Meer – in westlicher Richtung durch Polen und Deutschland in die Nordsee floß.[255]

Die seitliche Ausweichroute schnitt den Schwarzmeer-See vom weiteren Schmelzwasserzufluß ab. Mit diesem Ereignis nahm der Schrumpfungsprozeß des nun isolierten Gewässers seinen Anfang. Während sein Wasserspiegel durch Verdunstung unter seine Ab-

Die Geschichte der Verbindung zwischen dem Schwarzen Meer und dem Mittelmeer (a)

Der Eiszeitsee führt durch den Sakaria Schmelzwasser ab.

flußhöhe fiel, stieg der Pegel der Weltmeere weiter an. Dank Fairbanks' Klimadatierung aus den Barbados-Riffen konnte Pitman nun davon ausgehen, daß das Schwarze Binnenmeer bereits um 10 000 v. Chr. unter die Höhe der Ozeane zu fallen begann, genau wie Petko Dimitrov es in seinem Fax aus Bulgarien dargestellt hatte. Um 5600 v. Chr. lagen seine Ufer gut 100 Meter unter der Deichkrone des Bosporus-Damms, während der Pegel der Weltmeere, wie Fairbanks' Korallen verrieten, nur noch 15 Meter unter dem heutigen Niveau lag. Zu diesem Zeitpunkt begann das Salzwasser durch diese Barriere hindurchzutröpfeln – und mit ihm die Larven jener Muscheln, die zu den ersten Neubesiedlern des Schwarzen Meeres wurden.

Pitman vermutete, daß dieser Damm schließlich gebrochen war, aber er hatte bisher kaum direkte Anhaltspunkte dafür. Um harte Fakten zu bekommen, reiste er nach Istanbul, wo er den Rat von

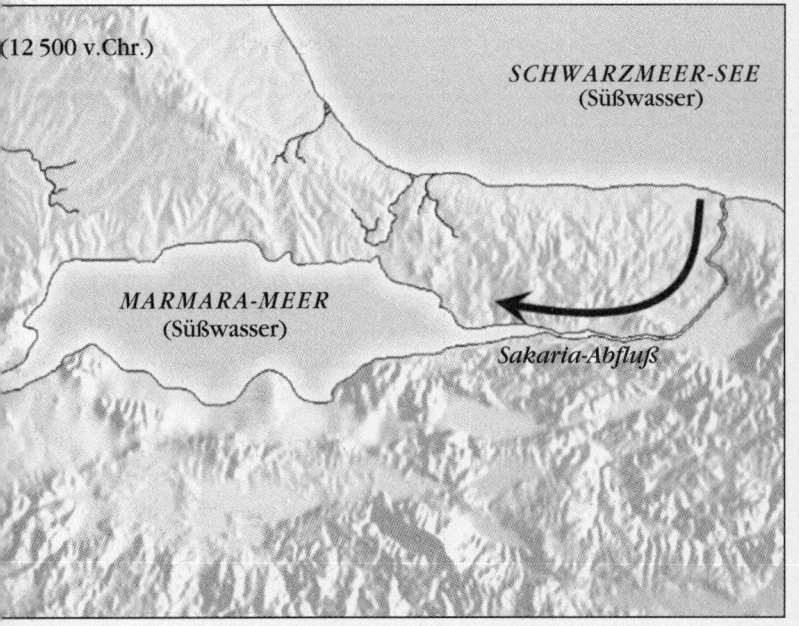

Çelal Sengor suchte, einem langjährigen Freund, der seinen Doktor der Geologie bei John Dewey gemacht hatte. Sengor stellte Pitman zwei Kollegen von der Technischen Universität in Istanbul vor. Mehmet Sakinç, ein Paläontologe, der auf Meeresboden-Plankton spezialisiert war, hatte Arbeiten über die Mikrofossilien aus den Probebohrungen im Bosporus verfaßt, die 1985 und 1986 im Rahmen der Vorarbeiten für die neue Galata-Brücke durchgeführt wurden.[256] Die Ergebnisse dieser Bohrungen überzeugten Sakinç und seine Mitarbeiter davon, daß die Sedimente in dieser Wasserstraße nicht älter als 7500 Jahre waren und daß sich vom Beginn ihrer Öffnung an auf ihrem Boden Salz- und Süßwasser gemischt hatten.

Der andere Kollege von Sengor hieß Naci Görür. Er war mit den Sonaruntersuchungen vertraut, die die türkische Marine in der ganzen Straße von Istanbul (der heutigen türkischen Bezeichnung für den Bosporus) und der Straße von Çanakkale (den Dardanellen)

Die Geschichte der Verbindung zwischen dem Schwarzen Meer und dem Mittelmeer (b)

Vor dem Durchbruch des Bosporus ist der Schwarzmeer-See vorübergehend isoliert, sein Wasserspiegel sinkt.

durchgeführt hatte. Beide Wissenschaftler kannten Pitmans Hypothese einer plötzlichen Schwarzmeer-Überflutung, und beide sahen sie durch die türkischen Forschungsergebnisse gestützt.

Görür fuhr mit Pitman in das kleine Fischerdorf Çubuklu am Bosporus, wo in einem Restaurant ein zwangloses Treffen mit Kapitän Hüseyin Yüce von der türkischen Marine verabredet war, der die ozeanographischen und hydrographischen Untersuchungen des Militärs leitete. Er war international als Experte für das Doppelströmungssystem des Bosporus bekannt.[257] Der Boden dieser Meerenge war gründlich mit dem Echolot untersucht worden, wobei auch alle Einzelheiten der tiefen Kanäle ans Licht gekommen waren, welche die *Chain* 1961 entdeckt hatte. Zu seiner freudigen Überraschung erfuhr Pitman, daß die türkische Marine nicht nur Echolotbilder, sondern auch seismische Reflektionsprofile der Sedimentstruktur im Bosporus und in den Dardanellen erstellt hatte – und zwar mit

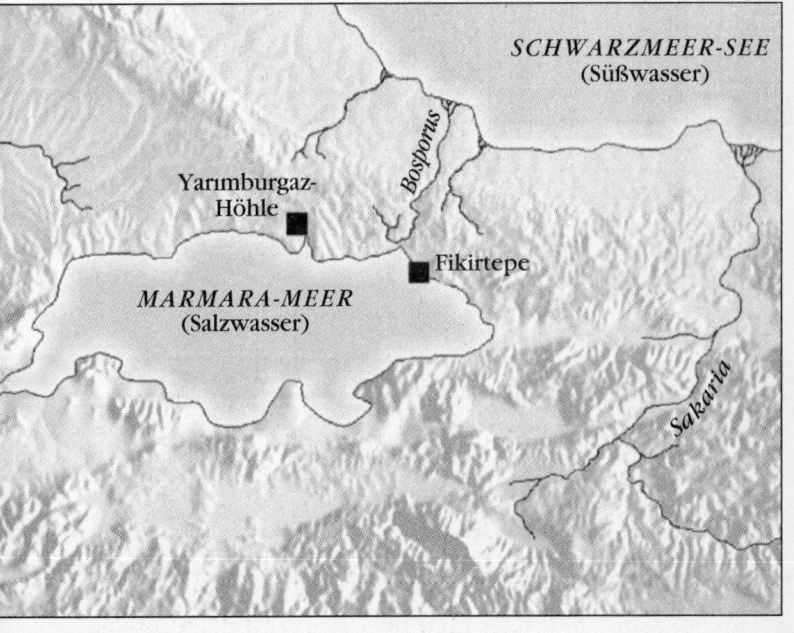

Geräten, die stärker waren als CHIRP. Des weiteren finanzierte die Marine einen Studenten der Istanbuler Universität, der die Bodenprofile im Rahmen seiner Abschlußarbeit untersuchte und Karten erstellte, auf denen die Dicke der Sedimentschichten abzulesen war. Obwohl diese neuen geophysikalischen Daten bis zum Abschluß der Arbeit als streng vertraulich galten, erhielt Pitman die Erlaubnis, zusammen mit Görür sämtliche Bodenprofile zu studieren sowie drei der Querschnitte abzuzeichnen.

Besonders beeindruckt waren die beiden von dem Nachweis, daß das Grundgestein von der Ägäis-Mündung bei Çanakkale nach Norden in den Bosporus hinein immer weiter abfiel; die Wasserstraße hatte sich in die 350 Millionen Jahre alten, deformierten Sandstein- und Schiefertonschichten hineingefräst. Ein paar Jahre nach diesem ersten Einblick erhielt Pitman Zugriff auf weitere Bodenprofile, und nun konnte er die Querschnittflächen berechnen,

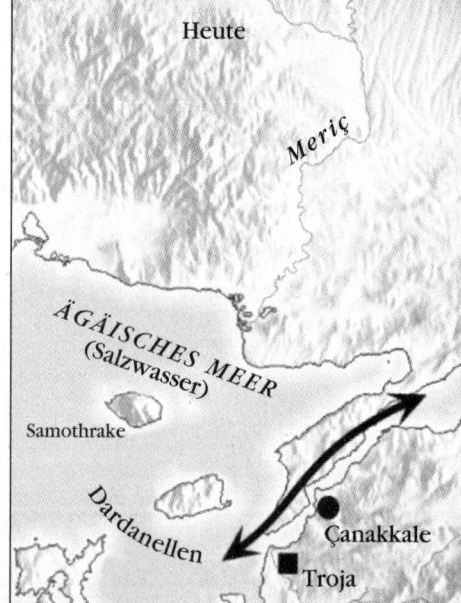

Die Geschichte der Verbindung zwischen dem Schwarzen Meer und dem Mittelmeer (c)

Heute fließt das Wasser sowohl durch den Bosporus als auch durch die Dardanellen in beide Richtungen.

indem er den Bosporus und die Dardanellen als einfaches Röhrensystem zwischen der Ägäis und dem Schwarzen Meer betrachtete. Aus ihrer heutigen Tiefe und der Wasserhöhe des Mittelmeeres vor 7500 Jahren schloß er dann auf den jeweiligen Wasserdruck an den verschiedenen Abschnitten dieser Strecke. Eine einfache Formel[258] aus einem technischen Handbuch verschaffte ihm einen Näherungswert für die Wassermenge, die bei diesem Druck pro Zeiteinheit durch Röhren mit diesen Durchmessern (und entsprechenden Reibungswiderständen) strömen konnte.

Und diese Mengen waren verblüffend. Die 40 Kubikkilometer Wasser des Lake Mead wären hier in nicht einmal 24 Stunden hindurchgeschossen; an den engsten Stellen hätte der Strom dabei eine Geschwindigkeit von 80 km/h erreicht. Das Schwarze Meer wäre bei diesem Zustrom täglich um 15 Zentimeter angestiegen.

Pitman rief sich die Bodenprofile in Erinnerung, die CHIRP

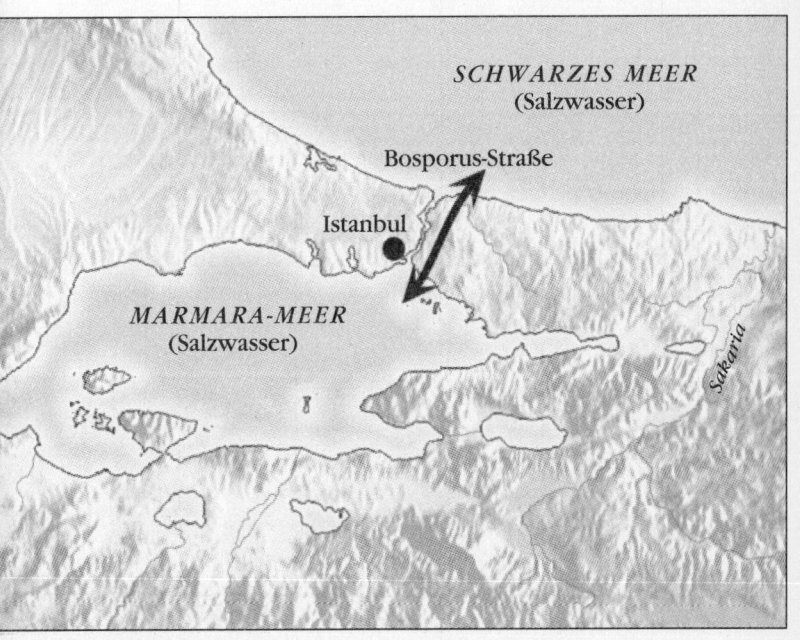

während der *Aquanaut*-Untersuchung des breiten Festlandsockels westlich der Krim erstellt hatte. Ihm war dabei aufgefallen, daß der Meeresboden gebietsweise sehr sanft abfiel – pro Kilometer in Richtung der Meeresmitte senkte er sich lediglich um 40 Zentimeter. Menschen auf dem Schelf, die der Überschwemmung entgehen wollten, hätten im Durchschnitt täglich 400 Meter weiterziehen müssen, um mit dem Ansteigen des Wassers Schritt zu halten. Eine Flucht durch die noch flacheren Flußtäler hätte die doppelte bis vierfache Tagesleistung erfordert – für einen einzelnen Fußgänger kein Problem. Andererseits wäre ein Dorf in dieser flachen Küstenlandschaft bei einem solch raschen Wasseranstieg innerhalb von Wochen vollständig untergegangen. Allerdings wären seine Bewohner frühzeitig alarmiert worden, denn sobald sich das Rinnsal an der Durchbruchstelle zu einer Sturzflut auswuchs, mußte die Erde gebebt haben. Die anhaltende Vibration unter ihren Füßen, der Lärm und der rasante Anstieg des Pegels dürften den Leuten klargemacht haben, daß es Zeit war, zu packen und höhergelegene Orte aufzusuchen.

Einige Monate später nahm Bob Karlin, ein Geologe der University of Nevada in Reno, Kontakt mit Pitman auf. Karlin war 1988 an Bord des Forschungsschiffs *Knorr*, das dem Ozeanographischen Institut Woods Hole gehörte, im Schwarzen Meer gewesen und hatte die Sand- und Schlammschichten der Bohrkerne untersucht, die man bei dieser Expedition an verschiedenen Stellen aus der Tiefseezone geborgen hatte.

Pitman hatte an der University of California in Santa Barbara Vorträge über die Schwarzmeer-Katastrophe gehalten, und jemand hatte Karlin davon erzählt. Er war vor Aufregung ganz außer sich gewesen, denn er selbst war – ohne Pitmans und Ryans Arbeit zu kennen – ebenfalls zu der Erkenntnis gelangt, daß es am Bosporus einen großen Durchbruch gegeben haben mußte. Er berichtete Pitman, er habe am Boden des Schwarzen Meeres eine Ablagerungsschicht gefunden, die durch eine gigantische Unterwasserlawine entstanden sei. Aufgrund ihrer unterschiedlichen Dicke und Körnigkeit an den verschiedenen Bohrstellen ließe sich der Ausgangspunkt der Schuttmassen direkt nördlich vom Übergang des Bosporus in das Schwarze Meer lokalisieren, wo mit Echoloten ein großer unterseeischer Canyon im Kontinentalabfall entdeckt worden sei, der in eine strahlenförmige »Schürze« aus Sedimenten auslaufe. Karlin glaubte, daß das einströmende Salzwasser des Mittelmeeres die Lawine ausgelöst und den Canyon geflutet hatte. Die Sedimente, die sich in diesem Graben angesammelt hatten, wurden dabei mitgerissen und über Hunderte von Kilometern verteilt. Nun lagen sie zwischen dem hellgrauen Lehm aus der Epoche des eiszeitlichen Süßwassersees und dem schwarzen, gelatineartigen Salzwasserschlick, der die Überreste der tierischen und pflanzlichen Neusiedler enthielt. Durch diese Sandwich-Position ließ sich die Lawine ziemlich genau auf den Zeitpunkt des Dammbruchs am Bosporus datieren. Am Telefon hatte Karlin zu Pitman gesagt: »Aber wer wäre schon bereit gewesen, mir eine Flutkatastrophe abzukaufen, die ich nur mit dieser einsamen Geröllschicht belegen konnte!«

III DIE FLUT UND DIE MENSCHEN

Kapitel 16 –
Woher sie kamen

Da sie nun Ort und Zeit der Flut sowie ihre ungefähre Größenordnung kannten, fragten sich Pitman und Ryan, wie ihre Augenzeugen und Opfer ausgesehen haben mochten. Zuvorderst stand dabei die sehr wahrscheinliche Überlegung, daß der riesige Süßwassersee die Menschen wie ein Magnet an seine Ufer gezogen haben dürfte – dort gab es Nahrung und nützliche Dinge im Überfluß, die anderswo knapp gewesen sein mochten. Doch wer könnten diese Leute gewesen sein? Ja, wer lebte denn überhaupt zwischen dem Ende der Eiszeit und dem Beginn der großen Flut in Europa, Rußland, Anatolien und dem Nahen Osten?

Wie die beiden Geologen aus ihren Studien erfuhren, hatte ein anderer amerikanischer Geologe, Raphael Pumpelly, bereits vor 90 Jahren die Bedeutung einer Süßwasseroase in einer Wüste als Katalysator für einen kulturellen Wandel im Dasein des Menschen hervorgehoben. Über 70 Jahre lang[259] war Pumpelly durch China und die Mongolei gereist, wo er Landschaftsformen beschrieb und Gesteinsformationen kartographierte. 1904 entdeckte er bei Ashkhabad am Rand der Karakum-Wüste (östlich vom Kaspischen Meer, im heutigen Turkmenistan) bei einer Oase Anzeichen für frühen Ackerbau. Bei seinen ausgedehnten Reisen war ihm aufgefallen, daß das Klima in Zentralasien nach der letzten Eiszeit bedeutend trockener geworden war. Er hatte sich gefragt, ob die steinzeitlichen Sammler und Jäger sich – zusammen mit den Wildtieren – während dieser Dürreperiode um die verbliebenen Wasserlöcher mit ihrem Pflanzenbewuchs geschart hatten. Vielleicht um sich »neue Formen des Lebensunterhalts zu erschließen«[260], unternahmen diese Menschen den entscheidenden Schritt zur Domestikation, also zur genetischen Veränderung bestimmter Tier- und Pflanzenarten durch Zuchtwahl. Pumpelly formulierte, was seither als die »Oasen-Theorie über den Ursprung des Ackerbaus«[261] bekannt ist. In den Vereinigten Staaten konnte sich seine Theorie nicht recht durchsetzen, aber in der Alten Welt fand sie in den folgenden Jahrzehnten die Aufmerksamkeit[262] eines Archäologen.

Er hieß Vere Gordon Childe und sollte eines Tages als »der bedeutendste Vorgeschichtler Großbritanniens und vermutlich der ganzen Welt« bezeichnet werden.[263] Er war klein und schmächtig, schüchtern, linkisch und unauffällig. Im Sommer 1926 unternahm er mit einem Bekannten aus seiner Pension eine abenteuerliche Reise zu archäologischen Stätten im Donautal. Ein ehemaliger weißrussischer General mit rasiertem Schädel chauffierte die beiden in einem großen amerikanischen Cabriolet über ausgefurchte Pisten. Er war gehalten, die Donau nicht aus den Augen zu verlieren. Sie folgten dem gewundenen Flußlauf durch Ungarn und Jugoslawien; nach dem Eintritt in die berüchtigte Schlucht am Eisernen Tor jagte der Strom mit starkem Gefälle hinab durch die Transsylvanischen Alpen, verlor dann in der fast waagerechten Ebene, die ehemals ein nun ausgetrockneter See bedeckte, wieder an Tempo und mündete schließlich nach einem letzten großen Umweg um den rumänischen Höhenzug Dobrogea ins Schwarze Meer.

Unterwegs besuchten die beiden Abenteurer Belgrad, um Näheres über das Gerücht in Erfahrung zu bringen, daß direkt unterhalb des Zusammenflusses von Donau und Save große Mengen von Knochen zu finden seien. Da die Save ihr großes Einzugsgebiet jenseits der Ostflanke der Dinarischen Alpen hatte und so praktisch bis nach Italien und Österreich hineinreichte, hielt Childe es für naheliegend, daß der Zusammenfluß den frühen Besiedlern Europas wegen seiner günstigen Lage als Handelsplatz gedient haben könnte. Im Zuge seiner Nachforschungen stieß Childe auf eine Donau-Kultur. Wie bei Jirí Kukla war die Fundstätte ein roter Lehm-Tagebau; 15 Kilometer flußabwärts von Belgrad durchschnitt er eine 6 Meter hohe Lößterrasse. Der Weg hierher endete am Flußufer in einem

Dorf namens Vinča, nach dem Miloje Vasić, ihr Entdecker, diese Kultur benannt hatte. Childe kletterte auf der Terrasse über der Abbaugrube herum und stocherte mit seinem Taschenmesser in den verschiedenen Schichten aus der Zeit ehemaliger menschlicher Besiedlung, um sich ein Bild von der zeitlichen Abfolge der erhaltenen Artefakte zu machen.

Die Gegenstände, die er während dieser sechswöchigen Exkursion begutachtete, abzeichnete und beschrieb, ließen ihn zu dem Schluß kommen, daß Händler, Schürfer und sogar frühe Metallurgiker an die Donau und ihre weitläufigen Nebenflüsse gekommen waren, um Dörfer und kleine Städte zu errichten, die als Ausgangsbasis für den Abbau von Gold, Kupfer und Zinn dienten, die in den Nahen Osten exportiert wurden. Besonders beeindruckten ihn die kunstvoll gefertigten Nadeln, Ohrringe und Dolche, deren Stil ihn an asiatisches und palästinensisches Kunsthandwerk erinnerte. Er registrierte auch, daß sich unter den Grabbeigaben der Vinča Schalen der mediterranen Klappermuschel (*Spondylus*) befanden. Vielleicht waren sie der Beweis für einen damaligen Fernhandel. Die Donau und ihre Nebenflüsse boten eine große Palette natürlicher Ressourcen, die für Siedler interessant waren, zumal immer reichlich Wasser in der Nähe war. In seinem Buch *The Danube in Prehistory* (Die Donau in der Vorgeschichte) mutmaßte Childe, daß die frühen europäischen Bauern ihre Dörfer und Felder gezielt in der Nähe von Flüssen oder Seen angelegt hatten.

Von heute aus betrachtet, war Childe mit seinen Ansichten über die Ursprünge des Ackerbaus seiner Zeit voraus. Er nannte die Entwicklung der Landwirtschaft »eine Revolution, durch die der Mensch aufhörte, bloßer Parasit zu sein und statt dessen ... zu einem Schöpfer wurde, der sich von den Unbilden seiner Umwelt befreite.«[264] Er schloß sich Pumpellys Meinung an, daß diese grundlegend neue, aktive Wechselwirkung mit der Natur sich entwickelte, als verstreute Nomadengrüppchen sich unter dem Druck zunehmender Dürre an einzelnen Oasen sammelten, wo es genügend Wild, Pflanzen und Wasser gab. Auch wenn Childe diesen mythischen Garten Eden nie geographisch zuordnete, so war er doch der erste, der aufzeigte, daß die europäischen Bauern samt ihren Haustieren und Kulturpflanzen aus Asien gekommen waren – das heißt, sie hatten einen Weg genommen, der am Schwarzen Meer entlangführte. Childe wies auch darauf hin, daß das früheste domestizierte europäische Schaf von der asiatischen Spezies *Ovis vignei* abstammt, die in Turkmenistan und Afghanistan heimisch ist.[265]

In der Zeit zwischen den Weltkriegen waren die Methoden zur Datierung von Funden noch kaum entwickelt; daher konnte Childe nur eine relative Chronologie der Vinča-Kultur erstellen. Er hielt die Vinča für bronzezeitlich und erachtete es als legitim, auf seiner archäologischen Arbeit eine Interpretation der gesamten Frühgeschichte Europas aufzubauen.[266] Mangels anderer Dokumente unternahm er den Versuch, die gesamte Lebensweise der frühen Europäer anhand der Artefakte zu rekonstruieren, die er und seine Kollegen bei ihren Ausgrabungen fanden. Er ging sogar so weit zu behaupten, die modernen Sprachen seien direkte Ableger steinzeitlicher Sprachen und enthielten immer noch viele Konzepte dieser frühen Zeit, etwa die Geschlechtszuordnung unbelebter Dinge.[267]

Bald nach seiner Ernennung zum Direktor des Archäologischen Instituts der Londoner Universität im Jahre 1946 wurde es erstmals möglich, Holzstücke, Knochen, Muschelschalen und andere Überreste von Lebewesen, die Forscher ausgegraben hatten, mit der Radiokarbon-Methode zu datieren. Als die neue Technik auf die vorgeschichtlichen Kulturen Osteuropas angewendet wurde, brach ein Gutteil von Childes Chronologie zusammen. Damit stand seine Rekonstruktion der europäischen Vergangenheit vor dem Aus[268], und mit ihr wurden viele der Konzepte ad acta gelegt, auf denen seine Schlußfolgerungen fußten – auch die Oasen-Theorie. Childe verzweifelte, als er sah, wie sein Lebenswerk in sich zusammenfiel. Im Jahr 1956 kehrte er in seine Heimat Australien zurück, wo er wenig später am Fuß des über 300 Meter hohen Felsens Govett's Leap bei Katoomba tot aufgefunden wurde.

In der Tat zeigte die radiometrische Altersbestimmung, daß die Vinča, im Gegensatz zu Childes Annahme, Tausende von Jahren vor der Bronzezeit gelebt hatten. Dieser modernen, durch Baumringe kalibrierten Datierung zufolge waren jene Menschen Zeitgenossen der Schwarzmeer-Überflutung. In Griechenland, auf dem Balkan und in der Ungarischen Tiefebene lebten sogar schon vor dieser Zeit primitive Bauern. Sie waren aber offenbar noch weitgehend nomadisch und nutzten in hohem Maß die Ressourcen der unkultivierten Wildnis. Die Knochen, Werkzeuge und Gefäßstücke dieser Kultur fand man in relativ dünnen Bodenschichten. Man stuft sie inzwischen als halbseßhaft ein – ganz im Gegensatz zu den Vinča, deren Dörfer mit ihren bemerkenswerten Fachwerkhäusern über viele Generationen bewohnt wurden. Auffällig ist jedoch, daß ausnahmslos alle bisher entdeckten Niederlassungen früher Bauern sich an Flußufern befinden[269], wo es das ganze Jahr über Wasser gibt.

Im Winter 1995 reisten Walter Pitman und William Ryan nach England, um sich über die ersten Ackerbauern Europas kundig zu machen. An der Universität von Cambridge besuchten sie Ian Hodder, der ein Buch mit dem Titel *The Domestication of Europe – Structure and Contingency in Neolithic Societies* (Die Domestikation Europas – Gesetzmäßigkeiten und Zufälle in den jungsteinzeitlichen Gesellschaften) verfaßt hatte. Hodder verschaffte Ryan die Möglichkeit, im eben erst eröffneten McDonald-Institut für Archäologie vor Dozenten und Studenten von den jüngsten Erkenntnissen vom Schwarzen Meer einschließlich der Datierung seiner Überflutung zu berichten. Hodder selbst zeigte sich überrascht, daß das Schwarze Meer in den Jahrtausenden vor dem Eindringen des salzigen Mittelmeerwassers am Bosporus durch die Verdunstung so stark eingeschrumpft war. Wie viele andere hatte er bislang angenommen, daß das Klima seit der letzten Eiszeit immer eher feucht und warm gewesen war. Paläobotaniker rechnen das 6. vorchristliche Jahrtausend zur »atlantischen« Phase des nacheiszeitlichen Klimas, die sich durch die weite Verbreitung von Laubwäldern, vorwiegend aus Eiche, Ulme, Buche und Haselnuß, auszeichnet.

Hodder nahm Pitman und Ryan mit in die Bibliothek des archäologischen Instituts und zeigte ihnen zahlreiche Bücher und Abhandlungen, die ihm für ihre Recherche über die Bewohner Europas zur Zeit der mutmaßlichen Flut hilfreich erschienen. Dann rief er Andrew Sherratt in der Universität von Oxford an, einen der weltweit führenden Experten auf dem Gebiet des steinzeitlichen Europa und seiner Landschaftsformen, und traf für die beiden amerikanischen Gäste eine Verabredung in dessen Büro im Ashmolean Museum.

Sherratt begrüßte die beiden Geologen herzlich und voller Begeisterung und erläuterte sogleich, daß die Landbewirtschaftung in der Levante und im sogenannten Fruchtbaren Halbmond bereits im 10. vorchristlichen Jahrtausend aufgetaucht und somit der Entwicklung in Europa um mindestens zwei Jahrtausende voraus gewesen war.

Als sie dann in Sherratts abgeschiedenem Büro in einem der oberen Stockwerke des Museums saßen, breitete Ryan auf einem Leuchttisch jene Folien aus, die er bei seinem Vortrag in Cambridge verwendet hatte. Eine zeigte das Schwarze Meer als riesigen, von breiten Uferstreifen gesäumten Eiszeitsee zur Zeit der größten Ausdehnung der kontinentalen Eisdecke vor rund 20 000 Jahren. Auf einer anderen sah man den deutlich geschrumpften See; hier war die Enteisung bereits in vollem Gange. Auch Sherratt hatte sich an solchen Rekonstruktionen der Vergangenheit versucht. Er ging zu seinem Kartenschrank, zog ein halbes Dutzend großer Papierbögen aus den flachen Schubladen und breitete sie auf dem Tisch über Ryans Folien aus. Obwohl er vorwegschickte, dies seien im Grunde nur vorläufige Skizzen, war doch jede Karte sehr sorgfältig gezeichnet und mit Farbstiften koloriert. Sie zeigten einen bunten Flickenteppich aus Klimazonen und -gürteln in Europa, Südrußland, im Gebiet des Schwarzen und des Kaspischen Meeres, in der Türkei und im Nahen Osten. Die einzelnen Blätter dieses Konvoluts repräsentierten verschiedene Phasen der Vergangenheit; das Zeitintervall betrug zwei- bis dreitausend Jahre. Auf den Bögen war nicht nur die jeweilige Vegetation dargestellt. Symbole zeigten auch jede bekannte menschliche Ansiedlung während dieses Abschnitts der klimatischen Entwicklung an. Um die jeweils vorkommenden Baum- und Grasarten sowie ihre relative Häufigkeit bestimmen zu können, wertete Sherratt Sporen und Pollen aus, die sich in Torfmooren und am Grund von Teichen fanden. Ein Teil der in die Darstellung eingeflossenen Daten war Pitman und Ryan bereits bekannt, doch eine derart gründliche Zusammenstellung war ihnen noch nie begegnet.

Was auf der Karte des 6. Jahrtausends v. Chr. ins Auge stach, war ein riesiges Waldgebiet, das sich vom heutigen Schwarzen Meer bis nach Osteuropa hinein erstreckte. Sherratt schilderte ihnen die allmähliche Ausdehnung dieser Wälder aus kleinen Eiszeitnischen auf dem Balkan und im Kaukasus, die 3000 Jahre vor der hypothetischen Flut eingesetzt hatte. Eines war dabei offenkundig: Diese Darstellung vertrug sich ganz und gar nicht mit der ausgedehnten Dürre, die Pitman und Ryan für die Ursache der Verdunstung des Schwarzen Meeres hielten.

Auf die Frage, wer denn damals auf der europäischen Seite des Schwarzen Meeres gelebt habe, antwortete Sherratt, seiner Einschätzung nach habe es sich hauptsächlich um kleine Gruppen eingeborener Jäger und Sammler gehandelt, die durch die Wälder am Ufer, aber auch im Landesinneren gestreift seien. Er bezweifelte, daß sie von einer Flut viel bemerkt hätten. Im Laufe seiner weiteren Beschreibung der damaligen Situation merkte er an, daß man die Menschen des Mesolithikums (der Mittleren Steinzeit) am besten aus dem Gebiet des Eisernen Tores kenne, jenes 130 km langen Durchbruchstals der Donau durch die Südkarpaten, an der Grenze zwischen Rumänien und Jugoslawien. Dort hatten die sogenannten Menschen von Lepenski Vir hoch auf einem Kliff auf der serbischen Seite der Schlucht, in der die Donau über zahlreiche Katarakte brodelte, eine eigentümliche Art von Holz- und Steinhäusern erbaut. Sie hatten in etwa trapezförmige Grundrisse mit einer leicht gerundeten Vorderfront, die stets dem Fluß zugewandt war.

Die Radiokarbon-Datierung ergab, daß die Siedlung jahrhundertelang bewohnt war[270], ehe sie schließlich aufgegeben wurde – und zwar etwa zu der Zeit, in der das Mittelmeer sein Salzwasser in den Schwarzmeer-See ergoß. Sherratt erzählte seinen Besuchern, daß Ian Hodder und Dragoslav Srejović[271], die Entdecker und Ausgräber von Lepenski Vir, die Ansicht vertraten, der Ort habe als Kultstätte gedient – das einzige Anzeichen von Domestikations-

bemühungen, das sie gefunden hatten, waren die Überreste von
Hunden. Als Nahrungsmittel hatten hauptsächlich Karpfen, Welse
und Störe gedient, die man in den Strudeln unter dem Kliff fing.
Für Hodder drückte die gesamte Anlage am Eisernen Tor das
menschliche Bemühen aus, mit dem Phänomen des Todes umzugehen
und die Wildheit der Natur zu beherrschen.[272]

Die Fische, deren Reste man an den Feuerstellen gefunden hatte,
waren insofern bemerkenswert, als keine Arten darunter waren, die
zum Laichen aus dem offenen Meer in die Flüsse ziehen. Für Sherratt
paßte das zu einem Schwarzen Binnenmeer, das durch eine
Landbrücke vom Mittelmeer abgeschnitten war. Den Umstand, daß
auf seiner Karte keinerlei Ansiedlungen im Bereich der heutigen
Schwarzmeerküste eingezeichnet waren, erklärte Pitman damit, daß
die Küste heute ganz anders verlief als seinerzeit. Die Überreste der
Dörfer, die damals nah am Ufer der Süßwasser-Oase gelegen hätten,
müßte man heute weit draußen unter Wasser suchen.

Sherratts Untersuchungen zufolge war das Klima also warm und
feucht gewesen. Entsprechend hatten Wälder das ehemals offene
eiszeitliche Land bedeckt und die Grassteppe verdrängt. Was die
Menschen betraf, so konnte die Flut durchaus unbemerkt an ihnen
vorübergegangen sein. Auf Sherratts Karten wies jedenfalls nichts
darauf hin, daß Pumpellys und Childes Oasen-Theorie auf die Entwicklung
des Ackerbaus in Osteuropa zutraf.

Anfang 1996 hielten sich Pitman und Ryan erneut im winterlichen
London auf, wo sie mit der BBC über einen geplanten Dokumentarfilm
über die Schwarzmeer-Flut verhandeln wollten. Der zuständige
Produzent machte sie mit Richard Harris bekannt, dem damaligen
Leiter des Archäologischen Instituts der Londoner Universität. Harris
hatte gerade seine Herausgebertätigkeit[273] an einem Buch mit
dem Titel *The Origins and Spread of Agriculture and Pastoralism in Eurasia*
(Ursprung und Verbreitung von Ackerbau und Viehzucht in
Eurasien) abgeschlossen.

Er hatte darin den russischen Botaniker Nikolaj Iwanowitsch
Wawilow sowie Vere Gordon Childe gewürdigt, weil sie sich in

ihren Werken von 1926 respektive 1928 als erste mit den sogenannten Gen- oder Vielfältigkeitszentren der »neolithischen Revolution« befaßt hatten, also mit dem »Wo«, »Wann« und »Wie schnell« des ersten Ackerbaus. Wawilow hatte eine Handvoll unabhängiger Zentren für die erste Kultivierung von Pflanzen vorgeschlagen[274], die er als Heimatorte des urzeitlichen Ackerbaus betrachtete. Noch in den sechziger und siebziger Jahren wurden Wawilows und Childes Vorstellung, daß Erfindungen unabhängig voneinander an zahlreichen Orten gemacht worden waren, ohne Zweifel übernommen; ganz besonders galt das in bezug auf die Verbreitung des Ackerbaus aus Asien und dem Nahen Osten nach Europa hinein.

Doch Harris sah das anders und stützte sich dabei auf ernstzunehmende Indizien, die zum großen Teil erst in den letzten zwei Jahrzehnten gefunden worden waren. Für ihn ergab sich aus den vorliegenden Daten, daß »der Ackerbau« im Verlauf der eurasischen Geschichte »nur höchst selten neu entstanden war«[275] – vielleicht sogar nur zweimal (zuerst im Nahen Osten und später noch einmal in China). Die ersten Kulturpflanzen wurden nach Harris im späten 10. Jahrtausend v. Chr. in den sogenannten Senkungsgraben-Oasen[276] angebaut. Diese lokalisierte er auf der Westseite des Fruchtbaren Halbmonds, etwa bei Jericho, nicht weit vom Toten Meer. Innerhalb von tausend Jahren breiteten sich die ersten Kulturpflanzen in nördlicher Richtung nach Anatolien und in östlicher in den Irak und Iran aus. Ein paar Jahrhunderte später tauchten, zunächst im anatolischen beziehungsweise persischen Taurus- und Sagros-Gebirge, domestizierte Schafe und Ziegen auf, die zur Gattungsgruppe der Böcke, *Caprini*, gehörten.[277]

Wie sein Vorgänger Childe glaubte Harris, daß Umweltveränderungen – insbesondere klimatische – beim Übergang von der Nahrungssuche zur Landwirtschaft eine Rolle spielten.[278] Ausgrabungen hatten deutlich gezeigt, daß Menschen bereits ein Gutteil des Jahres in recht beträchtlichen Ansiedlungen verbracht hatten, *bevor* die ersten Getreidesorten (Hafer, Einkorn, Emmer) und Hülsenfrüchte (Erbsen, Kichererbsen, Linsen) kultiviert wurden. Der

Übergang zur Seßhaftigkeit hatte etwa zur Zeit des großen Schmelzwasserschubs begonnen, dessen Anfang Richard Fairbanks anhand der Korallenriffe um Barbados auf etwa 12 500 v. Chr. datiert hatte. Er fand demnach während der ersten Abschmelzphase statt, als der gesamte Nahe Osten durch Veränderungen in den großen Luft- und Wasserzirkulationssystemen unseres Planeten erwärmt wurde – lange vor der Flut am Schwarzen Meer.

Diese Phase der nacheiszeitlichen Erwärmung wurde von einem jähen, kurzen Rückfall in fast eiszeitliche Umweltbedingungen[279] unterbrochen, der Jüngere Dryaszeit[280] genannt wird und von 10 500 bis 9400 v. Chr.[281] dauerte. Die kontinentalen Eisplatten hörten auf zu schmelzen und dehnten sich in manchen Gebieten – etwa in Schottland und Norwegen – sogar wieder aus, wobei sie erneut langgestreckte Gletscher die Bergtäler hinab in die Fjorde schickten. Diese Zeit ist nach den Pflanzen der Gattung *Dryas* benannt (Silberwurz, Familie der Rosengewächse), die sich zu Beginn der abrupten Abkühlung in ganz Mittel- und Nordeuropa ausbreiteten. An den Kalkschichten der Barbados-Korallen läßt sich ablesen, daß das kalte und trockene Klima der Jüngeren Dryaszeit das Ansteigen der Weltmeere deutlich verlangsamte.

Einer der ersten Archäologen, die eine Reaktion von Menschen auf die Umweltveränderungen der Jüngeren Dryaszeit nachweisen konnten[282], war Andrew Moore, Fellow am Queen's College in Oxford. Als er sich im Frühjahr 1971 in Palästina aufhielt, erreichte ihn ein Anruf des Generaldirektors der syrischen Museen und Altertümer, der dringend um Hilfe bei der Planung einer Eilausgrabung am Ufer des Euphrat nachsuchte, da das fragliche Gebiet bald im Assad-Stausee untergehen sollte. Moore sagte spontan seine Unterstützung zu, ohne zu ahnen, daß dieses unerwartete Telefonat ihn zum ersten Zeugen des Übergangs vom Nahrungsammeln zum Ackerbau machen sollte. Er besorgte sich in aller Eile das nötige Visum und traf bald darauf am Euphrat ein, um geeignete Grabungsstellen ausfindig zu machen. Zwei unerforschte kleine Schutthügel reizten ihn besonders. Er entschied sich für den mit dem Namen Abu Hureira und kletterte die zehn Meter zu seinem höchsten Punkt hinauf. Von welcher Epoche er auch immer künden würde, Moore erkannte sofort seine strategisch günstige Lage an dieser Biegung des Euphrat. Am nördlichen Horizont sah er den Einschnitt, den der eiszeitliche Fluß in den 40 Millionen Jahre alten, reich mit Feuerstein versetzten gelben Kalk gegraben hatte. Und beim Blick flußabwärts sah Moore vor seinem geistigen Auge Menschen der großen mesopotamischen Stadtstaaten, die in Booten flußaufwärts gefahren kamen, um in den Bergen am westlichen Horizont Holz zu schlagen, Steinbrüche anzulegen und nach Metallen zu schürfen.

Moore und sein Team aus Archäobotanikern, Archäozoologen und Paläopathologen standen unter Zeitdruck, denn nach nur zwei Grabungskampagnen sollten sich die Schleusentore des Tabka-Damms schließen, und das gestaute Flußwasser würde die Grabungsfelder überspülen. Während sie ihre Stichgräben von der Kuppe des Hügels bis zu dessen Fuß vorantrieben und das Erdreich schichtweise zur späteren Analyse aufbereitet wurde, durchquerten sie die Reste zweier Ansiedlungen, die hier aufeinander gefolgt waren.[283] Die untere, ältere Ortschaft war primitiv. Sie hatte als jahreszeitliches Lager mit ein paar Feuerstellen unter freiem Himmel angefangen, denen dann runde oder ovale, in den gewachsenen Boden gegrabene Wohngruben folgten, die von Holzpfosten eingefaßt und mit Schilf überdacht waren. Diese Behausungen waren von Jäger-Sammlern bewohnt, die die meiste Zeit des Jahres da verbracht hatten, wenn sie nicht ins offene Grasland zogen, um Gazellen zu jagen. Mittels Barrikaden aus Flechtwerk und Gestrüpp sperrten sie ausgetrocknete Flußbetten ab und trieben die flinken Tiere herdenweise in diese Sackgassen, in denen sie dann ausschließlich die jungen Männchen töteten. Moore konnte diese gezielte Auslese an den einheitlich kleinen Knochen und den jungen Gebissen ablesen, die sich in Abu Hureiras fossilen Müllhaufen fanden. Die Umsicht der steinzeitlichen Jäger beeindruckte ihn. Sie hatten dafür gesorgt, daß die Geburtenrate in den Gazellenverbänden nicht zurückging, um auch in kommenden Jahren große Herden vorzufinden.

Das gewonnene Fleisch wurde von den Menschen dieser frühen Kultur – die Archäologen bezeichnen sie als Natoufien – mit Salz und durch Lufttrocknung haltbar gemacht, so daß es monatelang gelagert werden konnte. Der Speiseplan sah aber auch eine Vielzahl eßbarer Pflanzen vor; mehr als hundert verschiedene Arten wurden gezählt. Moore fand nicht nur künstliche Aushöhlungen des Kalksteinbodens, die er als Getreidespeicher deutete, sondern auch direktere Hinweise: Pflanzensamen und -schalen, die an den Feuerstellen verkohlt und daher nicht verrottet waren. Mit seinem Kollegen Gordon Hillman sortierte er die teils verkohlten Reste Schicht um Schicht aus, wobei raffinierte, an der Universität Cambridge entwickelte Schlämmapparate zum Einsatz kamen, mit denen die fossilen Pflanzenteile in Wasser aufgeschwemmt und so von der Erde getrennt wurden. Mit feinmaschigen Sieben konnten sie außerdem Tausende von Fischgräten und Süßwassermuschelschalen einsammeln, die zeigten, daß auch der Euphrat als Nahrungsquelle diente. Unter den vielen Funden im Erdreich, das eimerweise aus den Stichgräben gehievt wurde, erwies sich die Holzkohle als besonders wertvoll. Die größten Stücke wurden zur C-14-Datierung nach Oxford geschickt.

Das verkohlte Holz stammte aus den Jahren von 11 000 bis 9500 v. Chr., was bedeutete, daß die erste Besiedlungsphase von Abu Hureira sich von der nacheiszeitlichen Erwärmung bis fast ans Ende der Jüngeren Dryaszeit erstreckt hatte. Die Funde belegten auch, daß die Natoufien-Menschen Sicheln aus Wildgehörn geschnitzt und mit Feuersteinstücken gespickt hatten, um damit wilden Weizen (Einkorn) und Roggen abzumähen. Weiter erntete man wilden Hafer, Linsen und Platterbsen,[284] sammelte die Früchte des Zürgelbaums sowie Pflaumen, Birnen, Feigen und Kapern. Obwohl diese grobe Kost aus Körnern, Früchten und Nüssen das Gebiß und – bei der mühsamen Zerkleinerung mit Mahlsteinen, Mörsern und Stößeln – den Rücken belastete, so war sie doch für den Lebenserhalt mehr als ausreichend.

Doch als sich das Klima während der Jüngeren Dryaszeit immer mehr verschlechterte[285], änderte sich die Ernährung der Natoufien-

Menschen abrupt. Mit den Wäldern zogen sich auch die wilden Obstbäume zurück. Sie kamen nun nur noch in Gebieten vor, die außerhalb der Reichweite der Siedler lagen. Bei den Ausgrabungen spiegelte sich das Waldsterben in einer deutlichen Zunahme von Getreidekörnern und Grassamen in der Nahrung – für eine kurze Weile profitierten diese Pflanzen vom Wegfall der Baumschatten. Doch dann wurden auch sie rar, und die Siedler mußten sich mit anspruchsloseren, weniger nahrhaften Pflanzen begnügen, etwa mit Klee, der allerdings gründlich entgiftet werden muß, bevor man seine Frucht oder daraus gewonnenes Mehl essen kann. Moore und Hillman nannten solche Pflanzen die »Notreserve«, da man erst in größerem Maß auf sie zurückgriff, als andere Arten nicht mehr verfügbar waren. Schließlich wuchs im Tal von Abu Hureira überhaupt nichts mehr. Die Ausgräber schlossen daraus, daß der Euphrat aufgehört hatte, über die Ufer zu treten; selbst die typischen Überschwemmungen im Frühjahr blieben offenbar aus. Die Nahrung der Menschen bestand nun fast ausschließlich aus Fisch.

In den jüngsten Schichten der ersten Siedlungsphase, die nur noch wenige Menschengenerationen umfaßten, verschwanden dann auch die Fischreste und Muschelschalen aus der Umgebung der Feuerstellen. Der Natoufien-Klan war entweder verhungert, oder er hatte seine Siedlung aufgegeben, um anderswo Nahrung zu suchen. Moores und Hillmans Untersuchung der ersten Besiedlung von Abu Hureira endete mit dem Durchsieben nackter Erde, welche die tieferliegende der beiden Wohnstätten bedeckt hatte: keine Hütten und Werkzeuge mehr, keine Tiere oder Tierknochen, keine Holzkohle und keinerlei Nahrungsreste; mit den Vorräten waren auch Kulturfolger wie Maus und Spatz verschwunden, die Nutznießer der dörflichen Lebensweise.

Der Zusammenbruch der seßhaften Lebensweise der Natoufien-Menschen im Mittleren Euphrat-Tal während der zunehmenden Dürre und Kälte der Jüngeren Dryaszeit war nicht einzigartig. Andere Dörfer und Lagerstätten dieser Kultur ereilte im ganzen Fruchtbaren Halbmond das gleiche Schicksal – etwa Jericho, Tell Aswad, Aïn Mallaha, Beidha und Mureibat, ja sogar Ansiedlungen tief im Süden, im Hochland der Wüste Negev. Während dieses Klimawechsels tauchte eine neue Jagdwaffe auf: die sorgfältig behauene, sogenannte Harif-Pfeilspitze. Nach Ansicht vieler Archäologen ist sie ein Hinweis darauf, daß sich die Menschen nun fast ausschließlich vom Fleisch der Wüstensäuger wie Gazelle, Steinbock und Hase ernährten. Die Artefakte und Knochenreste liefern ein eindringliches Bild vom Überlebenskampf der Nomaden.[286] Trotz ihres großen Wandergebiets gelang es ihnen nicht, die brutalen Umweltveränderungen der Jüngeren Dryaszeit zu überstehen. Heute wird eher die Dürre als die Kälte für diese mehr oder weniger zeitgleiche Entvölkerung des Nahen Ostens verantwortlich gemacht, obgleich auch der Temperaturrückgang nicht ganz unwichtig war – was sich daran ablesen läßt, daß die Lagerplätze zunehmend in tiefere Regionen verlegt wurden. Der Wasserspiegel des Toten Meeres sank in dieser Zeit durch die Verdunstung massiv ab.

Als Moore damit begann, die Nahrungsreste aus der zweiten, jüngeren Ansiedlung von Abu Hureira zu untersuchen, machte er eine verblüffende Entdeckung: Die Menschen, die diese Euphratbiegung ebenfalls für strategisch günstig erachtet und sich auf dem Geisterdorf ihre neue Ansiedlung erbaut hatten, waren bereits Ackerbauern:[287] Wie Moore und Hillman anhand der pflanzlichen Überreste unschwer erkennen konnten, hatten die Neuankömmlinge das Erbgut der Wildformen durch Auslese verändert und so ertragreichere Kulturpflanzen gezüchtet. Darüber hinaus unterschieden sie sich von ihren Natoufien-Vorgängern auch durch den Einsatz neuer Werkzeuge zur Bodenbestellung. Sie bauten ihre Häuser aus neuen Materialien, sie kochten nach neuen Methoden, und sie bestatteten ihre Toten auf neue Weise. Woher diese jungsteinzeitlichen Bauern allerdings gekommen waren, konnte niemand genau sagen.

David Harris hatte Pitman und Ryan 1996 in London die Theorie der Weizendomestikation erläutert. Domestikation ist die Erschaffung neuer Pflanzensorten oder Tierrassen durch den Menschen. Die Zuchtergebnisse unterscheiden sich meist erheblich von ihren wildlebenden Vorfahren und Varianten.[288] Kultivierter Weizen ist dem wilden insgesamt jedoch ziemlich ähnlich, was seine Gestalt und sein Erbgut angeht, denn der Domestikationsvorgang beschränkte sich hier auf die Änderung nur weniger genetisch verankerter Eigenschaften – größere Körner und dichtere Ähren.

Harris erläuterte, der Urweizen habe sich der Trockenheit angepaßt, indem er seine kleinen Samen (die für die meisten einjährigen Pflanzen typisch sind) mit robusten Spelzen umhüllte, die den Wasserverlust durch Verdunstung verringerten. Die in Reihen angeordneten Ährchen – so nennt man die einzelnen, in Spelzen gehüllten Körner – sind über spröde Gelenke, die Spindeln, am Stengel befestigt. Dank dieser »Sollbruchstellen« fielen die Ährchen noch vor Beginn des im Nahen Osten meist sehr trockenen Sommers bei der leisesten Erschütterung ab, etwa durch Bewegungen kleiner Tiere, und die Samen wurden rechtzeitig in den noch feuchten Boden getreten, wo sie noch vor der Dürreperiode keimen konnten. Die gesteigerte Trockenheit der Jüngeren Dryaszeit verstärkte diesen Anpassungsprozeß noch. Die Menschen mußten diesen Urweizen lediglich über lange Zeit hinweg mit ihren Feuersteinsicheln abernten, um eine genetische Veränderung in Gang zu setzen. Solange sie die Halme an Ort und Stelle droschen, um die Körner zu ernten, passierte gar nichts, doch diejenigen, die ihre Ausbeute komplett in ihre festen Siedlungen mitnahmen, lösten ohne jede Absicht die agrarische Revolution aus.

Die groben Sicheln, fuhr Harris fort, schüttelten die Halme des Wildgetreides viel stärker als die kleinen Tiere, so daß die Ährchen, die an schwächeren Spindeln hingen, bereits während des Mähens abfielen. Die Garben, die die Menschen dann mit nach Hause nahmen, enthielten darum die Halme mit den stärksten Gelenken, die zumeist auch größere Samen trugen. Beim Dreschen und Mahlen fielen hie und da versehentlich einige dieser größeren Samen im Dorfbereich zu Boden. So konnte sich die ertragreichere Varietät mit den stärkeren Gelenken allmählich im Dorf ansiedeln und durchsetzen, da sie den Bewohnern willkommener war als die ursprünglich abseits vom Dorf geernteten Pflanzen.[289] Indem sich solche Zyklen des Schneidens, Verstreuens und Erntens wiederholten, tat eine zunächst noch unwillkürliche natürliche Auslese von günstigen Mutationen ihr Werk, und am Ende dieses Prozesses stand das domestizierte Getreide.[290] Der Boden um die menschlichen Siedlungen herum wurde so zur Vorform des bestellten Ackers.[291] Die zukünftigen ersten Bauern mußten lediglich Beobachtungen anstellen und Ursache und Wirkung verknüpfen.

Laut Harris waren nicht mehr als ein paar Dutzend Kreisläufe dieses Aussortierens und zufälligen Verstreuens nötig, um Childes landwirtschaftliche Revolution anzustoßen. Ryan gab zu bedenken, daß ein See im Zuge seiner Austrocknung unter Umständen einen neuen, feuchten Uferstreifen freigibt, wo zunächst noch keine Gräser und kein Wildgetreide wachsen. Wenn nun die Sammler und Jäger ihre Dörfer in diese Bereiche verlegten, um nah am Wasser zu sein, dann fielen die verlorenen Getreidekörner auf jungfräulichen Boden, was den Domestikationsprozeß weiter beschleunigte.

Für Harris jedoch kam die »Oase« des Schwarzen Binnenmeeres als Wiege der landwirtschaftlichen Revolution nicht in Frage. Seiner Ansicht nach lag ihr Ursprung viel weiter im Süden, etwa im Taurus- oder Sagros-Gebirge, an deren Flanken auch heute noch die wilden Urformen von Weizen und Gerste wachsen.[292] Die Domestikation, so versicherte er, habe sich in den Höhenlagen zugetragen. Erst später habe man die genetisch veränderten Arten an Seeufer oder in Flußtäler verpflanzt, die knapp oberhalb oder gar unterhalb des Meeresspiegels lagen.

Harris' Einwänden zum Trotz war Ryan nicht davon überzeugt, daß Pumpellys und Childes Oasen-Theorie verworfen werden mußte. Im Frühjahr 1997 nahm er an einem Symposium von Archäologen, Klimatologen und Geologen in Ankara teil, dessen Thema »Das Spätquartär im östlichen Mittelmeer« war. Im Hauptsitz der Geologischen Landvermessungsbehörde der Türkei wurden fünf Tage lang Forschungsergebnisse präsentiert, und danach fuhr die Gruppe – auf Kosten des Britischen Archäologischen Instituts in Ankara – mit dem Bus für einige weitere Tage zu Ausgrabungsstätten im Anatolischen Hochland; unter anderem wurde auch das älteste Bauerndorf der Türkei besucht. Für Ryan war dieses Symposium eine günstige Gelegenheit, die Indizien für die Austrocknung und die anschließende abrupte Überflutung des Schwarzen Meeres einem kundigen und kritischen Publikum vorzustellen.[293]

Über fünfzig Vorträge standen auf dem Programm. Für Ryan waren vor allem diejenigen von Interesse, die sich mit früheren Seen und mit Vegetationsgeschichte befaßten, da in ihnen auch die Klimaveränderungen der Jüngeren Dryaszeit zur Sprache kamen. Er erfuhr, daß es während der nacheiszeitlichen Abschmelzphase et-

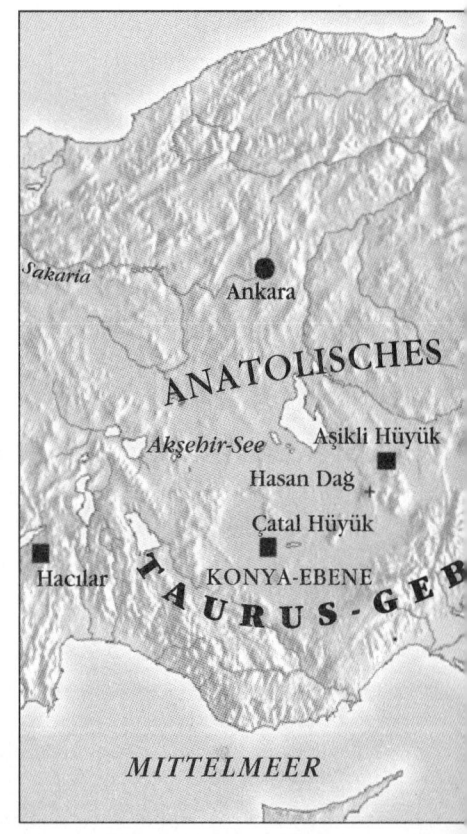

Anatolien – die Wiege des Ackerbaus?

liche sehr große Seen in Anatolien gegeben hatte, etwa den Akşehir weit im Westen, der noch vor 13 000 Jahren fünfmal so groß gewesen war wie heute, aber in der Jüngeren Dryaszeit zu einem Teich inmitten von staubtrockenem Geröll geschrumpft war.[294] Ein riesiger See hatte auch die Konya-Ebene in der Zentraltürkei bedeckt, bis er ebenfalls durch die extreme Trockenheit einschrumpfte, so daß seine ehemaligen Ufer nun unter großen Sanddünen begraben sind.

Den beeindruckendsten Beleg für die Trockenheit in der Jünge-

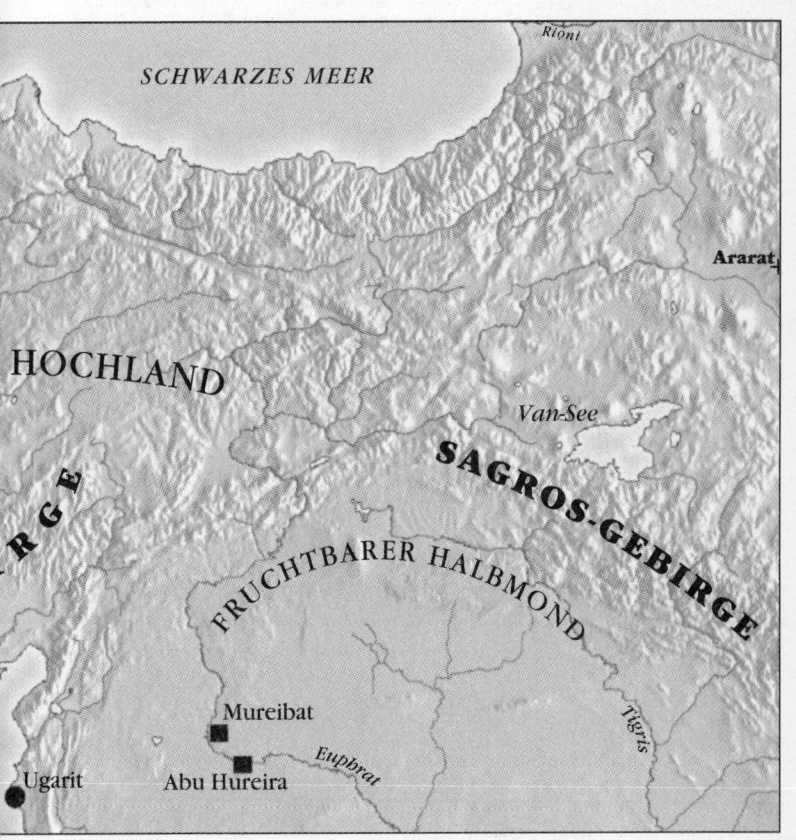

ren Dryaszeit lieferte der Van-See in der Osttürkei. Sein Wasserspiegel fiel in wenigen Jahrhunderten um gut 250 Meter. Ebenso erstaunlich war ein Ergebnis der Pollenanalyse und der Mengenverhältnis-Messung stabiler Sauerstoffisotope in den Schalen der Zebramuschel: Der Übergang von trocken zu feucht am Ende der Jüngeren Dryaszeit hatte nur zehn bis fünfzig Jahre gedauert.[295] Das Wasser des Van-Sees wie auch der ihn umgebenden Marschlandschaft war während der Dürrezeit für Mensch und Tier viel zu salzig gewesen; keines der anatolischen Gewässer hätte als Oase dienen können. Allein das Schwarze und das Kaspische Binnenmeer kamen als Kandidaten in Frage.

Am letzten Tag des Symposiums wurde nicht mehr über Seen und Landschaften gesprochen, sondern über Menschen. Mit seinem Vortrag »Die Vorgeschichte des Menschen und die Veränderungen der Umwelt im östlichen Mittelmeerraum« gab Ofer Bar-Yosef von der Harvard University das Programm vor.[296] Sein erstes Dia elektrisierte Ryan sofort. Es zeigte die ersten Bauernsiedlungen nicht nur – wie so viele Bücher und Zeitschriften – im Bogen des sogenannten Fruchtbaren Halbmonds, der Israel, den Libanon und Syrien durchzieht, dann nach Osten zum Irak abbiegt und schließlich, nach Südosten gekrümmt, im Iran endet. Statt dessen war eine große Abzweigung zu sehen, die sich in nordwestlicher Richtung durch die Türkei erstreckte und fast bis zu den Dardanellen und dem Bosporus reichte. Bar-Yosef sprach über die Natoufien-Kultur und verknüpfte den Klimaeinbruch der Jüngeren Dryaszeit direkt mit der gezielten Kultivierung wilder Gras- und Getreidesorten.[297] Ryan versuchte sich in der Rolle des Archäologen und fragte Bar-Yosef: »Wenn sie die Kälte und Trockenheit der Levante selbst im Negev und im Sinai nicht durchstehen konnten – wohin hätten die Natoufien-Leute fliehen können?«

Der Straßenatlas wurde gewissermaßen beim folgenden Vortrag aufgeschlagen, den Nigel Goring-Morris von der Prähistorischen Abteilung des Instituts für Archäologie der Hebräischen Universität hielt.[298] Er war eine Autorität auf dem Gebiet der Bewegungsmuster von Völkerwanderungen und befaßte sich speziell mit solchen Bevölkerungsentwicklungen, die durch Klimawechsel ausgelöst wurden. In seinem Vortrag zeigte er eine enge Verknüpfung zwischen den Klimaverhältnissen und den von Menschen bevorzugten Lebensräumen auf.[299] Während sich das Klima in der frühen Abschmelzphase erwärmte, hatten die Menschen ihre Lagerstätten an immer höhere Orte verlegt, um stets in der Nähe von sicheren Wasserquellen zu bleiben und in angenehmen Temperaturen zu leben (pro 100 Höhenmeter sinkt die Lufttemperatur um 0,6 bis 0,7 °C). Solche Bewegungen waren im Hochland des Negev nachgewiesen worden.[300] Auch die Wildgräser wanderten auf diese Weise, und während warmer Zeiten dürften sie die Abhänge der Taurus- und Sagros-Berge ähnlich bedeckt haben wie heute. Doch als sich Umweltbedingungen in der Jüngeren Dryaszeit wieder verschlechterten, zogen Menschen, Pflanzen und das der Vegetation folgende Wild wieder hinab in die Küstenebenen oder sogar hinunter in den Jordan-Graben, dessen Sohle 400 Meter unter dem Meeresspiegel liegt.

Auf den Jordan-Graben hatte sich auch Kay Kenyon konzentriert, eine renommierte Archäologin, die nach Childe und vor Harris das Archäologische Institut der Londoner Universität geleitet hatte. Anfang der fünfziger Jahre hatte sie am Jordan im Tell es-Sultan zu graben begonnen[301], einem imposanten ovalen Besiedlungshügel, der gut 40 000 m^2 einer der wenigen Oasen am Grund des ansonsten knochentrockenen Jordan-Grabens bedeckte. Der Hügel lag in unmittelbarer Nähe zu einer nie versiegenden Quelle, die sich aus dem Juda-Gebirge im Westen speiste.

Kenyon hatte den Hügel seitlich angestochen. Während sie sich mit langen, schmalen Gräben zur Mitte vorarbeitete, hoffte sie, mit ihrer Reise in die Vergangenheit bestätigen zu können, daß der Tell es-Sultan wirklich Jericho war, jene befestigte Stadt der biblischen Kanaaniter, die Josua vierzig Jahre nach Moses' Auszug aus Ägypten verwüstet hatte. Sie war voller Zuversicht, die Ostmauer ans Licht zu bringen, ein Stück jener Befestigungsanlagen, die unter den Trompetenstößen der Israeliten eingestürzt waren. (Weite Teile der Mauern von Jericho waren schon 1907 freigelegt worden.) Doch zu ihrer Bestürzung fanden sich überhaupt keine Mauern, die aus der vermuteten Zeit der Rückkehr der Kinder Israels nach Kanaan stammten.

Aber Kay Kenyon gab nicht auf. Sie trieb die Grabung tiefer, und nach etwa 30 Metern stieß sie auf die Reste einer viel älteren menschlichen Siedlung. Die Feuersteinartefakte, die überall zu ihren Füßen verstreut lagen, waren alle sorgfältig nach demselben Muster gearbeitet. Jedes besaß eine scharfe, gerade Kante und einen stumpfen, halbmondförmigen Rücken – aus ihnen wurden Sichelschneiden angefertigt. Diese Artefakte sahen genauso aus wie jene Halbmondklingen, die zuvor in Höhlen des Karmel-Gebirges (südöstlich von Haifa) gefunden worden waren. Als sie sich bückte, um eine dieser Klingen aufzuheben, die gleich neben dem Pfostenloch einer Hütte lag, entdeckte sie eine Pfeilspitze, die ebenfalls solchen aus den Karmel-Bergen glich. Und die konnte sie zuordnen: Sie war typisch für die Natoufien-Kultur, die später in Oxford – anhand der von Moore gefundenen Holzkohle – mit der C-14-Methode auf den Beginn der Jüngeren Dryaszeit datiert werden sollte.

Wie Moore in Abu Hureira so fand auch Kenyon ein Bauerndorf über den Resten der Natoufien-Siedlung. Und wie dort waren auch hier die beiden Ebenen durch eine Schicht nackter Erde getrennt, in der sich die Zeit der größten Dürre widerspiegelte. Die Bauern der späteren Siedlung hatten auch hier die neue Hausform und die neuen Werkzeuge verwendet, die Moore 1972 in Syrien wiederfinden sollte, und eine neue Art der Bestattung eingeführt. Man hatte die Schädel der Toten von den Rümpfen abgetrennt, die Gesichter mit Gips nachmodelliert – in die Augenhöhlen setzte man weiße Kaurimuscheln – und sie dann in den Häusern auf Sockeln aufgestellt, die wie Altäre wirken. Unter den sorgfältig gearbeiteten Steinklingen und -spitzen der Messer, Dolche und Pfeile fand Kenyon auch einige aus Obsidian, glänzend schwarzem Vulkanglas, das sich wie Feuerstein spalten und zu äußerst feinen, scharfen Klingen verarbeiten läßt.[302] Jahre später wurde dieses Obsidian chemisch analysiert, und dabei zeigte sich, daß die jungsteinzeitlichen Bauern es von weit aus dem Norden hergeschafft hatten. Es stammte von Vulkanen in Ost-Anatolien, nah am Quellgebiet des Euphrat und nur wenige Wochen

Fußmarsch von dem riesigen Binnenmeer des eiszeitlichen Schwarzen Meeres entfernt.[303] War das vielleicht ein Indiz dafür, daß diese Siedler aus dem Norden gekommen waren statt aus dem Süden, wie David Harris und die meisten Fachleute annahmen?

Nach Abschluß der Tagung in Ankara fuhr einer der Organisatoren, Neil Roberts, mit den Teilnehmern zu einem dieser Vulkane, dem Hasan Dağ. Im Sommer des vorigen Jahres hatte er auf dessen schneebedecktem Gipfel Ergußgestein gesammelt, welches ähnliche Merkmale aufwies wie das Material, das der Vesuv im Jahr 79 n. Chr. ausgespuckt hatte. Am Fuß des Hasan Dağ lagen die Ruinen eines jungsteinzeitlichen Dorfs, die jüngst von Archäologen des Instituts für Vorgeschichte der Universität Istanbul freigelegt worden waren.[304] Der 15 Meter hohe Siedlungshügel namens Aşikli Hüyük[305] lag am Nordufer des windungsreichen Melendiz-Flusses, der sich hier durch ein enges Schwemmlandtal zwängte, und barg mindestens zehn Besiedlungsebenen übereinander. Die Mauern der tiefsten und ältesten Schicht, die man angestochen hatte, ließen sich durch das brodelnde Wasser des Flusses, der sie überspülte, nur erahnen. Diese Grundmauern stammen aus den Jahrhunderten nach der trockenen Jüngeren Dryaszeit.[306] Der schnelle Übergang von trocken zu feucht am Ende dieser Epoche hatte den Grundwasserspiegel wieder ansteigen lassen. Täler und Senken in der Nähe von Flüssen oder Seen versanken durch diesen Klimawechsel im Wasser, und so war es auch hier geschehen.

Die Art, wie die Häuser, Höfe und Straßen in Aşikli angelegt waren, ließ auf eine fortgeschrittene Stadtplanung schließen. Das Mauerwerk bestand sowohl aus Lehmziegeln als auch aus sorgfältig behauenem vulkanischem Tuffstein von den Hängen des Hasan Dağ. Unter den verputzten Zimmerböden befanden sich Hohlräume, die als Gräber dienten – eines enthielt die vollständig erhaltenen Skelette einer gut zwanzigjährigen Frau mit ihrem Kind. Die Mutter hatte Jahre vor ihrem Tod eine Trepanation überlebt, das heißt, man hatte ihr den Schädel aufgebohrt, vermutlich um eine Schwellung oder einen Dauerschmerz zu beseitigen. Sie war mit Halsketten und anderem Zierat aus Halbedelsteinen und geschmiedetem Kupfer geschmückt und lag mit an die Brust gezogenen Knien in ihrem Grab.

Die Ausgrabung von 1989/1990 hatte fast 400 Häuser ans Licht gebracht, deren Zimmer Seitenlängen zwischen knapp 2 und gut 4 Metern hatten. Die Feuerstellen lagen entweder in einer Ecke oder mitten an einer Wand; ein Loch im Dach fungierte als Kamin wie auch als Ein- und Ausstieg. Aus Stroh oder Schilf geflochtene Matten hatten als Teppiche gedient – Neil Roberts wies auf die schachbrettartigen Abdrücke hin, die sie auf den glatten, verputzten Böden hinterlassen hatten. Nicht weit von Aşikli, in Richtung des Vulkans, hatten die Archäologen ehemalige Werkstätten unter freiem Himmel gefunden, in denen man aus Obsidian Schneiden, Schaber und Messer geschlagen hatte – nicht nur für den Eigenbedarf, sondern auch für den Handel mit anderen Siedlungen sowie für den Export in die Levante. In den Abfallhaufen dort fanden sich sogar Stücke von polierten Spiegeln, die – all den Jahrtausenden zum Trotz – noch immer glänzten.

Roberts erklärte den Teilnehmern der Exkursion, daß Aşikli ein abruptes Ende gefunden hatte. Der Hasan Dağ war ausgebrochen und hatte das Dorf und seine gepflügten Felder unter einer Aschendecke begraben. Danach bat er die Gruppe, sich auf einer der Straßen des Ortes aufzustellen und an ihm vorbei auf den Gipfel des Vulkans mit seiner charakteristischen Doppelspitze zu blicken. Er deutete auf den etwas höheren rechten Kegel und sagte: »Von dort bin ich zum Krater geklettert und fand Hinweise auf den letzten Ausbruch.«

Dann holte er einen Bogen Papier aus seiner Jacke und faltete ihn für alle sichtbar auf. Es war die Vergrößerung eines Fotos der berühmten Landschaftsdarstellung aus der Siedlungsschicht VII von Çatal Hüyük, einer anderen jungsteinzeitlichen Bauernsiedlung, die rund 120 Kilometer weiter südwestlich am jenseitigen Ufer des ehemaligen Konya-Sees lag.[307] Das 9000 Jahre alte Bild zeigt das gleiche Panorama mit der Doppelspitze, wie die Gruppe es *in natura* vor sich sah. Der steinzeitliche Künstler hat um den höheren rechten Bergkegel herum eine Explosion dargestellt: Felsstücke sausen in gekrümmten Flugbahnen vom Gipfel weg, eine pilzförmige Rauchwolke steigt in den Himmel auf, und glühende Lavaströme wälzen sich den Abhang des Dreitausenders herab. Auf der Wandmalerei ist auch der Plan einer Ortschaft am Fuß des Vulkans aus der Vogelperspektive zu sehen. Die rechteckigen Grundflächen der Häuser schließen dicht aneinander an und orientieren sich strikt an einem rechtwinkligen Grundmuster – ganz wie in Aşikli.

»Das ist die Erinnerung an ihren Untergang«, sagte Roberts. »Das Bild wurde rund tausend Jahre nach der Katastrophe gemalt, das heißt, der Künstler kannte die Geschichte entweder nur aus der mündlichen Überlieferung oder von anderen Wandbildern.«

Der Ort, dessen Wandmalereien die Erinnerung an den Vulkanausbruch bewahrt hatten, war den Archäologen wie auch der Öffentlichkeit weitaus besser bekannt als Aşikli. Der Entdecker von Çatal Hüyük, James Mellaart, hatte an einem kalten Novemberabend des Jahres 1958 tapfer den Angriff von einheimischen Hütehunden abgewehrt, um endlich die Landschaftsformation zu erreichen, die ihn seit Monaten angezogen hatte, während er in der Nähe mit Ausgrabungen beschäftigt war. Aus seiner Lehrzeit als Gehilfe von Kay Kenyon bei der Ausgrabung von Jericho war ihm die mögliche Bedeutung des riesigen Hügels bewußt. Mit eiligen Schritten umrundete er den Fuß des Hügels, um das letzte Licht der Dämmerung zu nutzen. Überall auf dem staubigen Boden sah er steinerne Werkzeuge liegen. Scherben von Töpferwaren kamen dagegen kaum vor, was ihm sofort sagte, daß diese Wohnstätte sehr alt war. Lehmziegelmauern wuchsen aus der Hügelseite hervor, und als er seine Kelle in einen Buckel stach, legte er eine Fläche frei, die mit einem bemerkenswert gut erhaltenen Putz überzogen war. Dann rief einer seiner Mitarbeiter, den er auf die Hügelkuppe hatte klettern lassen: »Neolithisch!«

»So etwas hatte niemand je gesehen«, erzählte Mellaart Pitman und Ryan 1996. »Man stelle sich vor: 20 Meter Jungsteinzeit über dem Erdboden! Ich wußte von Anfang an, daß Çatal Hüyük nicht nur alt war, sondern auch sehr lange bewohnt wurde.«

Drei Jahre später kehrte Mellaart nach Çatal Hüyük zurück, um mit einer regulären Ausgrabung zu beginnen. Die etwa 13 Hektar, die er mit Vermessungsinstrumenten kartographierte, entsprachen der dreifachen Grundfläche von Kay Kenyons Jericho und sogar der zehnfachen von Aşikli. Indem er zunächst nur einen kleinen Schnitt ansetzte – etwa wie ein Keil in einem Baumkuchen –, legte er in zwölf aufeinander folgenden Bebauungshorizonten Grundmauern frei, die insgesamt 15 Jahrhunderte umfaßten.

Alle Häuser in Çatal Hüyük besaßen eigene Wände, obwohl sie direkt aneinandergebaut waren. Dadurch stützten sie sich nicht nur gegenseitig, sondern waren auch über die angrenzenden Dächer zugänglich, denn wie in Aşikli dienten Dachöffnungen mit Leitern als Haustüren. In beinahe jedem Raum waren die eingebauten Sitzbänke, die Nischen der Kultgegenstände, die Feuerstellen wie auch Wände, Böden und Decken insgesamt mit einem feinen weißen Mergel verputzt, der noch heute von anatolischen Bauern verwendet wird. Das war die weiße Schicht, die Mellaart bei seinem ersten Besuch aufgefallen war. Dieser Lehm bestand aus mehreren dünnen Schichten, die das Ausgrabungsteam wie Baumringe zählen konnte. So bekam man eine ungefähre Vorstellung davon, wie lange eine Wohnung genutzt worden war, ehe das Gebäude abgerissen, eingeebnet und als Fundament für das nächste verwendet wurde. Manche Wände hatte man über ein Jahrhundert lang immer wieder neu getüncht, andere nicht einmal 30 Jahre.

Mellaart stützte sich weitgehend auf die C-14-Methode, um das Altersgefüge der einzelnen Bauhorizonte aufzudecken und eine Grundlage für den Vergleich mit Jericho zu erhalten. Die meisten dieser radiometrischen Daten erhielt er aus den Dachbalken oder Stützpfosten abgebrannter Gebäude. Çatal Hüyüks Geschichte reicht weit zurück. Mellaart glaubt inzwischen, es könne durchaus so alt sein wie Aşikli oder Jericho. Die tiefsten Siedlungsschichten liegen unterhalb des heutigen Grundwasserspiegels und können nur fachgerecht freigelegt werden, wenn das Wasser unter der Anlage abgepumpt wird. Nach 30 Ruhejahren wurde Çatal Hüyük 1995 wieder geöffnet.[308] Das neue Team wird von Ian Hodder geführt, der 1967, im Veröffentlichungsjahr von Mellaarts vielgerühmtem Buch *Çatal Hüyük – Stadt aus der Steinzeit*, dessen Vorlesungen an der Londoner Universität gehört hatte.

Hodder zeigte sich vor allem von den Bestattungspraktiken und dem Symbolismus dieses frühen Volkes beeindruckt. Die Religion hatte den Alltag durchdrungen, und die Wohnhäuser waren zugleich geweihte Orte. In den dunkleren Ecken einiger Häuser hatte Mellaart aufwendige, mystische Reliefplastiken aus den Schädeln riesiger Auerochsen mit ausladenden Hörnern gefunden, die an den Wänden befestigt waren. Er entdeckte auch gewölbte Strukturen an manchen Wänden, die weiblichen Brüsten ähnelten, aus deren offenen Brustwarzen Tierköpfe oder -gebisse hervortraten. Von Simsen starrten die hohläugigen, kieferlosen Schädel der Vorfahren in die Zimmer; Basreliefs mit Tieren, etwa einem Leopardenpaar, schmückten Nischen und Alkoven; und die Muttergöttin begrüßte die Eintretenden mit ausgestreckten Armen und Beinen sowie gewölbtem Bauch.

Die getünchten Wände waren meist mit Landschaftsbildern geschmückt, etwa mit dem erwähnten Ausbruch des Hasan Dağ oder mit Jagdszenen, auf denen Rotwild oder Auerochse gehetzt werden, doch manche dieser Bilder zeigten auch die heute makaber anmutende Sitte, die enthaupteten Körper jüngst Verstorbener auf einem Gestell vor der Ortschaft aufzubahren, damit die Geier das Fleisch von den Knochen fressen konnten, bevor man die Skelette unter den Wohn- und Kultstätten vergrub.[309] Nach Mellaarts Einschätzung erfolgte diese Entfleischung nicht aus hygienischen Gründen, sondern gehörte zu einem Ritual des Übergangs in eine andere Welt.

Die plastischen Darstellungen in Çatal Hüyük beleuchten die Verbindung zwischen der »Mutter« und der ungezähmten Natur: Frauen und Leoparden wurden gemeinsam abgebildet, wobei die gebärende Mutter die Jungen der Raubkatze wiegt beziehungsweise neben oder auf ihnen sitzt. Die vielfältige neolithische Kunst umfaßte sogar Darstellungen, auf denen etwa ein Tierkopf aus der Scheide einer gesichtslosen Frau mit gespreizten Beinen, vollen Brüsten und gewölbtem Bauch hervorkommt.

Die Bilder und Skulpturen von Çatal Hüyük erinnerten Ian

Hodder an Lepenski Vir, und tatsächlich ergab die Radiokarbon-Datierung, daß die asiatische und die europäische Siedlung zur selben Zeit existiert hatten. In den Jahrtausenden vor der Schwarzmeer-Überflutung findet sich überall, von Palästina bis nach Europa hinein, dieselbe Symbolik.

Neil Roberts brachte die Teilnehmer des Symposiums von Ankara vor allem deswegen nach Çatal Hüyük, damit sie sehen konnten, was Hodder inzwischen freigelegt hatte und wie sorgfältig man versuchte, die verfallenden Wände mit ihren farbenfrohen Malereien zu konservieren. Hier vor Ort wurde Ryan auch zum erstenmal bewußt, daß Çatal Hüyük eigentlich aus zwei Siedlungshügeln bestand: Der größere Osthügel war in der frühen Jungsteinzeit bewohnt gewesen, während der kleinere Westhügel die Bauhorizonte aus der späteren Jungsteinzeit und aus der Bronzezeit enthielt. Mellaart hatte die oberste Schicht des älteren Hügels auf 6200 v. Chr. datiert; nichts deutete darauf hin, daß seine Bewohner etwa durch eine Brandkatastrophe oder einen Angriff gezwungen waren, ihn aufzugeben. Zwischen denen, die Çatal-Hüyük-Ost verlassen, und denen, die Çatal-Hüyük-West begründet hatten, klaffte eine Zeitlücke von einigen Jahrhunderten.

Diese Lücke erinnerte Ryan an jene anderen Zäsuren, die Andrew Moore in Abu Hureira und Kay Kenyon in Jericho festgestellt hatten, wenngleich beide erheblich früher lagen, nämlich in der zweiten Hälfte der Jüngeren Dryaszeit. Damals hatte sich das Klima durch die Trockenheit so sehr verschlechtert, daß die Natoufien-Menschen ihre Dörfer aufgeben mußten. Jetzt sah es so aus, als sei die Aufgabe von Çatal Hüyük – obwohl viel später – aus einem ähnlichen Grund erfolgt.

Ein wissenschaftliches Bohrprojekt im Eisschild Grönlands[310] hat der Forschung eine bemerkenswerte Klima-Chronologie eröffnet, die sich über 100 000 Jahre in die Vergangenheit erstreckt: In rund 80 Metern Tiefe verwandelt sich der fest gepackte, körnige Firnschnee in Eis.[311] Bei dieser Umwandlung werden winzige Mengen arktischer Luft aus der Zeit des jeweiligen Schneefalls in kleine Blasen eingeschlossen. Das Eis und seine Luftbläschen sind für den Wissenschaftler sehr aufschlußreich, da der Eisschild die Schneefälle von mindestens eintausend Jahrhunderten konserviert: Sie bilden ein Kalendarium der Niederschläge, der Temperaturen und der Luftzusammensetzung, wie es auf der Welt kein zweites gibt. Zum Beispiel läßt sich die starke Abkühlung während der Jüngeren Dryaszeit mit bemerkenswerter Genauigkeit von diesem polaren Kalender ablesen.

Im Sommer 1992 ließ ein europäisches Konsortium 150 Tonnen Ausrüstung auf das Dach Grönlands fliegen.[312] Mehr als 3000 Meter über dem Meeresspiegel wurde ein Camp eingerichtet, von dem aus der 3 Kilometer dicken Eisdecke Bohrkerne von 20 Zentimeter Durchmesser entnommen werden sollten. Im folgenden Jahr gesellte sich noch ein amerikanisches Team dazu, um eine Parallelbohrung vorzunehmen.[313] Zusätzlich zur Bestimmung der früheren Lufttemperaturen anhand der Eistemperatur und der Konzentration schwerer Sauerstoff-Isotope in bestimmten Tiefen konnten die Glaziologen nun auch die winzigen Blasen alter Luft aus dem Eis extrahieren und ihren Methangehalt messen.[314] Methan (Sumpfgas) ist ein Indikator für die Aktivität der irdischen Biosphäre, insbesondere der Feuchtgebiete; bei feucht-warmem Klima steigt sein Anteil in der Atmosphäre, bei trockenem und kaltem sinkt er. Sämtliche Methan-Messungen ergaben, daß es neben der Jüngeren Dryaszeit noch eine zweite Mini-Eiszeit gegeben hatte. Indem sie die einzelnen Eisschichten wie Jahresringe abzählten – je nach der Jahreszeit des Schneefalls sind die Eiskristalle größer oder kleiner –, konnten die Polarwissenschaftler genau ihren Anfang und ihre Dauer bestimmen: Der Kälteeinbruch war 6200 v. Chr. erfolgt – also etwa zu der Zeit, als Çatal-Hüyük verlassen wurde – und hatte fast 400 Jahre gedauert.[315] Der Rückgang des Methans in der Atmosphäre hatte 90 Prozent des Wertes der Jüngeren Dryaszeit erreicht; somit konnte man durchaus von einer kleinen Eiszeit sprechen. Die Abkühlung und Trockenheit am Pol ließ sich sogar noch am afrikanischen Viktoria-See nachweisen, dessen Wasserspiegel in dieser Zeit schlagartig gesunken war.[316]

Ryan dachte viel über diese jüngere Kältephase nach, und während der Besichtigung von Çatal-Hüyük diskutierte er sie mit Martine Rossignol-Strick, einer Palynologin. Palynologen untersuchen fossile Blütenpollen, Sporen etc. aus dem Schichtprofil von Torfmooren, Teich- und Meeresböden, um aus dem so ermittelten Artenspektrum und der Häufigkeit der Arten im jeweiligen prähistorischen Ökosystem auf frühere Klimaverhältnisse zurückzuschließen. Rossignol-Strick hatte sich intensiv mit der Vorgeschichte Palästinas befaßt: Stück für Stück hatte sie die Pflanzenwelt im Gebiet des See Genezareth während der letzten Jahrtausende vor Christus zu rekonstruieren versucht.

Vor kurzem hatte sie eine Zusammenstellung aller Pollenanalysen aus den Seen und Sümpfen in Griechenland, der Türkei, Syrien, Israel, dem Irak und dem Iran veröffentlicht[317] und die Pollen-Chronik der Klimaveränderungen mit der als zuverlässiger geltenden C-14-Datierung von Meeressedimenten abgestimmt. Sie fragte Ryan, ob er über Schwarzmeer-Pollenanalysen der jüngsten Mini-Eiszeit verfüge. Er wußte, daß sowohl Russen wie auch Bulgaren solche Untersuchungen durchgeführt hatten, doch da ihre Sedimentproben dem flachen Bereich des Festlandsockels entstammten, gab es keine Daten aus der Zeit der jüngsten trocken-kalten Klimaphase: Das Schelf war damals trockengefallen. Auswertbare Pollenablagerungen können sich nur in Gewässern ausbilden, weil die Pollen dort – von Witterungseinflüssen und anderen Störungen unbehelligt – absinken und in der richtigen chronologischen Reihenfolge in die Sedimentschichtung eingebettet werden. Die Botanikerin ließ sich davon nicht entmutigen. Sie sagte, sie hätte berufliche Kontakte nach Osteuropa und wolle der Sache einmal nachgehen.

Anfang Oktober 1997 lag ein dicker Umschlag in Ryans Postfach am Institut. Er enthielt Pollendiagramme, die bulgarische Wissenschaftler zusammengestellt hatten,[318] sowie eine Kopie eines Begleitschreibens[319] an Martine Rossignol-Strick. Der Brief erläuterte, daß der Übergang von der Eiszeit zur heutigen zwischeneiszeitlichen Wärmeperiode in Bulgarien bislang stets an der Ausbreitung der Wälder – vor allem an der zunehmenden Häufigkeit der Eichenpollen – und am Rückgang der Steppengräser wie Gänsefuß und Wermut[320] festgemacht worden sei. Eine von den Pollenbestimmungen und -zählungen unabhängige Datierung des Klimawechsels sei in Bulgarien – bis zu dem Forschungsprojekt, dessen Ergebnisse man ihr hier schicke – nie vorgenommen worden. Der Übergang sei bisher immer auf 10 000 Jahre vor der Gegenwart angesetzt worden, denn zu dieser Zeit hatten sich die Eichen im übrigen Europa ausgebreitet.[321]

Die Diagramme in dem Umschlag zeigten die Veränderung der bulgarischen Pflanzenwelt, wie sie sich aus den Pollen in verschiedenen Sedimentschichten rekonstruieren ließ. Die Pollenproben stammten aus Bohrkernen, die im Schwarzen Meer aus großer Tiefe heraufgeholt worden waren; so konnte man sicher sein, daß sie während der teilweisen Austrocknung nie oberhalb des Wasserspiegels gelegen hatten. Das Auftauchen der Eiche – dicht gefolgt von Haselnuß, Ulme, Buche, Erle und Birke[322] – war in den Diagrammen gar nicht zu übersehen. Der Wechsel von trocken-kalt zu feucht-warm hatte an der bulgarischen Küste nicht, wie bisher angenommen, vor 10 000 Jahren stattgefunden: Die C-14-Datierungen der bulgarischen Bohrkerne zeigten, daß die Ausbreitung der Laubwälder erst vor 7500 Jahren eingesetzt hatte. Bis dahin hatte sich die Vegetation seit dem Beginn der Jüngeren Dryaszeit nicht verändert. Der Festlandsockel, der vor der Überflutung aus dem schrumpfenden Binnenmeer aufgetaucht war, war nicht waldbedeckt, wie Andrew Sherratt angenommen hatte, sondern eine grasbewachsene Steppe. Ein paar Weiden und Erlen dürften wohl die Ufer der nie versiegenden Flüsse gesäumt haben, die, vom Balkan kommend, durch die weiten Küstenebenen flossen, doch Eiche, Ulme, Buche und Birke hatten das Land erst viel später erobert. Das Ganze dürfte ähnlich ausgesehen haben wie die Konya-Ebene in Anatolien zur Zeit von Çatal Hüyük, bevor die Siedlung verlassen wurde. Der Schwarzmeer-See lag allerdings 900 Meter tiefer als Çatal Hüyük. Die Abkühlung um vermutlich gut 4 °C, die mit der jüngst entdeckten Mini-Eiszeit einherging und im späten 7. Jahrtausend v. Chr. begann, wäre durch den Höhenunterschied zwischen dem riesigen Gewässer und der Anatolischen Hochebene mehr als ausgeglichen worden. Das Schwarze Binnenmeer bot den Gräsern und Getreidearten, die in ihren bisherigen Lebensräumen durch Kälte und Trockenheit zugrunde gingen, höhere Temperaturen und ganzjährig wasserführende Flußtäler.

Wie ihre Natoufien-Ahnen, die von der Kälte und Trockenheit der Jüngeren Dryaszeit aus Abu Hureira und Jericho vertrieben worden waren, sahen sich die neolithischen Bauern durch diese zweite Mini-Eiszeit gezwungen, die Anatolische Hochebene zu verlassen. Bevor Andrew Moore Abu Hureira ausgrub, hatte er 1969 in der Levante gearbeitet, wo er feststellte, daß die Epoche des Ackerbaus auch hier durch eine Abwanderung unterbrochen wurde. Die Belege, die er dafür an Ausgrabungsstätten fand, beeindruckten ihn, und obwohl er sich innerlich gegen die Vorstellung sträubte, daß diese Gegend jahrhundertelang so gut wie menschenleer gewesen sein sollte, schrieb er: »Die archäologischen Befunde legen diese Schlußfolgerung nahe.«[323] Den C-14-Datierungen zufolge fiel diese zweite Auswanderung aus Palästina etwa in die Zeit, zu der Çatal Hüyük aufgegeben wurde. Beide Ereignisse fanden während der zweiten Mini-Eiszeit statt, die der Überflutung des Schwarzen Binnenmeeres vorausging.

Obwohl sich Pitmans und Ryans Hypothese, daß das Schwarze Meer Pumpellys und Childes »Oase« war, lediglich auf Indizienbeweise stützte – zumal auf Indizien, die andere Leute gesammelt hatten und die mit Geologie nicht viel zu tun hatten –, waren sie zuversichtlich: Das riesige Gewässer war in ihren Augen geradezu prädestiniert als Zufluchtsort. Durch seine Lage unter dem Niveau der Weltmeere blieb es warm, als es an den Gebirgshängen des Fruchtbaren Halbmonds, im Hochland des Negev und auf der Anatolischen Hochebene immer kälter wurde. Und als die Seen überall zu lebensfeindlichen Salztümpeln und Sümpfen schrumpften und selbst die Quelle von Jericho versiegte, enthielt es immer noch riesige Süßwassermengen. Wassernachschub aus den Gebirgen des Balkan, aus den Alpen und dem Kaukasus ließen seine Zuflüsse das ganze Jahr über nicht versiegen, auch als der Euphrat Abu Hureira schon nicht mehr erreichte. Unter den Pollen vom Grund des gigantischen Sees fanden sich auch solche von Getreide und Hülsenfrüchten, allerdings ließ sich allein anhand der Pollengröße und -gestalt nicht entscheiden, ob sie von wilden oder domestizierten Sorten stammen.

Im November 1997 erhielt die These von der Oase im Norden neuen Auftrieb. Pflanzengenetiker verkündeten eine Übereinstimmung bei der DNA des ersten domestizierten Einkorns aus den ältesten Ackerbausiedlungen (*Triticum monococcum*, Unterart *monococcum*) mit einer wildwachsenden Art, die heute in Anatolien vorkommt (*Triticum monococcum*, Unterart *boeoticum*).[324] Diese enge genetische Verwandtschaft kam für alle Fachleute unerwartet:[325] Sie hatten fest mit der Bestätigung gerechnet, daß die Wiege des Ackerbaus im Süden lag. Allerdings hatte auch niemand die gerade erst ins Blickfeld tretende zweite Mini-Eiszeit einkalkulieren können.

All die Indizien, die bei dem Symposium in Ankara und bei den anschließenden Debatten auftauchten, sprachen in der Tat dafür, daß die Bewohner der östlichen Mittelmeerregion, die später Zeugen der Schwarzmeerflut werden und vor der Überschwemmung aus ihrer neuen Heimat flüchten sollten, zum Teil bereits Kleinstädter waren und die Kulturtechniken des Pflügens, Säens, Erntens und der Tierzucht beherrschten. Möglicherweise versuchten sie sich sogar schon an der Umlenkung von Flußwasser, also an ersten künstlichen Bewässerungssystemen. Sicher waren unter ihnen viele Handwerker – Maurer, Zimmerleute, Maler, Bildhauer, Korbflechter, Lederverarbeiter, Schmuckhersteller, Töpfer und Totengräber –, denn die Güter wurden nicht nur für den Eigenbedarf, sondern auch für den Handel mit anderen Kommunen in der Levante und vielleicht auch in Osteuropa hergestellt, wie schon Gordon Childe vermutet hatte. Es dürfte eine politische und soziale Struktur gegeben haben, bei der eine Gesellschaftsgruppe administrative Aufgaben übernahm, eine weitere körperliche Arbeit leistete und wieder andere, etwa Schamanen, religiöse und magische Rituale ausführten und sogar Hirnoperationen vornahmen. Die Menschen litten an Krankheiten, etwa an Malaria und Arthritis,[326] und ihre durchschnittliche Lebenserwartung lag nicht einmal bei dreißig Jahren, obwohl einige auch ihre Sechziger erreichten. Man darf wohl vermuten, daß sie angesichts einer drastischen Umwälzung in ihrer Umwelt – genau wie ihre Natoufien-Ahnen Tausende von Jahren zuvor – in der Lage waren, rechtzeitig ihre Besitztümer einzupacken und sich samt ihren Kenntnissen, Techniken und kulturellen Errungenschaften eine neue Heimat zu suchen.

Kapitel 17 –
Wohin sie gingen

Als der Ozean vor 7600 Jahren durch den Bosporus brach, trennte er Anatolien so gewaltsam von Europa, daß es Jahre gedauert haben dürfte, ehe jemand eine Überfahrt wagte. Und der schneebedeckte Kaukasus an der Ostseite des Schwarzen Meeres bildete ebenfalls ein beträchtliches Hindernis. Abgesehen von den Flüchtlingen, die das Risiko einer Seereise eingingen, werden die Menschen im Norden und Westen des ansteigenden Meeres daher wahrscheinlich nach Europa und in die Ukraine gezogen sein, während die an der Südseite nach Anatolien und darüber hinaus flohen.

Am Nord- und Westufer führen etliche große Flüsse – Donau, Dnjestr, Bug, Dnjepr und Don – durch breite Täler weit ins Innere Europas und in die russischen Steppen, wo die eiszeitlichen Winde üppige Lößböden hinterlassen haben. Diese Flußtäler boten sich als Lebensadern geradezu an, nicht nur unmittelbar als Fluchtwege, um dem drohenden Untergang zu entgehen, sondern auch als Reiserouten in neue Siedlungsgebiete. Wer nach den Anzeichen für Wanderbewegungen sucht, tut gut daran, an den Wasserstraßen anzufangen.

Im Jahre 1908 entdeckte ein jugoslawischer Prähistoriker namens Miloje Vasić die Reste einer alten menschlichen Ansiedlung, die etwa 15 Kilometer unterhalb Belgrads aus der Ostböschung der Donau herausragten. Die Formation, die mit Knochen, Steinwerkzeugen und Tonscherben gespickt war, hatte eine Dicke von knapp zehn Metern.[327] In ihr stieß er auf zwei klar unterscheidbare, verschieden alte Kulturen. Zwanzig Jahre lang sichtete er die einzelnen Schichten. Die Archäologen, die ihn besuchten und sich die von ihm gehobenen Schätze zeigen ließen, bat er um Hilfe bei der Einordnung der Artefakte in einen größeren Zusammenhang, in den Kontext anderer Funde, die an verschiedenen Stellen in Rumänien und Ungarn ans Licht gekommen waren. Viele der Kostbarkeiten stellte er in einem kleinen Museum aus, damit die Menschen aus der Gegend ihr Erbe in Augenschein nehmen konnten.

Eines der Völker, auf die Vasić 1908 gestoßen war, die Vinča, hatte eine Terrasse über der Donau bewohnt, die auch Childe mit seinem Reisegefährten 1926 besuchen sollte. Für Vasić war klar, daß die Vinča sich auf den verlassenen Ruinen einer älteren Kultur angesiedelt hatten. Die Vinča, die sehr schöne Häuser aus Flechtwerk und Lehm errichteten und Töpferwaren mit feiner Ritzornamentik herstellten, waren innerhalb von 150 Jahren nach der Flut urplötzlich auf den bulgarischen Ebenen erschienen, siedelten aber auch an den Flußufern im Süden des Ungarischen Tieflands und weit im Süden, so im Gebirgstal des Vardar-Flusses in Mazedonien. Sie legten sorgfältig geplante, ganzjährig bewohnte Dörfer auf eingeebnetem Boden an, die von Straßen durchzogen waren und deren Häuser in parallelen Reihen angeordnet waren. Anders als ihre Vorgänger auf der Donauterrasse blieben sie über viele Generationen an derselben Stelle; das jeweils neue Dorf wurde über den Resten des alten errichtet. Die Fußböden ihrer Wohnstätten verputzten sie mit weißem Lehm. Die Häuser selbst waren nicht aus Lehmziegeln erbaut, sondern aus behauenen Holzpfosten konstruiert, zwischen denen geflochtenes Zweigwerk, mit einer dicken Lehmschicht abgedichtet, die Wände bildete. Ausgrabungen haben Weihestätten ans Licht gebracht, deren Wandpfosten Bukranien, verzierte Stierköpfe, trugen – genau wie im anatolischen Çatal Hüyük.

Vasić konnte zwischen der Vinča-Kultur und ihren Vorgängern in den darunterliegenden Schichten keinen Zusammenhang entdecken; er hielt die Vinča für Fremdlinge, die sich an einer aufgegebenen Stätte niedergelassen hatten. Ihre Kunst und ihre Töpfereien waren so außergewöhnlich und standen in einem so starken Kontrast zu den Produkten der früheren Bewohner, daß Vasić die Stelle irrtümlich für ein »Zentrum der ägäischen Zivilisation« während des 2. vorchristlichen Jahrtausends hielt.[328]

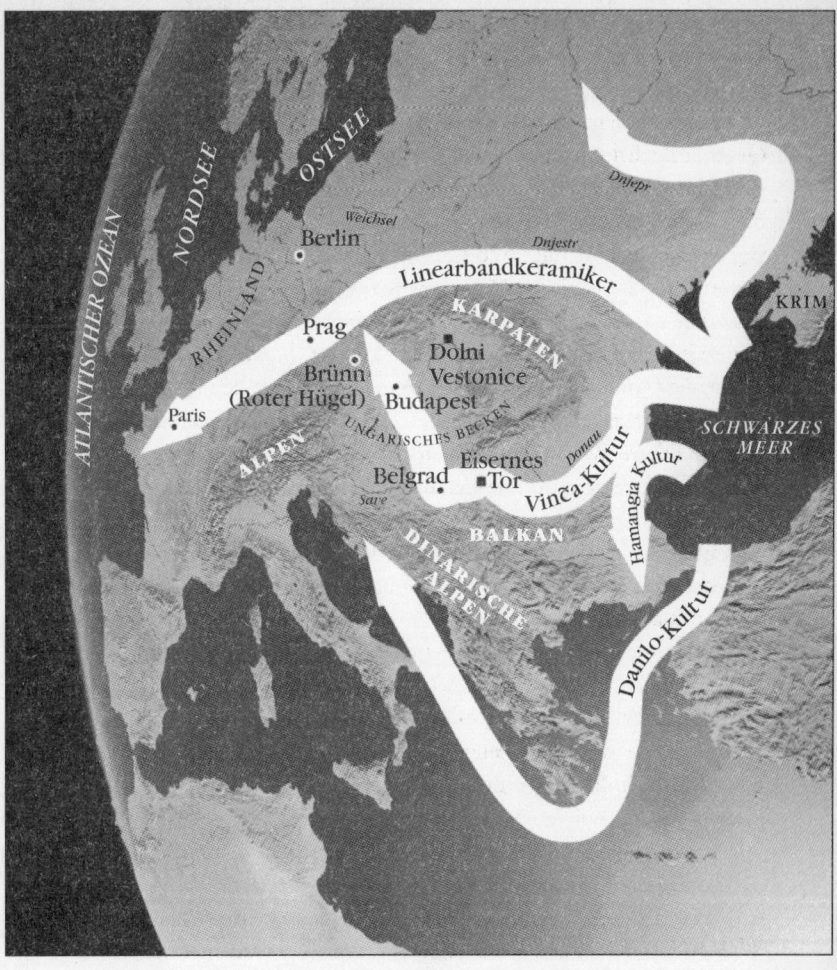

Mutmaßliche Völkerwanderung nach Westen und Nordwesten infolge der Überflutung des Schwarzen Meeres

Merkwürdigerweise liegen alle Siedlungsplätze der Vinča weit vom Meer entfernt. Lediglich mitten in Europa, im Ungarischen Tiefland, das von einem Ring schützender Gebirgsketten umgeben ist, ließen sie sich in Bereichen nieder, die weniger als 100 Meter über dem Meeresspiegel lagen. Hatten sie womöglich die Flutkatastrophe erlebt und fürchteten seither das Meer?

Ungefähr zur selben Zeit wie die Vinča tauchte eine andere Gruppe von Ackerbauern in Europa auf, die sogenannten Linearbandkeramiker (LBK), deren Name von der Ornamentik ihrer Töpfergefäße herrührt.[329] Sie breiteten sich schnell in einem breiten Bogen vom Dnjestr über Nordeuropa bis ins Pariser Becken aus und verdrängten die eingeborenen Sammler und Jäger. Etliche Experten sind der Ansicht, die Ausbreitung dieser Ackerbau-Kultur entlang des Bogens habe sich in einer derart kurzen Zeitspanne abgespielt, daß Anfang und Ende mit den derzeitigen Radiokarbon-Messungen nicht auseinanderzuhalten seien.[330] Diese Menschen brachten einen Baustil mit, wie man ihn in Europa noch nicht gesehen hatte: die Langhaus-Architektur. Die mächtigen, bis zu 45 Meter langen Gebäude[331] bestanden überwiegend aus Holz und gruppierten sich zu kleinen Dörfern, allesamt auf fruchtbarem Lößboden, der von den himmelverfinsternden Sandstürmen der letzten Eiszeit angeweht worden war. Jahrtausendelang waren diese Häuser die größten freistehenden Gebäude der Welt.[332] In der Abkehr vom früheren Lehmziegelhaus, wie es in Anatolien und Griechenland üblich war, spiegelt sich möglicherweise die bessere Verfügbarkeit von Holz, aber auch der Zwang, nach dem Verlassen der trockenen Schwarzmeersenke eine dem feuchteren Klima Mitteleuropas angemessene Baumethode zu entwickeln.

Wie der Name schon verrät, waren die Töpferwaren der Linearbandkeramiker fast ausschließlich mit eingeritzten parallelen Kerben und Bändern aus gepunkteten Linien dekoriert, die Spiralen, Wellen, konzentrische Rechtecke und andere geometrische Muster bildeten und so gut wie nie eingefärbt waren. In der Abwesenheit von Pigmenten mag sich die Herkunft dieser Leute widerspiegeln: In den Flußtälern am Schwarzen Binnenmeer etwa kommen solche Mineralien, aus denen sich Farben herstellen lassen, nicht vor.[333]

Ein wirklich erstaunlicher Aspekt der LBK besteht in der Einheitlichkeit nicht nur dieses Keramikdesigns, sondern auch der

Steinwerkzeuge, der Dorfanlagen, der Hausformen, der Bestattungsgewohnheiten und der Wirtschaftsweise überall in dem riesigen Gebiet, in dem diese Leute auftauchten. Experten für belgische LBK-Töpferei können zum Beispiel einer gemusterten Tonscherbe nicht ansehen, ob sie aus dem fernen Moldawien oder aus dem benachbarten Frankreich stammt. Auch die domestizierten Pflanzen und Tiere, deren Überreste man in den Dörfern fand, zeigen praktisch keine Unterschiede – und das in einem Gebiet, das sich über fast 2000 Kilometer erstreckt. Das legt den Gedanken nahe, daß sich die Linearbandkeramiker – woher auch immer sie stammten – unglaublich rasch ausgebreitet haben.[334]

Um so größer erscheint die deutliche kulturelle Lücke, die zwischen den LBK-Siedlern und den Sammlern und Jägern klafft, die zuvor im dünn besiedelten Europa gelebt hatten. Die Neuankömmlinge absorbierten diese Einheimischen entweder, oder sie löschten sie aus. An den Rändern ihres Expansionsgebiets finden sich vereinzelt befestigte LBK-Anlagen, und dazwischen erstreckt sich Niemandsland, in dem man keinerlei Belege für eine zeitgleich weiterlebende Sammler- und Jägerkultur fand. Die explosionsartige Ausbreitung von Ost nach West – den Dnjestr und die Weichsel hinauf und durch das Rheinland bis in das Tal der Seine – wird neuerdings als echte Masseneinwanderung angesehen, die fast schon Invasion zu nennen ist.[335]

Wie die Vinča ließen sich auch die Linearbandkeramiker nie dauerhaft an einer Meeresküste nieder;[336] selbst von den fruchtbaren Küstenzonen Nordeuropas hielten sie sich fern. Ebensowenig besiedelten sie nach der Flut die neue Küste des Schwarzen Meeres, die sich durch die Türkei, Bulgarien, Rumänien, Moldawien, die Ukraine und Rußland erstreckt. Eine Folge traumatischer Erfahrungen der Menschen, die von einer Flut flußaufwärts getrieben worden waren und nun fürchteten, daß die Schlünde der Tiefe erneut Wasser hervorspeien würden?

Zeitgleich mit den Vinča und den Linearbandkeramikern siedelten sich in der Mitte des 6. vorchristlichen Jahrtausends Menschen auf alten, verlassenen Wohnstätten in den fruchtbaren Gebirgstälern an, die auf die dalmatinische Adriaküste zulaufen.[337] Doch auch diese sogenannte Danilo-Kultur mied die Küste selbst. Die Archäologin Marija Gimbutas vertrat die Ansicht, daß sie irgendwoher aus dem Südosten gekommen waren. Durch ihre strategisch günstige Position im seewärtigen Teil des Neretva-Tals bildeten die Danilo-Menschen ein Glied in der Handelskette zwischen der Adria und den Gebirgstälern im Osten, wie es auch eine ihnen eng verwandte weitere Gruppe von Neuankömmlingen tat, die Butmir, die in der Gegend um Sarajewo siedelten. Über diese Verbindung wurden Klappermuscheln (*Spondylus*) quer durch den Balkan zu dessen Schwarzmeerseite hin exportiert; Obsidian wurde aus Italien importiert und möglicherweise auch Salz aus so weit entfernten Gebieten wie dem südlichen Polen. Die Tongefäße der Danilo-Kultur waren handwerklich anspruchsvoll und wunderbar mit üppigen Mustern verziert: etwa mit Zickzacklinien, Spiralen, Wellen, ineinandergreifenden S-Formen und anderen geometrischen Figuren, die manchmal in schwarz und rot auf weißen Grund gemalt waren, aber auch eingeritzt wurden. Aus der Danilo-Kultur stammt auch ein berühmtes Gefäß, das mit einem Schiff mit Masten und Takelage geschmückt ist und etwa 4000 v. Chr. angefertigt wurde.[338]

Ebenfalls aus dem Nichts schienen die Hamangia-Leute zu kommen, die sich im bulgarischen Küstenland niederließen. Von ihnen besitzen wir zwei faszinierende, ausgesprochen modern wirkende Figuren aus dem frühen 5. Jahrtausend vor Christus, die zusammen in einem Grab gefunden wurden. Die eine – »der Denker« – stellt einen Mann dar, der auf einem niedrigen Schemel sitzt und dabei die Ellbogen auf die Knie und den Kopf in die Hände stützt.[339] Die andere Figur zeigt eine Frau, die auf dem Boden sitzt; sie hat ein Bein vor sich ausgestreckt, während auf dem anderen, angewinkelten, ihre Hände ruhen. Die beiden Figurinen drücken einen Zustand der Ruhe und Nachdenklichkeit aus, der in krassem Kontrast zu früheren Stilen steht. Als man zum erstenmal auf die Hamangia-Kultur stieß, wurde wegen ihrer außergewöhnlichen Plastiken, aber auch wegen ihrer Marmorverarbeitung und des Gebrauchs von Klappermuschelschalen gemutmaßt, ihre Vertreter seien aus der

Levante oder einem anderen Teil Südwestasiens eingewandert. Aber vielleicht stammten sie ja von der Krim oder gar vom Südrand des Schwarzen Binnenmeeres und hatten die Reise nach Westen auf dem Seeweg hinter sich gebracht. Denn wie es scheint, ist dies die einzige Einwanderergruppe, die bereit war, sich nahe am Meer niederzulassen.

All diese Menschengruppen erschienen kurz nach der Flut in Europa. Alle werden als Außenseiter beschrieben,[340] als Leute, die geraume Entfernungen zurücklegten, obwohl dies bei manchen Archäologen umstritten ist. Alle waren kulturell weiter entwickelt als diejenigen, die sie verdrängten. Vielleicht ist es kein Zufall, daß in Europa in der Mitte des 6. vorchristlichen Jahrtausends mit Macht der Übergang in ein, wie Childe und Gimbutas es nannten, »goldenes Zeitalter« einsetzte. Dieser Übergang, so Marija Gimbutas, »führte viele Gelehrte in der Vergangenheit zu der Annahme, daß ganze Kolonistenwellen durch den Balkan [nach Europa] hereingebrochen waren. Ihre Herkunft vermutete man entweder in Anatolien oder im östlichen Mittelmeerraum.«[341] Oder an den Rändern des Schwarzen Meeres, möchten wir vorschlagen. Von hier strömten Menschen mit neuen Ideen und Techniken nach Südosteuropa, die dem Vorhandenen neue Impulse verliehen und diese Region in den nächsten Jahrhunderten auf eine neue Entwicklungsstufe hoben.

Der Handel erreichte eine ungekannte Blüte, was vielleicht darauf zurückging, daß die Einwanderer am Rand eines gewaltigen Binnenmeeres gelebt und dort schon seit Generationen entlang der Küste Seehandel betrieben hatten. Der umfassende Warenverkehr wiederum regte die Produktion von geeigneten Gütern an, besonders solcher aus Kupfer, was den Tauschhandel erneut intensivierte. Äxte, Halsketten, Ringe, Armbänder und Anhänger aus diesem nachgiebigen, leicht formbaren Material fanden sich an Flußufern von der Adria bis zum Kaspischen Meer.

Vielleicht war es also lediglich der durch eine große Flut erzwungene Exodus relativ weit entwickelter Volksgruppen aus einem großen Schmelztiegel, der dem frühen Europa den Schub in ein »goldenes Zeitalter« gab.

Einen Exodus der Schwarzmeer-Anrainer nach Süden muß man sich wohl ganz anders vorstellen, denn der offene Küstenstreifen des Binnenmeeres war im Süden und Osten bedeutend schmaler als anderswo. Er wurde von Gebirgen begrenzt, deren Flüsse meist sehr starke Strömungen hatten und als Transportwege für nennenswerte Distanzen ungeeignet waren. Sie führten zu einer Wasserscheide auf der offenen und trockenen Anatolischen Hochebene, die zudem bereits bewohnt war. Die Bevölkerungsdichte hatte aufgrund der schlechten Klimaverhältnisse in der zweiten Mini-Eiszeit möglicherweise bereits das erträgliche Maß erreicht. Die Auswirkungen der zweiten trockenen Kälteperiode scheinen im Süden und Osten besonders hart gewesen zu sein – viele Dörfer Anatoliens und der Levante waren aufgegeben worden.

Doch diese kalte Dürreperiode endete rund 200 Jahre vor der Flut, und als sich die klimatischen Verhältnisse in der Levante, in Nord-Mesopotamien und in Anatolien wieder besserten, könnten durchaus einige kleinere Gruppen aus dem Schwarzmeerbecken ausgewandert sein, um die verlassenen Ortschaften in der nun wieder lebensfreundlichen Landschaft zu besetzen.

Als die Flut als solche nicht mehr in Frage stand, aber ihre Auswirkungen auf die Menschen noch völlig ungeklärt waren, hatten William Ryan und Walter Pitman auf der Suche nach archäologischen Flut-Indizien über ihre offenen Fragen mit dem renommierten Archäologen Ralph Solecki diskutiert. Der emeritierte Professor der Columbia University hatte sich auch ausführlich mit Geologie befaßt und war höchst kundig, was eiszeitliche und nacheiszeitliche Landschaften und Klimaverhältnisse anging. Auf der Suche nach Zeugnissen der frühen Menschen hatte er Höhlen und Flußbetten in der Türkei und im Iran erforscht.

Solecki erläuterte, daß ein Archäologe, der Anzeichen für große Populationsbewegungen sucht, nach hastig errichteten Mauern um Ansiedlungen Ausschau hält: Wenn die Ressourcen eines Dorfes begrenzt waren und sich die Bewohner von Nachbarn oder Fremden bedroht fühlten, war es naheliegend, Befestigungsanlagen zu bauen. In friedlichen Zeiten würden sie solche Anlagen dagegen eher vernachlässigen und verfallen lassen. Er ergänzte, daß Hinweise auf kriegerische Verhältnisse in den Zeugnissen des jungsteinzeitlichen Südwestasien auffällig fehlten – seine Kollegen, die Ausgrabungen im Irak und Iran, in Syrien und Jordanien durchführten, berichteten vielmehr von Indizien für eine friedliche Koexistenz. Sie hatten Dörfer ohne Schutzwälle und ohne Verteidigungswaffen freigelegt, und von den Hunderten von Skeletten, die untersucht wurden, wiesen nur wenige Verletzungen auf, die auf kriegerische Auseinandersetzungen zurückgingen. Eine rätselhafte Ausnahme bildete allerdings die große Steinmauer aus dem 10. Jahrtausend v. Chr., die Kay Kenyon in den untersten Schichten von Jericho gefunden hatte. Manche Fachleute sahen ihren Zweck allerdings eher im Bereich des Hochwasserschutzes als in der Verteidigung.

Gegen Mitte des 6. vorchristlichen Jahrtausends tauchen weitere Ausnahmen auf. In dem Grabungshügel von Hacılar in West-Anatolien hatte James Mellaart 1957 Teile einer Befestigungsanlage freigelegt.[342] Sie gehörte in die letzte Phase einer Siedlung, deren Fundamente 1500 Jahre vor der Schwarzmeerflut gelegt worden waren. Wie in Çatal Hüyük gab es auch in Hacılar eine Besiedlungslücke während des Kälteeinbruchs im späten 7. Jahrtausend v. Chr.; anschließend war die Ortschaft dann für Jahrhunderte wieder durchgängig bewohnt. In dieser Zeit schufen die Handwerker kunstvoll bemalte Tongefäße, die in Stil und Herstellung deutlich höher entwickelt waren als sämtliche anderen Töpferwaren im gesamten Nahen Osten. Fantastische Figuren, zusammengesetzt aus Kurvenlinien, mit roter Farbe auf cremefarbenen Grund gemalt, künden von einer neuen Technik, welche die Künstler entweder aus ihrer ursprünglichen Heimat mitbrachten oder von anderen Klimaflüchtlingen erlernten.

Mellaart hatte in Hacılar fünf Bebauungshorizonte oberhalb der Lücke freigelegt.[343] Sie enthüllten eine zusammenhängende kulturelle Entwicklung bis zu einer Störung, die praktisch auf der Oberfläche des Hügels zutage trat. Hier tauchten auch zum erstenmal Befestigungsanlagen auf. Sie befanden sich direkt unterhalb der Störung in einem Teil der Siedlung, der vom übrigen Ort abge-

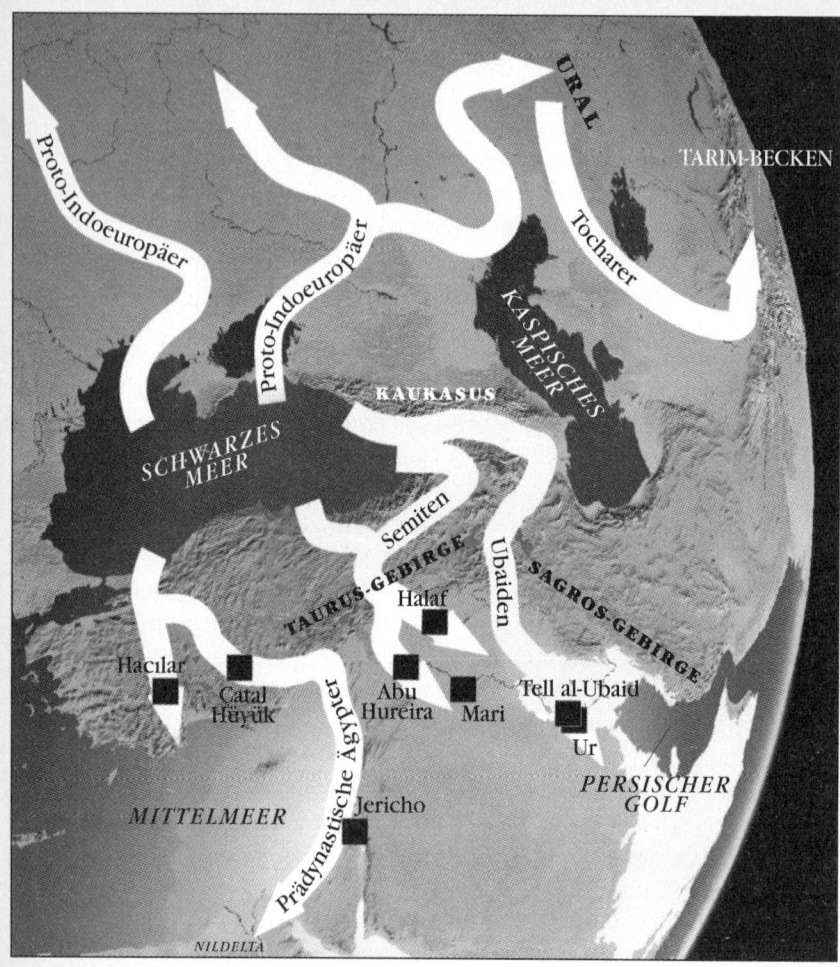

Mutmaßliche Völkerwanderung nach Norden (Osteuropa), Osten (Asien) und Süden (Levante, Ägypten und Mesopotamien)

trennt und von einer Wehrmauer umgeben war, die nicht nur Wohnhäuser, sondern auch einen großen Getreidesilo, einen Brunnen, eine Töpferwerkstatt und einen Altar schützte; das Ganze war also eine Zitadelle für den Fall einer Belagerung. Der Brennofen der Töpferei dürfte genutzt worden sein, um harte Lehmkugeln zu brennen, die mit Schleudern von den Mauern geschossen wurden.

Die Mauern wurden jedoch kurz nach ihrer Fertigstellung zerstört, und die Eindringlinge bauten auf den Ruinen eine neue Wehranlage. Darin fand sich Erstaunliches. Mellaart schrieb: »Die beträchtlichen Veränderungen in den bemalten Tongefäßen ... weisen auf Neuankömmlinge mit anderen Techniken und Traditionen hin.«[344] Mellaarts C-14-Datierungen zufolge scheint Hacılar etwa im Zeitraum der Schwarzmeerflut erstürmt worden zu sein. Es ist denkbar, daß die Eroberer von der Flut aus dem Norden vertrieben worden waren und dringend Nahrung und Unterschlupf brauchten.

Der Flickenteppich aus Küstenlandschaften, trockenen Steppen und fruchtbaren Flußtälern in der Levante und im nördlichen Teil des Fruchtbaren Halbmonds hatte seit Jahrtausenden Menschen ernährt. Doch während der Mini-Eiszeit gegen Ende des 7. vorchristlichen Jahrtausends waren viele der Täler und Ortschaften wie ausgestorben. Die C-14-Daten, die man bisher aus Grabungen in der Levante erhalten hat, sind in ihrer zeitlichen Auflösung nicht genau genug, um die Abwanderungen und Neubesiedlungen präzise jenen Klimaschwankungen zuzuordnen. Doch daß es zumindest *eine* lange Phase gab, in der das Land – wahrscheinlich aufgrund klimatischer Wechsel – praktisch menschenleer war, dürfte sicher sein. Und trotz der Unschärfe der Daten kann man davon ausgehen, daß ungefähr im Zeitraum der Überflutung etliche der verlassenen Ortschaften wieder besiedelt und neue Dörfer geschaffen wurden, besonders entlang der levantinischen Küste.

Ein Volk namens Halaf (nach dem Tell, in dem man auf seine Spuren stieß) scheint seine ersten, sporadischen Auftritte im frühen 6. Jahrtausend v. Chr., also am Ende der zweiten Mini-Eiszeit, an den äußersten Rändern Nord-Mesopotamiens, in der Nord-Levante sowie in Anatolien gehabt zu haben. Doch auch hier ist die Datierung unsicher. Die Halaf waren Ackerbauern und Hirten, die wunderschöne Töpferwaren herstellten; meist tragen ihre Gefäße detailreiche geometrische Muster.[345] Manche ihrer Bauten waren kuppelförmig, etwa wie Bienenstöcke, und sie bestanden vollständig aus getrocknetem Lehm und Lehmziegeln.[346] Vermutlich dienten sie, für Ratten und andere Schädlinge weitgehend unzugänglich, hauptsächlich zur Lagerung von Nahrungsmitteln.

Manche Forscher sind davon überzeugt, daß die Halaf aus der eingeborenen Bevölkerung hervorgegangen sind; andere sehen ihren Ursprung im Norden, eventuell in Anatolien. Sie könnten durchaus zu denjenigen gehört haben, die aus den Randzonen des Schwarzen Meeres auszuwandern begannen, als sich die klimatischen Bedingungen nach Ende des zweiten Kälteeinbruchs wieder verbesserten. Andrew Moore zufolge gab es in der Mitte des 6. vorchristlichen Jahrtausends an der Küste und in den Küstentälern des Libanon einen erheblichen Zustrom von Ackerbauvölkern. Waren diese Menschen Flutflüchtlinge?

Auch Ägypten erlebte während der Zeit der Schwarzmeer-Überflutung einen schnellen kulturellen und wirtschaftlichen Wandel. Eine neue Art der Feuersteinbearbeitung setzte sich durch – erkennbar hauptsächlich an den doppelseitigen Klingen –, die viel mehr mit der von Çatal Hüyük, Hacilar und Jericho gemeinsam hatte als mit den bisherigen afrikanischen Methoden.[347] Zum erstenmal tauchte jetzt im Niltal die Töpferkunst auf. Plötzlich existierten dort domestizierte Getreidesorten und Tierrassen, die genetisch eng mit den asiatischen verwandt sind.[348] Ebenfalls neu war der Anbau des Getreides auf systematisch mit Nilwasser bewässerten Feldern.

In den letzten Jahren berichteten Archäologen vom plötzlichen Auftauchen fortschrittlicher Ackerbauern am Fluß Rioni im Transkaukasus zwischen dem Schwarzen und dem Kaspischen Meer.[349] Scheinbar ohne Vorbild, ohne erkennbare Vorfahren, ohne regionale Vorgänger erbauten diese eine Stadt aus Lehmziegelgebäuden – von denen einige kuppelförmig waren wie bei den Halaf –[350], und sie legten Felder für Getreide und Hülsenfrüchte an. Sie hoben einfache Bewässerungsgräben aus und benutzten möglicherweise simple Pflüge.[351] Sie lösten die früheren Sammler und Jäger so plötzlich ab, daß die Forscher sie für Einwanderer aus einem anderen Teil des Nahen Ostens halten. Die C-14-Datierung sieht diese Besiedlung des Transkaukasus zeitgleich mit der Ausbreitung der Linearbandkeramik, der Eroberung von Hacılar, der neuen Besiedlung der Levante (besonders der Flußtäler in Palästina), der Einführung domestizierter asiatischer Pflanzen und Tiere in Ägypten – und der Schwarzmeerflut.

Östlich der großen syrisch-arabischen Wüste liegt das legendäre Mesopotamien, das Zweistromland. Es umfaßt die Täler von Euphrat und Tigris sowie das Land zwischen diesen beiden Flüssen und gilt, obgleich extrem trocken, als Wiege der westlichen Zivilisationen. Es ist ein Land der Extreme. Die sanft gewellte Hügellandschaft des Nordens, hier und da von tiefen Wadis (Flußbetten, die nur nach Niederschlägen Wasser führen) durchzogen, geht im Süden in eine flache und unerträglich heiße Schwemmlandebene über. Die enorme Trockenheit des Landes wird allein von den beiden Flüssen gemildert. In der sengenden Hitze des Südens, der dank des Schwemmlandbodens äußerst fruchtbar ist, entstanden die ersten großen Stadtstaaten.

Gespeist aus Quellen anatolischer Gebirge, fließen Euphrat und Tigris in breiten Tälern; die Flußbetten selbst sind zum Teil wie Kanäle tief in die fruchtbaren Terrassen eingeschnitten. Zur Bewässerung der üppigen Gärten, Obstplantagen und Getreidefelder muß das Wasser nach oben gepumpt werden. Außerhalb dieser Talzonen ist das Land beinahe Wüste, und während die Wasserstraßen von grünen Pappelreihen gesäumt sind, sieht man hier nur dürre Tamariskenbüsche. Im Süden verschmelzen die beiden Flüsse in der breiten Schwemmlandebene, durch die sie mit zahllosen Windungen und Nebenarmen zum Meer fließen. Durch die jahrtausendelange Ausbeutung des Bodens und auch durch das zunehmende Eindringen von Salzwasser sind große Teile dieses Landes jedoch unfruchtbar geworden.

Die jährlichen Niederschläge liegen im Norden des Schwemmlands unter 25 cm; im Süden fällt gerade ein Drittel dieser Regenmenge, was Ackerbau ohne künstliche Bewässerung unmöglich macht. Zur Zeit der Flut war das Zweistromland südlich von Bagdad unbewohnt, wenn man von einigen vereinzelten Siedlungen im

Übergangsgebiet am Fuß des Sagros-Gebirges absieht. Die Menschen, die in der Folgezeit in dieses Land kamen, verwandelten es in eine Kornkammer. Unter dem Namen Sumerer bekannt, schufen sie eine der beeindruckendsten Zivilisationen, die die Welt je erlebt hat.

Man nimmt an, daß die ursprüngliche Heimat der Sumerer irgendwo weit im Norden lag. Henry Creswicke Rawlinson, der nach Gemeinsamkeiten ihrer Sprache mit heutigen Sprachen suchte, glaubte, in ihrer Verwendung der Pronomen eine größere Nähe zum Mongolischen und zu den Mandschu-Sprachen zu erkennen als zu anderen asiatischen Sprachfamilien. Einer seiner angesehensten Kollegen[352] wiederum meinte, enge Verbindungen zum Türkischen, Finnischen und Ungarischen entdeckt zu haben. Jean Bottéro, ein zeitgenössischer Assyriologe, der 1987 ein Buch über das Schrifttum der Sumerer und über ihre Gedanken- und Götterwelt verfaßte, konstatierte darin, daß »wir nichts über ihre Herkunft wissen, da sie offenbar alle Verbindungen zu ihrem Herkunftsland abschnitten und von dort, soweit wir wissen, auch nie neue Impulse bekamen.«[353]

Die sumerische Einschätzung ihrer eigenen entfernten Vergangenheit wird in dem Gedicht vom »überaus Klugen« (Atrachasis) erkennbar, in dem die große Flut das Ende der mythologischen und den Beginn der historischen Zeit markiert. Bezeichnenderweise glaubte man, daß sieben Weise, die Fischhäute hatten, aber durchaus von menschlicher Gestalt waren, während der »ersten Tage« aus dem Meer auftauchten.[354] Im *Gilgamesch-Epos* wird diesen Weisen der Bau der Stadtmauern von Uruk zugeschrieben; angeblich brachten sie den Sumerern überhaupt die Errungenschaften der Zivilisation: Bewässerung, Ackerbau und die Bearbeitung von Kupfer, Gold und Silber. Doch die Frage, woher die Sumerer kamen, bleibt unbeantwortet.

In den Jahrtausenden vor der Flut hatten Bauern am Fuß des Taurus- und Sagros-Gebirges gelebt, wo im Winter Regen fiel und Quellen die zahlreichen Flüsse und Bäche speisten – genug Feuchtigkeit für eine etwas grünere Landschaft. Doch keiner dieser Volksstämme besaß die technischen Fertigkeiten, die das riesige Schwemmland im

Süden der beiden großen Ströme verlangte. Zum Vorteil gereichten dort nur zwei Dinge: das Wasser von Euphrat und Tigris und der fruchtbare Boden. Die Nachteile dagegen waren beträchtlich: Stein und Holz fehlten völlig. Woraus sollte man Gebäude bauen und Werkzeuge herstellen, womit Öfen und Herde befeuern? Die Temperaturen erreichten fast 50 °C im Schatten. Das ganze Jahr über fielen nur wenige Zentimeter Regen. Und anders als im Niltal kamen die jährlichen Hochwasser nach der Schneeschmelze in den Gebirgen nur unregelmäßig und zu spät für die Aussaat. Künstliche Bewässerung war hier kein Luxus, sondern ein Muß.

Es war Charles Leonard Woolley vorbehalten, die ersten gründlichen Ausgrabungen im südmesopotamischen Schwemmland vorzunehmen und die außergewöhnlichen Fähigkeiten der Ubaiden, der ersten Siedler, ans Licht zu bringen. In der Zeit zwischen den Weltkriegen öffnete er den Tell el-Muqajjar, den »Pechhügel«, der bei seinen früheren Bewohnern Ur hieß. Die ganze Wüste nördlich der Salzsümpfe am oberen Ende des Persischen Golfs ist mit solchen Siedlungshügeln förmlich gespickt, aber Ur – das Ur der Chaldäer, die Heimat des biblischen Abraham – ragt als höchster von ihnen aus dem versengten Land. Während Woolley hier oben grub, erspähte er bei tiefstehender Sonne, weit entfernt in der eintönig flachen Landschaft, den langgestreckten Schatten, den ein anderer, niedrigerer Tell warf.[355]

Offenbar hatte kein Reisender, keine Karawane den Hügel von al-Ubaid je aus der Nähe gesehen. Denn hätte hier jemand haltgemacht, um sich im Schatten auszuruhen, dann wäre er über Tausende von bemalten Tonscherben und bearbeiteten Feuersteinen gestolpert, über Klingen aus Hornstein, Obsidian und Karneol, über Quarzabschläge und Stücke von Aragonit-Vasen, über Intarsienscheiben aus rotem Stein und über Kupfernägel, die als Relikte der ersten erfolgreichen Besiedlung dieser Schwemmlandwüste überall verstreut lagen.

Die Menschen hatten sich gegen die Unwirtlichkeit mit neuen Ackerbaumethoden behauptet, die auf künstlicher Bewässerung beruhten; ständig weiterentwickelt wurde diese zum Motor einer aufblühenden Volkswirtschaft. Es genügt ja nicht, an Wasser *heranzu-*

kommen, es muß auch verwaltet und gelenkt werden. Es muß auf das Land gelangen, dort so lange gespeichert werden, wie es benötigt wird, und wieder abfließen können; zudem muß unerwünschtes Wasser ferngehalten werden.

Die Ubaiden bauten ungewöhnlich große Häuser für ihre Familienverbände. Im Tell al-Queili – gegenüber von al-Ubaid auf der anderen Seite des Euphrat – wurden drei Wohnhäuser der ersten Besiedlungsphase ausgegraben. Eines davon war mehr als 12 Meter lang[356] und verfügte über ein regelrechtes Treppenhaus, das in einen großen, zentralen Flur führte, von dem eine Handvoll Zimmer abgingen. Das Dach des Gebäudes wurde von Säulen- oder Pfostenreihen getragen. Holz – das weit aus dem Norden oder Osten herbeigeschafft werden mußte – war von Anfang an ein wichtiges Baumaterial. Der Obsidian der gezackten Messer stammte aus Anatolien. Die Körper der Terrakotta-Figürchen zeigen, daß die Menschen tätowiert waren. Die Frauengestalten sind auffällig schlank und tragen Bänder um den Hals und um die Taille. Bei aller Ungenauigkeit der C-14-Datierung scheint die Besiedlung von al-Ubaid doch mit der Ankunft neuer Siedler in Palästina zusammenzufallen – und mit der Flut am Schwarzen Meer.

Viele sumerische Städte, wie etwa Eridu, sind auf ubaidischen Ortschaften erbaut, ohne daß irgend etwas auf Unterbrechungen bei der Besiedlung hindeutet.[357] Der mächtige Tempel von Eridu war die Heimstatt von Enki, dem Gott des Süßwassermeeres, dessen Anbetung sich bis zu einer dürftigen Hütte zurückverfolgen läßt, die aus der Zeit der ubaidischen Kolonisierung des Schwemmlands von Euphrat und Tigris stammt.

Woolley wurde besonders wegen seiner Ausgrabung der Königsgräber von Ur berühmt, in denen unter anderen eine Königin mit all ihren Dienern und Wachen in einer »Todesgrube« bestattet worden war – einer 5000 Jahre alten Zeitkapsel. Außer ihrer Gefolgschaft waren auch ihre Rinder geopfert worden, die ihre Besitztümer auf Wagen in die Unterwelt ziehen sollten. Sir Arthur Keith beschrieb in Wolleys Grabungsbericht die Skelette:

> Die südlichen Mesopotamier ... hatten große, lange und schmale Köpfe ... Der Rasse nach [gehörten] sie zu den Völkern des kaukasischen oder europäischen Typus ... Solange dem keine anderweitigen Hinweise entgegenstehen, dürfen wir das südwestliche Asien als ihr Ursprungsgebiet ansehen. Verwandt waren sie mit den prädynastischen Ägyptern.[358]

Die Stammworte der sumerischen Sprache bestehen fast alle aus nur einer Silbe.[359] Doch Worte, die mit Ackerbau und Handwerk zu tun haben, sind mehrsilbig,[360] etwa die Ausdrücke für Bauer, Hirte, Fischer, Pflug, Ackerfurche, Metallbearbeiter, Schmied, Zimmermann, Korbmacher, Weber, Lederer, Töpfer, Maurer und sogar Kaufmann. Diese Begriffe sind möglicherweise aus dem Schmelztiegel am Schwarzen Meer mit nach Süden gewandert und später von den Ubaiden an ihre sumerischen Nachfolger weitergegeben worden.

Die ältesten uns bekannten schriftlichen Darstellungen der Flut wurden mehr als 2000 Jahre nach dem Ereignis auf Tontafeln geschrieben – in Sumerisch, der ältesten Schriftsprache, die wir kennen und die weder Ursprünge noch Ableger zu haben scheint –, sowie in Akkadisch, einem Zweig der semitischen Sprachgruppe, zu der auch die arabischen Sprachen und das Hebräische gehören. Mit linguistischen Analysen lassen sich Sprecher des Akkadischen und des Sumerischen mit denen anderer Sprachen in Verbindung bringen, die etwa zur Zeit der Flut im Gebiet des Schwarzen Meeres lebten.

Linguisten haben herausgefunden, daß Sprachen sich ähnlich entwickeln wie biologische Arten.[361] Ähnlich wie Biologen die Entwicklung des Menschen und seiner Primaten-Verwandten in Stammbäumen darstellen, verwenden auch die Sprachforscher Baum-Diagramme, um die Evolution der Sprachfamilien aufzuzeigen. Sicher ist, daß all die Sprachen der verschiedenen Flutflüchtlinge ausgestorben sind, so wie auch Lateinisch nicht mehr gesprochen wird. Doch die Spuren dieser alten Sprachen lassen sich, wie die des Lateinischen, sowohl in alten Texten als auch in den Sprachen finden, die *heute* in Europa und Südwestasien gesprochen werden – also dort, wo sich die Flüchtlinge der großen Flut niederließen. Die Linguisten haben Methoden entwickelt, mit denen Elemente einer Sprache rekonstruiert werden können, die weit älter sind als ihre früheste schriftliche Niederlegung. So läßt sich abschätzen, ob und wann die Vorfahren von Völkern mit heute verschiedenen Sprachen in demselben oder in benachbarten Gebieten gelebt haben. Außerdem kann man unter Umständen aus der Zeichenentwicklung in den Schriftfunden dieser Völker ableiten, zu welcher Zeit sie ihre Sprache erstmals schriftlich fixierten – wann ihre Mythen, ihr Glaube und das, was sie als ihre Geschichte empfanden, dokumentiert wurden.

Auch durch genetische Untersuchungen könnten wir einen Blick in die Vergangenheit werfen. Wenn sie nicht durch eine Katastrophe völlig ausgelöscht wurden, dann pflanzten sich die Flüchtlinge weiter fort und hinterließen ihre Spuren im großen Genpool der Menschheit. Untersucht man die heutige Verteilung dieses genetischen Materials, dann kann man die Geschichte einzelner Merkmale rekonstruieren und gut begründete Vermutungen über ihre damalige Verbreitung aufstellen. Die Frage, wer wann von wo kam, läßt sich so teilweise beantworten. Doch je weiter man in die Vergangenheit sieht, desto unschärfer und nebulöser wird das Bild.

Kapitel 18 –
Stammbäume

»Es war eine wunderbar erhaltene Schriftrolle aus Papier, etwa 30 Zentimeter hoch und an die 15 Meter lang, die ich zusammen mit Chiang vor ihrem ursprünglichen Aufbewahrungsort entrollte«, erzählt Mark Aurel Stein 1912 in seinem Bericht *Ruins of Desert Cathay*.[362] »Obwohl sich tatsächlich herausstellte, daß sie in chinesischer Schrift verfaßt war, mußte mein gelehrter Assistent zugeben, daß die Schriftzeichen nicht den mindesten Sinn für ihn ergaben.«

Staunend studierten Stein und sein Forscherkollege Yin Ma Chiang im Staub der in den Felsen gehauenen Höhle den Text eingehend vom ersten bis zum letzten Zeichen. Sie waren ratlos. Eine häufig wiederkehrende Kombination aus zwei Zeichen war die einzige Stelle, deren Bedeutung ihnen bekannt war. Vielleicht hatten sie es mit einem Andachtstext in einer nichtchinesischen Sprache zu tun, dessen phonetischer Klang durch die chinesischen Ideogramme wiedergegeben wurde. Mit Chiangs Hilfe versuchte Stein, die beiden nebeneinanderstehenden Glyphen auszusprechen, die ihm immer wieder aufgefallen waren, während er unter den wachsamen Augen des Tempelpriesters die Schriftrolle studierte. »Pu-Sa«, intonierte Stein. Der Priester erkannte die Lautfolge und nickte. »Pu-Sa«, wiederholte Stein. Der Priester legte die Handflächen aneinander und neigte den Kopf. Er konnte nicht wissen, daß dieses Wort, das ihm aus seinen Gebeten so vertraut war, sich von der alten Sanskrit-Bezeichnung »Bodhisattva« ableitete und aus dem 1. Jahrhundert n. Chr. stammte, als der Buddhismus erstmals im Tarim-Becken in Chinesisch-Turkestan Einzug gehalten hatte.

Wenige Tage zuvor waren vage Gerüchte um einen Schatz alter

Handschriften aufgekommen, die angeblich in den »Höhlen der Tausend Buddhas«, nahe an Steins Lagerplatz, versteckt liegen sollten. Der in Ungarn gebürtige Abenteurer hatte bereits 3000 Meilen zurückgelegt: Auf einer schwierigen Route war er von Indien her über den Oxus und sein Quellgebiet auf den schneebedeckten Höhenzügen des Pamir nach Zentralasien gelangt. Nach der Überquerung des Mintaka-Passes war er vom »Dach der Welt« durch die Gletscherschluchten abgestiegen, in denen reißende Schmelzwasserströme zu Tal stürzten und sich zur Wüste Takla Makan im Westen Chinas hin ergossen. Die meisten dieser Wasserläufe, die am Rand des von hohen Bergketten umschlossenen Beckens in die Tiefe stürzten, mündeten nicht in einen See, sondern verloren durch Verdunstung allmählich an Kraft und versickerten dann in Sanddünen. Von Zeit zu Zeit bewegte sich Stein auf den Spuren Marco Polos, der auf seiner Reise nach Nordchina mehr als 600 Jahre früher eine ähnliche Route genommen hatte. Der Weg führte ihn zu einer der wenigen Oasen dieser Einöde. Sie hatte sich schon vor langer Zeit zu einer Art Mekka des Buddhismus entwickelt.

Fromme Menschen hatten dort Hunderte von Höhlentempeln in eine steile Felswand gehauen und sie reich mit Freskomalereien und Stuckreliefs verziert. Taoistische Mönche wachten seit langer Zeit über das Heiligtum. In einer dieser künstlichen Höhlen stieß Stein im Frühjahr 1907 auf den Schatz, der sich mit seinem Namen verbindet – eine umfangreiche Sammlung alter Handschriften und Sakralgegenstände, die fast 900 Jahre lang in einem zugemauerten Versteck überdauert hatten. Die Erkenntnis, daß einige der Texte nicht in chinesischer Sprache verfaßt waren, ließ in ihm den Wunsch reifen, den Ursprung der unbekannten Sprache zu erforschen.

Einige der Handschriften erwiesen sich als zweisprachig. Mit Hilfe der Sanskrit-Fassung gelang es, die erloschene Sprache zu identifizieren. Sie wurde nach einem altpersischen Stamm, den der griechische Geograph und Historiker Strabo beschrieb, als tocharische Sprache bezeichnet. Das Tocharische weist in seinem Wortschatz und seiner Grammatik verblüffende Übereinstimmungen mit dem Keltischen und dem Germanischen auf. Diese Eigenschaften kennzeichnen es als einen Zweig der indoeuropäischen Sprachfamilie, einer der weltweit größten Sprachgruppen, deren Abkömmlinge heute von Völkern in eurasischen Ländern wie Indien, dem Iran, dem Irak, Pakistan, Afghanistan, Armenien, in (fast) ganz Europa sowie in Nord- und Südamerika gesprochen werden.

Die Wüste Takla Makan brachte nicht nur die Pergamente und Palmblätter mit tocharischen Inschriften zutage, sondern auch die sterblichen Überreste von Menschen, die früher diese Region bewohnt und Tocharisch gesprochen hatten. Diese Bestattungsfunde waren sehr viel älteren Ursprungs als die Handschriften. 1985 stieß eine Gruppe chinesischer Archäologen bei Grabungsarbeiten im Wüstenboden des Tarim-Beckens auf eine durch die natürlichen Bedingungen mumifizierte Frau[363], deren vollkommen dehydrierter Leichnam unglaublich gut erhalten war. Die Mumie war mit Bluse, Rock, Beinkleidern, Stiefeln und Hut in leuchtenden Farben bekleidet und mit reichem Schmuck ausgestattet. Die Frau war etwa 58 Jahre alt geworden und hatte mindestens ein Jahrtausend vor der Zeitenwende gelebt. Am meisten überraschte die Entdecker ihre Körpergröße von fast 1,80 Meter, die lange, schmale Nase, die schmalen Lippen, die tiefliegenden Augen, das blonde Haar und die längliche Schädelform – alles typische Merkmale eines Menschen europäischer Herkunft. In einigen Gräbern wurden karierte Webstoffe gefunden, deren schräg verlaufende Köpermuster eine spezielle Art von Webstuhl voraussetzen, den man bis dahin nicht mit Zentralasien in Verbindung gebracht hatte. Ein Experte für archäologische Stoffanalysen von der University of Pennsylvania stellte fest, daß die Muster der Wollstoffe »im Hinblick auf ihren Stil und ihre Fertigungstechnik praktisch identisch« waren mit Funden in Deutschland und Österreich, die aus etwa demselben Zeitraum stammten.[364]

Die verblüffende Entdeckung einer vergessenen Sprache, die Zusammenhänge zum europäischen Raum erkennen ließ, und von Bestattungen mit eindeutig kaukasischen Merkmalen in einer so weit entfernten Gegend wie Ost-Turkestan warf interessante Fragen auf. Wer waren diese Menschen? Woher waren sie gekommen? Wann hatten sie ihre lange Reise angetreten? Und warum hatten sie sich eine so abgelegene Gegend als Siedlungsgebiet ausgesucht?

Die Beantwortung solcher Fragen erfordert eine Detektivarbeit, welche die Grenzen der traditionellen Forschungsbereiche der Vor- und Frühgeschichte sprengt. Eine noch verhältnismäßig neue, aber ungemein vielversprechende wissenschaftliche Disziplin ist die Humangenetik. An ihrem Anfang stand die Frage, die ein Universitätsprofessor Mitte des 20. Jahrhunderts in Pavia stellte, der Regionshauptstadt der Lombardei und ehemaligen Residenzstadt des Karolingischen Reichs: »Welche Faktoren bestimmen die biologische Verschiedenheit von Individuen und Populationen?«[365]

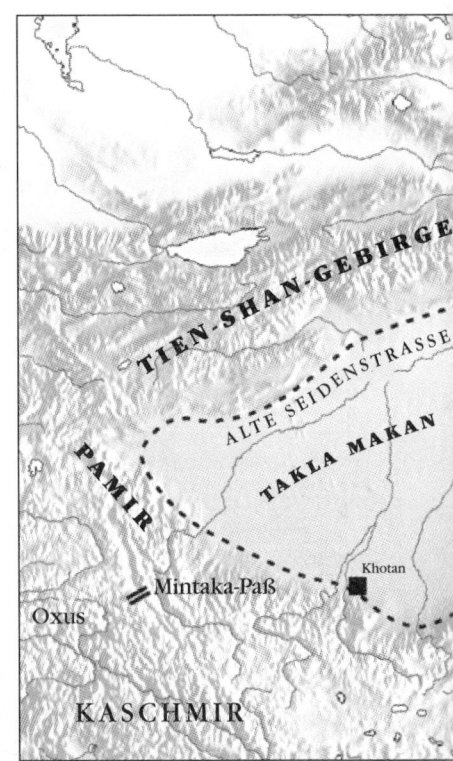

Die Wüste Takla Makan in Westchina mit dem Uferverlauf des riesigen Sees, der früher das Tarim-Becken bedeckte

Luigi Luca Cavalli-Sforza beschäftigte sich schon zu Beginn seiner wissenschaftlichen Laufbahn mit der Rolle des Zufalls bei der Vererbung. Welcher ursächliche Mechanismus führt zur Ausbreitung von verändertem Erbgut? Er fand heraus, daß der Zufall – genauer: die sogenannte genetische Drift – besonders in kleineren Populationen eine wichtige Rolle spielt. Genetische Abweichungen entstehen dadurch, daß es bei Individuen gelegentlich zu Veränderungen der Erbsubstanz kommt, zu sogenannten Spontanmutationen. Es handelt sich dabei im allgemeinen um geringfügige Veränderungen, die sich kaum bemerkbar machen und meist innerhalb zweier Fortpflanzungszyklen wieder aus dem Genpool verschwin-

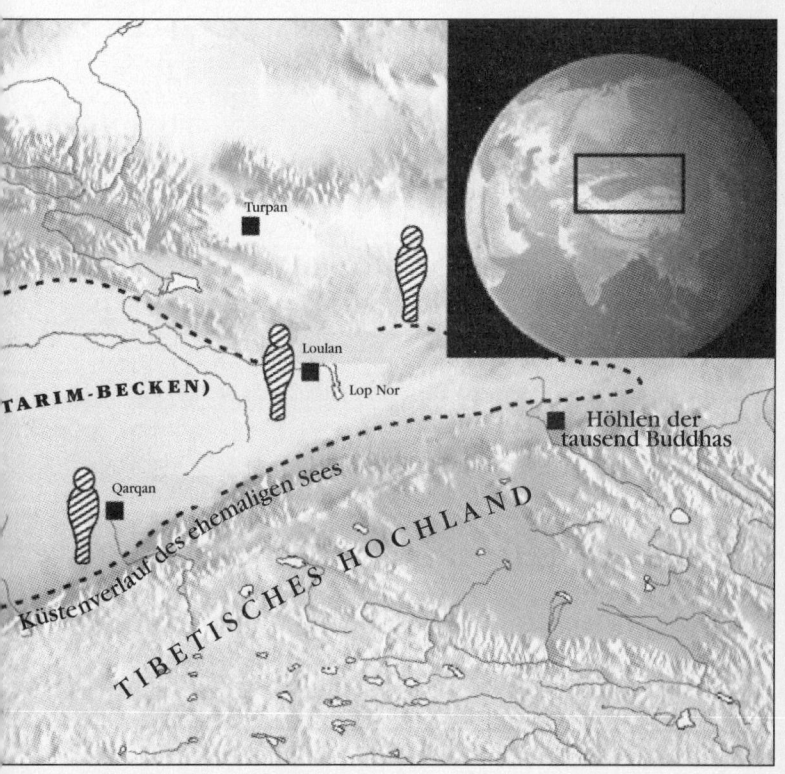

den. Manche überdauern jedoch, und diese Mutationen breiten sich in einer Population aus und bewirken, daß sich die Zusammensetzung ihres Genpools allmählich verändert. Ein solcher Prozeß findet in allen Populationen statt, sein Ausmaß hängt von der Größe und vom Isolationsgrad der betreffenden Gemeinschaft ab. In großen Populationen mit ausgeprägter genetischer Vielfalt, wie etwa in Städten mit ihren ständigen Zu- und Abwanderungen, werden die Auswirkungen der Gendrift und der Spontanmutationen »herausverdünnt«, und Veränderungen der Erbanlagen setzen sich nur langsam durch. In kleinen, abgelegenen Dörfern dagegen, in denen nur sporadisch ein Austausch mit der Außenwelt stattfindet, können solche zufälligen genetischen Veränderungen, da sie nicht in einem großen und variablen Genpool untergehen, in der Dorfgemeinschaft selbst wie auch in ihrer unmittelbaren Umgebung sehr rasch Verbreitung finden.

Cavalli-Sforza entschloß sich zu dem Versuch, den Prozeß der zufallsbedingten Veränderung eines Genpools zu quantifizieren. Als Standort seiner Studie wählte er das Parmatal in der Emilia-Romagna. Mit Hilfe von Gemeindepfarrern gelang es ihm und einem Kollegen, eine ausreichende Menge von Blutproben der Bewohner dieser Gegend zu sammeln. Die beiden Wissenschaftler füllten ihre Spritzen zuerst in den Kleinstädten der Schwemmlandebene rund um Parma, dann in den größeren Dörfern in den Ausläufern des Apennin und schließlich in den kleinen Weilern der höheren Bergregionen, die oft nur von einem Dutzend Familien bewohnt waren. Ihre Ausrüstung reichte nur zur Untersuchung einiger weniger Gene aus, die für die Ausprägung der Blutgruppe A, B oder O und des Rhesusfaktors als positiv oder negativ verantwortlich sind. Die Blutproben nahmen sie Kirchgängern nach dem Sonntagsgottesdienst in der Sakristei ab.

»Unsere Erwartungen wurden von den Beobachtungen voll bestätigt – manchmal sogar bis in die kleinsten Einzelheiten«, rekapitulierte Cavalli-Sforza 40 Jahre später in einem Buch, das er zusammen mit seinem Sohn verfaßte.[366] Die stärksten Abweichungen von Ort zu Ort fanden sich ausnahmslos zwischen den abgelegensten Weilern, während zwischen den Städten die kleinste Bandbreite an Variationen festzustellen war, weil hier die zufälligen Veränderungen der Erbanlagen in der größeren genetischen Vielfalt untergehen. Das Ausmaß der Gendrift hängt von der Zahl der Individuen innerhalb einer Bevölkerung und vom Grad der Vermischung mit Außenstehenden ab. Cavalli-Sforza stützte sich in seiner Parma-Studie auf die Kirchenregister, in denen die Geburten, Todesfälle und Eheschließungen sämtlicher Dörfer und Gemeinden des Parmatals bis ins 16. Jahrhundert zurück dokumentiert waren. »Es mag merkwürdig klingen, daß man beim Studium des Zufalls zu regelmäßigen Ergebnissen gelangt«, sinnierte der Wissenschaftler.[367] Aber genau dieser Nachweis gelang ihm mit seiner Erhebung.

Meist leben Bevölkerungsgruppen nur unter ungewöhnlichen Umständen über lange Zeit völlig isoliert.[368] Im allgemeinen findet zwischen kleinen benachbarten Dörfern ein ständiger Austausch statt, wenn auch in geringem Umfang. Infolgedessen lassen sich in dicht beieinanderliegenden Dörfern größere genetische Übereinstimmungen nachweisen als in weiter voneinander entfernten Siedlungen. Migrationen ganzer Bevölkerungsgruppen über weite Entfernungen hinweg gibt es zwar, aber sie sind selten. Zu solchen Wanderbewegungen kommt es in Folge von Hungersnöten oder Naturkatastrophen. Wenn in vorgeschichtlichen Zeiten eine Gruppe quer durch einen Kontinent oder von einem Kontinent zum anderen zog, riß der Kontakt der Menschen zu ihrem Herkunftsgebiet oft völlig ab.

Cavalli-Sforza sah sich in seiner Erkenntnis, daß Massenmigration zu einer größeren genetischen Streuung innerhalb der Gruppen führt, durch die Forschungsergebnisse eines nordspanischen Hämatologen bestätigt. Auch Michele Angelo Etcheverry hatte Blutproben untersucht. Die Probanden seiner Studie waren baskische Bauern, Hirten und Fischer in der Pyrenäenregion und in den Küstenstädten am Golf von Biskaya. Das Baskische ist eine isolierte Sprache, die keine Verwandtschaft mit einer anderen in Europa oder sonst irgendwo in der Welt gesprochenen Sprache aufweist – die Basken hatten Einflüsse von Römern, Westgoten, Mauren und

Franken erfolgreich abgewehrt. Etcheverry stellte bei der baskischen Bevölkerung einen ungewöhnlich hohen Anteil an rhesus-negativen Antigenen fest, fast doppelt so hoch wie im übrigen Europa. Das inspirierte ihn zu der kühnen Schlußfolgerung, daß es sich bei den heute lebenden Basken um direkte Nachfahren der Cro-Magnon-Menschen handele, jener eiszeitlichen Jäger, die Zeugnisse ihrer erstaunlichen Kultur in Höhlenbildern auf der ganzen iberischen Halbinsel, vor allem aber im heutigen Baskenland hinterließen. Als sich gegen Mitte des 6. Jahrtausends v. Chr. die neolithischen Ackerbaukulturen in Westeuropa auszubreiten begannen, hatten sich die Sammler und Jäger, die südlich der von den Pyrenäen gebildeten natürlichen Grenze beheimatet waren, offensichtlich wesentlich strikter gegen eine Vermischung mit anderen genetischen Menschentypen abgegrenzt als die im Norden der Gebirgskette angesiedelten Populationen.

Cavalli-Sforza hegte die Hoffnung, »sobald genügend Daten über andere Gene zur Verfügung stünden, würde man vielleicht sogar den ganzen Stammbaum der phylogenetischen [stammesgeschichtlichen] Evolution rekonstruieren können«.[369] Möglicherweise, so spekulierte er, konnte die wissenschaftliche Disziplin der Humangenetik ihren eigenen Stammbaum hervorbringen. 1984 konnte er damit beginnen, seinen Wunsch in die Tat umzusetzen: Bis Mitte der achtziger Jahre hatte man auf dem Gebiet der Genetik enorme Fortschritte erzielt, so daß es mittlerweile möglich war, nicht nur einfache Blutgruppen zu bestimmen, sondern das Erbgut auf molekularer Ebene zu analysieren und fast 100 verschiedene Gene zu klassifizieren. Durch die zunehmende Zahl meßbarer Variablen kam Cavalli-Sforza bei der Datenanalyse der vielen hundert Blutproben allerdings nicht mehr ohne computergestützte Berechnungen aus. Er beauftragte Statistiker und Informatiker mit der Ausarbeitung von Algorithmen und Computerprogrammen. Heerscharen von Individuen aus unterschiedlichen Volksgruppen wurden nach ihrem genetischen Typus charakterisiert. Und aus den endlosen Computerausdrucken kristallisierte sich in Gestalt vieler genetischer Landkarten, von denen jede eine Eigenschaft repräsentierte, die zuvor in der Unüberschaubarkeit der Gesamtdaten verborgen war, die genetische Gesamtlandschaft heraus.

Cavalli-Sforza zufolge spiegelten sich in den genetischen Daten die Wanderungen einer Ackerbaubevölkerung aus Palästina und Anatolien quer durch Europa. Deren Gruppen stießen auf ihren Generationen währenden Wanderungen auf Jäger- und Sammlerkulturen, mit deren Angehörigen sie sich vermischten. Es ergab sich das Bild einer Migrationswelle, die von Osten nach Westen verlief.[370] Die Vorfahren der heutigen Basken lebten in einem Gebiet am äußersten Ende dieser Wanderbewegung. Das erklärt, warum bei ihnen kaum eine genetische Vermischung mit den Fremden stattfand – das und die Tatsache, daß sie sich offenbar an ihren Zufluchtsorten im Gebirge verborgen hielten und jeden Kontakt mieden. Das ist auch der Grund dafür, daß ihre Sprache keine Verwandtschaft mit anderen europäischen Sprachen aufweist.

Cavalli-Sforza war begeistert. Er hatte einen Schlüssel zur Vergangenheit gefunden. Die moderne Geographie der menschlichen Gene war eine Momentaufnahme der Evolution der Rassenvermischung. Man konnte jede ethnische Gruppe für sich als Zweig eines genetischen Baumes betrachten, wobei die Länge des Zweiges symbolisierte, wie bedeutend der genetische Unterschied zwischen den Tochterpopulationen war, die sich von einem gemeinsamen Elternstamm abgespalten hatten. Wenn die Entwicklung der Zweige eines solchen Baumes vor allem auf zufällige Gendrift zurückzuführen war, mußte ihre Länge einen Hinweis auf die Zeitspanne geben, die seit dem Augenblick der Abspaltung vergangen war.[371] Auf diese Weise konnten sich die Genetiker rückwärts zu dem Stamm des Baumes vortasten, der in seiner Urheimat verwurzelt war.

Der Plan, einen genetischen Stammbaum zu entwerfen, war ein ehrgeiziges und zukunftsweisendes Projekt.[372] Seine Verwirklichung nahm zwölf Jahre in Anspruch. Annähernd 2000 Bevölkerungsgruppen aus allen Teilen der Welt wurden dafür herangezogen. Hunderte von Freiwilligen aus all diesen Populationen steuerten ihre individuell ererbten Merkmale bei. Die erste große Verzweigung vom Stamm des genetischen Baumes stach unübersehbar ins

Auge. Sie markierte den Auszug des voll entwickelten modernen Menschen, *Homo sapiens sapiens*, aus seiner afrikanischen Heimat. Andere Meilensteine der Entwicklung waren nicht weniger markant und faszinierend. Sie bezeichneten die Momente in ferner Vergangenheit, als ein paar wagemutige Südostasiaten eine Möglichkeit fanden, nach Australien überzusetzen, als Jäger aus dem Mittleren Osten, vielleicht auf Großwildjagd, den Bosporus durchquerten und so nach Europa gelangten und als eine Gruppe arktischer Abenteurer einer Landbrücke über die Beringstraße folgte und nach Amerika einwanderte.

Sämtliche Gruppen, die Palästina, Mesopotamien, Persien, Indien, Anatolien, Europa, die Ukraine und sogar Ägypten besiedelten und dort die Ackerbaukultur einführten, hatten auf Cavalli-Sforzas Landkarte ihren Ursprung in einer einzigen Region, dem Mittleren Osten. Mit der Zeit vertiefte sich der genetische Unterschied zwischen den Abgewanderten und den Zurückgebliebenen. Über diese Erkenntnis hinaus zeigte Cavalli-Sforzas Arbeit, daß die Verzweigungen des genetischen Baumes weitgehend mit denen des linguistischen Baumes übereinstimmten. Damit untermauerte er eine Vermutung, die bereits Charles Darwin geäußert hatte: »Wenn wir einen vollständigen Stammbaum des Menschen besäßen, so würde eine genealogische Anordnung der Menschenrassen die beste Klassifikation aller jetzt auf der ganzen Erde gesprochenen Sprachen abgeben.«[373]

Lange bevor die Genetik zur wissenschaftlichen Disziplin wurde, legte Sir William Jones 1786 in Kalkutta seine berühmte Abhandlung[374] vor, in der er darauf hinwies, daß es einen »vielleicht nicht mehr existierenden gemeinsamen Ursprung« geben müsse, der die »starke Übereinstimmung sowohl der Wortstämme als auch der grammatischen Formen« zwischen dem Sanskrit und den Sprachen der Perser, Griechen, Römer, Kelten und Germanen erkläre (siehe Kapitel 1). Diese Übereinstimmungen konnten seiner Auffassung nach unmöglich durch Zufall entstanden sein. Auf Jones' Beobachtung einer weitreichenden gegenseitigen Beeinflussung von Wortschatz und Lautgesetzen stützte sich Henry Creswicke Rawlinson bei seinem erfolgreichen Bemühen, die Keilschriften in Vergessenheit geratener Sprachen zu entziffern. Bei der Lektüre des *Rigveda* gelangte Rawlinson zu der Überzeugung, daß Erzählungen, Mythen und Hymnen allein durch mündliche Überlieferung Jahrtausende fast wortgetreu überdauern konnten. Diese indischen Texte wurden schon sehr früh schriftlich festgehalten, lebten aber parallel dazu in einer mündlich tradierten Form fort, die über 25 Jahrhunderte hinweg Wort für Wort in monotonen Rezitationen wiedergegeben wurde. Die mündliche Überlieferung wurde von zahllosen Generationen brahmanischer Mönche bevorzugt, bevor sie sich der Kunst des Schreibens zuwandten, als das Sanskrit als lebende Sprache schon lange nicht mehr existierte. Es ist anzunehmen, daß sie am Ende die Worte, die sie rezitierten, gar nicht mehr verstanden.

Heute erforschen Linguisten Sprachen, die längst nicht mehr gesprochen werden und von denen es nie eine schriftliche Form gab. Ihre Methoden leiten sich aus Jones' Beobachtung her, daß so unterschiedliche Sprachen wie Sanskrit, Griechisch, Keltisch und Germanisch einen gemeinsamen Ursprung haben müssen. Tote Sprachen werden mit Hilfe der spezifischen Merkmale von lebenden Sprachen rekonstruiert. Diese Rekonstruktion hält sich an bestimmte Regeln des beobachteten Sprachverhaltens.

Die sprachliche Evolution wird oft als Stammbaum dargestellt. Der unterste Abschnitt des Stammes repräsentiert die Ur- oder Protosprache, die Äste symbolisieren die Tochtersprachen, aus denen als Zweige wiederum andere Tochtersprachen hervorgehen. Tochtersprachen entstehen, wenn Gruppen von Menschen aus einem Sozialgefüge mit gemeinsamer Sprache abwandern und zuerst einen abweichenden Dialekt, später eine ganz eigene Sprache entwickeln, die sich dann als eigener Zweig des Stammbaums entwickelt. In dieser Weise hat sich zum Beispiel das Englische von Chaucers bis zu Shakespeares Zeit verändert und in die verschiedenen, heute gebräuchlichen Dialekte verzweigt. Veränderte Lebensumstände machen es gegebenenfalls notwendig, neue Wörter zu finden oder Begriffe aus anderen Sprachen zu entlehnen. Zweige können sich für eine gewisse Zeit mit anderen Zweigen desselben oder eines anderen Sprachstammes verflechten, was dann nicht selten zum Austausch sogenannter Lehnwörter führt. So enthält das Englische als Folge der Eroberung durch die Normannen, die sich zuvor in der Normandie niedergelassen hatten, viele Wörter aus dem Französischen. Die Franzosen versuchen heute andererseits, die Angloamerikanisierung ihrer Sprache per Gesetzeserlaß einzudämmen. Einige Sprachzweige sind mitsamt ihren Abkömmlingen völlig von der Bildfläche verschwunden, andere, wie das Griechische, haben Jahrtausende überdauert. Das Lateinische lebt heute nur noch in der Literatur, im kirchlichen Kontext und in seinen Tochtersprachen fort. Eine der Sprachen unserer Vorfahren, die dank der Bemühungen der Linguisten wiederbelebt wurde, ist das Protoindoeuropäische, in dem man die gemeinsame Mutter aller in Eurasien und auf dem amerikanischen Kontinent verbreiteten Sprachen sieht. Die faszinierende Frage ist: Wo lag die Heimat dieser Protosprache, und wann nahm der große Exodus ihrer Sprecher seinen Anfang?

Die Linguisten bedienen sich bei der Erforschung von Sprachbäumen und der Rekonstruktion vergangener Sprachen weitgehend ähnlicher Methoden wie die Biologen beim Versuch, die Stammbäume des Lebens nachzuzeichnen: Um tote Sprachen zu rekonstruieren, vergleichen sie lebende Sprachen miteinander. Tomas Gamkrelidze und Victor Ivanov beschreiben die Vorgehensweise so: »Die Linguisten suchen nach Gemeinsamkeiten in Grammatik, Syntax, Wortschatz und Vokalisierung (d.h. Aussprache) der bekannten Sprachen, um deren direkte Vorfahren und schließlich die Ursprungssprache zu rekonstruieren. Lebende Sprachen können unmittelbar miteinander verglichen werden; die Vokalisierung toter Sprachen, die in schriftlicher Form überliefert sind, läßt sich im allgemeinen aus ihren inneren linguistischen Merkmalen ableiten. Tote Sprachen aber, die nie eine Schriftform gekannt haben, können wir nur rekonstruieren, indem wir ihre modernen Abkömmlinge miteinander vergleichen und uns entsprechend den Gesetzen, denen phonologische (lautliche) Veränderungen unterworfen sind, zurücktasten. Die Phonologie, die sich mit der Erforschung der bedeutungsunterscheidenden Sprachlaute befaßt, ist für Sprachhistoriker ungemein wichtig, weil sich Laute über die Jahrhunderte als beständiger erweisen als Wortbedeutungen.«[375]

Die phonologischen Gesetzmäßigkeiten und die Logik der Veränderung oder Evolution der Aussprache wurden durch vergleichende Studien der modernen Sprachen und ihrer in Schriftform vorliegenden Vorfahren herauskristallisiert, wobei vor allem die Mitglieder der indoeuropäischen Sprachenfamilie als Grundlage dienten. Es gelang den Linguisten, relativ zuverlässig abzuleiten, nach welchen Regeln sich Wörter verändern, indem sie den Wortschatz moderner Sprachen von verschiedenen Zweigen desselben Stammbaums sowie die phonetischen Veränderungen im Verlauf eines einzelnen Zweiges dieses Baumes verglichen. Auf diese Weise konnten sie Sprachen bis zu einer Zeit zurückverfolgen, die Tausende von Jahren vor ihren ersten schriftlichen Zeugnissen liegt, und so einen linguistischen Stammbaum des Indoeuropäischen erstellen, der zu einer ursprünglichen Protosprache zurückführt. Diese Methode hat zwar nur einen kleinen Bruchteil des Protovokabulars zutage gebracht, aber die wenigen Wörter genügten, um die Urheimat der Menschen, die sie verwendeten, zu lokalisieren.

In der protoindoeuropäischen Sprache gibt es beispielsweise Wörter für Bär, Hochgebirge, Schnee, Buche, Lachs, Bach und andere, die sich auf das Land beziehen, in dem die Sprecher dieser Ursprache lebten.[376] Diese Urheimat, die damit nur durch ihre Landschaft und Tierwelt definiert ist, erscheint auf den spekulativen Landkarten der Wissenschaftler in zahlreichen Gebieten – all jenen, auf die die Bezeichnungen der Sprache passen –, die sich selten an ein und demselben Fleck befinden, sich aber häufig überschneiden.[377] Dazu gehören Nord- und Südosteuropa, Südrußland, der südliche Ural und Anatolien. Eine der spektakulärsten Theorien geht davon aus, daß die Protosprache zu Beginn des 4. Jahrtausends v. Chr. von den kriegerischen, nomadischen Hirtenvölkern der sogenannten Kurgankultur nach Europa gebracht wurde. Mit ihrem gewaltsamen Einfall in Südosteuropa fand das »goldene Zeitalter« ein abruptes Ende.

Die Wissenschaftler, die die Kurgan und ihre aufwendigen Bestattungshügel mit der Urheimat der Protosprache in Verbindung bringen, vermuten diese in der Wolgasteppe und am Fuß des Kaukasus.[378] Andere, die von der Annahme ausgehen, daß die Protosprache durch Splittergruppen der Linearbandkeramiker verbreitet wurde, siedeln ihren Ursprung 2000 Jahre früher und etwas weiter westlich an, nämlich in den weiten Steppengebieten der Ukraine und Ungarns. Die Forscher wiederum, die einen Zusammenhang zwischen der Ausbreitung der Sprache und der sich ausbreitenden Ackerbaukultur sehen, halten die Ursprache für noch älter. Sie sehen deren erste Sprecher im anatolischen Hochland, wo durch die explosionsartige Entwicklung des Ackerbaus ein Nahrungsmittelüberschuß entstand, der zu einem rasanten Bevölkerungswachstum führte.[379] Eine Zeitlang sah es so aus, als gebe es ebenso viele Ursprungsländer der Protosprache wie Linguisten, die sich mit der Lösung dieser Frage beschäftigten.

Einig war man sich lediglich darin, daß die Urheimat irgendwo in der Nähe des Schwarzen Meeres lag. Daß die Debatte ansonsten sehr verbissen war, ist leicht nachzuvollziehen, denn schließlich berufen sich die Linguisten bei der Untersuchung phonetischer Veränderungen auf Gesetzmäßigkeiten, die sie von lebenden und einigen in Schriftform überlieferten toten Sprachen ableiten, um Rückschlüsse auf eine Zeit zu ziehen, die mindestens 25 Jahrhunderte vor den ersten schriftlichen Zeugnissen irgendeiner indoeuropäischen Sprache liegt.

Tomas Gamkrelidze und Victor Ivanov stellten einige dieser Gesetzmäßigkeiten in Frage. Gamkrelidze hatte mit seinem Lehrstuhl für Linguistik an der staatlichen Universität der georgischen Hauptstadt Tiflis den idealen Standort, um die gesamte Theorie der Sprachlaute noch einmal neu zu überprüfen. Die phonologische Untersuchung vieler Mutter- und Tochtersprachen des benachbarten Kaukasus ergab Lautverschiebungen, die den klassischen Regeln zuwiderliefen.[380] Von einigen Lauten, die man bisher der Protosprache zugeordnet hatte, nahm man nun an, daß sie erst zu einem späteren Zeitpunkt im Stammbaum auftauchten. Andere, von denen man ursprünglich gedacht hatte, daß sie erst nach einer beträchtlichen Evolutionsspanne in Erscheinung getreten seien, wurden nun als phonetischer Bestandteil der Protosprache interpretiert. Diese Neuzuordnung stellte das herkömmliche Stammbaumschema in Frage: Die Reihenfolge der Verzweigungen konnte nicht mehr stimmen.

Gamkrelidze und sein Kollege Ivanov entwarfen aufgrund ihrer Erkenntnisse über die Entwicklung der Sprachlaute einen neuen Stammbaum der indoeuropäischen Sprachen. Seine Wurzeln reichten weiter in die Vergangenheit zurück als die der früheren Rekonstruktionsversuche. Als dieser Neuentwurf auch jenseits des damaligen Eisernen Vorhangs bekannt wurde, erregte er einiges Aufsehen. Die Wissenschaftler, die eine Verbindung zwischen der Ausbreitung der Sprache und der des Ackerbaus sahen, begrüßten die Möglichkeit, die Frühgeschichte unter dem Aspekt der Sprachursprünge neu zu betrachten, zumal die von Gamkrelidze angenommene Urheimat Armenien ihrer eigenen Theorie nahekam, die sie im benachbarten Anatolien ansiedelte. Insgesamt war die Reaktion der Wissenschaftler in anderen Ländern jedoch alles andere als enthusiastisch. Ein renommierter britischer Sprachwissenschaftler verwarf in seinem Überblick über alle Theorien zum Ursprung der indoeuropäischen Sprachen Gamkrelidzes Arbeit in Bausch und Bogen mit der Bemerkung, sie entferne sich »Lichtjahre von jedem Konsens, den man in der etablierten Wissenschaft bei der Erforschung des Indoeuropäischen bisher erzielt« habe.[381]

Im Jahre 1995, zehn Jahre, nachdem Gamkrelidze seinen reformierten Stammbaum vorgelegt hatte, machten sich jedoch drei US-amerikanische Wissenschaftler an der University of Pennsylvania daran, seine Theorien zu überprüfen.[382] Donald Ringe, Ann Taylor und Tandy Warrow stützten sich dabei, wie es Luigi Luca Cavalli-Sforza bei der Erstellung seines genetischen Stammbaumes getan hatte, auf Computerberechnungen. Indem sie die Abermillionen denkbarer Genealogien der indoeuropäischen Sprachen von einem Computerprogramm erzeugen und nach ihrer Wahrscheinlichkeit sortieren ließen, hofften sie, jede Voreingenommenheit zu vermeiden, die sich bei weniger strikten Methoden leicht einschleichen kann. Wie bei Cavalli-Sforza sollte die Länge der Zweige an dem computergenerierten Stammbaum als Maß der Entfernungen dienen, nur repräsentierten die Entfernungen in diesem Fall nicht die Zeitspannen der Gendrift, sondern die Perioden sprachlicher Veränderungen.

Kaum waren sämtliche Daten verarbeitet, stellte sich heraus, daß sie eines von Gamkrelidzes und Ivanovs wichtigsten Forschungsergebnissen untermauerten – daß nämlich die anatolischen Sprachen zu den ersten gehörten, die vom Sprachstamm des Protoindoeuropäischen abzweigten. Die Erkenntnis, daß das Anatolische so alt war, kam für das amerikanische Forscherteam völlig überraschend. Donald Ringe, der Leiter des Projekts, äußerte dazu: »Gerechterweise muß man sagen, daß ich dagegen [die Neubewertung des Alters] voreingenommen war.«[383] Weil er selbst beträchtliche Zweifel an den gewonnenen Resultaten hatte, ließ er das Computerprogramm wieder und wieder durchlaufen, wobei er einige Tochtersprachen herausnahm und andere einfügte. Aber gleichgültig, wie er die eingegebenen Informationen auch auswählte, es ergab sich im großen und ganzen stets das gleiche Bild. »Man kann sich vorstellen, wie verblüfft ich war, als das Rechenprogramm im Stammbaum immer wieder das Anatolische als einen Hauptast präsentierte – und alle anderen Sprachen zusammen als den zweiten Hauptast«, räumte Ringe ein.[384]

Was Gamkrelidze bereits angenommen und der Computer nun bestätigt hatte, war eine ursprüngliche Spaltung des Stammes in zwei Hauptäste, einen für den anatolischsprachigen Süden und einen für den Norden, dessen Bewohner sich in Gruppen aufspalteten und abwanderten: ins europäische Binnenland die Verwender des Keltischen, in die europäischen Küstengebiete der Mittelmeerregion die Sprecher des Italischen und nach Zentralasien die Benutzer der alten Formen des Tocharischen. Gamkrelidze datierte den Zeitpunkt der Aufspaltung auf das frühe 5. Jahrtausend v. Chr., etwa 600 Jahre nach der Überflutung des Schwarzen Meeres.

Gamkrelidze und Ivanov konnten nicht wissen, daß das Schwarze

Meer infolge der Klimaverschlechterung während der Jüngeren Dryaszeit und der zweiten Mini-Eiszeit, die um 6200 v. Chr. einsetzte, zu einem riesigen, vom Kaukasus und dem anatolischen Hochland begrenzten Süßwassersee geworden war. Als Oase inmitten einer ausgedörrten Landschaft zog es Menschen verschiedener Kulturen und Sprachfamilien an, die sich in seinen blühenden Uferregionen niederließen und Waren, Gedanken und Begriffe ihrer Sprachen austauschten. Aus dem Indoeuropäischen entlehnte Wörter im Semitischen, in den Kartwelsprachen des Südkaukasus, im Sumerischen und sogar im Ägyptischen belegen die engen Verbindungen dieser Kulturen untereinander.[385] Der berühmte russische Pflanzengenetiker Nikolaj Wawilow entdeckte erstaunliche Beispiele für die indoeuropäischen Einflüsse in diesen Sprachen. So entspricht dem indoeuropäischen Stammwort *woi-no* im Russischen *vinograd*, im Italischen *vino*, im Germanischen *wein*, in den Kartwelsprachen *wino*, im Anatolischen *wijana* und im Protosemitischen *wajnu*. Rückstände von geharztem Wein auf dem Boden eines Tonkrugs aus dem 6. Jahrtausend v. Chr., gefunden am Urmia-See in einem Becken der aserbaidschanischen Gebirgslandschaft, weisen darauf hin, daß man dieses Getränk schon damals zu schätzen wußte und bereits große Erfahrung in der Weinherstellung gesammelt hatte.[386]

Die fruchtbare Uferregion des Schwarzen Meeres könnte als Schmelztiegel sowohl der Erbanlagen als auch der Sprachen fungiert haben. Vielleicht konnte Gamkrelidze aus diesem Grund so viele Wörter finden, die der Sprache der Protoeuropäer, der Protokartwelen, der Protosemiten und der Protoubaiden, aus denen später die Sumerer hervorgingen, gemein waren. Es könnte auch erklären, warum das in den Siedlungen Südrußlands festgestellte Vorherrschen der Blutgruppe B auch bei den später in Mesopotamien und Ägypten zugewanderten Gruppen entdeckt wurde. Wahrscheinlich diente der gemeinsame Zufluchtsort den bereits voll entwickelten Ackerbaukulturen auch dazu, Werkzeuge, praktisches Wissen, Saatgut und Vieh auszutauschen. Linguisten haben immer wieder darauf hingewiesen, daß besonders viele der gemeinsam benutzten Wörter aus dem Bereich der Landwirtschaft stammen. Die Region bot mit ihren fruchtbaren Flußtälern ideale Voraussetzungen zur Weidewirtschaft, zur Jagd und zum Fischen und darüber hinaus schiffbare Verbindungswege.

Mit dem Durchbruch des Meeres am Bosporus wurden die fruchtbaren Uferregionen, in denen sich das Kulturengemisch angesiedelt hatte, für immer überflutet und die dort lebenden Menschen in alle Winde zerstreut. Sowohl der genetische als auch der linguistische Stammbaum weisen auf ein einschneidendes Ereignis hin. Fast ohne jede Vorwarnung sahen sich die Familien gezwungen, ihre Häuser und Felder, ihre Besitztümer und Nahrungsvorräte zurückzulassen und mit Booten die Flucht über den Fluß oder das offene Meer zu ergreifen. Pitman und Ryan nehmen an, daß der Weg der Semiten und Ubaiden in die Levante und nach Mesopotamien führte, während sich die Kartwelvölker in den Kaukasus zurückzogen; Gruppen der Linearbandkeramiker zogen von einer Siedlungsstätte zur nächsten quer durch ganz Europa und dehnten die Grenzen ihres Siedlungsgebietes aus unerfindlichen Gründen immer weiter aus, wohingegen die Vinča im geschützten Becken des ungarischen Tieflandes Zuflucht suchten. Andere Gruppen siedelten sich auf den adriatischen und ägäischen Inseln an, gelangten über den Don ins Zentralland Eurasiens oder entdeckten die Wolga als Zugangsweg zu den fernen Steppen im Süden des Ural. Schon nach kurzer Zeit reichte das Siedlungsgebiet indoeuropäischer Kulturen in einem gewaltigen Bogen von der Adria und Westeuropa über den Balkan und die Ukraine bis zum Kaspischen Meer. Und an irgendeiner Stelle dieses breiten Bogens machten sich eines Tages die Tocharer in Richtung Osten auf und siedelten sich im Tarim-Becken am Rand eines Gebiets an, das später als Stück der Seidenstraße bekannt werden sollte.

Mark Aurel Steins erfolggekrönter Reise in das Tarim-Becken in Chinesisch-Turkestan war die in Europa mindestens ebenso bekannte und sicher nicht weniger abenteuerliche Expedition des neunundzwanzigjährigen Sven Anders Hedin vorausgegangen. Zusammen mit vier Lastenträgern hatte er am 14. Januar 1896 den Wüstenort

Khotan verlassen, um sich auf die Suche nach den Ruinen der uralten Stadt Takla Makan zu machen, die seit Menschengedenken im Wüstensand verborgen lagen. Bald befand sich der Forscher mitten im Niemandsland – ein Meer gewaltiger Dünen, die sich bis zu hundert Metern hoch auftürmten. Mehrere Wochen lang durchstreifte das Grüppchen diese leblose Welt, bis es buchstäblich über einen »Wald abgestorbener Baumstümpfe« stolperte, »die, von der Sonne gebleicht und im Wind verwittert, aus dem Wüstensand ragten«.[387] Hedin setzte den Spaten an und stieß am Rand des Wäldchens auf Gebäude. Sie waren nicht aus Stein oder Lehmziegeln errichtet, sondern bestanden aus handbehauenen Stützpfosten und Rohrgeflecht, das in Rahmen aus Holzstreben eingefügt und mit Lehm verputzt war. Die geglätteten Innenwände wiesen farbenprächtige Malereien auf. Abgebildet waren kniende, wahrscheinlich betende Frauen in locker fließenden Gewändern und Männer mit schwarzen Kinn- und Oberlippenbärten, bei denen es sich eindeutig nicht um Chinesen handelte. Außerdem enthielten die Malereien Szenen, in denen Schiffe abgebildet waren, die auf einem großen Binnensee segelten. Weitere Grabungen in der Ruinenstadt brachten Reste einer Hafenanlage und Holzteile zutage, die offensichtlich von Schiffskielen stammten. Hedin kommentierte den Fund in seinen Aufzeichnungen so:

> Auf meinen sämtlichen Reisen durch Asien habe ich keine ähnlich unerwartete Entdeckung gemacht… Wer hätte gedacht, daß mitten in der gefürchteten Wüste Gobi[388], und zwar in einem Teil, der in seiner Trostlosigkeit und Ödnis alle anderen Wüsten in den Schatten stellt, Städte unter dem Sand schlummern, Städte, die seit Tausenden von Jahren in den Verwehungen des Windes liegen, die verfallenen Überreste einer einst blühenden Kultur? Und doch stand ich da, umgeben von den Trümmern eines untergegangenen Volkes.[389]

Die in den letzten Jahren entdeckten Mumien stammen aus anderen Siedlungen, die aus dem Sand gegraben wurden. Unter anderem wurde eine Frau mit langem, kastanienbraunem Haar und eindeutig kaukasischen Gesichtszügen gefunden, die in der mittleren Bronzezeit gelebt hatte. Radiokarbonuntersuchungen des Holzes ergaben, daß dieses Gebiet bereits im 3. Jahrtausend v. Chr. und möglicherweise noch früher besiedelt war.

Der türkische Geomorphologe Professor Orguz Erol, der heute im Ruhestand in Istanbul lebt, hat einen geschulten Blick für Landschaften. Vom Wegesrand aus kann er eloquent über Formen, Gefälle und Bodenbeschaffenheiten reden, die ihm mitteilen, ob die Umgebung durch vulkanische Einflüsse, durch Gletscherbewegungen oder durch den Wind gestaltet wurde. Im Winter 1996 klopfte ein Bote an die Tür seines am Bosporus gelegenen Vorstadthauses und überbrachte ihm einen dicken Stapel großformatiger Farbfotografien im Format 60 mal 60 cm. Sie kamen von der Technischen Hochschule Istanbul; erworben hatte sie die British Petroleum Company in London. Auf den Bildern sah man eine fremde Welt, aufgenommen von einem Forschungssatelliten in 320 Kilometer Höhe.

Erol versuchte zuerst, die Fotos auf dem Fußboden seines Arbeitszimmers auszubreiten, aber es waren zu viele – er hätte eine Turnhalle gebraucht. Also nahm er sich, ausgerüstet mit Pauspapier und feinen Farbstiften, eines nach dem anderen vor. Die Bilder zeigten das gesamte Tarim-Becken in Chinesisch-Turkestan, ein Gebiet, in dem heute intensiv nach Ölvorkommen gesucht wird. Chinesische Experten vermuten, daß der Boden der Wüste Takla Makan Ölfelder enthält, welche die nachgewiesenen Vorkommen in den Vereinigten Staaten einschließlich der in Alaska und im Golf von Mexiko um ein Vielfaches übersteigen.

Die extrem hohe Auflösung der Vergrößerungen und die hochentwickelte Digitaltechnik der für die Aufnahmen verwendeten Kameras ermöglichten es Erol, jede einzelne Dünenerhebung im Wüstensand zu erkennen. Er zeichnete die Umrißlinien der Dünenfelder nach, und um die Ränder der Senken herum kartographierte er zerklüftete Berge, tiefe Täler und fächerartig auslaufende Schwemmlandformationen. Diese »Entsorgungszonen« wurden im Frühjahr mit gewaltigen Mengen Geröll und Sand bedeckt, die zusammen mit dem Schmelzwasser von Flüssen aus dem tibetischen Hochland herabgespült wurden. In den übrigen Jahreszeiten führten nur die größten Flußläufe Wasser, alle anderen waren staubtrocken. Die wenigen Flüsse, die es bis in das Wüstengebiet schafften, versickerten im Sand. Erol zeichnete sämtliche Taleinschnitte einschließlich aller Nebenabflüsse in der Peripherie des Beckens ein. Während er mit einem feinen Stift das verschlungene Netzwerk der kurzlebigen Wasserläufe nachzeichnete, erinnerte er sich an ähnliche Landschaften in Anatolien, die er in den langen Jahren seines Berufslebens durchwandert hatte.

Zu seiner Überraschung stellte er fest, daß in den Ausläufern der »Entsorgungszonen« Terrassen zu erkennen waren – mindestens drei konnte er deutlich ausmachen. Als er die zusammengehörigen Bilder aneinanderlegte, bildeten die Terrassen eine perfekte durchgängige Kette. Sie folgte den Umrissen von Vorgebirgen, die sich in die Wüste hineinschoben. Nachdem Erol tagelang immer neue Terrassenformationen eingezeichnet hatte, erkannte er, daß sie das Wüstenbecken wie ein Badewannenrand einfaßten. Es waren ohne Zweifel die Uferlinien eines früheren Sees, der einmal das gesamte Tarim-Becken ausgefüllt hatte und so groß gewesen sein mußte wie das Schwarze Meer.

Zutiefst beeindruckt von der gewaltigen Größe, begann Erol nach Hinweisen zu suchen, die ihm sagen könnten, wann das Gewässer entstanden und wann es ausgetrocknet war. Er schrieb: »Die höchste Uferlinie ist schwer auszumachen, denn sie ist an vielen Stellen von Dünenfeldern oder Abflußrinnen unterbrochen.«[390] Die mittlere Linie war dagegen scharf konturiert. Er nahm an, »daß sich der See auf diesem Niveau am längsten gehalten hat«. Die niedrigste Uferlinie schien ihm die kurzlebigste gewesen zu sein. Dann war der See ausgetrocknet und hatte nichts als ein gewaltiges Sandmeer zurückgelassen.

Aufgrund der Ähnlichkeit mit tibetischen, durch Radiokarbonmessungen datierten Seen und vor dem Hintergrund der Berichte von Sven Hedin, Mark Stein und chinesischen Archäologen unserer Zeit vertrat Erol die Theorie, daß sich die mittlere Uferterrasse in der letzten Eiszeitperiode gebildet hatte, als sich durch das Abschmelzen der dicken Eiskappen im Himalaya gewaltige Wassermassen ins Tarim-Becken ergossen hatten. Der Takla-Makan-See war nicht nur flächenmäßig gewaltig, sondern auch von enormer Tiefe gewesen. Die mittlere Uferterrasse lag mehr als 1000 Meter über dem tiefsten Punkt des Seebodens.

Als die Eisschmelze im Jüngeren Dryas, also vor etwa 12 000 Jahren, zum Stillstand kam und sich die Gletscher stabilisierten, versiegte der Wassernachschub aus den Flüssen fast vollständig. Erol erschien es logisch, daß diese Unterbrechung des Abschmelzvorgangs zur weitgehenden Austrocknung des Sees geführt hatte. Die niedrige Uferterrasse ist die jüngste; sie ist der relativ kurzen Periode zuzuordnen, in der hier kein Wüstenklima herrschte – in Palästina und Anatolien entwickelten sich etwa zur selben Zeit die ersten Ackerbaukulturen. Als Marco Polo seine Reise nach China unternahm, war der See offenbar noch nicht vollständig ausgetrocknet, denn der venezianische Kaufmann hatte von den Resten eines Sees berichtet, die weder Hedin noch Stein entdecken konnten, als sie später seinen Spuren folgten.

Die Tocharer – deren bloße Anwesenheit in dieser frühgeschichtlichen Periode bezeugt, wie lange die Seidenstraßenverbindung zwischen dem Osten und dem Westen bereits existiert – hatten ihre Wahlheimat längst verlassen, als Marco Polo das Gebiet bereiste. Sie waren durch die Trockenheit vertrieben worden, die aus den einst blühenden Ufergärten eine Wüste gemacht und den See in eine dürre, nur noch im Frühjahr mit einzelnen Wasserlachen gesprenkelte Landschaft verwandelt hatte. Sprachstudien und Mumienfunde belegen die indoeuropäische Herkunft dieser Menschen. Daß eine Dürrekatastrophe ihre Anwesenheit im Tarim-Becken beendete, erscheint angesichts der Tatsache, daß ihre mutmaßlichen Ahnen Jahrtausende zuvor wohl durch eine Flut von den Ufern des Schwarzen Meeres vertrieben wurden, wie eine Ironie des Schicksals. Über die weiträumigen Wanderbewegungen, die jene Flutkatastrophe ausgelöst hat, zerbrechen sich die Frühgeschichtler noch heute den Kopf.

Als die Menschen sich vor der Schwarzmeerflut in die Flußtäler Südosteuropas, in die russischen und noch weiter östlich gelegenen Steppengebiete, nach Mesopotamien, Anatolien, Ägypten und in die Levante retteten, war die erste Schrift noch nicht entstanden. Es stellt sich daher die Frage, wie die Geschichte ihrer Herkunft und ihrer Abenteuer die Jahrtausende überleben konnte, die noch vergingen, bis das gesprochene Wort in Zeichen niedergelegt und für die Nachwelt erhalten wurde. Der Gedanke liegt nahe, daß die frühgeschichtlichen Ereignisse, die die Grundlage der Schöpfungs- und Sintflutmythen bildeten, mündlich weitergegeben wurden. Aber wie hatte das in der Praxis ausgesehen? Vielleicht wurde der Wortlaut der Überlieferungen bewahrt, indem man die Geschichten in Verse faßte. Läßt sich eine solche Methode belegen? Ist es denkbar, daß der Kern einer Lagerfeuergeschichte oder eines Mythos über Hunderte von Generationen hinweg durch ständige Wiederholung erhalten bleibt?

Kapitel 19 –
Das Lied des Guslar

In einem Tal im serbischen Bergland hörte eine Menschenmenge in der Abenddämmerung dem Lied des Guslar[391] Salih Ugljanin zu. Die Bewohner der kleinen Stadt saßen dicht gedrängt um die kleinen Tische der beliebtesten Kaffeestube und lauschten gebannt einem epischen Gesang, dessen Vortrag vor mehr als einer Woche begonnen hatte. Seitdem Ugljanin, lange vor dem Ersten Weltkrieg, nach Novi Pazar gekommen war, trug er nun schon die Lieder und Geschichten vor, die er als Kind von einem blinden Spielmann gelernt hatte.[392]

Das Leben hatte sich an diesem abgelegenen, beschaulichen Fleckchen im Quellgebiet eines Nebenflüßchens der Donau nicht wesentlich verändert, seitdem fast 500 Jahre zuvor Sultan Mohammed II. Konstantinopel, das heutige Istanbul, erobert und den islamischen Glauben in Osteuropa verbreitet hatte. Die Männer, die meisten von ihnen Analphabeten, versammelten sich in den Kaffeehäusern, um über Gott und die Welt zu reden. Vor allem aber kamen sie, um unterhalten zu werden und den epischen Geschichten aus längst vergangenen Tagen zu lauschen, die von Generation zu Generation weitergegeben wurden. Salih Ugljanin, des Lesens ebensowenig mächtig wie seine Zuhörer, wußte nicht einmal, daß die Erzählung, die er vortrug, aus einzelnen Versen mit je zehn Silben bestand. Für ihn war sie ein Strom von Gedanken, deren Formulierung sich von Vortrag zu Vortrag verändern konnte.

An diesem Abend hatte er etwa ein Viertel der *Hochzeit des Smailagic Heho* hinter sich. Die einzelnen Motive des epischen Gedichts besaßen jeweils eigene Erzählmuster, die bei jedem Vortrag wiederverwendet wurden, auch wenn der Wortlaut sich ändern mochte. Diese Muster waren eng mit einem Erzählstoff verknüpft, der seit Jahrtausenden in verschiedenen Traditionen und Sprachen der gleiche war, »lebendig in der Sprache der Menschen, stets neu und doch immer gleich«.[393] Bei diesem Vortrag im Mai 1934 hätte man das Grundmuster als ein »Lied der Wiederkehr« in fünf Akten beschreiben können: Abschied, Katastrophe, Rückkehr, Wiedergutmachung und Hochzeit.

Gegen Ende seines abendlichen Liedvortrags bemerkte Ugljanin unter den Zuschauern ein fremdes Gesicht. Es gehörte einem jungen Amerikaner, einem lebhaften Harvard-Professor, der am Nachmittag in einem zerbeulten, mit allerlei merkwürdigen Gerätschaften beladenen Lieferwagen in der Stadt eingetroffen war. Milman Parry erhob sich, ging auf den Guslar zu und fragte ihn in fehlerfreiem Serbokroatisch, ob er an den folgenden Abenden wiederkommen und das Lied aufnehmen dürfe.

Parry hatte die Reise in diese abgelegene Gegend Jugoslawiens angetreten, um die Geschichten aufzuzeichnen, die hier in der Tradition mündlicher Heldendichtung weitergegeben wurden. Ein klassischer Vertreter dieser mündlichen Dichttradition war Homer, der Jahrhunderte, bevor es eine griechische Literatur in Schriftform gab, die *Ilias* und die *Odyssee* dichterisch ausgestaltet hatte. Parry erhoffte sich Hinweise darauf, wie es dem angeblich von Geburt an blinden und daher von visuellen Eindrücken unberührten Homer möglich gewesen war, aus dem Stegreif ein Gesamtwerk von etwa 28000 Hexametern zu schaffen. Sein Anliegen duldete keinen Aufschub, denn in der Folge des Ersten Weltkrieges und mit der Flut zurückkehrender Soldaten hatte sich die Kunst des Lesens auch in den entlegenen Dörfern des Landes ausgebreitet. Und da die Menschen zu lesen begannen, schwand allmählich ihr Interesse an der mündlichen Überlieferung und drohte nun völlig zu verschwinden.

Parrys Suche lag eine zentrale Frage zugrunde: Hatte ein Dichter allein die gesamte *Ilias* und *Odyssee* geschaffen, oder setzten sich diese Epen aus vielen Geschichten verschiedener Verfasser zusammen? Parry ging von der Arbeitshypothese aus, daß es sich um das

Werk eines einzigen Mannes handelte und daß Homer seine Meisterleistung nicht anders vollbracht hatte als Ugljanin die seine – durch mündlichen Vortrag. Um seine Hypothese zu überprüfen, nahm Parry unzählige Vorträge möglichst vieler serbischer Barden auf, insgesamt fast 13000 Verse auf mehr als 3000 phonographischen Walzen.

Beim Abspielen der Aufnahmen bemerkte er, daß ein Guslar seine Geschichte nie im selben Wortlaut wiederholte, sondern bei jedem Vortrag eine neue Version schuf. Zwar blieb der rote Faden der Geschichte stets gleich, aber die Abweichungen in der Wortwahl waren durchaus beträchtlich. Parry entdeckte, daß sich die Dichter eines metrischen oder linguistischen Hilfsmittels bedienten, um den Handlungsfaden der Geschichte beibehalten zu können. Er entwickelte daraus eine Theorie, die ihm bleibenden Ruhm eingebracht hat. Bedauerlicherweise erfuhr er nichts mehr von der Anerkennung, die seiner Arbeit gezollt wurde, denn er starb noch im selben Jahr infolge eines selbstverschuldeten Schießunfalls, als er sich auf dem Weg zu einem internationalen Kongreß befand, wo er seine ersten Forschungsergebnisse vorstellen wollte.

Das linguistische Hilfsmittel, das Parry entdeckt hatte, nannte er eine »Formel«, eine »Gruppe von Wörtern, die immer im selben Versmaß verwendet wurden, wenn eine bestimmte Grundidee ausgedrückt werden sollte«.[394] Der Gebrauch solcher Formeln sowie die gleichbleibende Verwendung des trochäischen Pentameters als Versmaß ermöglichte es dem Barden, seine Gedanken für die folgenden Strophen zu sammeln, während er einen standardisierten Vers vortrug. Häufig waren diese standardisierten Formeln Beiworte, die den Eigennamen vorangingen oder angehängt wurden, wie »Zeus, der Wolkenballer« oder »der hehre Dulder Odysseus« in der *Odyssee*. Solche Formulierungen beschränkten sich nicht auf Götter und Personen, sondern fanden auch im Zusammenhang mit Substantiven und Verben Verwendung. Um Parrys Theorie eines formelhaften Versgebrauchs in der mündlichen Dichtung zu belegen, führen seine Anhänger gern einen Satz aus der *Odyssee* an – »Als nun die rosigen Hände der Frühe dem Morgen entstiegen« –, den

Homer so oder in Abwandlungen immer wieder gebrauchte, um ein Gefühl für die Zeit zu vermitteln und den Faden der Erzählung weiterzuspinnen. Parry hatte nicht weniger als 29 solcher Formeln innerhalb der ersten 25 Zeilen der *Ilias* ausgemacht.[395]

Obwohl Ugljanin jedesmal, wenn er seine Ballade vortrug, ein in zahlreichen Details neues Werk schuf, hätte er ohne Zweifel auf eine entsprechende Frage hin versichert, die letzte Version sei die wahre, so, wie er sie gehört habe. Sein *Lied von Bagdad* beendete der Guslar stets mit den Worten: »So war's! So habe ich es gehört, so habe ich es euch erzählt.«[396]

Nach Parrys Tod setzte Albert Lord, ein brillanter Harvard-Kollege, sein Werk fort, indem er die Herkulesarbeit auf sich nahm, Parrys Tonaufnahmen zu transkribieren, zu übersetzen und zu katalogisieren. Auf einer Reise nach Jugoslawien bestätigte sich, daß ein Guslar seine Lieder nicht einfach nur auswendig lernt. Als Lord in einem Dorf ein Lied hörte, das auch Parry 17 Jahre zuvor aufgenommen hatte, stellte er fest, daß es sich zwar im Wortlaut deutlich von der aufgezeichneten Fassung unterschied, die unzähligen Formeln jedoch exakt beibehalten hatte, welche die Geschichte erst zu einem einheitlichen epischen Werk verwoben.

Lord erkannte, daß in diesen Epen Mythen überliefert wurden, deren magische Kraft wahrscheinlich nicht einmal dem Guslar bewußt war. Es waren universelle Mythen, die überdauern konnten, weil sie beständig auf das kulturelle Leben der Menschen einwirkten. Sie dienten der geschichtlichen Überlieferung, der Weitergabe von Wissen und der Unterhaltung, um nur einige ihrer Funktionen zu nennen. Denn in schriftlosen Gesellschaften gab es keine Lexika, Wörterbücher, Geschichtsbücher oder Romane.

Lord begriff die Beziehung zwischen dem Dichter und einem Gedicht als symbiotisch. Er war der Meinung, daß jede Dichtung auf einen Dichter angewiesen ist, der sie mit Können und Engagement am Leben hält, ohne ihren zentralen Gehalt zu verändern. Der Dichter kann in einem Epos diejenigen Elemente herausstellen, die ihm wichtig erscheinen, aber er muß auch sein Publikum zufriedenstellen. Dazu benötigt er eine starke Vorlage, einen epischen

Stoff, der eine so bedeutsame Botschaft enthält, daß er über Jahrhunderte hinweg nicht an Gültigkeit verliert. Ein solches Werk ist in seinem zentralen Motiv immer von einem Mythos durchdrungen. Fachleute waren und sind der Auffassung, daß dieses mythische Element unverzichtbar ist, weil es uns gefangennimmt und uns dazu bringt, der Geschichte zuzuhören. In der mündlichen Erzähltradition wurden diese Mythen beständig wiederholt. Der Mythos, der über Generationen hinweg überliefert wird, macht den Wert der mündlich tradierten Dichtung aus. Auch ein Lied, das vordergründig nur von einem historischen Ereignis berichtet, enthält in seinem Kern einen Mythos. In diesen Mythen lebt die vergängliche Geschichte auch dann noch weiter, wenn die Menschen die Erzählung längst nur als Märchen aus alter Zeit begreifen.

Lord hat sich in einer Reihe von Aufsätzen mit der Beziehung zwischen dem Mythos und der Vergangenheit befaßt. Er vertritt darin die These, daß die Mythen den Entstellungen durch die Zeitläufte besser standhalten als die Erinnerung an die Ereignisse, denen sie entspringen. Mit anderen Worten: Das Erzählmuster wiegt schwerer als die Faktentreue. Er schreibt dazu: »Um eine so gewaltige Auswirkung zu haben, müssen die Muster suprahistorisch sein. Das Grundgerüst ist der Mythos, nicht die Historie. Wann immer Historie und Erzählung aufeinandertreffen, scheinen sich die historischen Fakten eher der Erzählung anzupassen als umgekehrt.« Am Beispiel des Trojanischen Krieges führt er aus: »Die epische Dichtung gründet sich auf Fakten, aber die Chronologie der Ereignisse gerät durcheinander. Die Zeit schnurrt zusammen; verschiedene Vergangenheiten werden in die Erzählgegenwart eingebunden. Die mündlich tradierte epische Dichtung zeichnet ein Mosaikbild der Vergangenheit.«[397]

Als Beispiel für einen geschichtlichen Fakt, der als schmückendes Beiwerk in der Dichtung Jahrhunderte überdauern kann, könnte man Homers Beschreibung der Waffen heranziehen, die Meriones in der *Ilias* dem Odysseus leiht: Er gibt ihm Bogen, Köcher und ein zweischneidiges Schwert, »und den Helm aus den ledernen Häuten des Büffels setzt' er ihm auf. Er war im Innern mit vielerlei Riemen fest beflochten; doch außen umgaben ihn überall dichte Reihen blendender Hauer, weißzahnigen Ebern entrissen, schön und zierlich gefügt, und ein Filz bedeckte die Mitte.«[398] Ein gleichartiger, mit Eberhauern geschmückter Helm ist auf einem Fresko abgebildet, das die Wand eines minoischen Wohnhauses in Akrotiri auf der ägäischen Insel Thera (um 1630 v. Chr.) ziert. Und dieses Wohnhaus wurde – wie die gesamte Insel – 600 Jahre vor dem angenommenen Ausbruch des Trojanischen Krieges bei einem gewaltigen Vulkanausbruch unter Asche und Lavaströmen begraben.[399]

Lord hielt in Harvard ein Seminar über mündlich tradierte Heldenepen, und er befaßte sich darin nicht nur mit der noch lebendigen jugoslawischen Erzähltradition, sondern analysierte auch die alten angelsächsischen, skandinavischen, russischen, griechischen und persischen Epen sowie die sumerischen und akkadischen Schöpfungsgeschichten und Gilgamesch-Erzählungen. Er stellte diese Werke nicht in der chronologischen Reihenfolge ihrer Entstehung vor, sondern ordnete sie nach dem Grad ihrer Entwicklung: von der primitiveren zur komplexeren Form. Er betrachtete das *Gilgamesch-Epos* als besonders hoch entwickelt, weil es nicht die Erfahrungswelt der Götter, sondern die des Menschen zum zentralen Thema erhebt.[400]

John Miles Foley leitet gegenwärtig das Zentrum zur Erforschung mündlicher Erzähltraditionen an der University of Missouri. Er koordiniert die Forschungsarbeiten auf diesem Gebiet und gibt Sammlungen jener Texte heraus, die viele Tausend Gelehrte heute in aller Welt aufspüren, angefangen bei den zeitgenössischen afrikanischen Griot-Balladen bis hin zu den Hymnen sumerischer Priester aus der fernen Vergangenheit Mesopotamiens. Überall in diesen Forschungen hat die Arbeit Parrys Früchte getragen. Die von ihm postulierten formelhaften Wiederholungen konnte man mittlerweile unter anderem in Gedichten, Liedern, rituellen Gesängen, Ansprachen, Ehegelöbnissen, Gebeten und Hymnen nachweisen.

Das Muster, das Parry in der Kaffeestube von Novi Pazar entdeckte, wurde seither in einer Vielzahl von Überlieferungen gefunden, deren mündliche Weitergabe über eine Zeitspanne von 3000 Jahren reicht. Ist aus dieser Erkenntnis zu schließen, daß viele Sprachen und Kulturen sich aus einer einzigen vorgeschichtlichen Kultur verzweigten und die Erzählmuster und zentralen Mythen dieser »Urgesellschaft« weitergetragen haben? Oder gibt es »Urformen« von Erzählmustern, die in allen Kulturen und Traditionen gleich sind, weil es darin um so elementare Themen wie Liebe, Tod, Geburt und Leben geht – um Dinge also, deren Verständnis und Bewußtsein für das kulturelle Überleben einer jeden menschlichen Gemeinschaft unabdingbar sind? Diese Alternative steht im Mittelpunkt der heutigen Mythenforschung, die sich zu ihrer Beantwortung auch moderner literaturwissenschaftlicher Methoden wie der kritischen Analyse und der Dekonstruktion bedienen kann, da viele ursprünglich mündlich überlieferte Mythen eine Schriftliteratur hervorgebracht haben.

Die Schätze der königlichen Bibliothek von Ninive enthalten einige sehr gut erhaltene Mythen und Legenden, die uns Einblicke in die hintersten Winkel der menschlichen Erinnerung gestatten. Einige der Texte auf diesen Tontafeln erwiesen sich als weitgehend unveränderte Abschriften von Originalen aus der Zeit der Entstehung der Schrift vor etwa fünf Jahrtausenden. Die Sammlungen, die uns heute zur Verfügung stehen, sind alles andere als vollständig. Viele Stücke fielen bereits den Auflagen oder dem Geschmack der ehemaligen Archivare oder ihrer Herrscher zum Opfer, oder sie wurden später durch unprofessionelle Grabungen zerstört.

Eine Expertin für mesopotamische Literatur, Henrietta McCall, hat die Frage aufgeworfen, inwieweit die heute noch erhaltene Literatur für den Gesamtbestand der alten Bibliotheken repräsentativ ist. Sie und ihre Kollegen vom Ashmolean Museum in Oxford und vom British Museum in London gehen davon aus, daß der Schlüssel zur Beantwortung zum Teil in den Sammlungen selbst zu suchen ist. Die Verwaltung der Bibliotheken war erstaunlich gut organisiert, und die Aufzeichnungen deuten darauf hin, daß die Anschaffung neuer Werke mit großem Eifer betrieben wurde. Die Schriften waren nach Titel und Genre katalogisiert. Aus den Aufzeichnungen geht hervor, daß der Bibliothek von Ninive – besonders nach der

Eroberung Babylons im Jahre 648 v. Chr. – auch private Sammlungen in beträchtlichem Umfang einverleibt wurden. König Assurbanipal kümmerte sich offenbar persönlich um einen Teil der Anschaffungen.

Bei einigen der assyrischen Sammlungen waren am Rand oder in der letzten Spalte der Tontafeln Einträge angebracht, die man mit einer Registrierung oder einem Impressum vergleichen könnte. Sie gaben Auskunft über den Titel des Werkes, die Namen des Besitzers und des Schreibers, den Zeitpunkt seiner Entstehung, bezogen auf die Regierung eines Königs, und anderes mehr. Manchmal enthielten sie auch einen warnenden Hinweis an die Benutzer, die Tafeln unbedingt unversehrt zurückzugeben. Die Existenz einer mesopotamischen Literatur weist *per se* darauf hin, daß es für die verschiedenen Werke auch verschiedene Verfasser gegeben haben muß, aber ihre Namen werden in den seltensten Fällen erwähnt. Die Bibliothek Assurbanipals enthält ein Verzeichnis, in dem als Verfasser einiger Texte Götter, gefeierte Helden und berühmte Persönlichkeiten der Geschichte genannt sind – was nur betont, wie weit die Wurzeln der großen Mythen und Legenden zurückreichen. Die meisten uns erhaltenen Varianten der großen literarischen Werke sind Kompilationen aus mehreren Quellen. Die *Gilgamesch-Erzählung* zum Beispiel, in der George Smith eine chaldäische Version der Sintflutgeschichte erkannte, wird von McCall als ein »Flickwerk mit unsauberen Nähten«[401] charakterisiert.

Die Suche nach den Verfassern der frühesten noch erhaltenen Werke der Literatur, wie beispielsweise der *Ilias* und der *Odyssee* in Griechenland, wirft auch die Frage auf, ob diese Werke auf mündliche Überlieferungen zurückgehen oder nicht. In dem Schöpfungsepos, an dessen Entschlüsselung George Smith bis zu seinem frühen Tod gearbeitet hatte, wird ausdrücklich darauf hingewiesen, daß die Geschichte mündlich zu rezitieren sei.[402] Ein sumerisches Gedicht, *Dumuzis Traum*, wurde unter dem Aspekt der Parry-Lord-Hypothese sorgfältig auf seine mögliche mündliche Tradition hin untersucht.[403] Dumuzi war ein sumerischer Liebesgott und ein Gespiele Ischtars, der Göttin der Liebe, der Erotik und des Krieges. Er wurde in zahlreichen, ganz unterschiedlichen Werken besungen, doch oft sind einzelne Verse und Motive darin völlig identisch. Innerhalb der einzelnen Versionen werden so gut wie immer wieder die gleichen Wendungen und Wortfolgen benutzt, um einen bestimmten Gedanken auszudrücken, was die Annahme eines mündlich tradierten Ursprungs nahelegt.[404]

Das Stilmittel der Wiederholung ist ein wesentliches Element in *Der Honigmann*, einem sumerischen Liebeslied an einen König, in dem es von Freudschen Bildern und Metaphern derart strotzt, daß *Lady Chatterley* dagegen verblaßt:

> Er ist gesprossen, er ist gewachsen, er ist frischer Salat, am Wasser gepflanzt,
> Wohlbestellter Garten meiner Ebene, Günstling meines Leibes,
> Ein schwellendes Korn in seiner Furche, er ist frischer Salat, am Wasser gepflanzt,
> Ein Apfelbaum, mit Früchten beladen bis in den Wipfel, er ist frischer Salat, am Wasser gepflanzt.
>
> Der Honigmann, der Honigmann ist meine Süße immerdar,
> Mein Gebieter, der Honigmann der Götter, Günstling meines Leibes,
> Honig seine Hand, Honig sein Fuß, ist meine Süße immerdar,
> Honig seine Arme und Beine, ist meine Süße immerdar.
>
> Süße meines Nabels, Günstling meines Leibes,
> Versüßer mit den hellen Schenkeln, er ist frischer Salat, am Wasser gepflanzt.[405]

Ein weiteres Indiz für die mündlich tradierten Ursprünge der sumerischen Dichtung sind die erzählerischen Brüche, die sie immer wieder aufweist. Einzelheiten der Beschreibung und die zeitliche Abfolge von Ereignissen werden vor allem in den längeren Epen, etwa der *Gilgamesch-Erzählung*, die in einzelne Episoden unterteilt sind, häufig durcheinandergebracht. Solche Abweichungen können den Launen und Neigungen des Dichter-Barden entsprungen sein, der die Episoden einer überlieferten Geschichte für seinen mündlichen Vortrag neu arrangierte.

Das *Gilgamesch-Epos* ist so reich durchwoben mit Legenden und Mythen, daß seine historischen Wurzeln einer näheren Erklärung bedürfen. In der »Sumerischen Königsliste« wird Gilgamesch als fünfter König der Ersten Dynastie von Uruk (hebräisch Erech) geführt, einem Stadtstaat am Ufer des Euphrat, in der zweiten frühdynastischen Periode der Sumerer um 2600 v. Chr.[406] Bereits 200 Jahre später wurde Gilgamesch von den Sumerern als Gott verehrt. Etwa um diese Zeit könnte die Übertragung der mündlichen Überlieferungen seiner Heldentaten in die Schriftform eingesetzt haben.[407] Da das System der Keilschriftzeichen jedoch so kompliziert war, daß die Kunst des Schreibens einer kleinen Gruppe professioneller Schreiber vorbehalten blieb, ist sicher anzunehmen, daß die Tradition der mündlichen Überlieferung von den Geschichtenerzählern auch danach noch lange weitergeführt wurde.[408] Ein Jahrtausend später war das Epos in hethitischer Sprache in Anatolien und in hurritischer Prosa beim semitischen Volk der Kanaaniter bekannt. Auch wenn wir unmöglich sagen können, in welchem Maß regionale Erzähltraditionen den Stoff verändert haben, bleibt die Tatsache bestehen, daß der mythische Gehalt in allen diesen Versionen erstaunliche inhaltliche und stilistische Übereinstimmungen aufweist. Offensichtlich waren die Dichter um so williger, die tradierten Mythen getreu wiederzugeben, je kraftvoller die Legende war.

Erzählungen, die die Geschichte der Menschheit von ihren Anfängen bis zur Gegenwart zum Inhalt haben, sind an sich schon faszinierend, um so mehr, wenn sie wichtige Ereignisse behandeln, die als Launen der unberechenbaren Götter (Chaos) oder als verdiente Strafe (Determinismus) für menschliche Vergehen interpretiert werden können und einen heroischen Kampf ums Überleben und schließlich die Erkenntis des eigenen Standpunkts im Kosmos nach sich ziehen. Nicht nur in der mündlichen Erzähltradition geht es um solche Ereignisse. Auch die Naturwissenschaften können mit gewaltigen Epen aufwarten, deren einzelne Erzählungen – entschlüsselt mit den Mitteln der Physik, Chemie oder Biologie – im Schlamm, Sand und Geröll auf dem Grund eines Sees oder auf dem Boden eines Meeres verborgen lagen. Und um der kargen Erzählweise der traditionellen Naturwissenschaften mehr Farbe zu verleihen, versichert man sich am besten der Unterstützung anderer Forschungszweige, etwa der Archäologie, der Sprachkunde oder der Genetik.

IV. FLUTBERICHTE – GESTERN UND HEUTE

Kapitel 20 –
Noah, Utnapischtim und Ziusudra

Archäologische Funde belegen die Wanderungen entwurzelter Menschen in der Zeit, die unmittelbar auf die große Flut folgte. Gruppen der Linearbandkeramik-Kultur und andere Flüchtlinge folgten dem Verlauf der Flußtäler durch Europa und Westasien. In anatolischen Siedlungen kam es zu Eroberungen, zu Brandschatzung und zur Vertreibung der ursprünglichen Bevölkerung. Heimatlos gewordene Völker wanderten in die Gebirgsausläufer des Fruchtbaren Halbmondes hinunter; im Nildelta und in der Kura-Niederung am Kaspischen Meer siedelten sich neue Ackerbauern an; und Gruppen der Ubaid-Kultur ließen sich im Süden Mesopotamiens nieder, entwickelten dort ein Bewässerungssystem und kultivierten das Land.

Die Annahme eines Zusammenhangs zwischen diesen Wanderbewegungen und der dauerhaften Überflutung des Schwarzen Meeres ist allerdings nur eine Arbeitshypothese. Der archäologische Beweis für eine ehemalige Besiedlung seiner inzwischen überfluteten früheren Uferzonen wäre nur anzutreten, wenn im Boden des heutigen Schwarzmeerschelfs tatsächlich Reste neolithischer Siedlungen gefunden würden.

Vielleicht werden Meeresarchäologen irgendwann in der Zukunft die versunkenen, vom Wasser ausgewaschenen Ruinen von Städten mit Lehmziegelmauern, Feuerstellen, Pfostenlöchern und Steinwerkzeugen im Umkreis des alten Seeuferverlaufs und entlang der heute unter Wasser liegenden Flußtäler entdecken. Vielleicht werden sie sogar Artefakte finden, die eine Verbindung zwischen den Menschen dort und den Migrationsgruppen belegen. Sicher ist derzeit nur, daß die Besiedlung dieser Landstriche möglich war; und angesichts der langanhaltenden großräumigen Trockenheit und der entwickelten Ackerbaukultur in der weiteren Nachbarschaft kann man es sogar als wahrscheinlich annehmen, daß der größte Süßwassersee dieser Region ein begehrter Siedlungsraum war. Die uns bekannten neolithischen Ackerbausiedlungen befanden sich ausnahmslos auf den wasserspeichernden Schwemmlandböden, wie sie die Sowjets bei ihren Sedimentbohrungen überall auf dem breiten, heute unter Wasser liegenden Kontinentalschelf vor Bulgarien, Rumänien, der Ukraine und Rußland entdeckten.

Nachdem nicht nur die Überflutung des Schwarzen Meeres belegt war, sondern sich auch die Hinweise auf eine gleichzeitig einsetzende Zuwanderung von Menschen nach Europa, Palästina und in die Schwemmlandgebiete Mesopotamiens hinein häuften, mußten sich William Ryan und Walter Pitman ernsthaft mit der Frage beschäftigen, die John Dewey gut 20 Jahre früher spontan aufgeworfen hatte: Konnte eine einmalige Naturkatastrophe, bei der Meerwasser plötzlich einen abflußlosen, geschrumpften Süßwassersee überflutet hatte, den Anstoß für alle existierenden Sintflutmythen gegeben haben?

Als Reverend William Buckland Anfang des 19. Jahrhunderts zum tonangebenden Naturwissenschaftler in Oxford aufstieg, bildete der anglikanische Glaube für ihn die Grundlage der Wahrheitsfindung, der sich alle weiteren Erkenntnisse unterzuordnen hatten. Die biblische Sintflut hatte sich ereignet; Gott selbst hatte es gesagt. Also betrachtete es Buckland als sein Ziel und seine Aufgabe, in der Natur die Auswirkungen dieser globalen Überschwemmungskatastrophe aufzuspüren. Die lockeren Sedimentablagerungen, mit denen das Grundgestein in weiten Teilen seiner schottischen Heimat überzogen ist, waren folgerichtig in seinen Augen entweder »diluvialer« Herkunft, also durch die Sintflut entstanden, oder aber »alluvial«, also durch Hochwasser führende Flüsse angeschwemmt, wie er es auch in seiner Zeit noch mit eigenen Augen beobachten konnte. Als dann in Höhlen auf den Britischen Inseln neben den Knochen des ausgestorbenen Eiszeitmammuts und des Höhlenbären menschliche Skeletteile und von Menschen geschaffene Objekte zutage kamen, war das in seinen Augen der Beweis, daß die Menschheit, wie in der christlichen Schöpfungsgeschichte berichtet, durch Gottes Hand nahezu vernichtet worden war.[409] Buckland war nicht weniger aufrichtig oder rational als seine Wissenschaftskollegen heutzutage. Er setzte bei seinen logischen Überlegungen lediglich an einem anderen Ausgangspunkt an. Als er sich jedoch am Ende mit den gewaltigen Widersprüchen zwischen dem glazialen Ursprung der Ablagerungen und seiner Diluvialtheorie konfrontiert sah, revidierte er – wie Charles Lyell – seine Auffassung zugunsten der plausibleren Eiszeit-Theorie.

Während Buckland von der biblischen Sintflut ausging, die er für ein reales Ereignis hielt, setzten Pitman und Ryan bei dem folgenschweren Durchbruch des Meeres am Bosporus an. Aufgrund der wissenschaftlichen Indizien betrachteten sie die plötzliche und dauerhafte Auffüllung der Schwarzmeer-Senke als Faktum. Folglich durchforsteten sie nun die Mythologie gewissermaßen nach Fingerabdrücken. Gab es in den entsprechenden Mythen glaubhafte Hinweise, die auf das Schwarze Meer als ihren Ausgangspunkt deuteten?

George Smith war überzeugt davon, daß die in König Assurbanipals Bibliothek gefundenen Berichte und Mythen echte Überlieferungen waren, die zum Teil reine Abenteuergeschichten erzählten, während andere Naturereignisse wiedergaben und diese zu erklären suchten. Er schrieb: »Die in den Texten über die Flutkatastrophe enthaltenen Details lassen keinen Zweifel daran, daß sich die biblische und die babylonische Geschichte auf ein und dasselbe Ereignis beziehen und daß in beiden Erzählungen die Flut als Beginn der modernen Welt angesehen wird.«[410] Aber wie wörtlich kann man diese in den Texten enthaltenen »Details« nehmen? Selbst wenn die Berichte von der Katastrophe anfangs noch den Schauplatz und die Umstände wahrheitsgemäß wiedergegeben hätten, wären nicht dennoch die meisten Einzelheiten im Lauf der Jahrhunderte verlorengegangen, während unzählige Generationen von Barden die Geschichte verwässerten, umdichteten und auf alle mögliche Weise ausschmückten? Erst mit dem Augenblick, in dem ihre Erzählungen in schriftlicher Form auf Tontafeln festgehalten wurden, konnte deren Inhalt ohne weitere Veränderungen der Nachwelt überliefert werden.

In den Geisteswissenschaften ist heute die Meinung weit verbreitet, Mythen hätten wenig mit der Vergangenheit zu tun. Sie werden vielmehr als Traumbilder interpretiert, »eine kleine verborgene Tür in den tiefsten und geheimsten Winkeln der Seele«.[411] Der 1987 verstorbene Schriftsteller Joseph Campbell drückte es so aus: »Der Stoff des Mythos ist der Stoff des Lebens, der Stoff unseres Körpers, der Stoff der uns umgebenden Welt, und eine lebendige, kraftvolle Mythologie beschäftigt sich mit diesen Themen in der Form, die dem Wissen der jeweiligen Zeit entspricht.«[412] Das widerspricht in keiner Hinsicht der Auffassung, daß der Ursprung einiger Mythen in konkreten historischen Ereignissen liegt, insbesondere dann, wenn ein Ereignis so dramatische und zerstörerische Auswirkungen hat wie eine große Flut.

George Smith hatte sich unter anderem mit Keilschrifttexten auseinandergesetzt, die den Wettstreit zwischen Gilgamesch, Enkidu und Chuwawa (auch: Humbaba), dem Dämon und Hüter des Zedernwaldes, schildern. Die nur zum Teil rekonstruierten Tontafeln beschrieben Chuwawa als »inmitten einer mit Erini-Bäumen bewachsenen Region« wohnend, »in der es auch Bäume von einer Survan genannten Spezies gab«.[413] Smith übersetzte die beiden Begriffe als »Kiefer« und »Zeder«. Seinen Aufzeichnungen zufolge »wird in einem der Texte der Libanon in Anspielung auf die dort wachsenden Zedern als das Land der Survan bezeichnet«.[414] In allen späteren Übersetzungen wird dieser Baum im Zusammenhang mit Chuwawa genannt, wobei jedoch die geographische Lage des Zedernwaldes, in dem der Dämon hauste, Gegenstand einiger Diskussionen war.[415] Die frühen sumerischen Versionen lassen den Schluß zu, es könne sich dabei um eine Gegend im Osten Mesopotamiens in der Nähe des Sagros-Gebirges gehandelt haben – darauf weist die Erwähnung des Sonnengottes Schamasch hin, dessen Name mit der *aufgehenden* Sonne in Verbindung gebracht wird.[416] In den späteren akkadischen Texten ist der Zedernwald jedoch ausdrücklich im Nordwesten angesiedelt, im oder in der Nähe des Libanon, und der Name Schamasch steht für den Sonnenuntergang.[417] Chuwawas Zedernwald muß weit von Uruk entfernt gewesen sein, denn nachdem Gilgamesch und Enkidu vom Ufer des Euphrat zu ihrer Reise aufgebrochen waren, mußten sie sieben Berge überqueren, bevor sie den Zugang zu dem Wald erreichten. »Sie blickten auf den Zedernberg, den Wohnplatz der Götter und den Thronsitz der Irnini. Die Zedern standen reich am Bergeshang, gar köstlich war der Schatten, den sie boten ... dort verhielten sie, um für die Nacht zu rasten. Vor Schamasch gruben einen Brunnen sie.«[418]

Da Assyrologen die Episode um Chuwawas Tod an einem konkreten geographischen Ort angesiedelt hatten, fanden Pitman und Ryan es legitim, sich auf der Grundlage anderer, wenn auch vielleicht ungenauerer geographischer Angaben auf die Suche nach dem Wohnort Utnapischtims zu machen, des akkadischen Noah, der die Flut überlebt hat und Gilgamesch das Geheimnis des ewigen Lebens offenbaren soll. Nachdem Gilgamesch, erschüttert von Enkidus Tod, durch die Steppe geirrt ist, gelangt er zu einem Gebirge, dessen Gipfel hoch in den Himmel aufragen. Das Bergtor wird von Skorpionmenschen bewacht, und einer von ihnen verkündet: »O Gilgamesch, es gab bisher noch niemals einen, der des' fähig war, noch keinen, der durchmaß des Berges Innre: Zwölf Doppelstunden geht's durch ihn hindurch, dicht ist das Dunkel, und es gibt kein Licht!«[419] Die Durchquerung des Berges dauert zwölf Doppelstunden, in denen der Held weder vor noch hinter sich etwas erkennen kann; die Finsternis lastet auf ihm, als würde sie dem nächtlichen Lauf der Sonne folgen.[420] Gilgamesch wandert buchstäblich durch die Tiefen einer »Unterwelt«.

Würde ein Geograph versuchen, sich diese Passage des *Gilgamesch-Epos* bildlich vorzustellen, so würde er vermutlich eine Route vor sich sehen, die von Mesopotamien aus nach Norden zum Quellgebiet des Euphrat führt – erst über das hügelige Grasland des Fruchtbaren Halbmondes und dann hinauf in die unwegsamen Regionen des von schroffen Bergmassiven umrahmten Van-Sees in

Anatolien, wo einst das wilde Volk der Urartäer das Reich Urartu bewohnte. Die Bergmassive gehören zum Taurus, dessen schneebedeckte Gipfel bis über 4000 Meter hoch aufragen und in dessen abgelegenen kurdischen Dörfern die Menschen noch heute Teppiche produzieren, die in ihren Webmustern Skorpione und alle möglichen Fabelwesen zeigen. Die Urartäer, ein Zusammenschluß mehrerer in dieser Region heimischer Stammesgruppen, hatten sich im 8. Jahrhundert v. Chr. auf eine verhängnisvolle Auseinandersetzung mit dem assyrischen König Sargon II. eingelassen. Das Wort *Ararat*, der Name des Berges, auf dem die biblische Arche strandete, ist von Urartu abgeleitet; Utnapischtim ist der Sohn des Ubartutu, ein Name, der möglicherweise auf dieses geographische Gebiet anspielt.

Die alte königliche Hauptstadt Çavuştepe war aus dem Vulkangestein oberhalb des klaren, türkisblauen Sees gehauen. Ihre aus schwarzen Basaltquadern kunstvoll gefügten Mauern zeigen noch heute die Spuren eines Angriffs der Assyrer unter Sargon II. Zu jener Zeit waren die Niederungen und Täler im weiten Umkreis mit Zedernwäldern bewachsen. Sargon beschrieb »hohe Berge, mit Bäumen aller Art bedeckt, deren Hänge einem Urwald glichen, deren Pässe furchterregend waren, über deren Regionen sich die Schatten dehnten wie in einem Zedernwald, auf deren Pfaden der Wanderer niemals das Licht der Sonne erblickte«.[421]

Als Xenophon 300 Jahre später 10 000 flüchtende griechische Söldner von Babylonien nordwärts über Anatolien zum Ufer des Schwarzen Meeres führte, um der Verfolgung durch die Perser und die einheimische Bevölkerung zu entgehen, mußte er, wie vor ihm Sargon II., die Männer hintereinander gehen lassen, um in den Urwald eindringen zu können.[422]

Gilgamesch gelangt schließlich in einen funkelnden Garten. »Es standen Sträucher da aus edlen Steinen, er eilte hin, um sie sich anzusehn. Ein Busch aus Karneol trägt seine Früchte, da hängen Trauben, herrlich anzuschaun.« Wird hier das Funkeln der vom Eis reflektierten Sonne im Hochgebirge beschrieben?

Dann kommt Gilgamesch an den See – nach Ansicht von Pitman und Ryan das Schwarze Meer – und zur Wohnstätte der »Schenkin«,

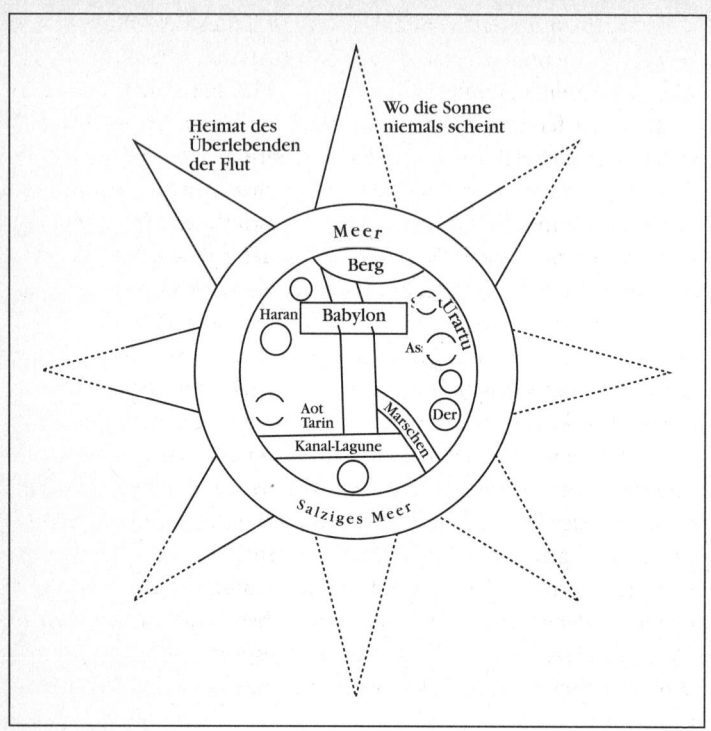

Babylonische Weltkarte aus Sippar, 7./6. Jh. v. Chr., die unter anderem die Stadt Babylon, den Euphrat, die Salzmarschen, den Persischen Golf, das »Land ohne Sonne« und die mutmaßliche Heimat des Flutüberlebenden Utnapischtim darstellt

bei der er sich erkundigt, auf welche Weise er das Wasser überqueren könne, um zu Utnapischtim zu gelangen. Von der Schenkin erfährt er, daß der See ein lebensfeindliches Gewässer ist. »Nie, Gilgamesch, gab's einen Übergang ... und tief das Todeswasser, bar des Zugangs!« Seit Anbeginn der Zeit ist es noch niemandem gelungen, das Meer des Todes zu überqueren. »Und wer seit alten Tagen je gekommen hierher, der überschritt niemals das Meer ... Wo kreuzt du also, Gilgamesch, das Meer, was willst du tun, kommst du ans Todeswasser?«[423]

Tatsächlich ist das Schwarze Meer ein Todeswasser. Die oberen Gewässerschichten enthalten genug Sauerstoff, daß darin Fische aller Art gedeihen können. Aber seit der Flut hat sich in den sauerstofflosen tieferen Schichten eine Menge giftigen Schwefelwasserstoffs angereichert. In hohen Konzentrationen eingeatmet, kann dieses Gas einen Menschen töten. Die Grenze zwischen der Schicht, in der Leben möglich ist, und dem sauerstofflosen Grundgewässer liegt heute bei einer Tiefe von 140 Metern, aber dieser Wert schwankt. In den letzten Jahrzehnten hat sich die Grenze um mehr als 25 Meter nach oben verschoben.[424] Der schwarze Bodenschlamm des Meeres enthält rote Farbpigmente. Sie stammen von der Bakterienart *Thiocapsa roseopersicina*, die »anoxygene Photosynthese« betreibt, also keinen Sauerstoff, wohl aber Sonnenlicht zum Leben braucht. Die wechselnden Konzentrationen dieses Pigments im Sedimentgestein weisen darauf hin, daß es in der Vergangenheit immer wieder Phasen gegeben haben muß, in denen sich die Obergrenze der giftigen Wasserschichten deutlich verschoben hat.[425] Heftige Stürme oder Tsunami-Wellen infolge eines Erdbebens könnten gelegentlich dafür gesorgt haben, daß die schützende Oberflächenschicht vorübergehend weggespült wurde und sich eine Wolke tödlichen Gases über das Becken und seine Uferränder ausbreitete.

Die Schenkin rät Gilgamesch, die Überfahrt nicht allein zu versuchen, sondern sich an einen Fährmann namens Urschanabi zu wenden. Als Gilgamesch jedoch sieht, auf welche Weise der Fährmann sein Boot antreibt, ist er verwirrt und gerät in Wut: Er zerstört die rätselhaften Hilfsmittel. »Die Steinernen, Gilgamesch, waren es, welche mich hinüberbringen, auf daß ich nicht berühre die Wasser des Todes.«[426] Alle Übersetzer hatten Schwierigkeiten mit der Interpretation dieser »Steinernen«. Sie tauchen auf als »Mittler..., ohne die eine Überfahrt über das Todeswasser« nicht möglich ist.[427] Gelegentlich wurden sie auch metaphorisch als »Talismane, Symbolbilder oder Magneteisensteine«[428] interpretiert, obwohl aus dem Text deutlich hervorgeht, daß sie dem Vorwärtskommen dienen. Als Gilgamesch die »Steinernen« mit seiner Axt zerschlägt, weist Urschanabi ihn mit den Worten zurecht: »Deine Hände, Gilgamesch, hemmten die Überfahrt! Du zerschlugst die Steinernen, rissest aus ihre Ketten.«[429] In den ursprünglichen Keilschrifttexten ist in diesem Zusammenhang auch von Seilen, *urnu*, die Rede, jedoch ist auch die Deutung dieses Wortes ungewiß.[430] Häufig wurde *urnu* als »Schlange« übersetzt, in der Annahme, daß es sich hierbei um den Wächter der Steinernen handeln könne.[431] Ein Orientalist stellte die Vermutung auf, daß es einen Zusammenhang geben könne zwischen dem Wort *urnu* und dem ägyptischen *Urnes*, dem Namen, der in der ägyptischen Mythologie einen Abschnitt des Flusses in der Unterwelt bezeichnet.[432] Andere haben *urnu* als Lianen (oder Hanfstengel) interpretiert, da Gilgamesch in den Wald geschickt wird, um mit seinem Dolch (oder Schwert) Ersatz für die zerstörten Exemplare zu schlagen.

Über Tausende von Jahren hinweg haben Fischer und andere, die den Bosporus in Nordrichtung befahren wollten, einfach ein mit Steinen beschwertes Netz ins Wasser gelassen und sich von der Grundströmung ziehen lassen. Durch geschicktes Manövrieren mit einem oder mehreren dieser Gewichte ist es möglich, ein Schiff in der Strömung zu halten und Fahrgäste und Waren quer über den Bosporus zum anderen Ufer hinüberzutransportieren. Es ist durchaus vorstellbar, daß sich die Erwähnung der »Steinernen«, die selbst den Sängern, die das Epos vortrugen, rätselhaft waren, auf diese mit Gewichten beschwerten Körbe oder Netze der Fährmänner am Bosporus bezog.

Gilgameschs höchstes Ziel ist es, Utnapischtim zu begegnen und von ihm das Geheimnis des ewigen Lebens in Erfahrung zu bringen. Er schafft es, das Gewässer zu überqueren, aber von Utnapischtim erfährt er: »Der bittere Tod ist wahrlich unausweichlich.« Mitfühlend setzt ihm Utnapischtim die ernüchternde Wahrheit auseinander, daß es kein ewiges Leben gibt. Rhetorisch stellt er die Frage: »Baun wir ein Haus, das ewig steht, und siegeln für ewige Dauer eine Tafel wir?« Und er fährt fort, indem er von den Göttern sagt: »Sie haben Tod oder Leben zugeteilt, des Todes Tage aber nicht bekannt gemacht.«[433]

Und nun verrät Utnapischtim Gilgamesch zwei wohlgehütete Geheimnisse der Götter. Das erste ist die gesamte Sintflut-Erzählung: wie Ea ihn vorwarnte und anwies, eine Arche zu bauen und mit den Samen aller Lebewesen zu beladen, weil es der Beschluß der Götter war, die gesamte Menschheit durch eine Flut zu vernichten. Ea nannte keinen Grund für diesen furchtbaren Beschluß der Götter. Utnapischtim befolgte seine Anweisungen, und als die Flut mit schrecklicher Wucht losbrach, bestieg er mit seiner Familie die Arche und trieb tagelang umher, bis er inmitten einer riesigen Wasserfläche auf Grund stieß. Er sandte Vögel aus, nach festen Ufern zu suchen, und als die Fluten endlich zurückwichen, ging er mit allen Lebewesen von Bord und bereitete zum Dank ein Festmahl für die Götter, die völlig ausgehungert waren und die dargebotenen Speisen gierig verschlangen. Darauf gewährten sie Utnapischtim ewiges Leben und sandten ihn aus, »an der Ströme ferner Mündung« zu wohnen.

Das zweite Geheimnis ist die Existenz einer stechdornähnlichen Wunderpflanze, die neues Leben gibt und auf dem Grund des glitzernden Meeres wächst. Gilgamesch erfährt von Utnapischtim: »Wenn deine Hände diese Pflanze heben, so findest du durch sie ein neues Leben!«[434]

Gilgamesch nimmt die Herausforderung an. Er bindet Steine an seine Füße, springt ins Meer und bringt die Pflanze herauf. Als er jedoch auf der Heimreise nach Uruk in einem Teich ein Bad nimmt, riecht eine Schlange den süßen Duft der Blüten und raubt die Pflanze. Unter Tränen der Enttäuschung begreift Gilgamesch endlich, daß ihm als höchster Lohn kein ewiges Leben beschieden ist.

Das Scheitern des Helden am Ende seiner Reise ist ein Thema, das nicht nur im *Gilgamesch-Epos* eine Rolle spielt, sondern in den meisten mesopotamischen und späteren griechischen Mythen vorkommt. Weder die Sumerer und Akkadier noch die Griechen glaubten an einen Lohn nach dem Tod. Man konnte den Tod durch Anrufung der Götter aufschieben, aber man konnte ihm letztendlich nicht entgehen. Der Körper wurde wieder zu Staub, und ein »schattenhaftes« Ebenbild trat durch eine Öffnung im Grab in ein Zwischenreich ein und gelangte von dort aus in eine gewaltige, dunkle und stille Unterwelt, in der es nun für immer und ewig ein dumpfes, düsteres Dasein führte.[435]

Es gibt eine ältere sumerische Version des Sintflutmythos mit dem schlichten Titel *Die Flut*.[436] Sie ist nur sehr fragmentarisch erhalten, und ihren Anfang bildet ebenfalls eine Geschichte von der Erschaffung des Menschen und der Tiere, des Königtums und der fünf großen vorsintflutlichen Städte, von denen jede unter der Schirmherrschaft einer eigenen Gottheit steht. Dann wird erzählt, daß einige der Götter zornig und verbittert sind, weil sie von einem Beschluß erfahren haben, demzufolge die gesamte Menschheit durch eine Flut vernichtet werden soll. Ein Grund für diesen Beschluß wird nicht genannt. Ziusudra, der sumerische Utnapischtim beziehungsweise Noah, ist ein frommer König, der an die göttliche Offenbarung glaubt. Eines Tages vernimmt er in der Nähe eines Brunnens eine Stimme, die ihn vor der Vernichtung der Menschheit durch eine Flut warnt und ihm Anweisungen gibt, wie er sich verhalten soll. An dieser Stelle fehlt ein großer Teil der Tontafel, und die Geschichte geht erst weiter, als die Flutkatastrophe bereits in vollem Gang ist. Sie wütet ebenfalls sieben Tage und sieben Nächte:

> Die Flut war über das Land hereingebrochen,
> Und das gewaltige Schiff wurde hin und her geworfen
> Vom Sturmwind auf den endlosen Wassern,
> Da trat Utu hervor, der Licht über Himmel (und) Erde verströmt.[437]

Der Sonnengott Utu schickt dann »seine Strahlen in das gewaltige Schiff«[438], und Ziusudra bringt ein Opfer dar: Er tötet einen Ochsen, schlachtet ein Schaf und wirft sich vor den Göttern An und Enlil auf die Knie. Er erhält »ein gottgleiches Leben«[439] und wird ausgesandt, in einem mythischen Paradies zu wohnen.

In der mesopotamischen Mythologie dient die Sintfluterzählung offensichtlich vor allem dem Zweck, über ein zerstörerisches Ereignis zu berichten, und auch wenn in die einzelnen Versionen bestimmte lokale Eigenheiten einfließen, stimmen sie doch in einem Punkt immer überein: Die Flut wird als traumatischer Scheidepunkt in der Geschichte der Menschheit interpretiert. Man nimmt sie offenbar als einmaliges Naturereignis hin, verursacht durch die unberechenbaren Launen der Götter. Die Begründung der Götter dafür, daß sie ein solches Entsetzen in der Welt verbreiten, scheint eher lapidar: Die Menschen machen zu viel Lärm. Sofern das Konzept dieser frühen Versionen des Mythos eine politische oder moralische Botschaft enthielt, so bleibt sie doch so sehr im Dunkeln, daß sie nicht mehr erkennbar ist.

Die wesentlich spätere Sintflutgeschichte im *Alten Testament* (Gen. 6,5–9,17), die erst im 9. Jahrhundert v. Chr. entstanden ist[440], enthält dagegen eine deutliche Moral, wenn auch der erzählerische Rahmen derselbe ist: Gott spricht eine Warnung aus und befiehlt, ein Schiff zu bauen und je ein Männchen und Weibchen von den auserwählten Tierarten an Bord zu bringen. Sein Befehl wird ausgeführt, und die Flut bricht, wie vorhergesagt, plötzlich mit entfesselten Kräften los und überschwemmt das ganze Land. Nach vielen Tagen legt sich der Sturm, und das Schiff läuft schließlich auf Grund. Vögel werden ausgesandt in der Hoffnung, daß sie trockenen Boden finden; die Hoffnung erfüllt sich schließlich, und ganz allmählich taucht das Land wieder aus den Fluten auf. Der Patriarch errichtet einen Altar und bringt von jedem reinen Landtier und jedem reinen Wasservogel ein Brandopfer dar.

Aber in einem Punkt unterscheidet sich die biblische Sintflutgeschichte radikal von den früheren Erzählungen. Die Verfasser der *Genesis* bemühen sich offensichtlich nach Kräften, zwei unterschiedliche Weltsichten unter einen Hut zu bringen: den alten Polytheismus und den neuen Monotheismus. Es ist die Rolle des einen Gottes, mit der sich die biblische Sintfluterzählung von allen ihren Vorgängern unterscheidet und das zentrale Anliegen der ursprünglichen Geschichte verändert. Im ideologischen Mittelpunkt, um den herum der Sintflutmythos der judaischen *Genesis* gewoben ist, steht die Aussage, daß es nur einen einzigen Gott gibt, der allmächtig, allwissend und gütig ist und eine besondere Beziehung zu dem einzigen rechtschaffenen Menschen hat, zu Noah nämlich, dem Patriarchen und Urvater aller nachsintflutlichen Generationen. Wie in den früheren Erzählungen ist die Flut auch hier eine Strafe, die den Menschen auferlegt wird. Aber anders als in den früheren Versionen ist das Vergehen der Menschen in der *Genesis* eindeutig ein moralisches Fehlverhalten: Sie sind verderbt. Gott beschließt, daß nur Noah, seine Familie und eine Gruppe auserwählter Tiere, Vögel und Pflanzen überleben sollen. Und um das zu erreichen, bedarf es für ihn nur eines einzigen Naturereignisses, wohingegen die Flut in den älteren Fassungen erst über die Menschen kommt, nachdem alle anderen Versuche zu ihrer Dezimierung – Pest, Dürre, Hungersnot – fehlgeschlagen sind. »Denn ich will die Flut, das Wasser, über die Erde kommen lassen, um alles Fleisch, in dem Lebensodem ist, unter dem Himmel zu vertilgen. Alles, was auf der Erde ist, soll umkommen.«[441] Hier spricht ein allmächtiger Gott.

Aber nicht alle der eher menschlich anmutenden Eigenschaften der mesopotamischen Götter sind in der biblischen Wiedergabe der Geschichte verlorengegangen. Als Götter darauf angewiesen, von den Menschen mit Nahrung und Trank versorgt zu werden, waren Enlil, Enki und der ganze Pantheon nach der Flut völlig ausgehungert und scharten sich »den Fliegen gleich« um das Dankesopfer, als sie den süßen Duft des Festmahls rochen, das ihnen der mesopotamische Held bereitet hatte. Auch in der *Genesis* riecht Gott »den lieblichen Duft«[442], der von Noahs Brandopfer aufsteigt. Enlil gewährte Utnapischtim und seiner Gemahlin, vielleicht weil er Reue empfand, die Unsterblichkeit der Götter. Und auch der alttestamentarische Gott scheint angesichts der Ungeheuerlichkeit seiner Tat ein wenig erschrocken gewesen zu sein, denn er schenkt Noah nicht nur ein extrem langes Leben, sondern er verspricht ihm und seinen Nachkommen darüber hinaus, nie wieder eine solche Flut über die Menschheit zu bringen.

Während George Smith in Istanbul voller Ungeduld auf die Genehmigung wartete, in Ninive graben zu dürfen, schickte er ein Telegramm an die Redaktion der *London Illustrated News*, in dem er ankündigte, er werde mit einem vollständigen historischen Bericht über die Sintflut aus Mesopotamien zurückkehren. Er war von der früheren Prämisse abgerückt, derzufolge die Flut ein Werk Gottes war, auf dessen Befehl hin die Welt überschwemmt und alle Leben ausgelöscht worden waren bis auf jene, die in der Arche Zuflucht gefunden hatten, und er zog nun die Möglichkeit in Erwägung, daß es sich vielleicht um ein Naturereignis gehandelt haben könnte, das sich nicht weltweit abgespielt, sondern nur die Menschen in Mesopotamien betroffen hatte. Hatte er bei diesem Zugeständnis vielleicht die Hoffnung im Sinn, in den Ruinen von König Assurbanipals Palast greifbare Beweise für die Sintflut zu finden? Oder erwartete er, unter den Tausenden von Tontafeln, die noch in der königlichen Bibliothek ruhten, einen ausführlicheren Bericht über die Flut zu entdecken, einen Bericht, der in Form eines geschichtlichen Dokuments, nicht als Teil eines Erzählepos' abgefaßt war? Leider werden wir das nie erfahren, denn Smith konnte seine Ankündigung nicht mehr wahr machen.

Seit seinem Tod 1875 hat die Suche nach den Zeugnissen einer weitreichenden Katastrophe in Mesopotamien ihre Höhen und Tiefen erlebt. Eine Sternstunde sah das Jahr 1928, als Leonard Woolley in den Ruinen von Ur »seine« berühmte Schlammschicht entdeckte, die sehr wohl durch eine Überschwemmung des nahegelegenen Euphrat entstanden sein konnte. Kurze Zeit später stieß man stromaufwärts bei Grabungen in Schuruppak – der vom Dichter Sîn-leqi-unninnï in seiner Wiedergabe der *Gilgamesch-Erzählung* erwähnten Stadt – auf eine weitere Ablagerung dieser Art.[443] Zeitungsmeldungen über diese Entdeckungen weckten das Interesse der Öffentlichkeit in Europa und Nordamerika. Nachdem es aber bei weiteren Grabungen nicht gelang, diese Ablagerungen über eine gewisse Fläche hinweg oder auch nur innerhalb einer archäologischen Fundstätte von einem Graben zum nächsten nachzuweisen, verlor die Theorie einer Sintflut, die den gesamten Süden Mesopotamiens überschwemmte, beträchtlich an Zugkraft. Was Bestand hatte – außer in den Augen jener, die auf einer wortwörtlichen Auslegung der Bibel beharren –, war der eigentliche Mythos. Vielleicht war er entstanden, indem die zahllosen, unvorhersehbaren und oft zerstörerischen Frühjahrsüberschwemmungen, die das Zweistromland während der Schneeschmelze im Taurus bis heute heimsuchen, zu einer einzigen Geschichte verwoben wurden, vielleicht war er aber auch ein Produkt der menschlichen Phantasie, das über viele Generationen hinweg in den Vorträgen der Geschichtenerzähler zu einem verblüffend gleichlautenden Bericht abgeschliffen wurde.

Nach Pitmans und Ryans Ansicht sind einige Schlüsselelemente der mesopotamischen Sintfluterzählungen nicht mit der Theorie einer Flußüberschwemmung zu vereinbaren. Beispielsweise wird die Katastrophe angekündigt, und zwar so frühzeitig, daß den Menschen genügend Zeit bleibt, ein Schiff zu bauen und zu beladen. Bei Überschwemmungen in den Mündungsebenen fast aller windungsreichen Flüsse treten die Fluten, gespeist von Wolkenbrüchen oder dem Schmelzwasser ferner Berge, ohne Vorwarnung über die Ufer. Die jährliche Überflutung des Nildeltas, deren Ursache monsunartige Regenfälle in den Gebirgsregionen weit im Süden sind, kommt plötzlich und ohne jedes Vorzeichen der Natur. Dennoch sind diese Überflutungen einigermaßen berechenbar, weil sie sich regelmäßig wiederholen. In Mesopotamien ereignen sich die Überschwemmungen, indirekt ausgelöst durch Tauwetter im Bergland von Anatolien und Armenien, dagegen in sehr unregelmäßigen Abständen. Dort gibt es schneereiche Winter und Winter mit geringerem Schneefall; manchmal setzt das milde Wetter früh ein, manchmal spät. Das Ausmaß der Überschwemmungen und der Zeitpunkt, an dem sie sich ereignen, ändert sich von Jahr zu Jahr.

In Übereinstimmung mit allen überlieferten Sintfluterzählungen kündigte sich die Überflutung des Schwarzen Meeres dagegen durch massive Anzeichen in der Natur an. Der Pegel der Ozeane – und damit auch des Mittelmeeres – war über Jahrtausende hinweg unaufhaltsam angestiegen und stieg immer noch weiter: 25 Zentimeter innerhalb eines Menschenlebens, bis das Wasser an den Rand der Schwelle zum Bosporus heranreichte. Der Anstieg des

Marmara-Meeres muß bei den Menschen die Ahnung eines kommenden Unheils ausgelöst haben, besonders in den Tagen vor dem endgültigen Durchbruch, als das Wasser so hoch stand, daß es bei gelegentlichen Regenstürmen oder bei starkem Südwind über den Rand des Erdwalls schwappte. Auf diesem Damm stehend, konnte ein Mensch – die Füße vielleicht schon von den ersten Wellen umspült, die aus dem Meer herüberschlugen – über das trockene Tal nach Norden blicken, wo der Schwarzmeer-See gut 120 Meter tiefer in der Ferne schimmerte. Und dann wurde aus den gelegentlich überschwappenden Wellen ein beständiges Rinnsal, das sich seinen Weg durch Schlamm, Blätter und Geröll bahnte, sich tief in die Erde fraß und innerhalb weniger Tage zu einer wilden, ungestümen Sturzflut anschwoll.

Schon bald führte diese Sturzflut täglich so viel Wasser, wie heute der gesamte Bodensee faßt – so viel, daß der Spiegel des Schwarzen Meeres täglich um 20 Zentimeter anstieg und die Flußmündungen und Deltas kilometerweit unter Wasser gesetzt wurden. Nur einige 100 Meter vor dem Dammdurchbruch, an der schmalsten Stelle des Bosporustals, toste das Salzwasser mit der unerschöpflichen Kraft der Ozeane im Rücken durch die Schlucht. Mit einer Geschwindigkeit von über 80 Stundenkilometern raste es unaufhaltsam der riesigen Senke entgegen und erschütterte das Land mit einem derart ohrenbetäubenden Getöse, daß man es vermutlich um das gesamte Ufer des Schwarzmeer-Sees herum hören und spüren konnte. Dies war die letzte Warnung: Noch blieb den Menschen Zeit, sich in Sicherheit zu bringen.

In allen Versionen der Sintfluterzählung weisen die Vorwarnung und der Befehl, eine Arche zu bauen und zu beladen, darauf hin, daß eine dauerhafte Überschwemmung zu erwarten war. »Reiß ab dies Haus und baue draus ein Schiff! Laß fahren den Besitz, das Dasein rette! Gib hin dein Gut und sichere das Leben!«[444] Und weiter: »All meine Habe bracht' ich nun an Bord... Ließ einziehn aller Lebewesen Samen«.[445] Als aus den Tagen Wochen und Monate wurden und das Wasser nicht aufhörte zu steigen, muß den Menschen bewußt geworden sein, daß das Land auf Dauer überflutet bleiben würde und sie ihre Heimat nie mehr wiedersehen würden. Sie mußten das Land ihrer Vorväter verlassen ohne Hoffnung auf eine Wiederkehr.

Schwemmlandebenen dagegen werden selten, wenn überhaupt, auf Dauer überflutet. Die Menschen bringen sich in Sicherheit, warten ab, bis sich die Wassermassen wieder zurückgezogen haben, und kehren dann zurück, um ihre Häuser wieder zu errichten und die Felder neu zu bestellen. Das Wiederkehrende dieser Erfahrung hat möglicherweise dazu beigetragen, daß sich in Mesopotamien die Erinnerung an eine untypische, dauerhafte Überschwemmung im Mythengedächtnis der Menschen festsetzen konnte, während das Fehlen ähnlicher »Gedächtnisstützen« in Europa vielleicht die Ursache dafür ist, daß hier keine vergleichbare Mythologie existiert. Auch hier treten große Flüsse gelegentlich katastrophal über die Ufer, aber solche vereinzelten Ereignisse erschaffen nur selten eine Mythologie.

Mindestens 300 Tage lang jagten die Wassermassen mit unbändiger Kraft durch das Bosporustal. Sicher hatten einige Menschen die Geburtsstunde dieses reißenden Stroms miterlebt. Sehr Mutige reizte es vielleicht, sich den gewalttätigen Strom aus der Nähe anzusehen – das Schauspiel muß sie mit Angst und Schrecken erfüllt haben. Vielleicht wirkte es wie ein riesiger, endloser Schlangendämon, der sich brüllend und gischtsprühend durch den schmalen Spalt zwängte, alles vernichtete, was ihm in den Weg kam, und das salzige Wasser des Todes in das Süßwasser des Sees spülte. Schließlich verlangsamte sich der Strom ohne ersichtlichen Grund, der See stand jetzt genauso hoch wie das Ägäische Meer. Der wütende Ozean war durch Kräfte oder Götter bezwungen, die niemand kannte. Das Meerwasser hatte sich in wildem Strudel mit dem Trinkwasser des Sees vermischt, aber jetzt war alles ruhig. Sandstrände und Dünen bildeten sich und umschlossen das nun still daliegende Gewässer wie ein Schutzwall. Aber es sollte noch lange dauern, bis sich an diesen Ufern wieder Menschen niederlassen würden.

Die Mythen des Vorderen Orients – besonders die Schöpfungsgeschichten – sind reich an Bildern, die diese Ereignisse in Erinnerung zu rufen scheinen. Die Mythenforscher Robert Ranke-Graves und Raphael Patai durchforsteten die Bibel und andere hebräische Schriften nach entsprechenden Stellen, die dies belegen. An einer Stelle heißt es beispielsweise: »Die brausenden Wasser der See erhoben sich, und Tehom, ihre Königin, drohte, Gottes Werk zu überfluten.« Aber Gott fährt mit seinem Feuerwagen hinaus und tötet Leviathan und Rahab mit Keule und Schwert, so daß Tehom zitternd ihre Niederlage eingestehen muß. Gott setzt ihr die Sanddünen als ewige Grenze, und »gleichzeitig faßte Er einen Ratschluß, gegen den Tehom niemals verstoßen konnte, wie wild auch immer ihre salzigen Wellen toben mochten; denn sie wurde gleichsam hinter Türen gesperrt, die durch einen Riegel verschlossen wurden.«[446] Tehom gilt als die biblische Entsprechung der gefürchteten babylonischen Göttin Tiamat. In einer anderen Passage wird eines von Tehoms Ungeheuern beschrieben: »Leviathans riesige Stoßzähne verbreiteten Entsetzen, aus seinem Maul sprangen Feuer und Flammen, aus seinen Nüstern quoll Rauch, und seine Augen entsandten einen glühenden Lichtstrahl; sein Herz kannte kein Erbarmen. Nach Belieben durchstreifte er, eine glänzende Spur hinter sich herziehend, die Oberfläche des Meeres oder seinen tiefsten Abgrund, wobei er es zum Kochen brachte wie einen Topf.«[447]

Auch im antiken Griechenland entstand eine Reihe von Sintflutmythen. Die Geschichte von Deukalion, die um das gleiche Thema kreist wie die mesopotamischen Sintfluterzählungen, wurde vermutlich von den Phöniziern übernommen. Es gibt jedoch eine Geschichte, die von der unmittelbar westlich des Dardanellenzugangs in der Ägäis liegenden Insel Samothrake stammt und die möglicherweise das tatsächliche Geschehen um die Überflutung des Schwarzen Meeres erzählt – allerdings unter umgekehrten Vorzeichen. Die einzige Quelle hierfür findet sich bei Diodor von Sizilien, von dem eine Zusammenfassung dieser Erzählung existiert. »Die ersten und ursprünglichen Bewohner benutzen eine alte, nur ihnen eigene Sprache, von der viele Wörter in Opferritualen bis zum heutigen Tag erhalten sind.«[448] Diodor zufolge stieg der Spiegel des damals abflußlosen Süßwassersees Pontos Euxeinos – wie das Schwarze

Meer im antiken Griechenland genannt wurde – durch den Zustrom der Flüsse so stark an, daß unter dem gewaltigen Druck der Wassermassen ein natürlicher Erdwall an den Symplegaden brach und die Fluten durch das Bosporustal zum Hellespont hinausströmten. Durch dieses Ereignis wurden weite Küstenstriche Kleinasiens überflutet, und die tiefer liegenden Regionen der Insel Samothrake verwandelten sich in einen See. Und weil – so erfahren wir von Diodor – bei dieser Flut ganze Städte untergingen, zogen Fischer später immer wieder einmal die Kapitelle von Säulen in ihren Netzen herauf.

Ein solcher umgekehrter Hergang der Flut, bei dem der Spiegel des Schwarzen Meeres über den des Ägäischen Meeres ansteigt und deshalb zum Bosporustal durchbricht und in der Folge die Insel Samothrake überflutet, ist jedoch nicht denkbar. Das Ägäische Meer ist über das Mittelmeer und die Straße von Gibraltar mit den Weltmeeren verbunden, so daß sich das über den Bosporus und die Dardanellen zuströmende Wasser auf dieser riesigen Fläche verteilt hätte, ohne einen merklichen Anstieg des Meeresspiegels in der Ägäis zu bewirken. Wahrscheinlicher ist, daß die Vorfahren der Samothraker am Schwarzen Meer und im Bosporustal selbst gelebt hatten und Zeugen des gewaltsamen Durchbruchs des Mittelmeeres zum Schwarzen Meer hin geworden waren. Als ihre Felder und Häuser von den Fluten verschlungen wurden, ergriffen sie die Flucht und ließen sich schließlich auf Samothrake nieder, wo sie sich vermutlich mit der einheimischen Bevölkerung vermischten. Wie fast alle Völker mit einer starken mündlichen Erzähltradition, deren Geschichte in Mythen überliefert ist, betrachteten sie am Ende wahrscheinlich ihren neuen Wohnort auch als ihre Urheimat und behaupteten, immer hier gelebt zu haben, dem »Felsen selbst entsprungen«[449] zu sein. So kehrten sie, der Lage ihrer angenommenen Inselheimat entsprechend, die Sintflutgeschichte um. In ihrer Erinnerung war demnach das Schwarze Meer über die Ufer getreten und hatte die Insel Samothrake überflutet. Faszinierend bleibt dabei dennoch die Genauigkeit bestimmter Bilder, beispielsweise die detaillierte Beschreibung des Erdwalls und seines Durchbruchs.

Daß die Sintflutmythen bis heute lebendig sind, hat eine Reihe von Gründen. Der wichtigste ist sicherlich, daß es sich um die wahre Geschichte einer gewaltigen Überschwemmung handelt, durch die Menschen ihre Heimat und ihre Kultur auf Dauer verloren. Sie konnten auf ihrer Flucht nur das wenige mitnehmen, was sie zu tragen vermochten, und das Leben wurde für jung und alt zu einem täglichen Überlebenskampf. Sie waren gezwungen, sich durch Jagen und Sammeln zu ernähren, Fähigkeiten, die bei ihnen längst in Vergessenheit geraten waren, und sicher gingen einige oder auch viele dieser Menschen an Erschöpfung zugrunde. Denjenigen, die am westlichen Ufer des Sees in der Nähe des Bosporustals gelebt hatten, mußte der Anblick und der Lärm der tosenden Sturzfluten als ein Bild des Schreckens in Erinnerung geblieben sein, denn »die Erde erbebte, ihre Grundfesten erzitterten, die Sonne verfinsterte sich, Blitze zuckten auf, Donner erdröhnten, und eine ohrenbetäubende Stimme, wie man sie ähnlich nie zuvor vernommen hatte, hallte durch Berg und Tal«.[450] Und so prägte sich die Tragödie unauslöschlich in die mündliche Überlieferung der Menschen ein.

Im Lauf der Jahrtausende, die seither vergangen sind und in denen Kriege, Eroberungen, Völkerwanderungen und andere einschneidende Ereignisse die Welt bewegten, ist die Legende im Mythengedächtnis vieler Völker verlorengegangen. Aber bei den Menschen, die nach Mesopotamien flohen, wo ihre Nachfahren heute noch leben, ist die Flut über Tausende von Jahren hinweg lebendig geblieben, denn die Erinnerung an sie wird immer wieder neu belebt, wenn Euphrat und Tigris über die Ufer treten.

KAPITEL 21 –
IM ZEITRAFFER

Auf der Terrasse ist es angenehm kühl und erfrischend. Vom anderen Ufer und vom nahegelegenen Hang hallt der Ruf zum Morgengebet herauf. 80 Meter tiefer, am Fuß des Hangs, fließt der Bosporus träge dahin; auf seiner Oberfläche spiegeln sich glitzernd die Lichter von der europäischen Seite. In der Nacht hat ein Kriegsschiff die Meerenge durchfahren, eine Erinnerung an die zahllosen Armeen, Handelsflotten und Wandervölker, die über Tausende von Jahren hinweg diesen Verbindungsweg zwischen Europa und Asien, zwischen dem Schwarzen Meer und der Ägäis passierten.

Auf der Marmara-Seite, unterhalb der Mauern der alten Stadt, die von den Minaretten und Kuppeln der Moscheen überragt wird, liegen wie immer etliche Schiffe vor Anker. Sie warten darauf, Richtung Norden zu den Häfen im Schwarzen Meer auslaufen zu können. In der Meerenge des Bosporus angelangt, müssen sie gegen eine schwache, aber beständige Südströmung ankämpfen, die sie oft zwingt, sich im ruhigen Wasser dicht am östlichen Ufer zu halten. Aber diese Strömung, die schon Jason und seinen Argonauten zu schaffen machte, herrscht nur bis in eine Tiefe von etwa 15 Metern. Darunter bringt ein starker Strom Wasser aus dem Mittelmeer durch die Ägäis, die Dardanellen, das Marmara-Meer und den Bosporus zum Schwarzen Meer. In gewissem Sinn ist diese gegenläufige Strömung ein Überbleibsel der Großen Flut. In den Zeiten, als es noch keine Motorschiffe gab, ließen Fischer und andere, die den Bosporus stromaufwärts befahren wollten, einen mit Steinen beschwerten Korb ins Wasser, so daß sie von der Kraft dieser verborgenen Grundströmung nach Norden zum Schwarzen Meer hin gezogen wurden.

Der Bosporus ist im Süden fast 3000 Meter breit und verengt sich am Mittellauf an seiner schmalsten Stelle, an der das Steilufer 100 Meter zu einer Hochebene aufsteigt, auf 660 Meter. Den Grund der Kanalrinne, die an manchen Stellen durch die Wucht des Flutwassers über 120 Meter tief in den Fels geschnitten wurde, bedeckt eine unterschiedlich dicke Schicht aus Sediment. Unterhalb der Terrasse liegen die Überreste zweier Festungen aus der Zeit der Belagerung des alten Konstantinopel: Anadoluhısarı auf der asiatischen Seite der Meerenge und Rumelihısarı am europäischen Ufer. Dareios soll an diesem Ort einst eine Brücke über den Bosporus gebaut haben.

Schiffe ziehen gemächlich in nördlicher und südlicher Richtung vorüber, und bei Tagesanbruch tauchen die ersten Fähren auf. In wenigen Stunden werden sie sich in Scharen auf dem Bosporus tummeln und kreuz und quer, auf und ab über die Meerenge ausschwärmen. Dieses friedliche Erwachen eines neuen Tages läßt nichts mehr von den dramatischen Ereignissen vermuten, die sich hier vor mehr als 7600 Jahren abgespielt haben, Ereignisse, durch die sich die Landschaft des Bosporus dramatisch veränderte und die eine Völkerwanderung auslösten, welche die Entwicklung der Menschheit nachhaltig beeinflußte.

Aber die Geschichte dieser Entwicklung beginnt viel früher, mit der letzten Eiszeit vor etwa 120 000 Jahren, als die klimatischen Bedingungen und die Höhe des Meeresspiegels etwa den heutigen Verhältnissen entsprachen. Mit der einsetzenden Eiszeit und über die darauffolgenden 100 000 Jahre hinweg wurde das aus den Meeren verdampfende Wasser mit den Luftströmungen in die Arktisregion transportiert, wo es als Schnee niederging und sich zu Eisschilden verdichtete, die an manchen Stellen zu einer Mächtigkeit von bis zu 3500 Metern anwuchsen. Auf dem Höhepunkt der Eisbildung vor etwa 20 000 Jahren war den Ozeanen auf diese Weise so viel Wasser entzogen worden, daß der Meeresspiegel gut 120 Meter tiefer lag als heute. Die nördliche Hälfte Nordamerikas, ganz Nord- und Teile Mitteleuropas sowie die Randzonen Nordasiens waren mit einer massiven Eisschicht überzogen. In den Hochgebirgen Europas, Asiens und beider Teile des amerikanischen Kontinents zog sich die Eisdecke bis in die Talsohlen hinunter.

In Europa und Asien existierte bereits der moderne Mensch und wurde nun Zeuge und auch Opfer der extremen eiszeitlichen Bedingungen. Vor etwa 100 000 Jahren hatte er in Afrika die Bildfläche betreten; er war nach Asien eingedrungen, nach Australien übergesetzt und vor nunmehr etwa 35 000 Jahren schließlich auch nach Europa gelangt. Die Jäger und Sammler fertigten Steinwerkzeuge und lebten ähnlich wie ihre sehr entfernten Verwandten, die Neandertaler, an wechselnden Siedlungsplätzen und in Höhlen. Aber sie verfügten über Eigenschaften, die ihren primitiveren Vorgängern gefehlt hatten; insbesondere besaßen sie Anpassungsfähigkeit und Erfindungsreichtum, die in der rasanten Entwicklung ihrer Jagd- und Überlebenstechniken ihren Niederschlag fanden.

Vor 20 000 Jahren setzte dann die große Gletscherschmelze ein. Eiskaltes Wasser ergoß sich in reißenden Strömen in die Ozeane, bis der Meeresspiegel allmählich wieder anzusteigen begann. Die gewaltigen Massen des Inlandeises wichen langsam zurück. Im Norden Rußlands strömten die von Schmelzwasser überbordenden Flüsse durch die Steppengebiete und ergossen sich schließlich in den Eiszeitsee des Schwarzen Meeres. Der See stieg so weit an, daß er in den Sakaria eindrang und diesen Fluß zu einem Arm ausformte, der bis nach Zentralanatolien vordrang. Etwa 90 Kilometer weiter südlich fand dieser schmale, gewundene Ausläufer des anschwellenden Sees einen Zufluß zum Marmara-Meer. Er hatte sich dabei eine Spalte in der Erdkruste zunutze gemacht, die durch Plattenverschiebung an der nordanatolischen Störung entstanden war (einer tektonischen Verwerfungszone, Schauplatz zahlreicher schwerer Erdbeben, an der sich die Ränder zweier Kontinentalplatten noch heute um mehrere Zentimeter pro Jahr übereinanderschieben). Durch das zermahlene und poröse Gestein in dieser Spalte bahnte sich das Schmelzwasser einen Weg ins Mittelmeer. Im Lauf dieses Prozesses war das Wasser des Eiszeitsees aufgefrischt worden und war nun für Menschen und Tiere trinkbar.

Die modernen Menschen des Nordens folgten den gewaltigen

Herden der Mammuts, Rentiere und anderen großen Pflanzenfresser, die an der Kante der zurückweichenden Gletscher die Tundra durchwanderten. Diese Halbnomaden lebten mehrere Monate des Jahres in Jagdsiedlungen. In der russischen Graslandschaft, wo das Holz knapp war, errichteten sie ihre Behausungen aus einem Rahmenwerk von Mammutknochen, die sie zusammenbanden und mit Tierhäuten bespannten. Das Fleisch der erlegten Tiere bewahrten sie in Erdlöchern auf, die sie in den gefrorenen Boden hackten. Sie fertigten Hosen, Stiefel und Kapuzenjacken aus Tierhäuten.

In den gemäßigteren Klimazonen Europas und Asiens hoben die Menschen flache Gruben aus und bauten darüber aus Holzpfosten und mit Tierhäuten bespanntem Rohrgeflecht ihre Behausungen. Den Fischfang betrieben sie mit Haken und Leinen, Reusen und Netzen. Sie erfanden Pfeil und Bogen sowie die Speerschleuder, mit der sie die bisherige Flugweite ihrer Speere verdoppeln konnten. Möglicherweise verfügten sie auch schon über Konservierungsmethoden wie das Räuchern und Pökeln von Fisch und Fleisch. Dennoch war ihr Leben ein täglicher Kampf.

Unter diesen schwierigen und kräftezehrenden Bedingungen brachten die Menschen in ihrem schöpferischen Drang eine reiche Fülle von Kunstwerken hervor, die in vielen Fällen von erstaunlichem künstlerischem und handwerklichem Geschick zeugen. Vielleicht wurden diese meist reich verzierten Objekte nur aus ästhetischen Gründen geschaffen. Wahrscheinlicher aber ist, daß sie vor allem kultischen und mythischen Zwecken dienten. Die Menschen fertigten Perlen und Amulette aus Elfenbein, Stein und Muscheln, um ihre Kleider damit zu schmücken oder Halsketten und Armbänder daraus zu machen. Sie verzierten ihre Speerschleudern mit Schnitzereien in Form stilisierter Pferde, Hirsche oder anderer Tiere, die ihnen als Jagdbeute bekannt waren. Jagdwaffen, Werkzeuge und Schmuckobjekte wie Armreifen und Halsketten wurden den Verstorbenen mit in die Gräber gelegt, als würden sie diese Gegenstände in einem Leben nach dem Tod brauchen.

Die aufsehenerregendsten Zeugnisse dieser »primitiven« Kunst sind die Felsbilder, die vor allem in Frankreich und Spanien gefunden wurden. Diese Bilder wurden, meist an den Wänden tief in der Erde gelegener Höhlen, mit erstaunlicher Kunstfertigkeit auf das Gestein gemalt oder darin eingeritzt. Die faszinierenden, ein- oder mehrfarbigen Darstellungen zeigen Wisente, Hirsche, Mammuts, Pferde, Löwen, Hyänen und andere Säugetiere sowie Vögel. Häufig sind in den Bildern neben den naturalistischen Tierdarstellungen die Umrisse von Menschenhänden oder Symbole wie Punkte, V-Zeichen und andere abstrakte Formen zu finden. In einigen wenigen dieser Kunstwerke sind Menschen abgebildet, und es existieren einige wundervolle Darstellungen des weiblichen Körpers. Häufig wurde ein Bild über ein anderes gemalt, so daß der Eindruck entsteht, der Akt des Malens sei wichtiger gewesen als das Bild selbst. Kunstwerke dieser Art, manche ganz naturalistisch und andere wiederum völlig abstrakt, wurden überall da, wo der moderne Mensch sich angesiedelt hatte, an Höhlenwänden und auf oberirdischen Felsflächen gefunden, in einem Fall sogar in einer Höhle an der Mittelmeerküste, die das ansteigende Meer schon längst geflutet hat.

Ein klares und eindringliches Zeugnis für die spirituelle und mystische Weltsicht dieser Menschen sind die Frauenfiguren, die überall in Europa, im Mittleren Osten, in Nordafrika und sogar am Baikalsee in Sibirien gefunden wurden und die man weithin als Symbole eines Fruchtbarkeitskultes interpretiert hat.

Vor 15 000 Jahren hatte die Gletscherschmelze ihren Höhepunkt erreicht, und unvorstellbare Mengen des eisigen Schmelzwassers wälzten sich durch die Flüsse Nordamerikas und Eurasiens. Das enorme Gewicht des Eisschildes hatte zuvor auf die Erdoberfläche gedrückt wie ein schwerer Gegenstand, den man auf eine weiche Matratze legt. Der Gegenstand füllt die Delle, die er durch sein Gewicht erzeugt, nicht vollständig aus, sondern um ihn herum bildet sich eine Art Senke oder Graben. Genauso sind heutige Gletscher an ihren Rändern oft von Gräben gesäumt, in denen sich Schmelzwasser, Geröll und große, abgebrochene Eisstücke sammeln. Da es im Süden der nördlichen Erdhalbkugel stets wärmer war als im Norden, schmolzen die Gletscher vor allem an ihren südlichen Rändern ab. Mit ihrem Rückzug nach Norden wanderte auch der Graben immer weiter über die Steppen zurück und leitete das aufgefangene Schmelzwasser in einen parallel zum Gletscherrand verlaufenden Strom um. Um 13 000 v. Chr. hatte sich die Eisfront so weit nach Norden verlagert, daß der Schmelzwasserzufluß zum Schwarzen Meer fast versiegt war.

Etwa 12 500 Jahre vor unserer Zeit herrschten in Europa erneut die rauhen Bedingungen des glazialen Klimas, eine erdgeschichtliche Periode, die 1000 Jahre andauerte und als Jüngere Dryaszeit bekannt ist. Die Temperaturen sanken, und in Südwestasien, Europa und Afrika gab es kaum noch Niederschläge. In den Hochgebirgen dehnten sich die Gletscher erneut aus. Seen in Afrika und in Anatolien fielen trocken. Da im Gebiet um das Schwarze Meer kaum noch Regen fiel, wurde der Wassernachschub immer geringer, so daß durch die Oberflächenverdunstung mehr Wasser verlorenging als Niederschläge und Flüsse heranbrachten. Der Wasserspiegel fiel schließlich unter das Niveau des Sakaria-Abflusses. Dadurch wurde das Schwarze Meer zu einem abflußlosen Binnensee.

Der Sakaria-Kanal, der nun weder mit dem Binnensee noch mit dem Meer verbunden war, füllte sich allmählich durch jahreszeitlich bedingte Regenfälle und das darauffolgende Anschwellen seiner diversen Quellflüsse mit Schlamm und Geröll, so daß sich mit der Zeit ein natürlicher Erdwall bildete. Als der Wasserspiegel des Sees immer tiefer sank, trat ein altes Schelf hervor, auf dem sich marine Ablagerungen und durch die zahlreichen Zuflüsse angeschwemmtes Sediment angesammelt hatten. Das absinkende Wasser schwappte, von Wind und Gezeiten getrieben, vor und zurück und wusch den Schlick aus den oberen Ablagerungsschichten heraus. Zurück blieben, zerbrochen und von der Sonne gebleicht, die zarten Schalengebilde der Deltamollusken. Risse in der ausdörrenden Erde füllten sich mit Sand und mit den Samen der heimischen Wildgräser, die besonders in den feuchteren Tälern und Senken keimten und Wurzeln schlugen. Neue Täler entstanden und verliefen in zahlreichen Windungen bis zur Uferlinie hin, und das Geröll, das die Bäche und Flüsse in diesen Tälern mit sich führten, lagerte sich am Rand des nun abgesunkenen Sees ab und bildete neue Deltas, eingedämmt von den natürlichen Deichen, die sich infolge gelegentlicher Überflutungen auftürmten. Diese Täler und Deltas mit ihrem fruchtbaren, vom trägen, aber stetig fließenden Wasserstrom genährten Schwemmland und mit ihren fischreichen Bächen und Ufergewässern waren ein idealer Zufluchtsort für Mensch und Tier.

Im Nahen Osten waren viele Jäger- und Sammlergemeinschaften zu einer seßhafteren Lebensweise übergegangen. Sie bauten jetzt dauerhafte Behausungen, jagten und fischten im Umkreis ihres Siedlungsgebiets und sammelten Früchte, Nüsse und Wildgräser, die sie später als Getreide zu kultivieren begannen. Mit dem Einsetzen der Jüngeren Dryaszeit und des damit verbundenen kälteren und trockeneren Klimas versiegten diese Nahrungsquellen. Die Menschen verließen Jericho und andere Siedlungen. Die ukrainischen und südrussischen Ebenen verwandelten sich wieder in karge Steppenlandschaften. Menschengruppen siedelten sich in der Nähe von Oasen an, bei denen es genügend Jagdwild und Wasser gab, wie beispielsweise in den Uferregionen des Schwarzen Meeres. Dort, in den Deltas, auf den Terrassen und am Rand der Lagunen, lernten sie – vielleicht durch das zufällige Verstreuen der Samen wilder Gräser, die sie gesammelt hatten –, Getreide auszusäen und vollzogen so den ersten Schritt zum Ackerbau. Darüber hinaus fand ein reger Austausch von Nahrungsmitteln, Waren und Gedanken zwischen den Menschen statt, die sich am Ufer des Sees niedergelassen hatten.

Vor 11 400 Jahren endete die Jüngere Dryaszeit dann ebenso abrupt, wie sie begonnen hatte. Klimaerwärmung und Niederschläge sorgten dafür, daß sich die Lebensbedingungen verbesserten; Jagdwild, Früchte, Nüsse und Wildgräser gehörten wieder zum Landschaftsbild. Viele Menschen verließen die Siedlungsgebiete um die Oasen und nahmen ihre neuerworbenen Kenntnisse im Ackerbau mit. Sie ließen sich in den nun wieder wasserreichen Tälern und Seeufergebieten Anatoliens, der Levante und Mesopotamiens nieder.

Das seßhafte Leben der Menschen wurde empfindlich gestört, als 6200 v. Chr. eine neuerliche, eine Mini-Eiszeit über die nördliche

Hemisphäre hereinbrach. Die Temperaturen fielen, die Niederschläge blieben aus. Wieder herrschte Trockenheit in Südosteuropa, der Ukraine und Südrußland. Die Wasserspiegel der Seen und Flüsse Anatoliens, Vorderasiens und Südosteuropas sanken. Die Siedlungen der Ackerbaukulturen in Anatolien und im Fruchtbaren Halbmond wurden ganz oder teilweise von ihren Bewohnern verlassen. Viele Gruppen zogen sich in die Gebiete zurück, in denen es noch Wasser gab, in die Uferregionen der wenigen noch nicht ausgetrockneten Flüsse und des Schwarzen Meeres.

Der Spiegel der Weltmeere lag immer noch unterhalb des Damms im Bosporustal, der das Schwarze Meer vom Marmara-Meer trennte; das Schwarze Meer war nach wie vor ein abflußloser Binnensee. Die Menschen, die sich jetzt an seinen Ufern niederließen, waren Ackerbauern, die in den Flußtälern und Deltas Getreide und andere Nährpflanzen kultivierten. Wieder entwickelte sich ein florierender Handel mit Obsidian, Leder- und Töpferwaren, Kräutern und Essenzen, und die Menschen, die jetzt kleine Boote benutzten und in verschiedenen Sprachen – nämlich Protosemitisch, Protoindoeuropäisch und Protokartwel – redeten, entliehen aus dem Sprachschatz der anderen Kulturen Begriffe für neue Dinge und Ideen. Einige Gruppen, die noch ein Jäger-, Sammler- und Hirtendasein führten, übernahmen den Ackerbau von ihren Nachbarn und gewöhnten sich an diese neue Lebensweise. Irgendwann mag ein Mensch in einem der Deltas unter Ausnutzung der natürlichen Hochwasserdämme Wasser umgeleitet und so die Technik der künstlichen Bewässerung erfunden haben.

Um 5800 v. Chr. entspannte sich mit der allmählichen Erwärmung und den wiedereinsetzenden Regenfällen die Lage, und einige der Bewohner des Seeufers, wie beispielsweise die sogenannte Halaf-Gruppe, kehrten in die verlassenen Siedlungen im Süden zurück. 5600 v. Chr. war der Pegel der Ozeane so weit angestiegen, daß das Wasser fast bis an den Rand des Walls am Eingang des Bosporustals reichte und im Begriff war, sich in das 150 Meter tiefer gelegene Schwarze Binnenmeer zu ergießen. Das Salzwasser muß, von Wind und Gezeiten getrieben, immer wieder über die Kante des

Walls geschwappt sein, bis es endlich in einem letzten Anlauf die Hürde nahm und in kontinuierlichem Fluß das Gefälle hinunterströmte, sich in dem schroffen Gelände zwischen Bäumen und Felsbrocken hindurch seinen Weg durch alte Rinnen und trockene Bachläufe in die Senke hinunter bahnte.

Auf dem alten Kontinentalschelf angelangt, schlängelte es sich über das flache Land, sickerte in vor langer Zeit ausgetrocknete Rinnen, bildete kleine Lagunen und grub sich ein eigenes Bett, bis es den Rand des Plateaus erreichte und über den sanft abfallenden Uferhang in den See hinabfloß. Aus dem kleinen Rinnsal wurde ein Bach, der immer schneller wurde und immer ungestümer gegen die Wände seines Bettes prallte. Innerhalb weniger Tage war das leise Murmeln des Wassers zu einem gewaltigen Tosen angeschwollen, der Bach hatte sich in einen reißenden Strom verwandelt, der seine Ufer aushöhlte und in seinem Sog Bäume und Erdbrocken mitriß.

Die Schlamm- und Geröllmassen, die sich am Eingang des Bosporustals zu einem Damm aufgetürmt hatten, wurden im Nu weggeschwemmt, und das Wasser, das jetzt eine Tiefe von etlichen Metern erreicht hatte, donnerte brodelnd mit Steinen und Erde durch die Klamm, deren lockere Wände unter dem Ansturm immer wieder nachgaben und einbrachen. Der Strom fraß sich mit dem wirbelnden Geröll wie eine Fräse erst durch sein Bett, dann tief in das Grundgestein. Je tiefer die Wassermassen sich einschnitten, um so schneller wurden sie, und je schneller sie wurden, desto rasender gruben sie sich in den Fels, bis sie sich ein Bett geschaffen hatten, das mindestens 85, an manchen Stellen sogar bis zu 145 Meter tief war. Etwa 50 Milliarden Kubikmeter Wasser strömten Tag für Tag durch diese Schlucht – der gesamte Inhalt des heutigen Bodensees.

Das einströmende Salzwasser dezimierte den Fischbestand im See weitgehend oder vernichtete ihn gar vollständig. Neue Fischarten vom Mittelmeer konnten den reißenden Mahlstrom anfangs zwar nicht lebend überwinden, aber als sich die Turbulenzen schließlich legten, gelangten sie in den See und wurden dort heimisch.

Der See stieg jetzt 15 cm am Tag an und überflutete innerhalb kurzer Zeit die Deltas. In den Flußtälern mit ihrem geringen Gefälle preschte das Wasser täglich bis zu anderthalb Kilometer stromaufwärts voran. Es stieg Stunde um Stunde, Tag für Tag ohne Unterlaß, ertränkte alles, was nicht schnell genug vor ihm fliehen konnte, und zwang alle anderen Lebewesen des Landes, flußaufwärts oder auf das wüstenartige Hochplateau zurückzuweichen, durch das der Strom seine Schlucht geschnitten hatte.

Man kann sich das Entsetzen nur schwer vorstellen, das die Ackerbauern ergriff, als dieses Naturereignis mit so unvorstellbarer Wucht über sie hereinbrach, als schleuderten sämtliche Götter ihnen ihren geballten Zorn entgegen. Ganze Familienverbände, alt und jung, ergriffen die Flucht und nahmen nicht nur ihr Hab und Gut mit, soweit sie es tragen konnten, sondern auch die Begriffe aus anderen Sprachen, die neuen Ideen und die Techniken, die sie sich während ihres Lebens am See angeeignet hatten.

Bauern der Vinča-Kultur, die für ihre schönen Häuser aus lehmbeworfenem Flechtwerk und für ihre feine, mit Ritzmustern verzierte Keramik bekannt war, erschienen plötzlich in den bulgarischen Tiefebenen und entlang der Donau. Andere gelangten auf ihrer Flucht vom Schwarzen Meer zur Ägäis und ließen sich auf einigen der Inseln, etwa auf Samothrake, oder an der dalmatinischen Küste nieder. Linearbandkeramiker flohen am Dnjestr entlang flußaufwärts und durchquerten Nordeuropa in westlicher Richtung bis ins Pariser Becken, wo sie, friedlich oder mit Gewalt, die dort lebenden Sammler- und Jägervölker verdrängten. Sie brachten ihre Langhausarchitektur, ihre Keramik mit den typischen Mustern und ihre Ackerbaumethoden mit in die neue Heimat. Möglicherweise sprachen sie einen indoeuropäischen Dialekt. Andere Stämme, die eindeutig der indoeuropäischen Sprachgruppe angehörten, zogen durch die Flußtäler von Dnjepr, Don und Wolga nach Norden und breiteten sich in einem halbkreisförmigen Bogen von Südosteuropa bis zum Kaspischen Meer und darüber hinaus aus. In den Gebieten nördlich des Kaspischen Meeres wurde erstmals das Pferd domestiziert, das den Kurgan anderthalb Jahrtausende später bei ihrem Einfall in Osteuropa als Reittier diente.

Angehörige der semitischen Sprachgruppen schlugen sich, weit verstreut durch die von tiefen Tälern zerklüftete Gebirgslandschaft, südwärts über die Berge an Bächen und Flüssen entlang bis ins anatolische Hochland durch. Dort belagerten einige von ihnen in ihrer Verzweiflung ein paar kleine Siedlungen und brannten sie schließlich bis auf den Grund nieder. In der Levante wurden seit langem verlassene Dörfer wieder besiedelt, und im ägyptischen Nildelta tauchten plötzlich Fremde mit bislang unbekannten, weit entwickelten Methoden der Ackerbautechnik und Haustierzucht auf. Gruppen der Halaf-Kultur erschienen in großer Zahl an den nördlichen Rändern Mesopotamiens und drangen weiter in die trockenen Täler im Süden des Landes vor, als es je Bauern vor ihnen gewagt hatten.

Einige semitische Völker, die durch Ostanatolien südwärts zogen, und kaukasische Gruppen, die vom Ostufer des Schwarzen Meeres direkt nach Süden oder erst durch das Rionital und dann südwärts flohen, gelangten über den östlichen Rand Mesopotamiens in die Randzonen des Sagros-Gebirges und ließen sich dort nieder. Auch diese Menschen waren Ackerbauern.

Die Ubaiden, deren Sprache man später als Sumerisch bezeichnen sollte, drangen in die südmesopotamische Schwemmlandebene vor, eine Region, in der es im Jahr nur wenige Zentimeter Niederschlag gab und deren einzige natürliche Ressourcen der nährstoffreiche Boden und die beiden die Ebene umschließenden Flüsse Euphrat und Tigris waren. Diese Menschen, die Bewässerungstechniken kannten und möglicherweise bereits einen leichten Pflug benutzten, errichteten blühende Siedlungen. Um das Kanalsystem, das für die Bewässerung des Landes erforderlich war, zu entwerfen, zu bauen und zu erhalten, mußten sie effektive Gesellschaftsstrukturen entwickeln.

Die außergewöhnliche Fruchtbarkeit des Bodens, der unerschöpfliche Vorrat an Wasser für die Felder und das wachsende Netz der Verbindungswege über die künstlich angelegten Kanäle hatten zur Folge, daß einige wenige eine große Anzahl von Menschen versorgen konnten. Der Wohlstand erzeugte neuen Wohlstand, und schon bald ging aus der Ubaid-Kultur eine der frühesten Hochkulturen der Welt, nämlich die der Sumerer hervor. Der Pantheon der Sumerer war von einer erstaunlichen Vielzahl von Göttern bevölkert; jeder kultische und soziale Bereich hatte seine eigene Gottheit. Die Sumerer waren ein abergläubisches und schicksalergebenes Volk, das Zukunftsprophezeiungen großen Glauben schenkte. Für alle Ereignisse im Leben suchten sie die Ursache bei den Göttern. So nimmt es nicht Wunder, daß ihre gesamte Geschichte in Mythen erzählt ist. Schon 3000 v. Chr. kannten die Sumerer eine Schrift: Sie drückten schmale Keile in Tafeln aus feuchtem Ton, um Angelegenheiten des Alltags festzuhalten und ihren Mythen, religiösen Überzeugungen und Kulten Dauerhaftigkeit zu verleihen.

Als die Menschen die Uferregionen des Schwarzen Meeres schon längst verlassen hatten, stieg die Flut immer noch weiter an. Tag für Tag wälzte sich das Wasser mit unverminderter Kraft durch den Bosporus. Der anschwellende See überflutete die Flußtäler und trockenliegenden Bach- und Flußläufe auf dem nördlichen Schelf, das bald von einem Netz glitzernder Kanäle überzogen war. Zwölf Monate lang tosten die Fluten unvermindert weiter, bis der See um etwa 55 Meter angestiegen war und die Unterkante des Bosporus-Durchbruchs erreicht hatte. Mit dem schwächer werdenden Gefälle verringerte sich die Fließgeschwindigkeit, dennoch stieg der Wasserspiegel in den nächsten zwölf Monaten noch um weitere 30 Meter. Der ehemalige Binnensee trat über den Rand des alten Schelfs und strebte, alles Leben vor sich hertreibend, unaufhaltsam seiner heutigen Uferlinie zu. Er überspülte das kärgliche Buschwerk, die Wüstengräser und kleinen Bäume des Schelfs und ließ Sand, Schlamm und Muschelscherben, die seit Urzeiten hier in der Sonne bleichten, im Wasser verschwinden. Die Uferlinie rückte mit einer solchen Geschwindigkeit vor, daß ganze Landstriche, die seit langem trockengelegen hatten, innerhalb weniger Tage mehrere Meter tief unter Wasser standen. Kein gleichmäßiges Wellenspiel sorgte dafür, daß ein Sandstrand entstehen konnte, statt dessen lagerten sich Muschelschalen, die Kalkskelette winziger Meerestiere, Schlammpartikel und andere Schwebeteilchen in dem gezeitenlosen Gewässer wie Staub ab und bedeckten seinen Boden überall mit einer einheitlichen Sedimentschicht, ungeachtet der topographischen Beschaffenheit.

Mit den Fluten wanderten fremde Tierarten aus dem Mittelmeer zu, die in dem vertrauten Salzwasser und im Muschelschlick heimisch wurden und Kolonien bildeten. Im trüben, seichten Gewässer eines der überfluteten Landstriche siedelten sich Exemplare der Muschelart *Cardium edule* an, die die unsanfte Reise durch den Bosporus unbeschadet überstanden hatten und sich nun vermehrten. Einige zarte Schalen dieser ersten Neusiedler sollten 7600 Jahre später mit Pinzetten aus Bohrkernen des alten Schelfs herausgepickt werden.

Im gesamten Umkreis des Sees drang das Salzwasser über Bäche und Flüsse von Tag zu Tag weiter ins Land vor. Am Südufer verwandelten sich zunächst die Deltas in Salzmarschen, anschließend gingen die Täler des anatolischen Berglandes unter und zwangen Mann und Maus, in höhere Gebirgsregionen auszuweichen.

Als der Seespiegel nach zwei Jahren um 100 Meter angestiegen war, drang das Salzwasser über die Straße von Kertsch in die Asowsche Senke ein, die schon seit langem nicht mehr von Menschen besiedelt war. Es dauerte einige Jahre, bis sich das Becken vollständig gefüllt hatte. So entstand das Asowsche Meer mit einem Wasserspiegel, der dem des Schwarzen und des Ägäischen Meeres sowie des Mittelmeeres entsprach. Allmählich veränderten sich die Strömungsverhältnisse im Bosporus, so daß schließlich – wie heute noch – das aufgrund seines geringeren Salzgehalts leichtere Süßwasser des Schwarzen Meeres an der Oberfläche abfloß, während sich das schwerere Meerwasser aus der Ägäis als Unterströmung in die entgegengesetzte Richtung bewegte. Von nun an war es Lebewesen, die sich in höheren Gewässerschichten tummeln, nicht mehr möglich, vom Mittelmeer ins Schwarze Meer zu gelangen, außer vielleicht als blinde Passagiere im Bilgenwasser von Schiffen. Aber auch die meisten Schiffe konnten die Route in dieser Richtung erst befahren, nachdem die Menschen die nordwärts verlaufende Unterströmung entdeckt hatten.

Wahrscheinlich blieb der Mythos dieses Ereignisses in der mündlichen Überlieferung besonders bei denjenigen Menschen lebendig, die es auf ihrer Flucht nach Mesopotamien verschlagen hatte, wo es immer wieder, wenn auch in unregelmäßigen Abständen, zu Überschwemmungen kommt. Er lebte weiter in den Liedern und Geschichten, die Generationen von Sängern und Erzählern bei Festen und am Lagerfeuer vortrugen. Und die alljährlich wiederkehrenden Überschwemmungen boten sicherlich immer wieder einen Anlaß, die Geschichte jener längst vergangenen Tage zu erzählen, als die Große Flut alle Menschen vernichtet hatte, bis auf die eine Familie, aus der die Menschheit neu hervorging. Ausgeschmückt und auf die vertrautere landschaftliche Beschaffenheit Mesopotamiens übertragen, blieb das zentrale Thema des Mythos doch immer gleich: eine Vorwarnung, eine gewaltige Flut, die Flucht einer Familie, die Überschwemmung der ganzen Welt, das Zurückweichen der Fluten, die Landung dieser Familie auf festem Boden und ihre Errettung.

Epilog –
Vor den Mauern von Mari

Im zwölften Regierungsjahr des Königs Ammi-saduqa von Assyrien[451] schlägt die Karawane, in Befolgung der Gesetze Hammurabis, ihr Lager vor den Befestigungsmauern der alten Stadt auf der Wiese am Flußufer auf. Die Reisenden nehmen ein Bad im trüben Wasser des Flusses und kaufen frische Lebensmittel auf dem Markt, denn für den Abend ist ein Festmahl vorgesehen. Die von Babylon flußaufwärts führende Reise war beschwerlich, denn die Überschwemmungen setzten in diesem Frühjahr ungewöhnlich früh ein und zwangen die Karawane, sich am Westufer zu halten, das zwar höher lag, aber auch die beträchtlich erhöhte Gefahr eines Überfalls durch räuberische Wüstenbewohner barg. Doch abgesehen vom Verlust eines Wachhundes, der von einem Löwen gerissen wurde, brachten alle den Weg ohne Zwischenfälle hinter sich.

Nach einer verdienten Ruhepause und ein paar Geschäften auf dem Basar wird sich die Gruppe einer anderen Karawane anschließen und mit ihr nach Norden durch das Land Hana[452] nach Emar und dann nach Westen durch die trockene Steppe nach Jamchad[453] ziehen. Für die meisten endet die Reise an dieser verrufenen Handelsstation, aber einige werden ihren Weg bis zum Fluß Kebir und von dort aus an der – mit heißbegehrten Porzellanschnecken und Muschelschalen übersäten – Küste des azurblauen Meeres[454] entlang bis zur Hafenstadt Ugarit fortsetzen.

Doch zunächst erholen sie sich vor den Mauern der Stadt Mari. Der Euphrat hatte hier vor langer Zeit ein mehr als drei akkadische Meilen[455] breites Tal in den unebenen gelben Kreidefels gegraben, in dessen Mitte sich der kraftvolle Strom nun auf seinem Weg nach

Sumer südwärts windet. Hinter Sumer zieht er mit vielen Nebenarmen durch die ausgedehnte, schilfbewachsene Schwemmlandebene, bis er im Salzwasser des Golfs mündet, über den das Kupfer und Elfenbein aus Tilmun[456] ins Land gelangen. Das Euphrattal ist an vielen Stellen mit einem üppigen Grünteppich überzogen, der von den gelegentlichen Regenfällen genährt wird, vor allem aber von den Überschwemmungen, die der Frühling hier alljährlich mit sich bringt. Die Überflutungen sind so unberechenbar wie ihr Auslöser – die Schnee- und Gletscherschmelze in den Hochgebirgsregionen um Urartu. An den fruchtbaren Ufern des Flusses sind Dattelpalmen in parallelen Reihen angepflanzt, und in ihrem Schatten rieseln die Blüten der Granatapfel-, Zitronen- und Apfelbäume auf Kräuter und Gewürzpflanzen herab, die hier den Boden bedecken. Sorgsam gepflegte Weizen- und Gerstefelder wechseln sich mit Gärten ab, in denen Knoblauch, Zwiebeln, Salat, Gurken und Linsen wachsen. Das unermüdlich kreisende Wasserrad und eine *shaduf* genannte Schöpfvorrichtung sorgen über ein Netz von Kanälen für die Bewässerung. Jenseits dieses schmalen landwirtschaftlichen Streifens erstreckt sich, so weit das Auge reicht, zur untergehenden Sonne hin eine Hügellandschaft, die so trocken ist, daß Menschen hier nicht siedeln können, während in der entgegengesetzten Richtung das weite Steppentafelland von Jazirah fast das gesamte Gebiet zwischen den beiden Flüssen einnimmt.

Auf dem schattigen Grün haben mehrere Karawanen ihr Lager aufgeschlagen. Wie üblich bleiben am Abend einige junge Männer und Knaben mit ihren Hunden bei den Zelten zurück, um die Esel und Ziegen zu versorgen, während sich alle anderen bei Speisen, Wein und Bier um ein Feuer versammeln. An diesem Abend geht es am Lagerfeuer hoch her. Nur-Aya, der berühmte Schreiber und Geschichtenerzähler, war vor kurzem aus Sippar angereist, um den Königshof in dem großen, vor fast 200 Jahren von Zimrilim errichteten Palast mit seiner Kunst zu unterhalten. Heute abend nun ist Nur-Aya zum Rastplatz der Karawanen gekommen, um sich von den Unterhaltungen und Berichten der Reisenden inspirieren zu lassen. Sein ganzes Leben lang ist er als Barde umhergezogen und hat in den großen Städten Elam, Babylon und Akkad und ihrer Umgebung Geschichten gesammelt und weitergegeben. Nun ist er, begleitet von Dienern und Wächtern, die ihm der König zur Verfügung gestellt hat, auf dem Weg nach Ugarit, wo er den Rest seiner Tage verbringen will. An vielen vorangegangenen Abenden hat er andere Reisende mit seinen Liedern und Versen verzaubert. Von den Versammelten werden einige am Morgen zur Oasenstadt Tadmur[457] und weiter nach Damaskus aufbrechen, aber heute wird Nur-Aya von ihnen allen – ganz besonders von den Kindern – gedrängt, die Geschichte der großen Flut und ihres Helden Atrachasis[458] (des »überaus Klugen«) zu erzählen.

Die Nacht ist klar. Am Himmel funkelt ein Sternenmeer. Der Fluß ist immer noch vom Schmelzwasser angeschwollen, das neuen fruchtbaren Schlamm für die Felder gebracht hat. Dattelpalmen schaukeln sanft in der Brise, die den süßen Duft aufbrechender Knospen aus den Obstgärten herüberträgt. Der Zephir streicht sacht über die Wangen der aufgeregten Kinder. Als alle ihren Platz am Feuer gefunden haben – die Kleinen an ihre Mütter geschmiegt und zum Schutz gegen die abendliche Kühle in Tücher gehüllt –, erhebt sich Nur-Aya. Stille breitet sich unter den Zuhörern aus.

Der Dichter beginnt mit seiner tiefen, wohlklingenden Stimme, die mühelos bis zum Fluß hinüberträgt, zu rezitieren. Zur Begleitung einer elfsaitigen Lyra singt er von der Zeit nach dem Anbeginn, in der die Götter die Schicksale bestimmen und verteilen, Anu in den Himmel einzieht und Enlil die Erde für sich und die Seinen beansprucht. Der Riegel, der das Meer fernhält, wird dem weitsichtigen und klugen Enki zugesprochen. Die höheren Götter des Himmels, die Anunnaki, befehlen den niederen, den Igigi, die Last aller Arbeit auf sich zu nehmen. Als sich die Igigi dagegen auflehnen, werden die Menschen geschaffen und auf der Erde angesiedelt, wo sie nun als Sklaven die Arbeit für die Götter verrichten müssen.

Nur-Ayas Verse hauchen dem zeitlosen Bericht, der in ferner Vergangenheit von den sieben Weisen nach Uruk gebracht wurde, neues Leben ein. Er benutzt das festgelegte Versmaß der Zeilen als Gedächtnisstütze, während er mit schöpferischer Phantasie den Faden weiterspinnt und der wohlbekannten Handlung mit reichen Details Substanz und Farbe verleiht. Er erzählt von den ersten Versuchen Enlils, die durch ungezügeltes Triebleben rasch angewachsene Menschheit zu dezimieren: von den Schrecken der Pest und der erbarmungslosen Hungersnot, in der die Menschen in ihrer Verzweiflung zu Kannibalen wurden.

Die Palmen rauschen, die Flammen zucken im Wind, und die Zuhörer fallen in die immer wiederkehrenden Verse des alten Mannes ein wie ein gut eingespielter Chor:

> Sechshundert Jahre, nicht ganz sechshundert vergingen,
> Und das Land wurde zu groß, der Menschen zu viele.
> Das Land war so laut wie ein brüllender Stier.
> Der Gott wurde unruhig ob dieses Lärms.[459]

Und weiter erzählt er seine Geschichte. Durch den Lärm und den Tumult in dem übervölkerten Land wird Enlil in seinem Schlaf gestört, und er beschließt, die ganze Menschheit durch eine gewaltige Flut zu vernichten.

Nun lebt in einer der Städte ein guter und besonders weiser Mann, Atrachasis, der Sohn Ubartutus, dessen Ohr offen ist für Enki, seinen Gott. Aber Enki muß vor den anderen Göttern schwören, daß er den Menschen nichts von dem drohenden Untergang erzählen wird. Enki findet schließlich einen Ausweg aus seinem inneren Zwiespalt. Er wendet sich mit seiner Warnung vor der Flut an die Wand des Hauses, in dem Atrachasis wohnt.

> Ja, Rohrhaus, höre, und du, Wand, gib acht!
> Reiß ab dies Haus und baue ein Schiff!
> Laß fahren den Besitz, das Dasein rette!

Die Welt steht vor ihrer Zerstörung; es wird keine Rückkehr an diesen Ort geben. Atrachasis wird angewiesen, alles mitzunehmen, was er benötigt, um an einem anderen Ort ein neues Leben zu beginnen.

Er muß sogar das eigene Volk belügen und darf weder etwas über den Zweck des Schiffsbaus noch über Enlils Verärgerung verraten. Alles, was er sagen darf, ist:

> Mein Gott liegt im Zwist mit eurem Gott.
> Enki und Enlil sind zornig aufeinander.
> Sie haben mich vertrieben aus meinem Haus.
> Da ich Enki stets Ehrfurcht erwies,
> erzählte er mir von der Sache.
> Ich kann nicht mehr bleiben in meinem Haus.

Atrachasis stellt Zimmerleute und Rohrflechter ein, die Arche zu bauen, und er läßt die Fugen des Schiffs mit Bitumen abdichten. Den wahren Zweck dieser Arbeiten kennt niemand.

Am Lagerfeuer, das die Gesichter der Zuhörer in seinen flackernden Schein taucht, beschreibt der Barde nun in aller Ausführlichkeit den Bau der Arche, ihre gewaltige Größe, die Mengen an Speisen und Bier, die von den Arbeitern vertilgt werden, die Auswahl der Tiere, Vögel und Samen, die mit an Bord genommen werden sollen, und schließlich die Einschiffung von Atrachasis' Familie. Aber nur Atrachasis selbst weiß um die bevorstehenden Ereignisse. Während seine Familie ißt, trinkt und scherzt, ohne etwas von der drohenden Katastrophe zu ahnen, wird Atrachasis zusehends unruhiger.

> Er ging ein und aus,
> konnte nicht stillstehn oder sitzend ruhn,
> ihm brach das Herz, und bittere Galle stieg ihm auf.
> Das Wetter änderte sein Gesicht.
> Adad brüllte aus den Wolken herab.

Die Stimme des Sturmgottes Adad peitscht über das Land, lauter und furchterregender, als je ein Donner gewütet hat. Dies ist das drohende Vorzeichen der herannahenden Flut. Atrachasis verschließt die Türen des Schiffs, und während der Wind an der Takelage zerrt, geht er an Deck, um die Halteleinen zu lösen. Und nun bricht der Sintflutsturm mit voller Kraft los:

> Die Flut brüllte wie ein Stier,
> wie ein schreiender Wildesel heulte der Sturm.
> Völlige Finsternis verhängte die Sonne.

Nur-Aya erzählt, wie alle Lebewesen von Furcht ergriffen werden, wie die Flut gewaltsam wie ein bewaffnetes Heer über die Menschen hereinbricht. Sie reißt die Pfosten, an denen ihre Boote vertäut sind, aus ihren Verankerungen, durchbricht die Deiche, überschwemmt die Felder und ertränkt alles Leben. Der Riegel, der das Meer einsperrte, ist geöffnet. Die Erde bebt. Dichte Nebelschwaden senken sich herab und tauchen alles in Finsternis. Selbst die Igigi, die niederen Götter, werden von Furcht ergriffen. Sie fliehen zu Anu in den Himmel hinauf, wo sie sich wie Hunde niederducken.

Nur-Aya erzählt weiter, wie das Schiff von der steigenden Flut angehoben und vom Wind aufs Meer hinausgetrieben wird; wie Atrachasis und seine Familie die Berge ihrer Heimat vor lauter Gischt kaum noch sehen können und wie ihr Land allmählich im Schlund der entfesselten Gewalten versinkt.

Die Götter drängen sich furchtsam im Himmel von Anu zusammen. Sie vernehmen die Klage, die Nintu, Matriarchin und Mutter aller Menschen, anstimmt, als sie das angerichtete Unheil sieht, als sie die Leichen ihrer Kinder wie geopferte Lämmer im Wasser treiben sieht.

> Sie war voller Trauer, vergebens verlangte sie nach Bier.
> Wo sie saß und weinte, saßen auch die großen Götter,
> konnten aber wie Schafe den Schlund nur mit Blöken füllen.
> So durstig sie waren, über ihre Lippen
> kam nichts als das Lied des Hungers.
> Sieben Tage und sieben Nächte
> wüteten Sturm und Flut ohne Unterlaß.

Gebannt erfährt die Menge zu Nur-Ayas Füßen, wie Atrachasis aus dem Fenster schaut, als sich der Sturm legt, aber nichts anderes sehen kann als Wasser. Wohin er auch blickt, ist nichts als eine endlos gekräuselte, im Licht schimmernde Fläche, über die das Auge schweifen kann, ohne auch nur auf den kleinsten Gegenstand zu treffen. Es ist, als wäre das Meer höher angestiegen als selbst die höchsten Gipfel der Berge. Kein Laut ist zu hören als das Plätschern der Wellen am Schiffsrumpf und das Blöken der Tiere unter Deck. Tagelang treiben sie auf diesem grenzenlosen Ozean, ohne Land oder ein anderes Lebewesen zu erblicken, bis Atrachasis in seiner Verzweiflung Vögel aussendet. Es sind dies keine des Tauchens kundigen Wasservögel, sondern Landvögel, die einen festen Halt brauchen, wenn sie sich zum Schlafen niederlassen wollen. Freigelassen, umflattern sie das Schiff, schrauben sich in immer weiteren Kreisen in die Lüfte empor und entschwinden, nur um bei Anbruch der Nacht wieder zur Arche zurückzukehren. Sie haben weit und breit kein trockenes Ufer gefunden. Am nächsten Tag schickt Atrachasis andere Vögel aus, und auch sie kehren am Abend zum Schiff zurück. Aber beim dritten Mal bleiben die ausgesandten Vögel fort. Atrachasis frohlockt, denn nun weiß er, daß das trockene Land nicht fern sein kann.

Dicht über dem Horizont heben sich schattenhaft vor dem Licht der aufgehenden Sonne einzelne blaugraue Hügel ab. Als das Schiff sich diesem Wunder nähert, verschmelzen die niedrigen Erhebungen zu einer einzigen Hügelkette, die aus dem Wasser aufzusteigen scheint und sich immer mächtiger und höher vor den Flüchtlingen auftürmt. An dieser fremdartigen Küste landen sie zu guter Letzt.

Atrachasis öffnet die Luken seiner Arche und fordert alle Lebewesen auf, an Land zu gehen. Dann bringt er den Göttern ein Dankesopfer dar. Er bereitet ein üppiges Festmahl aus dem Fleisch geopferter Lämmer, das er in köstlich duftenden Kräutern und Gewürzen brät, dazu gibt es Brot, Datteln, Feigen, Süßigkeiten, Wein und Bier. Die Götter steigen, das Lied des Hungers auf den Lippen, von ihrem himmlischen Zufluchtsort herab. Wie die Fliegen scharen sie sich um die Opfergaben und schlingen in ihrer Gier alles hinunter, bis kein Krümchen mehr übrig ist.

Nur-Aya erzählt seinen gebannt lauschenden Zuhörern, wie zornig die Götter aufeinander und besonders auf Enlil sind, weil seinetwegen alles Leben von der Erdoberfläche verschwunden ist. Am Ende zeigt Enlil Reue. Er beschließt, daß die Erde von neuem mit Leben bevölkert werden soll. Dann segnet Enlil Atrachasis und seine Frau, gewährt beiden Unsterblichkeit und sendet sie aus, in einem fernen Land zu wohnen.

Es ist spät geworden. Der alte Sänger hat die Menschen in seinen Bann geschlagen; nur ein paar von den ganz Kleinen sind eingeschlafen. Auch die Fluten des Flusses wispern ein Lied, während sie den Schlamm stromabwärts tragen, der den Boden der Schwemmlandebene aufs neue verjüngen wird.

Nur-Aya beschließt seine zeitlose Erzählung mit den Worten, die ein Ende, aber auch einen Anfang verkünden:

Allen Menschen werde ich von der Flut singen:
Hört zu!

Dank

Über 25 Jahre ist es her, daß unser Kollege John Dewey in einer beiläufigen Bemerkung die Vermutung äußerte, die biblische Sintflut habe möglicherweise in den einst überschwemmten und noch heute mit Wasser gefüllten Becken des Vorderen Orient wirklich stattgefunden. Aber erst 1991 machten wir uns ernsthaft daran, seinen Gedanken weiterzuverfolgen. In den ersten Jahren dieses Unterfangens half uns Millie Alvarez, die umfangreiche Sintflutliteratur – Originaltexte, Übersetzungen und Interpretationen – aufzuspüren und zu sichten.

Als unsere Forschungen in ein intensiveres Stadium eintraten, wurden wir unterstützt von Ashley Ryan Gaddis, Jane Haxby und Amanda Pitman, die unermüdlich die Bibliotheken durchforsteten und uns bei den Recherchen für einige Kapitel unschätzbare Dienste leisteten. Mary Ann Brueckner und Susan Klimley gelang es, eine Unmenge entlegener Bücher und Dokumente aufzustöbern. Bel Hautau half uns, indem sie das zusammengetragene Material geordnet und die Literaturliste angelegt hat.

In der ersten Zeit stand uns Professor Ralph Solecki von der Columbia University mit seinem wertvollen Rat zur Seite. Später führten wir mit einer Reihe anderer Archäologen Gespräche, ohne die unsere Synthese nicht hätte zustandekommen können. Im einzelnen waren dies Ian Hodder, David Harris, Cyprien Brudebank, Colin Renfrew, Jane Renfrew, Joan Oates, Andrew Moore, Andrew Sherrat, Peter Bugucki, Douglas Bailey, Neil Roberts, Fekri Hassan, Ofer Bar Yosef und James Mellaart.

Wir hatten das Glück, daß sich die British Broadcasting Company für unsere Idee begeistern konnte. Sie produzierte 1996 den Dokumentarfilm *Noah's Flood*, und wir konnten dadurch, sowohl während der Dreharbeiten als auch nach der Ausstrahlung des Films, viele neue und fruchtbare Kontakte knüpfen. Dafür danken wir John Lynch von BBC Horizon, Antonia Benedick und David Collinson von Third Eye Productions, dem Regisseur Richard Curson-Smith sowie dem Aufnahmeteam.

Wir stehen tief in der Schuld von John Dewey, der die Saat für unsere Nachforschungen gelegt hat. Von Kapitän Hüseyin Yüce, Nagi Görür, Mehmet Sakinç und Petko Dimitrov erhielten wir wichtige Informationen über den Bosporus, die Dardanellen und das Schwarzmeer-Kontinentalschelf. Çelal Sengor unterstützte uns bei unserer Arbeit mit unermüdlichem Eifer. Er öffnete uns in der Türkei viele Türen, gewährte uns uneingeschränkten Zugang zu seiner Bibliothek und ließ uns großzügig aus dem reichen Schatz seines enzyklopädischen Wissens schöpfen. Martine Rossignol-Strick stöberte genau zum richtigen Zeitpunkt dringend benötigte Fachliteratur auf.

Hochinteressantes Datenmaterial konnten wir auf einer Forschungsfahrt über das Schwarze Meer an Bord des russischen Forschungsschiffs *Aquanaut* sammeln, die von Evgeny Kontar und Ruben Kos'yan vom P.-P.-Shirshov-Meeresforschungsinstitut organisiert wurde. Den überwältigenden Erfolg dieses Unternehmens verdanken wir zu einem nicht geringen Teil der enormen Erfahrung des wissenschaftlichen Leiters dieser Expedition, Kazimieras Shimkus, und dem unermüdlichen Einsatz von Candace Major, unserer Laborantin, die mittlerweile zu unserem Kollegenkreis zählt. Auch den Offizieren und der Besatzung der *Aquanaut*, die uns stets gutgelaunt und in jeder nur erdenklichen Weise unterstützten, sind wir zu tiefem Dank verpflichtet.

Viele Informationen und neue Erkenntnisse verdanken wir dem Material, das wir bei Interviewaufzeichnungen gesammelt haben. Wir bedanken uns bei Glenn Jones, George Kukla, Richard Fairbanks, David Ross, Nicolae Panin, Sigfus und Pauline Johnsen und James Mellaart für die Geduld, mit der sie die lästigen Fragen über sich ergehen ließen, und für die vielen interessanten Geschichten, die wir von ihnen erfuhren. William Haxby danken wir für die Landkarten, die er am Computer für uns erstellte.

Viele unserer Freunde und Kollegen haben während der Entstehungsphase unseres Manuskripts einzelne Kapitel gelesen und uns wichtige Anregungen gegeben. Zu ihnen gehören Charlotte Schreiber, Faye und Stan Yates, Kim Kastens, Linda Punderson, Janet Fox, Lincoln Pratson, Susan Moeller und Natasa Sotoropoulos.

Dank auch an Bob Asahina und Bob Bender, unseren früheren und unseren jetzigen Lektor bei Simon & Schuster, sowie an Leonard Mayhew, die unermüdlich daran gearbeitet haben, aus diesem Buch das Beste zu machen. Ganz besonderen Dank schulden wir unserem Agenten Roger Jellinek, ohne dessen Aufmunterung und Drängen dieses Projekt nicht über das Planungsstadium hinausgekommen wäre und der uns während des Schreibens stets mit Rat und Tat zur Seite stand.

WP möchte seinen Töchtern Cordelia und Amanda, WR seinen Töchtern Sarah und Ashley, seinem Sohn Sean und seiner Frau Judy Dank und Anerkennung zollen für ihr nie nachlassendes Interesse, für ihre Hilfe bei den Recherchen und bei der Redaktion und für ihre Geduld. Schließlich und endlich verdanken wir sehr vieles dem Institut, an dem wir beide seit mehr als 30 Jahren arbeiten – dem Lamont-Doherty Earth Observatory der Columbia University.

LITERATUREMPFEHLUNGEN

Nur wenige der in den Anmerkungen aufgeführten Quellen sind ins Deutsche übersetzt worden; viele der Artikel aus Fachzeitschriften und Tagungsberichten sind zudem schwer zu beschaffen. Daher werden im Folgenden deutschsprachige Artikel und Bücher aufgeführt, die der interessierten Leserschaft Einblicke in einige der Forschungsfelder ermöglichen sollen, die in diesem Buch angerissen werden. Die Auswahl erfolgte rein subjektiv durch die Textredaktion und kann leider nur einen Bruchteil der behandelten Themen abdecken.

Alley, Richard B. und Michael L. Bender: *Grönlands eisiges Klima-Archiv*. Spektrum der Wissenschaft, April 1998

Broecker, Wally S.: *Plötzliche Klimawechsel*. Spektrum der Wissenschaft, Januar 1996

Cavalli-Sforza, Luca und Francesco: *Verschieden und doch gleich. Ein Genetiker entzieht dem Rassismus die Grundlage*. München: Droemer Knaur, 1994

Cavalli-Sforza, Luigi Luca: *Stammbäume von Völkern und Sprachen*. Spektrum der Wissenschaft, Januar 1992

Crystal, David: *Die Cambridge Enzyklopädie der Sprache*. Frankfurt: Campus, 1993

Daniel, Glynn: *Geschichte der Archäologie*. Bergisch Gladbach: Bastei Lübbe, 1988

Deuel, Leo (Hrsg.): *Das Abenteuer Archäologie. Berühmte Ausgrabungsberichte aus dem Nahen Osten*. Bergisch Gladbach: Bastei Lübbe, 1988

Doblhofer, Ernst: *Zeichen und Wunder. Die Entzifferung verschollener Schriften und Sprachen*. München: dtv, 1964

Gimbutas, Marija: *Die Sprache der Göttin. Das verschüttete Symbolsystem der westlichen Zivilisation*. Frakfurt: Zweitausendeins, 1996

Hrouda, Barthel: *Der alte Orient. Geschichte und Kultur des alten Vorderasiens*. München: C. Bertelsmann, 1991

Hsü, Kenneth J.: *Als das Schwarze Meer austrocknete*. Spektrum der Wissenschaft, Mai 1979

Hsü, Kenneth J.: *Das Mittelmeer war eine Wüste. Auf Forschungsreisen mit der Glomar Challenger*. München: Harnack, 1984

Imbrie, John und Katherine P. Imbrie: *Die Eiszeiten: Naturgewalten verändern unsere Welt*. Düsseldorf: Econ-Verlag, 1981

Kenyon, Kathleen: *Archäologie im Heiligen Land*. Neukirchener Verlag des Erziehungsvereins, 1967

Lamb, H. H.: *Klima und Kulturgeschichte. Der Einfluß des Wetters auf den Gang der Geschichte*. Reinbek bei Hamburg: Rowohlt, 1989

McCall, Henrietta: *Mesopotamische Mythen. Mythen alter Kulturen*. Stuttgart: Reclam, 1993 / 1996

Mellaart, James: *Çatal Hüyük. Stadt aus der Steinzeit*. Bergisch Gladbach: Lübbe, 1967

Moore, Andrew T.: *Ein vor-jungsteinzeitliches Bauerndorf am Euphrat*. Spektrum der Wissenschaft, Oktober 1979 {Abu Hureira}

Ranke-Graves, Robert und Raphael Patai: *Hebräische Mythologie. Über die Schöpfungsgeschichte und andere Mythen aus dem Alten Testament*. Reinbek bei Hamburg: Rowohlt, 1994

Renfrew, Colin: *Der Ursprung der indoeuropäischen Sprachfamilie*. Spektrum der Wissenschaft, Dezember 1989

Scarre, Chris (Hrsg.): *Weltatlas der Archäologie*. München: Südwest, 1990

Seibold, Eugen: *Das Gedächtnis des Meeres*. München: Piper, 1991

Woolley, Charles L.: *Ur in Chaldäa. 12 Jahre Ausgrabungen in Abrahams Heimat*. Wiesbaden: Brockhaus, 1956

Anmerkungen

Da der überwiegende Anteil der Anmerkungen aus bibliographischen Angaben besteht, wurden inhaltliche Ergänzungen im Text durch **fett** gedruckte Hochzahlen hervorgehoben.

1 Gemeint ist die alte Donau, die sich aus einem riesigen Einzugsgebiet in Osteuropa speist und durch einen schmalen Korridor zwischen den Transsylvanischen Alpen Rumäniens und dem Balkangebirge Bulgariens ins Schwarze Meer fließt.

2 Lepenski Vir, eine prähistorische Siedlung auf der serbischen Seite der Donau am »Eisernen Tor« (Durchtritt durch die Südkarpaten), wurde 1967 von Dragoslav Srejović entdeckt. Mit der Erschaffung der ersten Großskulpturen der Welt, Anfang des 6. Jahrtausends v. Chr., erreichte diese höchstentwickelte aller bekannten mesolithischen (mittelsteinzeitlichen) Jäger- und Sammlerkulturen Europas ihren Zenit; danach brach sie recht abrupt zusammen. – Fagan, B. M. (Hrsg.), *The Oxford Companion to Archaeology*, Oxford 1996, S. 388; Srejović, D., »The Mesolithic of Serbia and Montenegro« in: Bonsall, C. (Hrsg.), *The Mesolithic in Europe*, Edinburgh 1989, S. 481–491

3 Das Gesicht ist in einen Geröllblock aus rötlichem Sandstein gehauen und hat eine Höhe von mehr als 30 Zentimetern. Abbildungen findet man z. B. in Gimbutas, M., *The Language of the Goddess*, New York 1991, S. 260, Tafel 19 (Seitenansicht) und Abb. 407 (Frontalansicht), oder in Scarre, C., *Weltatlas der Archäologie*, München 1990, S. 85

4 Srejović, D., »Europe's First Monumental Sculpture: New Discoveries at Lepenski Vir« in: Wheeler, M. (Hrsg.), *New Aspects of Antiquity*, London 1972

5 *Capra aegagrus*, eine Spezies des Nahen Ostens

6 Gemeint ist der alte Rioni-Fluß in Georgien, dessen Zuflüsse von ausgedehnten Einzugsgebieten am Südwesthang des Kaukasus gespeist werden.

7 Gemeint ist der riesige Süßwassersee, der sich während der letzten Eiszeit in der Senke des heutigen Schwarzen Meeres bildete und bis zur Mitte des 6. Jahrtausends v. Chr. existierte (siehe Kapitel 9). Im Verlauf dieses Buchs wird er als Schwarzmeer-See bezeichnet.

8 Das hier beschriebene Volk lebte ursprünglich in der Nähe der Mündungen des alten Dnjestr und Dnjepr, überquerte das heute untergegangene Ukraine-Schelf und wanderte in das Ufergebiet des Schwarzmeer-Sees ein (siehe vorige Anmerkung). Heute liegt dieses Gebiet mehr als 150 km vor der Küste des größeren Schwarzen Meeres.

9 *Dreissena polymorpha* war in der Uferzone des Schwarzmeer-Sees (s. Anm. 7) und seiner Zuflüsse weit verbreitet. – Nevesskaya, L. A., »Late Quaternary Bivalve Mollusks of the Black Sea: Their Systematics and Ecology«, *Transactions of the Institute of Paleontology of the USSR Academy of Science* 105, 1965, S. 1–390
10 Gemeint ist das Mündungsdelta des alten Sakaria-Flusses im Nordwesten der Türkei.
11 Gemeint ist ein frühes Bauerndorf der Fikirtepe-Kultur im Nordwesten der Türkei, Anfang des 6. Jahrtausends v. Chr. – Özdogan, M., »A Surface Survey for Prehistoric and Early Historic Sites in Northwestern Turkey« in: *National Geographic Research Reports for 1979*, 1985, S. 517–541; Özdogan, M., »Pendik, a Neolithic Site of Fikirtepe Culture in the Marmara Region« in: Boehmer, R. M. und H. Hauptmann (Hrsg.), *Beiträge zur Altertumskunde Kleinasiens, Festschrift für K. Bittel*, Mainz 1983, S. 401–411
12 Dieser Uferstreifen des Schwarzmeer-Sees (s. Anm. 7) liegt, von der heutigen Stadt Burgas in Bulgarien aus, etwa 80 km meereinwärts.
13 Panoramablick über das Bosporustal, von der europäischen Seite aus
14 Rawlinson, H. C., *Archaeologia* 34, 1852, S. 75
15 Dieser zweigipflige, hohe Berg befindet sich etwa 35 km östlich von Kermanscha (Iran) an den felsigen Hängen des Alwend-Gebirges, eines bis zu 4000 m hohen Abschnitts des Sagros-Gebirges.
16 Der altpersische Ahura Mazda bzw. der Sonnengott Assur auf älteren akkadischen Darstellungen. – Chimera, E., *They Wrote on Clay*, Chicago 1938, Abbildungen auf S. 128–129
17 Lloyd, S., *Foundations in the Dust*, 2. Auflage, London 1947, S. 13
18 Buckland, W., *Reliquiae Diluvianae, or, Observations on the Organic Remains Contained in Caves, Fissures, and Diluvial Gravel, and on Other Geological Phenomena Attesting to the Action of an Universal Deluge*, London 1823
19 Renou, L., *Vedic India*, Bd. 3, Delhi 1971, S. 32
20 Cannon, G., *The Life and Mind of Oriental Jones: Sir William Jones, the Father of Modern Linguistics*, Cambridge 1990, S. 245
21 In der Völkertafel der *Genesis*, Kap. 10, werden die verschiedenen Völker auf gemeinsame Vorfahren – Noah und seine Söhne – zurückgeführt, von denen man annahm, daß sie alle dieselbe Ursprache sprachen. Noahs Söhne begründeten Sippen, die in verschiedenen Ländern lebten und jeweils eigene Sprachen und Gepflogenheiten entwickelten. Siehe Sarna, N. M., *Understanding Genesis*, New York 1970, S. 65
22 Rawlinson, G., *Memoir of Major-General Sir Henry Creswicke Rawlinson*, London 1898
23 Lloyd, S., *Foundations in the Dust*, a.a.O., S. 77
24 Herodot 7–11, verfaßt im 5. Jahrhundert v. Chr.; Grene, D., *Herodotus: The History*, Chicago 1987, S. 473
25 Doblhofer, E., *Voices in Stone*, New York 1961/1973, S. 117
26 Ebd., S. 37
27 Thukydides, I.21.8
28 Grene, D., *Herodotus: The History*, S. 2
29 Walker, C. B. F., *Cuneiform*, Berkeley 1987, S. 22

30 McCall, H., *Mesopotamian Myths*, Austin 1990, S. 13

31 Smith, G., *Assyrian Discoveries: An Account of Explorations and Discoveries on the Site of Nineveh, During 1873 and 1874*, New York 1875, S. 4

32 Doblhofer, E., *Voices in Stone*, a.a.O., S. 134

33 Smith, G., *Assyrian Discoveries*, a.a.O., S. 4

34 McCall, H., *Mesopotamian Myths*, a.a.O., S. 14

35 Smith, G., *The Chaldean Account of Genesis*, New York 1876, S. 307

36 *The Times*, Nr. 27551 (4.12.1872), S. 7

37 Im Jahr 1872 wußte man nicht viel über die korrekte Aussprache der babylonischen Namen. In der ersten Fassung von Smith' Übersetzung hieß der Überlebende der Flut Sisit, höchstwahrscheinlich in Anlehnung an Sisithrus oder Xisuthrus, wie der Held in den auf Griechisch verfaßten Flutgeschichten des mesopotamischen Mardukpriesters Berossus hieß. – Smith, G., *The Chaldean Account of Genesis*, S. 42–47, 51

38 *The Times*, Nr. 27552 (5.12.1872), S. 9

39 *The Times*, Nr. 27552 (5.12.1872), S. 9

40 Agassiz, L., »Discours prononcé à l'ouverture des séances de la Société Helvétiques des Sciences Naturelles à Neuchâtel, le 24 Julliet 1837«, *Actes société Helvétique des Sciences Naturelles* 22, 1837, v-xxxii, v; Marcou, J., *Life, Letters and Works of Louis Agassiz*, Bd. 1, New York 1896, S. 89–108

41 L. Agassiz, »A Period in the History of Our Planet«, *Edinburgh New Philosophical Journal*, 1843, S. 1–29

42 de Charpentier, J. G. F., »Notice sur la cause probable du transport des blocs erratiques de la Suisse«, *Ann. Mines* 8, 1835, S. 219

43 Maclaren, C., »The Glacial Theory of Prof. Agassiz of Neuchâtel«, *American Journal of Science* 42, 1842, S. 358–360

44 Buckland, W., »Memoir on the Evidences of Glaciers in Scotland and North of England«, *Proceedings: Geological Society of London* 3, 1840, S. 335

45 Lyell, C., *Principles of Geology: Being an Attempt to Explain the Former Changes in the Earth's Surface by Reference to Causes Now in Operation*, 3 Bde., London 1830–1833

46 Wright, G. F., »Agassiz and the Ice Age«, *The American Naturalist* 32, Nr. 375, 1897, S. 167

47 Holder, C. F., *Louis Agassiz: His Life and Work*, New York 1893, S. 76

48 Imbrie, J. und K. P. Imbrie, *Ice Ages: Solving the Mystery*, Cambridge (Mass.) 1986, S. 26

49 Ebd., S. 30. Agassiz' Tochter zufolge konnte einer der wichtigsten Kritiker, Leopold von Buch, während der von ihrem Vater geleiteten Exkursion »seine Verstimmung, ja Empörung über die seines Erachtens vorschnellen Schlüsse eines noch sehr jungen und unerfahrenen Beobachters kaum im Zaum halten.« Agassiz, E. C., *Louis Agassiz, His Life and Correspondence*, 2 Bde., Boston 1886

50 Agassiz, L., »On Glaciers and the Evidence of Their Having Once Existed in Scotland, Ireland and England«, *Proceedings: Geological Society of London* 3, 1840, S. 327–332

51 Der Fels heißt heute Agassiz Rock. White, G. W. und C. J. Schneer, »Lyell's Life and Works Revisited«, *Geotimes*, März 1976, S. 16
52 Maclaren, C., »The Glacial Theory of Prof. Agassiz of Neuchâtel«, *American Journal of Science* 42, 1842, S. 351
53 Layard, A. H., *Autobiography and Letters*, 2 Bde, London 1903, S. 26
54 Lloyd, S., *Foundations in the Dust*, 2. Auflage, London 1947, S. 88
55 Layard, A. H., *Early Adventures in Persia, Susiana, and Babylonia*, London 1887
56 Layard, A. H., *Nineveh and Its Remains*, 2 Bde, London 1849, Bd. 1
57 Ebd., S. 9
58 Layard, zitiert in Lloyd, S., *Foundations in the Dust*, S. 101
59 Genesis 10,6, 10,8 und 10,11: »Die Söhne Hams sind Kusch, Ägypten, Put und Kanaan ... Kusch zeugte Nimrud; dieser wurde der erste Held auf der Erde ... Von diesem Land zog er nach Assur aus und erbaute Ninive, Rehobot-Ir, Kelach.«
60 Layard, A. H., *Nineveh and Its Remains*, a.a.O., Bd. 1, S. 128–129; Layard, A. H., *The Monuments of Nineveh*, 2 Bde, London 1849, Bd. 1, Tafel 33
61 Layard, A. H., *Nineveh and Its Remains*, a.a.O., Bd. 1, S. 79–80
62 Curtis, J. E. und J. E. Reade, *Art and Empire*, New York 1995, S. 23
63 Inschrift aus dem Palast des Assurnasirpal II. in Nimrud, zitiert nach dem Ausstellungskatalog *Art and Empire: Treasures from Assyria in the British Museum*, 2. Mai bis 13. August 1995, Metropolitan Museum of Art, New York
64 Doblhofer, E., *Voices in Stone*, a.a.O., S. 126

65 Layard, A. H., *Discoveries in the Ruins of Nineveh and Babylon*, London 1853, S. 589
66 Layard, A. H., *A Second Series of the Monuments of Nineveh*, 2 Bde, London 1853, Bd. 2, Tafel 15
67 McCall, H., *Mesopotamian Myths*, a.a.O., S. 12
68 Smith, G., *The Chaldean Account of Genesis*, New York 1876, S. 3
69 Ebd.
70 Ebd., S. 4
71 Ebd., S. 5
72 Smith, G., *Assyrian Discoveries: An Account of Explorations and Discoveries on the Site of Nineveh, During 1873 and 1874*, New York 1875, S. 222
73 Ebd., S. 14
74 Ebd., S. 95
75 Ebd., S. 97
76 Ebd., S. 214
77 Ebd., S. 205
78 Ebd., S. 168
79 Smith, G., *The Chaldean Account of Genesis*, a.a.O., S. 7
80 Ebd.
81 *Daily Telegraph*, 4. 3. 1875
82 Smith, G., *The Chaldean Account of Genesis*, a.a.O., S. 62
83 Ranke-Graves, R. und R. Patai, *Die hebräische Mythologie. Über die Schöpfungsgeschichte und andere Mythen aus dem Alten Testament*, Reinbek bei Hamburg 1986, S. 34 f., 39
84 Smith, G., *The Chaldean Account of Genesis*, a.a.O., S. 88
85 McCall, H., *Mesopotamian Myths*, a.a.O., S. 14
86 Woolley, C. L., *The Sumerians*, New York 1965, S. 21–26; Roux, G., *Ancient Iraq*, 2. Aufl., London 1980, S. 41; Oates, J., *Babylon*, überarb. Aufl., London 1986, S. 18, 22–23

87 Smith, G., *The Chaldean Account of Genesis*, a.a.O., S. 264. In seiner Übersetzung der elften Tafel des *Gilgamesch-Epos*, Spalte 1, Zeilen 11–12, heißt die Stadt Shrippak.
88 Pritchard, J. B., *The Ancient Near East*, 6. Aufl., 2 Bde., Princeton 1973, Bd. 1, S. 66; diese Übersetzung verwendet eine weiter verbreitete Version des Namens und identifiziert den Fluß als Euphrat. Schuruppak taucht auch in Zeile 96 eines älteren Textes eindeutig sumerischen Ursprungs auf – *Deluge* (Flut), Übersetzung von S. N. Kramer –, der die Stadt als eines der fünf vorsintflutlichen Kultzentren nennt.
89 Ebd., S. 66
90 Ebd.
91 Im Lauf der Jahrtausende haben sich die Flußbetten der beiden großen mesopotamischen Ströme ständig verlagert. In der Mündungsregion bedeckten die (kaum unterscheidbaren) Flußdeltas nach und nach ein großes Küstengebiet, eine Lagune, die in der Eiszeit entstanden war. Das Süßwasser und seine Sedimentfracht verwandelten das Meer zunächst in Marschen, dann in bebaubares Land und ließen so jene Region entstehen, die wir als Sumer kennen. Die Seehäfen der ersten Siedler, errichtet an meeresnahen Flußufern, waren zwangsläufig nicht sehr langlebig, da sie im Zuge der Verlandung von der Festlandwüste umschlossen und durch die natürliche Metamorphose der Landschaft von den Wasseradern abgeschnitten wurden, die zur Bewässerung des Ackerlandes und als Handelswege unentbehrlich waren.
92 Fagan, B. M. (Hrsg.), *The Oxford Companion to Archaeology*, Oxford 1996, S. 761
93 Oates, J., *Babylon*, überarb. Ausg., London 1986, S. 76–77
94 Ebd., S. 77
95 Die zehn vorsintflutlichen Könige sollen insgesamt eine Viertelmillion Jahre regiert haben!
96 Zum Beispiel fand Woolley am Fuß des Hügels Al-Ubaid nahe Ur einen Kalksteinblock mit einem Keilschrifttext, der von der Weihung des Gebäudes durch A-anni-padda, König von Ur, Sohn des Mes-anni-padda, König von Ur, zum Inhalt hatte. Letzterer wird in den Königslisten als Begründer der Ersten Dynastie nach der Flut geführt.
97 Woolley, C. L., *The Royal Cemetery. Excavations at Ur,* 10 Bde, London 1934, Bd. 2, S. 30
98 Ebd., S. 31
99 Ebd., S. 32
100 Ebd., S. 39
101 Die anschaulichen Äußerungen Woolleys über die Funde im Königsgrab werden zum Beispiel zitiert in: Fagan, B. M., *Eyewitness to Discovery*, Oxford 1996, S. 133–140.
102 Nach dem Fundort Tell al-Ubaid, sechs Kilometer westlich von Ur, werden sie Ubaiden genannt. Diese Siedlung, die gegen Ende von Woolleys Kampagne ausgegraben wurde, enthielt eine große Menge einzigartiger Töpferwaren und Feuersteinwerkzeuge. – Hall, H. R., *A Season's Work at Ur, Al-'Ubaid, Abu Shahrain (Eridu), and Elsewhere*, London 1930, S. 229
103 Fagan, B. M. (Hrsg.), *The Oxford Companion to Archaeology*, a.a.O., S. 730

104 Hawkes, J. und Sir L. Woolley, *Prehistory and the Beginning of Civilization*, Bd. 1: *History of Mankind*, New York 1963, S. 368
105 Ebd., S. 368
106 Ebd.
107 Mallowan, M. E. L., »New Light on Ancient Ur. Excavations at the Site of the City of Abraham Reveal Geographical Evidence of the Biblical Story of the Flood«, *National Geographic*, Januar 1930, S. 95–130
108 Fagan, B. M., *Eyewitness to Discovery*, a.a.O., S. 131
109 Winstone, H. V. F., *Woolley of Ur: The Life of Sir Leonard Woolley*, London 1990, S. 153
110 Wright, G. E., *Biblical Archaeology*, Philadelphia 1957, S. 119
111 Diese archäologischen Stätten sind der frühesten Ubaid-Kultur zuzuordnen; hier fand man eine bemerkenswerte Architektur der Pfosten- und-Balken-Bauweise. – Forest, J. D., »Tell el-'Oueili Preliminary Report on the 4th Season (1983): Stratigraphy and Architecture«, *Sumer* 44, Nr. 1–2, 1985–1986, S. 55–66; Mathews, R. J. und T. J. Wilkinson, »Excavations in Iraq, 1989–90«, *Iraq* 53, 1991, S. 169–183
112 Mallowan, M. E. L., »Noah's Flood Reconsidered«, *Iraq*, 1964, S. 62–82
113 Cohn, N., *Noah's Flood*, New Haven 1996, S. 48
114 Burnet, T., *Sacred Theory of the Earth*, London 1690, Reprint 1965, S. 53
115 Ebd.
116 Whiston, W., *A New Theory of the Earth*,1755, zitiert in: Cohn, N., *Noah's Flood*, a.a.O., S. 62–69

117 Usher, J., *The Annals of the Old Testament, From the Beginning of the World*, London 1658
118 Hutton, J., »Theory of the Earth« in: *Transactions of the Royal Society of Edinburgh* 1, 1788, S. 209–304
119 Cohn, N., *Noah's Flood*, a.a.O., S. 102
120 Lyell, C., *Principles of Geology: Being an Attempt to Explain the Former Changes in the Earth's Surface by Reference to Causes Now in Operation*, 3 Bde, London 1830–1833
121 Cohn, N., *Noah's Flood*, a.a.O., S. 119
122 Anm. d. Üb.: Der Kreationismus ist eine vor allem in den USA verbreitete Bewegung, die die Evolutionstheorie ablehnt und in einigen Bundesstaaten Lehrplanänderungen durchgesetzt hat, nach denen der biblischen Schöpfungslehre in der Schule ebenso viele Unterrichtsstunden einzuräumen sind wie der Lehre von der Entwicklung der Arten. – Price, G. M., *The Modern Flood Theory of Geology*, New York 1935; Whitcomb, J. C. und H. M. Morris, *The Genesis Flood: The Biblical Record and Its Scientific Implications*, Grand Rapids (MI) 1961; Numbers, R. L:, *The Creationists*, New York 1992, S. 319–329
123 Pratt, R. M. und F. Workum, *Track Charts, Bathymetry, and Location of Observations, CHAIN Cruise #21: Atlantic Ocean – Mediterranean Sea, August 16, 1961 – December 18, 1961*, Woods Hole 1962, Blatt 4 des Expeditionsberichts
124 In Salzwasser pflanzen sich Geräusche mit etwa 1460 m/s fort.

Der genaue Wert hängt von der Temperatur, dem Druck und dem Salzgehalt ab.

125 Herodot 4.83–89

126 Ünlüata, Ü. et al., »On the Physical Oceanography of the Turkish Straits« in: Pratt, L. J. (Hrsg.), *The Physical Oceanography of Straits*, Deventer (Niederlande): NATO/ASI Series, Kluwer, 1989, S. 25–29; Yüce, H., »On the Variability of Mediterranean Water Flow into the Black Sea« in: *Continental Shelf Research* 16, Nr. 11, 1996, S. 1399–1413

127 Gunnerson, C. G. und E. Oztuvgut, »The Bosphorus«, Tulsa (OK) 1974, S. 99

128 Scholten, R., »Role of the Bosporus in Black Sea Chemistry and Sedimentation« in: Degens, E. T. und D. A. Ross (Hrsg.), *The Black Sea: Geology, Chemistry, and Biology*, a.a.O., S. 115

129 Zitiert in Gunnerson, C. G. und E. Oztuvgut, »The Bosphorus«, a.a.O., S. 107

130 Marsilli, L. F., »Observazioni interno al Bosporo traio overo canale di Constantinopoli«, 1681, zitiert in: Möller, L. (Hrsg.), *Alfred Merz' Hydrographic Observations in the Bosporus and Dardanelles*, Proceedings of the Ocean Science Institute of the University of Berlin, 1928, Abb. 2

131 Siehe z. B. Peterich, E. und P. Grimal, *Götter und Helden*, München 1978, S. 70

132 Meriç, E. (Hrsg.), *Late Quaternary (Holocene) Bottom Sediments of the Southern Bosphorus and Golden Horn*, Istanbul: Matbaa Teknisyenleri Basimevi Divanyolu, 1990; darin: Gücüm, A. H., »The Bosporus (Tube-Tunnel) and Golden Horn (Metro) Drillings«, S. 1–3

133 Derman, A. S., »Grain Size of the Upper Sedimentary Lithologies (Holocene)« in: Meriç, E. (Hrsg.), *Late Quaternary (Holocene) Bottom Sediments of the Southern Bosphorus and Golden Horn*, a.a.O., Abb. 2.1

134 Taner, G., »The Lamellibranchiata and Gastropods« in: Meriç, E. (Hrsg.), *Late Quaternary (Holocene) Bottom Sediments of the Southern Bosphorus and Golden Horn*, a.a.O., S. 81–85; Meriç, E., M. Sakinç und O. Eroskay, »Evolution Model of Bosphorus and Goldenhorn Deposits«, *Mühendislik Jeolojisi Bülteni* 10, 1988, S. 10–14

135 Ryan, W. B. F. et al., »Valencia Trough-Site 122« in: Ryan, W. B. F. und K. J. Hsü (Hrsg.), *Initial Reports of the Deep-Sea Drilling Project*, Washington, DC: U.S. Government Printing Office 1973, S. 97–98

136 Peterson, M. N. A., »Scientific Goals and Achievements«, *Ocean Industry* Mai 1969, S. 62

137 Ryan, W. B. F., F. Workum und J. B. Hersey, »Sediments on the Tyrrhenian Abyssal Plain«, *Bulletin, Geological Society of America* 76, 1964, S. 1275

138 Ryan, W. B. F. et al., »Valencia Trough-Site 122«, a.a.O., S. 103 und Abb. 10; Morrison, P., *The Ring of Truth: An Inquiry into How We Know What We Know*, New York 1987, S. 162–165

139 Trübeströme sind unterseeische Lawinen, bei denen das Sediment aufgewirbelt und hangabwärts transportiert wird. Siehe Ericson, D. B., M. Ewing und B. C. Heezen, »Deep-sea Sands and Submarine Canyons«,

Geological Society of America Bulletin 62, 1951, S. 961; Heezen, B. C. und M. Ewing, »Turbidity Currents and Submarine Slumps and the 1929 Grand Banks Earthquake«, *American Journal of Science* 250, 1952, S. 849; Heezen, B. C. und C. D. Hollister, *The Face of the Deep*, London 1971, S. 283

140 Ogniben, L., »Petrografia della Serie Solifìfera Siciliana e considerazioni geologiche relative«, *Descriptive Geological Map of Italy Memoir* 33, 1957, S. 3; Hardie, L. A. und H. P. Eugster, »The Depositional Environment of Marine Evaporites: A Case for Shallow, Clastic Accumulation«, *Sedimentology* 16, 1971, S. 188–189

141 Hsü, K. J., »When the Mediterranean Dried Up«, *Scientific American* Dezember 1972, S. 30; Hsü, K. J., *The Mediterranean was a Desert*, Princeton (NJ) 1983, S. 6

142 Ryan, W. B. F. et al., »Valencia Trough-Site 122«, a.a.O., S. 104

143 Hsü, K. J., *The Mediterranean Was a Desert*, a.a.O., S. 101

144 Shearman, D. J, »Recent Anhydrite, Gypsum, Dolomite, and Halite from the Coastal Flats of the Arabian Shore of the Persian Gulf«, *Proceedings Geological Society of London* 1607, 1963, S. 63–65

145 Butler, G. P., »Modern Evaporite Deposition and Geochemistry of Coexisting Brines, the Sabkha, Trucial Coast, Arabian Gulf«, *Journal of Sedimentary Petrology* 39, 1969, S. 70–89

146 Ryan, W. B. F. et al., »Strabo Trench and Mountains – Site 129«, in: Ryan, W. B. F. und K. J. Hsü (Hrsg.), *Initial Reports of the Deep-Sea Drilling Project*, a.a.O., S. 242

147 Hsü, K. J., W. B. F. Ryan und M. B. Cita, »Late Miocene Desiccation of the Mediterranean Sea«, *Nature* 242, 1973, S. 242

148 Ryan, W. B. F. et al., »Boundary of the Sardinia Slope with the Balearic Abyssal Plain«, in: Ryan, W. B. F. und K. J. Hsü (Hrsg.), *Initial Reports of the Deep-Sea Drilling Project*, a.a.O., S. 486

149 Chumakov, I. S., »Pliocene and Pleistocene Deposits of the Nile Valley in Nubia and Upper Egypt«, in: Ryan, W. B. F. und K. J. Hsü (Hrsg.), *Initial Reports of the Deep-Sea Drilling Project*, a.a.O., S. 1242

150 Sturani, C., »A Fossil Eel (*Anguilla* sp.) from the Messinian of Alba (Tertiary Piedmontese Basin). Paleoenvironmental and Paleogeographic Implications« in: Drooger, C. W. (Hrsg.), *Messinian Events in the Mediterranean*, Amsterdam 1973, S. 251

151 Ebd., 253

152 Benson, R. H., »An Ostracodal View of the Messinian Salinity Crisis« in: Drooger, C. W. (Hrsg.), *Messinian Events in the Mediterranean*, Amsterdam 1973, S. 241

153 Benson, R. H., »Psychrospheric and Continental Ostracodea from Ancient Sediments in the Floor of the Mediterranean« in: Ryan, W. B. F. und K. J. Hsü (Hrsg.), *Initial Reports of the Deep-Sea Drilling Project*, a.a.O., S. 1002–1008

154 Vine, F. J., »Spreading of the Ocean Floor – New Evidence«, *Science* 154, 1966, S. 1405; Heirtzler, J. R., »Sea-Floor Spreading«, *Scientific American* Dezember 1968, S. 69

155 Kay, M., »North American Geosynclines«, *Memoir. Geological Society of America* 48, 1951; Aubouin, J., *Geosynclines*, Amsterdam 1965

156 Wilson, J. T., »Continental Drift«, *Scientific American* April 1963, S. 86–100

157 Pitman, W. C. und J. R. Heirtzler, »Magnetic Anomalies over the Pacific-Antarctic Ridge«, *Science* 154, Nr. 2, Dezember 1966, S. 1164

158 Sullivan, W., *Continents in Motion*, New York 1974, S. 102; Wertenbaker, W., *The Floor of the Sea: Maurice Ewing and the Search to Understand the Earth*, Boston 1974, S. 197

159 Pitman, W. C. und M. Talwani, »Central North Atlantic Plate Motions«, *Science* 174, 1971, S. 845–848; Pitman, W. C., »Seafloor Spreading in the North Atlantic«, *Geological Society of America Bulletin* 83, 1972, S. 619–643

160 Dewey, J. F. et al., »Plate Tectonics and the Evolution of the Alpine system«, *Geological Society of America Bulletin* 84, Oktober 1973, S. 3137–3180

161 Stringer, C. B., »Documenting the Origin of Modern Humans« in: Trinkaus, E. (Hrsg.), *The Emergence of Modern Humans*, Cambridge 1989, S. 67–96

162 Wilson, A. C. und R. L. Cann, »The Recent African Genesis of Humans«, *Scientific American* April 1992, S. 68–73

163 Hsü, K. J., M. B. Cita und W. B. F. Ryan, »The Origin of the Mediterranean Evaporite« in: Ryan, W. B. F. und K. J. Hsü (Hrsg.), *Initial Reports of the Deep-Sea Drilling Project*, a.a.O., S. 1228

164 Chumakov, V., »Pliocene and Pleistocene Deposits of the Nile Valley in Nubia and Upper Egypt«, in: Ryan, W. B. F. und K. J. Hsü (Hrsg.), *Initial Reports of the Deep-Sea Drilling Project*, a.a.O., S. 1242–1243

165 Ryan, W. B. F. und M. B. Cita, »Messinian Badlands on the Southeastern Margin of the Mediterranean Sea«, *Marine Geology* 27, 1978, S. 349–363

166 Estaban, M., »Significance of Upper Miocene Coral Reefs of the Western Mediterranean«, *Paleogeography, Paleoclimatology, Paleoecology* 29, 1980, S. 169–188

167 Azzaroli, A., »Cainozoic Mammals and the Biogeography of the Island of Sardinia, Western Mediterranean«, *Paleogeography, Paleoclimatology, Paleoecology* 36, 1981, S. 107–111; Azzaroli A. und G. Guazzone, »Terrestrial Mammals and Land Connections in the Mediterranean Before and During the Messinian«, *Paleogeography, Paleoclimatology, Paleoecology* 29, 1980, S. 155–167

168 Wilford, J. N., »Drilling Hint Mediterranean Gets Smaller«, *The New York Times*, Samstag, 10. Oktober 1970

169 Ross, D. A., E. T. Degens und J. MacIlvaine, »Black Sea: Recent Sedimentary History«, *Science* 170, Nr. 9, Okt. 1970, S. 163–165

170 Mayard, N. G., »Diatoms in Pleistocene Deep Black Sea sediments« in: Degens, E. T. und D. A. Ross (Hrsg.), *The Black Sea: Geology, Chemistry and Biology*, a.a.O., S. 389–395; Wall, D. und B. Dale, »Dinoflagellates in the Late Quaternary Deep-Water Sediments of the Black Sea« in: Degens, E. T. und D. A. Ross (Hrsg.), *The Black Sea: Geology, Chemistry, and Biology*, a.a.O., S. 364–380

171 Degens, E. T. und D. A. Ross,

»Chronology of the Black Sea over the Last 25,000 Years«, *Chemical Geology* 10, 1972, S. 1–16

172 Stanley, D. J. und C. Blanpied, »Late Quaternary Exchange Between the Eastern Mediterranean and the Black Sea«, *Nature* 285, Nr. 19, Juni 1980, S. 537–541

173 Jones, G. A., »Tales of Black Sea Sedimentation, Exploration and Colonization«, *AMS Pulse* 2, Sommer 1993, S. 1–6; Jones, G. A., »A New Hypothesis for the Holocene Appearance of Coccolithophores in the Black Sea«, *AMS Pulse* Ergänzungsband 1993, S. 195, Abb. 1

174 Plinius der Ältere, *Natural History*, Übers. J. F. Healy, London 1991, S. 51

175 Ebd., Satz 1, Buch 5, S. 63. – Anm. d. Üb.: Zu »Pontus Axenus« existiert auch die euphemistische Variante »Pontus Euxenus« (gastliches Meer).

176 Ross, D. A., »The Red and Black Seas«, *American Scientist* 59, Juli/August 1971, S. 420–424

177 Interview der Autoren mit David Ross in Woods Hole, Massachusetts, Januar 1995

178 Ross, D. A. und E. T. Degens, »Recent Sediments of the Black Sea« in: Degens, E. T. und D. A. Ross (Hrsg.), *The Black Sea: Geology, Chemistry, and Biology*, a.a.O., S. 183–199

179 Degens, E. T. und D. A. Ross, »Oceanographic Expedition in the Black Sea«, *Naturwissenschaften* 57, 1970, S. 351, Abb. 3a

180 Bukrym D. et al., »Geological Significance of Coccoliths in Fine-Grained Carbonate Bands of Postglacial Black Sea Sediments«, *Nature* 226, Nr. 11, April 1970, S. 157, Abb. 2

181 Degens, E. T., S. W. Watons und C. C. Remsen, »Fossil Membranes in Cell Wall Fragments from a 7,000-Year-Old Black Sea Sediment«, *Science* 168, 1970, S. 1207–1208

182 Popov, G. I., »New Data on the Stratigraphy of Quaternary Marine Sediments of the Kerch Strait«, *Transactions of the USSR Academy of Science* 213, Nr. 4, 1973, S. 84–86

183 Kuprin, P. N., F. A. Shcherbakov und I. I. Morgunov, »Correlation, Age, and Distribution of the Postglacial Continental Terrace Sediments of the Black Sea«, *Baltica* 5, 1974, S. 241–249

184 Shcherbakov, F. A. et al., *Sedimentation on the Continental Shelf of the Black Sea*, Moskau 1978

185 Ostrovskiy, A. B. et al., »New Data on the Paleohydrological Regime of the Black Sea in the Upper Pleistocene and Holocene«, in: Kaplin, P. A. und F. A. Shcherbakov (Hrsg.), *Paleogeography and Deposits of the Pleistocene of the Southern Seas of the USSR*, Moskau 1977, S. 131–141

186 Nevesskaya, L. A., »Late Quaternary Bivalve Mollusks of the Black Sea: Their Systematics and Ecology«, *Transactions of the Institute of Paleontology of the USSR Academy of Sciences* 105, 1965, S. 1–390; Shimkus, K. M., V. V. Mukhina und E. S. Trimonis, »On the Role of Diatoms in Late Quaternary Sedimentation in the Black Sea«, *Oceanology, USSR Academy of Sciences* 13, 1973, S. 1066–1071

187 Federov, P. V., »Postglacial Transgression of the Black Sea«, *International Geology Review* 14, Nr. 2,

1971, S. 160–164; Nevesskiy, Y. N., »The Question of the Recent Transgression of the Black Sea«, 26, 1958; Nevesskiy Y. N., »Postglacial Transgression of the Black Sea«, *Transactions of the Institute of Paleontology of the USSR Academy of Sciences* 28, 1961, S. 317–320

188 A. L. Chepalyga, »Inland Sea Basins« in: Wright, H. E. Jr. und C. W. Barnosky (Hrsg.), *Late Quaternary Environments of the Soviet Union*, Minneapolis 1984, S. 229–247

189 Kvasov, D. D., »Paleohydrology of Eastern Europe in Late Quaternary Time« in: *Early Publication of a Lecture in Memory of L. S. Berga*, Leningrad 1968, S. 65–81; Kvasov, D. D., *Late Quaternary History of Major Lakes and Inland Seas of Eastern Europe*, Leningrad 1975; Chernyshova, M. B., »Palynological Studies of Bottom Sediments from the Continental Terrace« in: Kuprin, P. N. (Hrsg.), *Geological-Geophysical Studies of the Bulgarian Sector of the Black Sea*, Sofia 1980, S. 213–222; Traverse, A., »Palynological Investigation of Two Black Sea Cores«, in: Degens, E. T. und D. A. Ross (Hrsg.), *The Black Sea: Geology, Chemistry, and Biology*, a.a.O., S. 381–388

190 Sibrava, V., *Survey of Czechoslovak Quaternary*, Bd. 34, Warschau 1961

191 Fairbridge, R. W., »Quaternary Shoreline Problems at Inqua, 1969«, *Quaternaria* 15, 1971, S. 1–18

192 Maclaren, C., »The Glacial Theory of Prof. Agassiz of Neuchâtel«, *American Journal of Science* 42, 1842, S. 346–365

193 Libby, W. F., *Radiocarbon Dating*, Chicago 1952

194 Broecker, W. S. und E. A. Olson, »Lamont Radiocarbon Measurements IV«, *American Journal of Science* 1, Ergänzungsband Radikarbon, 1959, S. 111–132

195 Die Radiokarbon-Datierung ist eine Methode, um das Alter organischer Substanzen wie Knochen, Holzkohle, Holz, Torf oder Muschelschalen, also der Überreste ehemaliger Lebewesen zu bestimmen. Das Element Kohlenstoff (Carbon, chemisches Zeichen C) kommt auf der Erde zumeist als ein Atom mit einem Kern aus sechs Protonen und sechs Neutronen, das heißt mit dem Atomgewicht 12, vor. Doch es gibt auch eine relativ seltene Variante: ein Isotop, dessen Kern aus ebenfalls sechs Protonen, aber acht Neutronen besteht, was das Atomgewicht 14 ergibt. Dieser Kohlenstoff 14 (kurz 14^C oder C-14) entsteht in den oberen Schichten der Atmosphäre durch den Beschuß der Kohlenstoffatome mit kosmischer Strahlung. Frisch entstandenes C-14 verteilt sich rasch in alle Schichten der Atmosphäre. Im Lauf von Jahrhunderten wird es dann größtenteils von den Ozeanen aufgenommen, während ein kleinerer Teil unmittelbar in die Biosphäre der Erde eingeht. Wenn ein Lebewesen stirbt, hört sein Stoffwechsel auf zu arbeiten, so daß es kein neues C-14 mehr aufnimmt. Seine fossilen Überreste sind wie ein versiegeltes Grab, in dem der instabile Kohlenstoff 14 aufgrund radioaktiver Zerfallsprozesse allmählich verschwindet, während der stabile Kohlenstoff 12 zurückbleibt. Die Zerfallsrate des radioaktiven Kohlenstoffs, Halbwertzeit genannt, ist so hoch, daß 5730 Jahre nach dem Tod des Organismus nur noch 50 % der

ursprünglichen Menge vorhanden sind. Bei einer Radiokarbon- oder C-14-Datierung mißt man das Mengenverhältnis zwischen dem verbliebenen C-14 und dem nicht zerfallenden C-12. Ein Radiokarbon-Alter wird üblicherweise in »Jahren vor der Gegenwart« (before present, BP) ausgedrückt oder – genauer – in Jahren vor 1950, dem Jahr Null, das man nach Willard Libbys erster erfolgreicher Anwendung dieser Methode im Jahr 1949 einführte. Die Entstehung von neuem C-14 in der Atmosphäre erfolgt nicht gleichmäßig, daher entspricht das C-14-Alter nicht genau der Anzahl verstrichener Kalenderjahre, so daß man Korrekturen (die sog. Kalibrierung) durchführen muß. Dieses Verfahren wird in Anmerkung 240 beschrieben.

196 Das Magnetfeld der Erde kehrt sich in unregelmäßigen Abständen um, im Schnitt alle 250 000 Jahre. Siehe auch: Cox, A., »Geomagnetic Reversals«, *Science* 163, 1969, S. 237–245; Glenn, W., *The Road to Jaramillo*, Stanford 1982, S. 93–117

197 Milanković, M. M., »Canon of Insolation and the Ice Age Problem«, *Royal Serbian Academy, Belgrade* 132, 1941; Milanković, M. M., »Astronomical Theory of the Ice Ages« in: Koppen, W. u. G. Geiger, *Handbook of Geophysics*, Berlin 1938, S. 593

198 Interview mit Jirí Kukla in Blauvelt, NY, Juni 1994. Unter anderen befanden sich auch John Imbrie und James Hays bei dem Abendessen in Paris. 1976 veröffentlichten sie einen wegweisenden Aufsatz, in dem sie darlegten, daß die Milanković-Theorie geeignet war, die Eiszeiten des Quartär vollständig zu erklären. (Hays, J. D., J. Imbrie und N. J. Shackleton, »Variations in the Earth's Orbit; Pacemaker of the Ice Ages«, *Science* 194, Nr. 10, Dezember 1976, S. 1121–1132)

199 Broecker, W. S. et al., »Milankovitch Hypothesis Supported by Precise Dating of Coral Reefs and Deep-Sea Sediments«, *Science* 159, Nr. 19, Januar 1968, S. 297–300; Broecker, W. S. und J. van Donk, »Insolation Changes, Ice Volumes and the O18 Record in Deep-Sea Cores«, *Reviews of Geophysics and Space Physics* 8, 1970, S. 169–197

200 Ericson, D. B. und G. Wollin, *The Deep and the Past*, New York 1964; Ericson, D. B. and G. Wollin, *The Ever-Changing Sea*, New York 1967, S. 173–202

201 Wertenbaker, W., *The Floor of the Sea: Maurice Ewing and the Search to Understand the Earth*, Boston 1974

202 Ende 1969 wurde es in Lamont-Doherty Geological Observatory umbenannt, und seit 1993 heißt es Lamont-Doherty Earth Observatory (LDEO).

203 Opdyke, N. D. et al., »Paleomagnetic Study of Antarctic Deep-Sea Cores«, *Science* 154, Nr. 4, November 1966, S. 349–357; Glass, B. P. et al., »Geomagnetic Reversals and Pleistocene Chronology«, *Nature* 216, Nr. 5114, 1967, S. 437–442

204 Demek, J. und J. Kukla, *The Periglacial Zone, Loess and Paleosoils of Czechoslovakia*, Brno, Tschechoslowakische Akademie der Wissenschaften, 1969, Abb. 32, S. 93

205 Bucha, V. et al., »Paläomagnetische Messungen in Lössen« in:

Demek, J. u. J. Kukla, *The Periglacial Zone, Loess and Paleosoils of Czechoslovakia*, a.a.O., 123–132
206 Gimbutas, M., *The Language of the Goddess*, New York 1991, S. 31 u. 51; Wenke, R. J., *Patterns in Prehistory*, 3. Aufl., Oxford 1990, S. 178, Abb. 4.17
207 Demek, J. und J. Kukla, *The Periglacial Zone, Loess and Paleosoils of Czechoslovakia*, Brno 1969, Abb. 42, S. 115
208 Venus-Figurinen sind aus Stein, Elfenbein, Knochen oder gebranntem Ton hergestellte Kleinskulpturen wie auch gemalte oder gekratzte Darstellungen auf Höhlenwänden, die weibliche Körper darstellen. Das Gesicht ist meist detailarm; die oft sehr großen Brüste und der stark betonte Bauch lassen an eine Schwangere denken. Auch die Häufigkeit von Darstellungen des Geburtsvorgangs spricht für eine Fruchtbarkeitssymbolik. Die Figuren können auch magisch-religiöse Bedeutung gehabt haben; insgesamt ist ihre Funktion immer noch umstritten. Einige Exemplare aus der Ukraine tragen Verzierungen, die sich als Kleidungsstücke oder Tätowierungen interpretieren lassen. Siehe auch: Rice, P., »Prehistoric Venuses: Symbols of Motherhood«, *Journal of Anthropological Archaeology* 37, 1981, S. 402–414; Gimbutas, M., *The Gods and Goddesses of Old Europe*, London 1982
209 Sekyra, J., »Wind-blown Sands« in: Sibrava, V. (Hrsg.) *Survey of Czechoslovak Quaternary*, Warschau 1961, S. 29–38
210 Broecker, W. S. et. al., »Milankovitch Hypothesis Supported by Precise Dating of Coral Reefs and Deep-Sea Sediments«, *Science* 159, Nr. 19, Januar 1968, S. 297–300
211 Broecker, W. S. und D. L. Thurber, »Uranium-Series Dating of Corals and Oolites from Bahamas and Florida Key Limestones«, *Science* 149, Nr. 3679, 1965, S. 58–60
212 Degens, E. T. und D. A. Ross, »Chronology of the Black Sea over the last 25 000 Years«, *Chemical Geology* 10, 1972, S. 1–16
213 Dimitrov, P. S., »Radiocarbon Datings of Bottom Sediments from the Bulgarian Black Sea Shelf«, *Oceanology, Bulgarian Academy of Sciences* 9, 1982, S. 45–53; Dimitrov, P. S., L. I. Govberg und V. Il. Kuneva-Abadzhieva, »Marine Quaternary Deposits of the Peripheral Region of the Shelf from the Western Part of the Black Sea«, *Oceanology, Bulgarian Academy of Sciences* 5, 1979, S. 67–78
214 Nikitin, A. I., V. I. Medinets und V. V. Chumichev, »Radioactive Pollution in the Black Sea in October, 1986, Caused by the Chernobyl Accident«, *Atomic Energy* 65, Nr. 2, 1986, S. 134–137; Goldman, M., »Chernobyl: A Radiobiological Perspective«, *Science* 238, 1987, S. 622–623
215 Ryan, W. B. F., »The use of mid-range side-looking sonar to locate the wreck of the *Titanic*«, in: *Subtech* 83, London 1983, Paper No. 11.4, S. 1–14
216 Popov, G. I., »New Data on the Stratigraphy of Quaternary Marine Sediments of the Kerch Strait«, *Transactions of the USSR Academy of Sciences* 213, No. 4, 1973, S. 84–86; Skiba, S. I., F. A. Shcherbakov und P. N. Kuprin, »On Paleography of the

Kerch-Taman Region in Late Pleistocene and Holocene«, *Oceanologia* 15, No. 5, 1975, S. 862–867; Ostrovskiy, A. B. et al., »New Data on the Stratigraphy and Geochronology of Pleistocene Marine Terraces of the Black Sea Coast, Caucasus and Kerch-Taman Region« in: Kaplin, P. A. und F. A. Shcherbakov (Hrsg.), *Paleography and Deposits of the Pleistocene of the Southern Seas of the USSR*, Moskau 1977, S. 61–69

217 Moskalenko, V. N., W. C. Pitman und W. B. F. Ryan, »Discerning of Gas Saturated Sediments on Seismoacoustic Sections of the Northwestern Black Sea«, *Oceanology* 36, No. 3, 1996, S. 462–469

218 Buesseler, K. O. et al., »Scavenging and Particle Deposition in the Southwestern Black Sea – Evidence from Chernobyl Radiotracers«, *Deep-Sea Research* 37, 1990, S. 413–430; Kontar, E. A. et al., »Fate of Chernobyl Radionuclides in Black Sea Sediments« (im Druck)

219 Breite: 44° 57,6' N; Länge: 32° 05,5' O; Tiefe: 68 m; Kernlänge: 134 cm

220 Breite: 44° 54,4' N; Länge: 32° 08,5' O; Tiefe: 99 m; Kernlänge: 159 cm

221 Major, C. O., »Late Quaternary Sedimentation in the Kerch Area of the Black Sea Shelf: Response to Sea Level Fluctuation«, Bachelor-Abschlußarbeit, Wesleyan University 1994, Abb. 3.12, S. 71

222 Die Erprobung des Global Positioning System fand an Bord des Forschungsschiffs *Thomas Washington* statt, das für die Scripps Institution of Oceanography, eine Abteilung der University of California, den Ostpazifischen Rücken vermaß. Die Expedition (PASCOIWT) wurde vom Office of Naval Research finanziert.

223 Ryan, W. et al., *Cruise Report – Black Sea Shelf: Research Vessel Aquanaut, June 10–22, 1993*, Gelendzhik 1993

224 Jones, G. A. und A. R. Gagnon, »Radiocarbon Chronology of Black Sea Sediments«, *Deep-Sea Research* 41, Nr. 3, 1994, S. 531–557

225 Degens, E. T. et al., »Varve Chronology: Estimated Rates of Sedimentation in the Black Sea Deep Basin« in: Ross, D. A. (Hrsg.), *Initial Reports of the Deep-Sea drilling Project*, Washington DC 1980

226 Hay, J. B. et al., »Sediment Deposition in the Late Holocene Abyssal Black Sea with Climatic and Chronological Implications«, *Deep-Sea Research* 38, Supplementband 2, 1991, S. S1211–S1235; Arthur, M. A. et al., »Varve Calibrated Records of Carbonate and Organic Carbon Accumulation over the Last 2000 Years in the Black Sea«, *Global Biogeochemical Cycles* 8, 1994, S. 195–217

227 Jones, G. A., »High-Precision AMS Radiocarbon Measurements of Central Arctic Ocean Seawaters«, *Nuclear Instruments and Methods* B92, 1994, S. 426–430

228 Kaharl, V., »A Reexamination of the World's First C14 Analysis«, *The National Ocean Science Accelerator Mass Spectrometry Facility Newsletter* 1, Herbst 1992, S. 1–6

229 Padang, M. N., »Two Catastrophic Eruptions in Indonesia, Comparable with the Plinian Outburst of the Volcano of Thera (Santorini) in Minoan Time« in: Kaloyeropoyloy,

A. (Hrsg.) *Acta of the 1st International Scientific Congress on the Volcano of Thera*, Athen 1971, S. 51–63

230 Ninkovich, D. und B. C. Heezen, »Santorini Tephra«, in: *Submarine Geology and Geophysics: Proceedings of the Seventeenth Symposium of the Colston Research Society*, London 1965, S. 413–453

231 Stanley, D. J. und H. Sheng, »Volcanic Shards from Santorini (Upper Minoan Ash) in the Nile Delta«, *Nature* 320, 1986, S. 733–735

232 Sullivan, D. G., »The Discovery of Santorini Minoan Tephra in Western Turkey« in: *Nature* 333, 1988, S. 552–554; Guichard, F. et al., »Tephra from the Minoan Eruption of Santorini in Sediments of the Black Sea«, *Nature* 363, Nr. 17, Juni 1993, S. 610–612

233 LaMarche jr., V. V. und K. K. Hirschboeck, »Frost Rings in Trees as Records of Major Volcanic Eruptions«, *Nature* 307, 1984, S. 121–126; Baille, M. G. L. und M. Munro, »Irish Tree Rings, Santorini and Volcanic Dust Veils«, *Nature* 331, 1988, S. 344–346

234 Friedrich, P. L., P. Wagner und H. Tauber, »Radiocarbon Dated Plant Remains from Akrotiri Excavation on Santorini, Greece« in: Hardy, D. A. und A. C. Renfrew (Hrsg.), *Thera and the Aegean World III*, Sitzungsbericht des 3. Internationalen Kongresses in Santorin, London 1990, S. 188–196; Kuniholm, P. I., »Overview and Assessment of the Evidence for the Date of the Eruption of Thera« in: Hardy, D. A. und A. C. Renfrew, *Thera and the Aegean World III*, a.a.O., S. 13–18

235 Marinatos, M., *Excavations at Thera I–IV*, Athen 1968–1972

236 Bukry, D., »Coccoliths as Paleosalinity Indicators – Evidence from the Black Sea« in: Degens, E. T. und D. A. Ross (Hrsg.) *The Black Sea – Geology, Chemistry, and Biology*, a.a.O., S. 333–363; Bukry, D. et al., »Geological Significance of Coccoliths in Fine-Grained Carbonate Bands of Past Glacial Black Sea Sediments«, *Nature* 226, Nr. 11, April 1970, S. 156–158

237 Jones, G. A., »Tales of Black Sea Sedimentation, Exploration, and Colonization«, *AMS Pulse* 2, Sommer 1993, S. 1–6

238 Jones, G. A., »A New Hypothesis for the Holocene Appearance of Coccolithophores in the Black Sea«, Abstract, *AMS Pulse* Ergänzungsband, 1993, S. 5

239 Cohn, D. V., »Foreign Invaders Arrive in Bay by Ship, Regional Officials Told«, *The Washington Post*, 7.1.1994, S. 3

240 Jones stellte die erhaltenen Daten auf drei Arten dar. Die erste Altersangabe, den Rohwert nach der C-14-Methode, erhielt er unmittelbar aus dem Mengenverhältnis der C-12- und C-14-Atome, die sich in der Muschel befanden. Als zweites nahm er eine Korrektur des sogenannten Reservoir-Effekts vor. Denn während sich die C-14-Atome, die in der Stratosphäre durch den Aufprall kosmischer Strahlung neu entstehen, in weniger als einem Jahrzehnt durch die ganze Erdatmosphäre ausbreiten, geschieht ihre Aufnahme in die Weltmeere und ihre gleichmäßige Verteilung in den Wassermassen deutlich langsamer. So

gesehen sind im Meer gelöste Kohlenstoffverbindungen um einige Jahrhunderte »älter« als solche in der Luft: In dem Bikarbonat aus dem Wasser, das Meeresorganismen aufnehmen, um es zu Kalkschalen oder -gehäusen zu verarbeiten, hat der Zerfall des instabilen Kohlenstoff-Isotops schon längst begonnen, wohingegen Landlebewesen ganz »frischen« atmosphärischen Kohlenstoff mit deutlich höherem C-14-Gehalt in ihre Körper einbauen.

Das Ausmaß dieser Verzögerung, aufgrund derer die C-14-Methode den fossilen Resten von Meeresorganismen fälschlich ein zu frühes Todesdatum zuordnet, ermittelte Jones anhand der Schalen und Gehäuse von Molluskenexemplaren, die er aus russischen naturkundlichen Sammlungen bezog: Er verglich seine C-14-Meßdaten aus diesen Proben mit dem bekannten Zeitpunkt ihrer Aufnahme in den Sammlungsbestand (d.h. mit ihrem Todesjahr, denn um möglichst schöne Schalen zu erhalten, wurden die Tiere lebend eingesammelt und dann erst abgetötet) und erhielt eine Differenz von 480 Jahren. Diese Spanne stimmte auch mit dem scheinbaren Altersunterschied überein, den er erhielt, als er den C-14-Gehalt von zweierlei Proben maß, die in die Vulkanasche der spätbronzezeitlichen Santorin-Eruption in der nahegelegenen Ägäis eingeschlossen waren: einerseits Muschelschalen, die sich unter Wasser in der Asche fanden, und andererseits Pflanzensamen, Getreidekörner und Nüsse, die an Land in Vorratsbehältern unter der Aschendecke begraben lagen.

Im dritten und letzten Schritt stimmte er die um den Reservoir-Effekt bereinigten Daten mit absoluten Jahreszahlen ab, indem er die moderne Technik der Dendrochronologie anwendete. Diese Kalibrierung gelang ihm mit Hilfe der Arbeiten anderer Forscher, die das C-14-Alter kleiner Holzstücke aus den einzelnen Jahresringen von nordamerikanischen Grannenkiefern, die bis zu 4900 Jahre alt werden können, mit ihrem wahren Alter verglichen, das sich aus der Abzählung der Jahresringe ergibt. Diese dendrochronologische Kalibrierung gleicht Fehler aus, die aufgrund der über die Jahrtausende nicht ganz gleichmäßigen C-14-Entstehung in der Atmosphäre auftreten.

Jede Korrektur- und Kalibrierungsmaßnahme bringt jedoch auch neue mögliche Fehlerquellen mit sich, so daß das Fehlerintervall des erhaltenen kalendarischen Alters (die Angabe »± x Jahre« hinter dem ermittelten Alter) insgesamt immer größer wird. Siehe auch: Stuiver, M. und T. F. Braziuna, »Modelling Atmospheric 14C Influences and 14C Ages of Marine Samples to 10000 B. C.«, *Radiocarbon* 35, 1993, S. 137–189
241 Deuser, W. G., »Evolution of Anoxic Conditions in the Black Sea During the Holocene« in: Degens, E. T. und D. A. Ross (Hrsg.), *The Black Sea – Geology, Chemistry, and Biology*, a.a.O., S. 133–136; Deuser, W. G., »Late-Pleistocene and Holocene History of the Black Sea as Indicated by Stable Isotope Studies«, *Journal of Geophysical Research* 77, 1972, S. 1071–1077
242 Barker, G., *Prehistoric Farming in Europe*, Cambridge (Mass.) 1985;

Hodder, I., *The Domestication of Europe*, Oxford 1990

243 Peltier, W. R., »Ice Age Paleotopography«, *Science* 265, Nr. 8, Juli 1994, S. 195–201

244 Kearey, P. und F. J. Vine, *Global Tectonics*, Oxford 1990, S. 34–36, Abb. 2.32

245 Bill Svendsen von der Longyear Company und Ken Taylor von Fugro McClelland Inc.

246 Interview mit Richard Fairbanks 1994

247 Fairbanks, R. G., »A 17,000-Year Glacio-Eustatic Sea Level Record: Influence of Glacial Melting Rates on the Younger Dryas Event and Deep-Ocean Circulation«, *Nature* 342, Nr. 7, Dezember 1989, S. 637–642

248 Lighty, R. G., I. G. Macintyre und R. Stuckenrath, »*Acropora palmata* Reef Framework: A Reliable Indicator of Sea Level in the Western Atlantic for the Past 10,000 Years«, *Coral Reefs* 1, 1982, S. 125–130

249 Bard, E. et al., »U/Th and 14C Ages of Corals from Barbados and Their Use for Calibrating the 14C Time Scale Beyond 9000 Years B. P.«, *Nuclear Instruments and Methods in Physics Research* B52, 1990, S. 461–468

250 Maclaren, C., »The Glacial Theory of Prof. Agassiz of Neuchâtel«, *American Journal of Science* 42, 1842, S. 346–365

251 Fairbanks, R. G., »The Age and Origin of the ›Younger Dryas Climate Event‹ in Greenland Ice Cores«, *Paleoceanography* 5, Nr. 6, 1990, Abb. 3, S. 943

252 Grosswald, M. G., »Late Weichselian Ice Sheet of Northern Eurasia«, *Quaternary Research* 13, 1980, Abb. 7, S. 16

253 Chepalyga, A. L., »Inland Sea Basins« in: Wright, H. E. jr. und C. W. Barnosky (Hrsg.), *Late Quaternary Environments of the Soviet Union*, Minneapolis 1984, S. 229–247

254 Fairbanks, R. G., »The Age and Origin of the ›Younger Dryas Climate Event‹ in Greenland Ice Cores«, a.a.O., Abb. 3, S. 943

255 Grosswald, M. G., »Late Weichselian Ice Sheet of Northern Eurasia«, a.a.O., S. 28

256 Meriç, E. und M. Sakinç, »Foraminifera« in: Meriç, E. (Hrsg.), *Late Quaternary (Holocene) Bottom Sediments of the Southern Bosphorus and Golden Horn*, Istanbul 1990, S. 13–26

257 Yüce, H., Investigation of the Mediterranean Water in the Strait of Istanbul (Bosphorus) and the Black Sea«, *Oceanologica Acta* 13, Nr. 2, 1990, S. 177–186; Yüce, H., On the Variability of Mediterranean Water Flow into the Black Sea«, *Continental Shelf Research* 16, Nr. 11, 1996, S. 1399–1413

258 $Q = AR2/3 \, S1/2 \, n-1$, wobei Q die Durchflußrate, A die Querschnittfläche des Kanals, R der hydraulische Radius, S die Neigung und n eine Rauhigkeitskennzahl ist, die der Reibung Rechnung trägt.

259 Pumpelly, R., *Explorations in Turkestan. Expedition of 1904. Prehistoric Civilizations of Anau; Origins, Growth, and Influence of Environment*, 2 Bde., Washington, D.C., 1908

260 Ebd., S. 65–66

261 Watson, P. J., »Origins of Food Production in Western Asia and Eastern North America: A Conside-

262 Trigger, B. G., *Gordon Childe: Revolutions in Archaeology*, London 1980, S. 29

263 Piggott, S., »Vere Gordon Childe, 1892–1957«, *Proceedings of the British Academy* 44, 1958, S. 312

264 Childe, V. G., *The Most Ancient East: the Oriental Prelude to European Prehistory*, London 1928, zitiert in: Fagan, B. M., *Eyewitness to Discovery*, Oxford 1996, S. 96

265 Childe, V. G., *New Light on the Most Ancient East*, 4. Aufl., London 1952, S. 26

266 Childe, V. G., *Piecing Together the Past: The Interpretation of Archaeological Data*, London 1956; Trigger, B. G., *Gordon Childe: Revolutions in Archaeology*, a.a.O., S. 134

267 Childe, V. G., *Society and Knowledge: the Growth of Human Traditions*, New York 1956, S. 94

268 Trigger, B. G., *Gordon Childe: Revolutions in Archaeology*, a.a.O., S. 168

269 Sherratt, A., »The Development of Neolithic and Copper Age Settlement in the Great Hungarian Plain. Part 2: Site Survey and Settlement Dynamics«, *Oxford Journal of Archaeology* 2, 1983, S. 12–41; Sherratt, A., »The Development of Neolithic and Copper Age Settlement in the Great Hungarian Plain. Part 1: The Regional Setting«, *Oxford Journal of Archaeology* 1, 1982, S. 287–316

270 Fünf Besiedlungsschichten (»Horizonte«) sind allein in den Phasen 1 und 2 von Lepenski Vir auszumachen, in denen man keinerlei Hinweis auf Garten- oder Ackerbau fand.

271 Srejović, D., »Europe's First Monumental Sculpture: New Discoveries at Lepenski Vir« in: Wheeler, M. (Hrsg.), *New Aspects of Antiquity*, London 1972

272 Hodder, I., *The Domestication of Europe*, a.a.O., S. 25

273 Harris, D. R., »Introduction: Themes and Concepts in the Study of Early Agriculture« in: Harris, D. R. (Hrsg.), *The Origins and Spread of Agriculture and Pastoralism in Eurasia*, London 1996, S. 1–9; Harris, D. R., »The Origins and Spread of Agriculture and Pastoralism in Eurasia: An Overview« in: Harris, D. R. (Hrsg.), a.a.O., S. 552–573

274 Wawilow, N. I., *Entstehungszentren der Kulturpflanzen*, Leningrad 1926, S. 219

275 Harris, D. R., »The Origins and Spread of Agriculture and Pastoralism in Eurasia: An Overview« in: Harris, D. R. (Hrsg.), a.a.O, S. 554

276 Ebd.

277 Hole, F., »The Context of Caprine Domestication in the Zagros Region« in: Harris, D. R. (Hrsg.), a.a.O., S 263–281

278 Ebd., S. 555

279 Vergnasud-Grazzini, C., W. B. F. Ryan und M. B. Cita, »Stable isotope fractionation, climate change and episodic stagnation in the eastern Mediterranean during the late Quaternary«, *Marine Micropaleontology* 2, 1977, S. 356

280 Mangerud, J. et al., »Quaternary Stratigraphy of Norden, a Proposal for Terminology and Classification«, *Boreas* 3, 1974, S. 109–128

281 Björck, S. et al., »Synchronized Terrestrial Atmospheric Deglacial Records Around the Atlantic«, *Science* 274, Nov. 1996, S. 1155–1160.
– Anm. d. Üb.: In der Literatur herrscht Uneinigkeit über die Datierung bzw. Benennung dieser Phase. So wird gelegentlich nur die Zeit von 8800 bis 8000 v. Chr. als Jüngere Dryaszeit bezeichnet; die hier gemeinte Phase umfaßte demnach das Ende der Böllingzeit, die gesamte Ältere Dryaszeit sowie den Beginn der Allerödzeit.
282 Moore, A. M. T., G. C. Hillman und A. J. Legge, *Abu Hureyra and the Advent of Agriculture*, Oxford, in Vorbereitung
283 Moore, A. M. T. und G. C. Hillman, »The Excavation of Tell Abu Hureyra in Syria: A Preliminary Report«, *Proceedings of the Prehistoric Society* 41, 1975, S. 50–77
284 Hillman, G. C., »The Plant Remains of Tell Abu Hureyra: A Preliminary Report«, Appendix A, *Proceedings of the Prehistoric Society* 41, 1975, S. 70–73
285 Moore, A. M. T. und G. C. Hillman, »The Pleistocene to Holocene Transition and Human Economy in Southwest Asia: The Impact of the Younger Dryas«, *American Antiquity* 57, Nr. 3, 1992, S. 482–494
286 Magaritz, M. und G. A. Goodfriend, [Titel?] in: Berger, W. H. und L. D. Labeyrie (Hrsg.), *Abrupt Climatic Change*, Boston 1987, S. 173–183
287 Moore, A. M. T. und G. C. Hillman, »The Pleistocene to Holocene Transition and Human Economy in Southwest Asia: The Impact of the Younger Dryas«, a.a.O., S. 489
288 Smith, B. D., *The Emergence of Agriculture*, New York 1995, S. 18
289 Ebd., S. 21
290 Zohary, D. und M. Hopf, *Domestication of Plants in the Old World: The Origin and Spread of Cultivated Plants in West Asia, Europe, and Africa*, 2. Aufl., Oxford 1993
291 Smith, B. D., *The Emergence of Agriculture*, a.a.O., S. 21
292 Braidwood, R. J., »The Agricultural Revolution«, *Scientific American* 203, 1960, S. 130–141; Wright jr., H. E., »The Environmental Setting for Plant Domestication in the Near East«, *Science* 194, 1968, S. 385–389; Zohary, D. und M. Hopf, *Domestication of Plants in the Old World: The Origin and Spread of Cultivated Plants in West Asia, Europe, and Africa*, a.a.O.
293 Ryan, W. B. F. et al., »Evidence of an Abrupt Submergence of the Black Sea Shelf During the Holocene: Implications for Climate and Diaspora« in: Roberts, N., M. Karabiyikoglu und C. Kuzucuoglu (Hrsg.), *The Late Quaternary in the Eastern Mediterranean – Programme and Abstracts*, Ankara 1997
294 Kazanci, N. et al., »Paleoclimatic Significance of the Late Pleistocene Deposits of Akşehir Lake, West-Central-Anatolia«, Vortrag im Rahmen des Symposiums *The Late Quaternary in the Eastern Mediterranean*, Ankara 1997
295 Lemcke, G., M. Sturm und L. Wick, »Lake Van (Turkey) – an Ideal Site to Reconstruct Frequent Climatic Fluctuations During the Holocene«, Vortrag im Rahmen des Symposiums *The Late Quaternary in the Eastern Mediterranean*, Ankara 1997

296 Bar-Yosef, O., »Human Prehistory and Environmental Change in the Eastern Mediterranean (20 ka through 7 ka BP)«, Vortrag im Rahmen des Symposiums *The Late Quaternary in the Eastern Mediterranean*, Ankara 1997

297 Bar-Yosef, O. und A. Belfer-Cohen, »The Origins of Sedentism and Farming Communities in the Levant«, *Journal of World Prehistory* 3, Nr. 4, 1989, S. 447–498; Bar-Yosef, O. und A. Belfer-Cohen, »From Sedentary Hunter-Gatherers to Territorial Farmers in the Levant« in: Gregg, S. A. (Hrsg.), *Between Bands and States*, Southern Illinois University, Center for Archaeological Investigations, 1991, S. 181–202; Bar-Yosef, O. und A. Belfer-Cohen, »From Foraging to Farming in the Mediterranean Levant« in: Gebauer, A. B. und T. D. Trice (Hrsg.), *Transitions to Agriculture in Prehistory*, Madison (Wis.) 1992, S. 21–48

298 Goring-Morris, A. N., »Late Quaternary settlement patterns and climatic change in the eastern Mediterranean« in: Roberts, N., M. Karabiyikoglu und C. Kuzucuoglu (Hrsg.), *The Late Quaternary in the Eastern Mediterranean – Programme and Abstracts*, Ankara 1997

299 Goring-Morris, A. N., *At the Edge: Terminal Pleistocene Hunter-Gatherers in the Negev and Sinai*, Oxford 1987

300 Henry, D. O., »Prehistoric Cultural Ecology in Southern Jordan«, *Science* 265, Nr. 15, Juli 1994, S. 336–341

301 Kenyon, K. M., *Digging Up Jericho*, New York 1957

302 Kenyon, K. M., *Archaeology in the Holy Land*, 2. Aufl., New York 1965, S. 41

303 Renfrew, J. E. D. und J. R. Cann, »Further Analysis of Near Eastern Obsidians«, *Proceedings of the Prehistoric Society* 34, 1968, S. 319–313; Keller, J. und C. Seifried, »The Present Status of Obsidian Source Characterization in Anatolia and the Near East«, *PACT* 25, 1990, S. 57–87

304 Esin, U., »Salvage Excavations at the Pre-Pottery Site of Aşikli Höyük in Central Anatolia«, *Anatolia* 17, 1991, S. 123–164; Esin, U., »The Aceramic Site of Aşikli and its Ecology«, Vortrag im Rahmen des Symposiums *The Late Quaternary in the Eastern Mediterranean*, Ankara 1997

305 Anm. d. Üb.: Siedlungsschutthügel werden je nach Region als Hüyük, Tell oder Tepe bezeichnet.

306 Esin, U., »Aşikli, Ten Thousand Years Ago: A Habitation Model from Central Anatolia« in: *Housing and Settlement in Anatolia – a Historical Perspective*, Istanbul 1996, S. 31–42

307 Mellaart, J., *Çatal Hüyük – a Neolithic Town*, New York 1967, Abb. 59, S. 133

308 Hodder, I. (Hrsg.), *On the Surface: Çatalhöyük 1993–95*, Bd. 1, Ankara 1997

309 Mellaart, J., *Çatal Hüyük – a Neolithic Town*, a.a.O., Abb. 45–49, S. 90–92

310 Dansgaard, W., S. J. Johnsen und J. Møller, »One Thousand Centuries of Climatic Record from Camp Century on the Greenland Ice Sheet«, *Science* 166, Nr. 17, Oktober 1969, S. 377–381; Dansgaard, W. et al., »A New Greenland Deep Ice Core«,

Science 218, 1982, S. 1273–1277; Dansgaard, W. et al., »Evidence of General Instability of Past Climate from a 250-kyr Ice-Core Record«, *Nature* 364, Nr. 15, Juli 1993, S. 218–220

311 Dansgaard, W., »The Isotopic Composition of Natural Waters with Special Reference to the Greenland Ice Cap«, *Medd. om Gronland*, Bd. 165, S. 1 – 120

312 Johnsen, S. J. et al., »Irregular Glacial Interstadials Recorded in a New Greenland Ice Core«, *Nature* 359, 1992, S. 311–313

313 Taylor, K. C. et al., »Electrical Conductivity Measurements from the GISP2 and GRIP Greenland Ice Cores«, *Nature* 366, Nr. 9, Dezember 1993, S. 549–552; Taylor, K. C. et al., »The ›Flickering Switch‹ of Late Pleistocene Climate Change«, *Nature* 361, Nr. 4, Februar 1993, S. 432–436

314 Chappellaz, J. et al., »Synchronous Changes in Atmospheric CH, and Greenland Climate between 40 and 8 kyr BP«, *Nature* 366, Nr. 2, Dezember 1993, S. 443–445; Blinier, T. et al., »Variations in Atmospheric Methane Concentration During the Holocene Epoch«, *Nature* 374, März 1995, S. 46–49

315 Alley, R. B. et al., »Holocene Climate Instability: A Large Event 8200 Years Ago«, *Geology* 25, 1997, S. 483–489

316 Stager, J. C. und P. A. Mayewski, »Abrupt Early to Mid-Holocene Climatic Transition Registered at the Equator and the Poles«, *Science* 276, Juni 1997, S. 1834–1836

317 Rossignol-Strick, M., »Sea-Land Correlation of Pollen Records in Eastern Mediterranean for the Glacial-Interglacial Transition: Biostratigraphy vs. Radiometric Time-Scale«, *Quaternal Science Reviews* 14, 1995, S. 893–915

318 Filipova, V., E. D. Bozilova und P. S. Dimitrov, »Palynological and Stratigraphic Data from the Southern Part of the Bulgarian Black Sea Shelf«, *Bulgarian Academy of Sciences: Oceanology*, 1983, S. 24–32; Atanassova, J. R. und E. D. Bozilova, »Palynological Investigation of Marine Sediments from the Western Sector of the Black Sea«, *Proceedings of the Institute of Oceanology, Varna* 1, 1992, S. 97–103

319 datiert: 3. September 1997, adressiert an Dr. Rossignol, unterzeichnet von Ellissaveta Bozilova

320 *Chenopodaceae* bzw. *Artemisia*

321 Bozilova, E., »Holocene Chronostratigraphy in Bulgaria«, *Striae* 16, 1982, S. 88–90

322 *Corylus*, *Ulmus*, *Fagus*, *Alnus* und *Betula*

323 Moore, A. M. T., »The Late Neolithic in Palestine«, *Levant* 5, 1973, S. 41

324 Heun, M. et al., »Site of Einkorn Wheat Domestication Identified by DNA Fingerprinting«, *Science* 278, November 1997, S. 1312–1314

325 Jones, M. K., R. G. Allaby und T. A. Brown, »Wheat Domestication (Letters to the Editor)«, *Science* 279, Januar 1998, S. 302f.; Hole, F., »Wheat Domestication (Letters to the Editor)«, ebd., S. 303

326 Angel, J. L., »Osteoarthritis in Prehistoric Turkey and Medieval Byzantium«, *Henry Ford Hospital Medical Journal* 27, 1979, S. 38–43; Angel,

L. J., »Early Neolithic Skeletons from Çatal Hüyük: Demography and Pathology«, *Anatolian Studies* 21, 1971, S. 77–98; Molleson, T., »The Eloquent Bones of Abu Hureyra«, *Scientific American*, August 1994, S. 70–75
327 Vasić, M., *Praistoriska Vinča*, 4 Bde., Belgrad 1932–1936; Chapman, J., *The Vinča Culture of South-East Europe*, Oxford 1981
328 *Illustrated London News*, 1930, zitiert in: Gimbutas, M., *The Goddesses and Gods of Old Europe*, a.a.O., S. 23
329 Price, T. D., A. B. Gebauer und L. H. Keeley, »The Spread of Farming into Europe North of the Alps« in: Price, T. D. und A. B. Gebauer (Hrsg.), *Last Hunters – First Farmers: New Perspectives on the Prehistoric Transition to Agriculture*, Santa Fe (NM) 1995, S. 97–100; Bogucki, P., »The Spread of Early Farming in Europe«, *American Scientist* 84, Mai/Juni 1996, S. 247; Barker, G., »Prehistoric Farming in Europe« in: Renfrew, C. und J. Sabloff (Hrsg.), *New Studies in Archaeology*, Cambridge 1985, S. 139–147
330 Price, T. D., A. B. Gebauer und L. H. Keeley, »The Spread of Farming into Europe North of the Alps«, a.a.O., S. 98
331 Gimbutas, M., *The Language of the Goddess*, a.a.O., S. 41, Abb. 2.32 und 2.33; Hampel, A., *Die Hausentwicklung im Mittelneolithikum Zentraleuropas*, Bonn 1989
332 Bogucki, P., »The Largest Buildings in the World 7000 Years Ago«, *Archaeology* 48, Nr. 6, 1995, S. 57–59; Milisauskas, S., *Early Neolithic Settlement and Society at Olszanica*, Ann Arbor (Mich.) 1986; Bogucki, P., »The Spread of Early Farming in Europe«, a.a.O., Abb. 8, S. 249
333 Gimbutas, M., *The Language of the Goddess*, a.a.O., S. 37
334 Price, T. D., A. B. Gebauer und L. H. Keeley, »The Spread of Farming into Europe North of the Alps«, a.a.O., S. 97; Greg, S. A., *Foragers and Farmers – Population Interaction and Agricultural Expansion in Prehistoric Europe*, Chicago 1988, S. 3
335 Greg, S. A., a.a.O., S. 98; Milisauskas, S., *Early Neolithic Settlement and Society at Olszanica*, a.a.O., S. 249, Abb. 8
336 Gimbutas, M., *The Language of the Goddess*, a.a.O., Abb. 2.28, S. 35
337 Ebd., S. 53, 55
338 Ebd., Abb. 3.3, S. 55
339 Ebd., Abb. 7.42, S. 249. Beide Figuren sind im Museum für Nationalgeschichte und Archäologie in Konstanza, Rumänien, ausgestellt.
340 Berciu, D., *Cultura Hamangia*, Bukarest 1996
341 Gimbutas, M., a.a.O., S. 52
342 Mellaart, J., *Çatal Hüyük – a Neolithic Town*, a.a.O., S. 26; Macqueen, J. G., *The Hittites*, London 1986, S. 16–17
343 Mellaart, J., a.a.O., S. 25
344 Ebd., S. 26
345 Roux, G., *Ancient Iraq*, 2. Aufl., London 1980, S. 67–69
346 Maisels, C. K., »The Near East: Archaeology in the ›Cradle of Civilization‹« in: Wheatcroft, A. (Hrsg.), *The Experience of Archaeology*, London 1993, S. 124–126
347 Wendorf, F., R. Said und R. Schild, »Egyptian Prehistory: Some New Concepts«, *Science* 169, Nr. 3951, 1970, S. 1168; Wendorf,

F. et al., »Prehistory of the Egyptian Sahara«, *Science* 193, 1976, S. 103–114

348 Hoffman, M. A., *Egypt Before the Pharaohs*, New York 1979, S. 102, 181

349 Glumac, P. und D. Anthony, »The Caucasus« in: Ehrich, R. (Hrsg.), *Chronologies in Old World Archaeology*, Chicago 1991, S. 200

350 Dzhavakhishvili, A., *Construction and Architecture of Southern Caucasus Dwellings, Fifth to Third Millenium B. C.*, Tbilisi 1973; Mellaart, J., *The Neolithic of the Near East*, London 1975

351 Munchaev, R., »The Kavkaza Neolithic« in: Masson, V. und N. Merpert (Hrsg.), *USSR Neolithic*, Moskau 1982

352 Jules Oppert, zitiert in: Kramer, N. S., *The Sumerians*, Chicago 1963, S. 21 sowie in: Bottéro, J., *Initiation à l'Orient ancien l'histoire*, Paris 1992, S. 39

353 Bottéro, J., *Mesopotamia: Writing, Reasoning and the Gods*, Chicago 1987, S. 68

354 Dalley, S., *Myths from Mesopotamia*, Oxford 1971, S. 372

355 Woolley, C. L., *Ur of the Chaldees*, London 1938, S. 13

356 Matthews, R. J. und T. J. Wilkinson, »Excavations in Iraq, 1989–1990«, *Iraq* 53, 1991, S. 169–182

357 Maisels, C. K., *The Emergence of Civilization*, London 1990, S. 135

358 Keith, Sir Arthur, zitiert in einer Fußnote in: Woolley, C. L., *The Sumerians*, New York 1965, S. 6 f.

359 Kramer, N. S., *The Sumerians*, Chicago 1963, S. 41; Walker, C. B. F., *Cuneiform*, Berkeley 1987, S. 11–12

360 Kramer, N. S., *The Sumerians*, a.a.O., S. 41

361 Renfrew, A. C., *Archaeology and Language: The Puzzle of Indo-European Origins*, Cambridge 1988, S. 99–119; Mallory, J. P., *In Search of the Indo-Europeans: Language, Archaeology and Myth*, London 1989, S. 9–23; Gamkrelidze, T. V. und V. V. Ivanov, »The Early History of Indo-European Languages«, *Scientific American*, März 1990, S. 110–111

362 Stein, M. A., *Ruins of Desert Cathay: Personal Narrative of Explorations in Central Asia and Westernmost China*, 2 Bde., London 1912 und Delhi 1985, S. 29

363 Forschungsergebnisse von Victor H. Mair (University of Pennsylvania Museum) sowie von Dolkum Kamberi (Tarim, China), beschrieben in Wilford, J. N., »Mummies, Textiles Offer Evidence of Europeans in Far East«, *New York Times*, 7. 5. 1996, C8

364 Ebd., Zitat Irene Good (University of Pennsylvania Museum)

365 Cavalli-Sforza, L. und F., *Verschieden und doch gleich. Ein Genetiker entzieht dem Rassismus die Grundlage.* München 1994, S.152

366 Ebd., S. 167

367 Ebd., S. 168

368 Ebd., S. 171 f.

369 Ebd., S. 185

370 Ebd., S. 207 ff; Ammerman, A.J. und L. L. Cavalli-Sforza, »Measuring the Rate of Spread of Early Farming in Europe«, *Man* 6, 1971, S. 674–678; Ammerman, A. J. und L. L. Cavalli-Sforza, *The Neolithic Transition and the Genetics of Populations in Europe*, Princeton 1984

371 Oden, N.L. und C. Wilson,

»Genetic Evidence for the Spread of Agriculture in Europe by Demic Diffusion«, *Nature* 351, 1991, S. 143–145

372 Cavalli-Sforza, L. L. et al., »Reconstruction of Human Evolution: Bringing Together Genetic, Archaeological, and Linguistic Data«, *Proceedings of the National Academy of Sciences* 85, August 1988, S. 6003; Cavalli-Sforza, L.L., E. Minch und J. L. Mountain, »Coevolution of Genes and Languages Revisited«, *Proceedings of the National Academy of Sciences* 89, Juni 1992, S. 5621

373 Darwin, C., *On the Origin of the Species by Means of Natural Selection, or the Preservation of the Favoured Races in the Struggle for Life*, London 1859 (dt.: *Über die Entstehung der Arten durch natürliche Zuchtwahl oder die Erhaltung der begünstigten Rassen im Kampfe ums Dasein*, übersetzt von Victor Carus, Stuttgart 1896), Kap. 14, 1. Unterkap.: Klassifikation

374 Jones, W., »Third Anniversary Discours: On the Hindus«, 1786, Nachdruck in: Lehmann, W. P. (Hrsg.), *A Reader in the Nineteenth-Century Historical Indo-European Linguistics*, Bloomington 1967, S. 15

375 Gamkrelidze, T. und V. Ivanov, »The Early History of Indo-European Languages«, *Scientific American*, März 1990, S. 110

376 Gamkrelidze, T. und V. Ivanov, »The Ancient Near East and the Indo-European Question: Temporal and Territorial Characteristics of Proto-Indo-European Based on Linguistics and Historico-Cultural Data«, *Journal of Indo-European Studies* 13, 1985, S. 9–21; Mallory, J. P., *In Search of the Indo-Europeans: Language, Archaeology, and Myth*, London 1989, S. 115–116

377 Ebd., S. 144, Abb. 80; Renfrew, A. C., »The Origins of Indo-European Languages«, *Scientific American*, Oktober 1989, S. 114; Gamkrelidze, T. V. und V. Ivanov, »The Early History of Indo-European Languages«, a.a.O., S. 112

378 Gimbutas, M., »The First Wave of European Pastoralists into Copper Age Europe«, *Journal of Indo-European Studies* 5, Nr. 4, 1977, S. 277–399

379 Ammerman, A. J. und L. L. Cavalli-Sforza: »Measuring the Rate of Spread of Early Farming in Europe«, a.a.O., S. 674–678; dies.: *The Neolithic Transition and the Genetics of Populations in Europe*, Princeton 1984; Cavalli-Sforza, L. L. und F. Cavalli-Sforza: *The Great Human Diasporas*, a.a.O., Abb. 6.5; Renfrew, A. C., *Archaeology and Language: The Puzzle of Indo-European Origins*, Cambridge 1988

380 Gamkrelidze, T. und V. Ivanov, »The Early History of Indo-European Languages«, a.a.O., S. 110–113

381 Mallory, J. P., *In Search of the Indo-Europeans: Language, Archaeology and Myth*, a.a.O., S. 7

382 Donald Ringe, Ann Taylor und Tandy Warrow berichteten im November 1995 bei dem von der National Academy of Science veranstalteten Symposium »Frontiers of Science« in Irvine, Kalifornien, über ihre Arbeit. G. Johnson schrieb darüber in dem Artikel »New Family Tree is Constructed for Indo-Europe« in der *New York Times*, 2. Januar 1996, B15.

383 Ebd.

384 Ebd.

385 Gamkrelidze, T. und V. Ivanov: »The Early History of Indo-European Languages«, a.a.O., S. 115

386 McGovern, P. E. et al., »Neolithic Retsinated Wine«, *Nature* 381, Nr. 6, Juni 1996, S. 480–481

387 Wimmel, K., *Alluring Target*, Washington D.C. 1966, S. 22

388 Anm. d. Üb.: Zu Hedins Zeiten faßte man die heute als Takla Makan bekannte Wüste oftmals als Teil der damals in Europa viel bekannteren, weiter östlich gelegenen Wüste Gobi auf.

389 Wimmel, K., a.a.O., S. 23

390 Erol, O. et al., »Was the Tarim Basin Occupied by a Giant Late Pleistocene Lake?«, *Abstracts with Programs of the 1996 Annual Meeting of the Geological Society of America* 28, Nr. 7, 1996, S. 497

391 Anm. d. Üb.: Ein Sänger/Erzähler, der seinen Vortrag auf der Gusle begleitet, einem griffbrettlosen, ein- oder zweisaitigen Streichinstrument

392 Knight, M., »Homer in Bosnia«, *The Sciences*, März/April 1993, S. 10

393 Foley, J. M., »Tradition-dependent and -independent Features in Oral Tradition: A Comparative View of the Formula«, in: Foley, J. M. (Hrsg.), *Oral Tradition Literature*, Columbus 1980, S. 221

394 Milman Parry, zitiert in Knight, M., »Homer in Bosnia«, a.a.O., S. 11

395 Ebd., S. 11

396 Ebd., S. 12

397 Albert Lord, zitiert in Foley, J. M., *The Theory of Oral Composition*, [Ort, Jahr?], S. 47

398 Homer, *Ilias*, Zehnter Gesang, Vers 261–265, übersetzt von Thassilo von Scheffer, Berlin 1920

399 Negbi, O., »The ›Miniature Fresco‹ from Thera and the Emergence of Mycenaean Art«, in: Doumas, C. (Hrsg.), *Thera and the Aegean World*, London 1978, S. 646

400 Mason, H., *Gilgamesh*, New York 1972, S. 108

401 McCall, H., *Mesopotamian Myths*, Austin 1990, S. 35

402 Lambert, W. G. und A.R. Millard, *Atrahasis: The Babylonian Story of the Flood*, Oxford 1969, S. 7

403 Alster, B., *Dumuzi's Dream: Aspects of Oral Poetry in a Sumerian Myth*, Bd. 1 (Mesopotamien) der *Copenhagen Studies in Assyriology*, Kopenhagen 1972, S. 13

404 Ebd., S. 16, 17; Lambert, W. G. und A. R. Millard, *Atrahasis: The Babylonian Story of the Flood*, a.a.O., S. 8

405 In einer Übersetzung von S. N. Kramer, zitiert in Pritchard, J. B., *The Ancient Near East*, 2 Bde., Princeton 1975, Bd. 2, S. 202

406 Kramer, S. N., *The Sumerians*, Chicago 1963, S. 328, Appendix E

407 Ebd., S. 185–205; Lambers, W. G. und N. K. Sanders: *The Epic of Gilgamesh*, Harmondsworth (Middlesex, England) 1960, S. 13. – Die sumerischen Erzählungen von den Heldentaten Gilgameschs bestehen aus fünf Einzeldichtungen (Gilgamesch und Agga von Kisch; Gilgamesch und Hugawa; Gilgamesch, Enkidu und der Himmelsstier; Gilgamesch, Enkidu und die Unterwelt; Krankheit und Tod des Gilgamesch).

408 »The Historicity of Gilgamesh«, in: Garelli, P. (Hrsg.), *Gilgamesh and his Legend*, Paris 1960, S. 50

409 Buckland, W., *Reliquiae Diluvi-*

anae, or, Observations on the Organic Remains Contained in Caves, Fissures, and Diluvial Gravel, and on Other Geological Phenomena Attesting to the Action of an Universal Deluge, London 1823

410 Smith, G., *The Chaldaean Account of Genesis*, New York 1876, S. 307

411 Jung, C. G., »The Meaning of Psychology for Modern Man in Civilization in Transition«, in: *The Collected Works of C. G. Jung*, Princeton 1970, S. 304–305, zitiert in: Campbell, J., *The Mythic Image*, Princeton 1990, S. 7

412 Campbell, J., *Transformations of Myth Through Time*, New York 1990, S. 1

413 Ebd., S. 208

414 Ebd., S. 208

415 Temple, R., *He Who Saw Everything*, London 1991, S. 35

416 McCall, H., *Mesopotamian Myths*, Austin 1990, S. 41

417 Sanders, N. K., *The Epic of Gilgamesh*, a.a.O., S. 55; Tigay, J. H., *The Evolution of the Gilgamesh Epic*, Philadelphia 1982, S. 78

418 *Das Gilgamesch-Epos*, eingeführt, rhythmisch übertragen und mit Anmerkungen versehen von Hartmut Schmökel, Stuttgart 1985, Tf. 5, S. 53 und 55

419 Ebd., Tf. 9, S. 82

420 Ferry, D., *Gilgamesh*, New York 1992, S. 52

421 Settle, M. L., *Turkish Reflections*, New York 1991, S. 187

422 Gawkwell, C. G., *Xenophon: The Persian Expedition*, London 1972

423 *Das Gilgamesch-Epos*, a.a.O., Tf. 10, S. 89

424 Murray, J. W., »Unexpected Changes in the Oxic / Anoxic Interface in the Black Sea«, *Nature* 337, 1989, S. 411; Codispoti, L. A. et al.: »Chemical Variability in the Black Sea: Implications of Data Obtained with a Continuous Vertical Profiling System That Penetrated the Oxic-Anoxic Interface«, *Deep-Sea Research* 38, Supplementband, 1991, S. S694

425 Wakeham, S. G. und J. A. Beier: »Fatty Acid and Sterol Biomarkers as Indicators of Particulate Matter Sources and Alteration Processes in the Black Sea«, *Deep-Sea Research* 38, Suppl. 2, S. S959

426 *Das Gilgamesch-Epos*, a.a.O., Tf. 10, S. 92

427 Gardner, J. und J. Maier, *Gilgamesh, Translated from the Sîn-leqi-unninni Version*, 213, Tf. X, Spalte ii

428 Talismane: Ferry, D., *Gilgamesh*, a.a.O., S. 60. Symbolbilder: Heidel, A., *The Gilgamesh Epic and Old Testament Parallels*, [Ort?] 1946, S. 76 (Tafel X, Spalte iii). Magneteisensteine: Temple, T.: *He Who Saw Everything*, a.a.O., S. 109 und 116, Fußnote 5

429 *Das Gilgamesch-Epos*, übersetzt und mit Anmerkungen versehen von Albert Schott, Stuttgart 1958, Tf. 10, S. 86

430 Kovacs, M. G., *The Epic of Gilgamesh*, [Ort, Jahr?] S. 89

431 Gardner, J. und J. Maier, *Gilgamesh*, a.a.O., S. 215

432 Temple, R., *He Who Saw Everything*, a.a.O., S. 117, Fußnote 6

433 *Das Gilgamesch-Epos*, Tf. 10, Schmökel S. 95 (Haus) und Schott S. 91 (Tod)

434 Ebd. (Schmökel), Tf. 11, S. 110

435 Bottéro, J., *Mesopotamia: Writing, Reasoning, and the Gods*, a.a.O., S. 230

436 Civil, M., »The Sumerian Flood Story«, in: Lambert, W. G. und A. R. Millard (Hrsg.), *Atra-hasis: The Babylonian Story of the Flood*, Oxford 1969, S. 138–145; Übersetzung ins Englische von S. N. Kramer in: Pritchard, J. B., *The Ancient Near East*, 2 Bde., Princeton 1973, Bd. 1, S. 28–30
437 Ebd., Verse 205 und 206, S. 30; die deutsche Übersetzung folgt der Übertragung ins Englische
438 Ebd., Vers 208
439 Ebd., Vers 256
440 Trawick, B. B., *The Bible as Literature*, New York 1970
441 Genesis, 6,17. Diese wie alle folgenden Bibelübersetzungen zitieren nach: *Die Bibel. Die Heilige Schrift des Alten und Neuen Bundes. Deutsche Ausgabe mit den Erläuterungen der Jerusalemer Bibel*, herausgegeben von D. Arenhoevel, A. Deissler und A. Vögte, Leipzig und Freiburg 1969
442 Ebd., Genesis 8,21
443 Peake, H., *The Flood*, London 1930, S. 97
444 *Das Gilgamesch-Epos*, Tf. 11, a.a.O. (Schmökel), S. 97
445 Ebd., S. 99
446 Ranke-Graves, R. und R. Patai, *Die hebräische Mythologie. Über die Schöpfungsgeschichte und andere Mythen aus dem Alten Testament*, Reinbek bei Hamburg 1986, S. 34 f.
447 Ebd., S. 56 f.
448 Diodorus Siculus, *Bibliotheka Historica*, ins Englische übersetzt von C. H. Godfather u.a., 12 Bde., 1936–1967
449 Ebd.
450 Ranke-Graves, R. und R. Patai, *Die hebräische Mythologie*, a.a.O., S. 138
451 In der Ersten Dynastie von Babylonien um 1634 v. Chr. (altbabylonische Periode) angesiedelt, nach der Chronologie Mesopotamiens von J. Oates, *Babylon*, New York 1986, S. 200.
452 Gemeint ist die Gegend um Terqa, wo die Sowjets 1974 den Euphrat stauten, so daß der Assad-See entstand, der die neolithische Siedlung Abu Hureira überflutete.
453 Gemeint ist das antike Aleppo.
454 Gemeint ist die Mittelmeerküste der Levante.
455 etwa 15 Kilometer
456 Alter Name des Inselstaats Bahrain vor der Nordostküste der Arabischen Halbinsel im Persischen Golf
457 Palmyra
458 Die *Atrachasis*-Erzählung – mindestens 300 Jahre vor dem *Gilgamesch-Epos* niedergeschrieben – ist möglicherweise die älteste erhaltene Schriftfassung der Sintflutgeschichte.
459 Dieses und alle folgenden Zitate der *Atrachasis*-Erzählung sind aus dem Englischen übersetzt nach S. Dalley, *Myths from Mesopotamia*, a.a.O.

REGISTER

REGISTER GEOGRAPHISCHER BEZEICHNUNGEN

Abu Hureira 221 ff., 232, 238, 242 f.
Abu-Schahrein 66
Acheron 79
Adria 250 f., 280
Ägäis 129, 132, 206 f., 280, 314 ff., 318, 327, 330
Aïn Mallaha 224
Akkad 334
Akrotiri 186, 291
Akşehir 229
Aleppo 61
Alexandria 110
Alpen 35 ff., 116, 119, 127, 145, 213, 242
al-Ubaid s. Tell al-Ubaid
Alwend-Gebirge 27
Amisos 189
Amman 41
Amsterdam 168
An Nasiriya 63
Anatolien, anatolisch 119, 146, 193, 212, 220, 229 f., 232, 243, 245, 251 ff., 255 ff., 260, 271 f., 275, 277 ff., 283 ff., 295, 298, 303, 312, 320, 323 ff., 328, 330
Anatolisches Hochland 227, 242, 252, 276, 279, 328
Ankara 227, 233, 238, 243
Antarktis 117, 122
Apennin 99, 268

Apollonia 189
Aral-See 200 f.
Ararat 303
Arktis 39, 319
Ashkabad 212
Aşikli Hüyük 233 ff.
Asowsche Senke 330
Asowsches Meer 135, 330
Assad-Stausee 221
Assuan 110, 135
Assur 41
Assyrien 41, 45, 332
Babylon, babylonisch 34, 53 ff., 62, 293, 300, 315, 332, 334
Babylonien 303
Bagdad 40, 43, 46 f., 257
Baikalsee 322
Barbados 148 f., 151, 153, 177, 197, 201, 203, 221
Barcelona 90
Bartlesville 110
Basra 49
Behistun, Felsen von 22, 27 f., 43, 47, 49, 119
Beidha 224
Belgrad 213, 245
Beringstraße 272
Bermudas 114
Betische Kordillere 119
Blackford Hill 38
Bodensee 313, 326
Bombay 25 f.
Bosporus 72, 74 ff., 78 f., 84 ff.,

372

90, 114, 120, 132, 134, 147, 151, 169, 177, 189, 191, 193, 196, 203 ff., 216, 230, 245, 272, 280, 282, 300, 306, 312 ff., 316 ff., 325 f., 329 ff.
Boston 159
Bridgetown 149
Brünn 142, 144 f.
Bug 245
Byzanz 189
Cambridge 67, 216 f., 223
Çanakkale 206
Çanakkale, Straße von s. Dardanellen
Cape Cod 72
Çatal Hüyük 234 ff., 246, 253, 256
Catamut 154
Çavuştepe 303
Chalkedon 189
Colorado (Fluß) 195 f.
Colorado (Plateau) 123
Çubuklu 205
Dalmatinische Adria 250
Damaskus 334
Dardanellen 78, 134, 151, 189, 204 f., 207, 230, 315 f., 318
Death Valley 104
Dinarische Alpen 213
Dnjepr 134, 146, 151, 164, 169 f., 202, 245, 327
Dnjestr 134, 146, 151, 164, 169 f., 202, 245, 248 f., 327
Dobrogea 213
Dolni Vestonice 145
Don 134 f., 137, 146, 151, 158 ff., 170, 245, 280, 327
Donau 124, 134, 146, 151, 168, 189, 213 f., 218, 245 f., 286, 327
Dvina-Pechora-See 200
Edinburgh 38
Eisernes Tor 213, 218 f.
Elam 334
Elbe 150
Emar 332
Emilia-Romagna 268
Erech 295

Eridu 66, 123, 260
Erie-See 201
Euphrat 40, 48, 62, 64, 66, 123, 221 ff., 232, 242, 257, 259 f., 295, 302, 311, 317, 328, 332 f.
Fruchtbarer Halbmond 121, 217, 220, 224, 230, 242, 255, 298, 302, 325
Gelendzhik 158, 178, 182
Genezareth (See) 240
Gibraltar 104, 106, 114 ff., 120 f., 126 f., 135, 151, 316
Gizeh 110
Gobi 281
Goldenes Horn 72, 75
Golf von Biskaya 269
Golf von Mexiko 198
Golf, Persischer s. Persischer Golf
Govett's Leap (Felsen) 215
Grand Canyon 123
Grönland 39, 123, 238 f.
Große Seen (von Nordamerika) 189, 201
Hacilar 253, 255 ff.
Haifa 232
Hamburg 183
Hana 332
Haran 34
Hasan Dağ (Vulkan) 233 f., 237
Helleniden 119
Hellespont 316
Herculaneum 93
Highlands 24
Himalaya 119, 284
Huron-See 201
Ijssel 168
Ijsselmeer 168
Indus 26
Ionisches Meer 104, 129
Island 117
Istanbul 61, 84, 86 f., 189, 203 f., 206, 233, 282, 286, 310
Istanbul, Straße von s. Bosporus
Istros 189
Jamchad 332

Jarash 41
Jazirah 333
Jericho 220, 224, 231, 235 f., 238, 242, 253, 256, 324
Jerusalem 41, 53
Jordan-Graben 231
Juda (Gebirge) 231
Juda (Judäa) 30, 48, 51
Judäa s. Juda
Kairo 110, 123
Kalifornien 104
Kalkutta 25, 272
Kanaan 232
Kandilli (Felsen von) 76
Kanlıca (Felsen von) 76
Karakum-Wüste 212
Karibik 119, 148, 199
Karkemisch 53
Karmel-Gebirge 232
Karpaten 119, 218
Kaspisches Meer 35, 99, 155, 168, 200 f., 212, 217, 230, 251, 256, 280, 298, 327
Katoomba 215
Kaukasus 155, 178, 242, 245, 276, 279 f.
Kebir (Fluß) 332
Kelach (s. a. Nimrud) 41
Kelach 30
Kerak 41
Kermanscha 23, 26, 28, 43
Kertsch, Straße von 135 ff., 159, 164, 330
Khotan 281
Kolchis 178
Konstantinopel 286, 319
Konya-Ebene 229, 241
Konya-See 234
Kor (Fluß) 26
Krakatau 186
Kreta 127
Krim 136, 164, 208, 251
Kujundschik (Hügel von) 50, 56, 58
Kura-Niederung 298
Labe s. Elbe

Lachisch 30, 51
Lake Mead 196, 207
Lepenski Vir 218, 238
Levante 146, 217, 230, 242 f., 251 f., 255, 257, 280, 285, 324, 328
Lissabon 108
London 23, 28 f., 32, 47, 49, 51 f., 55, 57, 111, 116, 181, 215, 219, 225, 231, 237, 282, 292
Mailand 98
Mallorca 102
Malta 127
Mansi-See 200
Mari 332
Marmara-Meer 78, 313, 318, 320, 325
Mazedonien 246
Mead (Stausee) s. Lake Mead
Melendiz (Fluß) 233
Mesopotamien, mesopotamisch 29, 34, 47, 50, 57, 60, 62, 64 ff., 68 ff., 121, 123, 257, 272, 279 f., 285, 291 f., 298 f., 301 f., 307 f., 310 ff., 314 f., 317, 324, 328, 331
Mespila 50
Middletown 155
Mintaka-Paß 264
Mittelmeer 73, 78 f., 86 ff., 91, 93, 96, 100 f., 103 ff., 120 ff., 125 ff., 132, 134 ff., 141, 147, 151, 157, 169, 177, 186 ff., 191, 195 f., 207, 209, 216, 218 f., 227, 230, 243, 278, 312, 316, 318, 320, 322, 326, 330
Moskau 136, 153 f., 156, 158, 173, 179 f., 182
Mossul 41, 44, 50, 56
Mureibat 224
Mykene 65
Neapel 94, 97
Negev 225, 230 f., 242
Neretva-Tal 250
Neuchâtel 35, 37
Neuseeland 117
New London 198
New York 97, 111, 144, 149, 179, 181, 192

Niagara-Fälle 115
Nil 109 ff., 123, 135, 186, 256, 259, 298, 312, 328
Nimrud 30, 45, 47, 49 f., 52, 60, 103
Ninive 29 ff., 51 ff., 55 ff., 60 f., 103, 292, 310
Nizir, Berge von 31, 54
Nordsee 141, 202
Novi Pazar 286, 291
Novorossiysk 73, 178
Oberer-Dnjepr-See 200
Oberer-Wolga-See 200
Olbia 189
Ontario-See 201
Ostsee 39, 114
Oxford 24, 38, 62 f., 67, 217, 221, 223, 232, 292, 299
Oxfordshire 23
Oxus 264
Palästina 34, 221, 260, 272
Palisades 144
Pamir 264
Pantikapaion 189
Paris 138, 143, 147, 150, 199
Pariser Becken 248, 327
Parma 268
Parmatal 268 f.
Pavia 266
Peleponnes 104
Pentadaktylos-Gebirge 111
Persepolis 26 f.
Persischer Golf 49, 62, 103, 259, 333
Petra 41
Phasis 189
Piemont 112, 122
Polvar (Fluß) 26
Pompeji 93
Pontisches Gebirge 120
Pontos Euxeinos 200, 315
Port Said 132
Prag 140, 142, 150
Pur-See 200
Pyrenäen 269 f.
Quissett 183
Reno 208

Rhein 189
Rheinland 249
Rhodope-Gebirge 116
Rioni (Fluß) 256, 328
Riverside 95
Rotes Meer 131
Sagros-Gebirge 22, 40, 43, 119, 220, 227, 231, 258, 301, 328
Sakaria (Fluß) 320, 323
Samothrake 315 f., 327
Santa Barbara 208
Santorin 186 f.
Saqqâra 185
Sarajewo 250
Sardinien 81, 106 f., 124, 127
Sargassosee 114
Save 213
Schottland 36, 68
Schuruppak 62, 311
Schwarzes Meer 72 f., 76, 78 ff., 82, 84, 86 f., 120, 128 ff., 132 ff., 144 f., 147, 150 ff., 157, 159 f., 166, 168, 172, 175 ff., 181 ff., 186 ff., 195 f., 200 ff., 205, 207 ff., 213, 215 ff., 221, 228, 240 ff., 245, 248 ff., 255 ff., 260 f., 276, 278 f., 283 ff., 298 ff., 303, 305, 312 f., 315 f., 318, 323 ff., 327 ff.
Schwarzmeer-See (auch: Schwarzes Binnenmeer) 134 f., 137, 147, 151 ff., 158, 168, 177, 187 f., 195 ff., 200, 202 f., 218 f., 227, 230, 233, 238, 241 ff., 248, 251, 253, 255 ff., 313, 320, 323
Seine 249
Sewastopol 73
Shark's Bay 126
Shreveport 198
Sibirien 322
Sierra Nevada 186
Sinai 230
Sinope 189
Sippar 333
Sizilien 99, 112, 127, 178
Somerset 23
Suezkanal 132
Sumer 333

Superior-See 201
Symplegaden 79, 316
Syrisch-Arabische Wüste 257
Tabka-Damm 222
Tadmur 334
Takla Makan (Wüste) 264 f., 281 f.
Takla-Makan-See 284
Tarano-Tal 112
Tarim-Becken 263, 265, 280, 282 ff.
Taurus-Gebirge 40, 119, 220, 227, 231, 258, 303, 312
Tell al-Ubaid 259 f.
Tell Aswad 224
Tell el-Muqajjar 63, 259
Tell al-Queili 66, 260
Tell es-Sultan 231
Tell Fara 62 f.
Thera 291
Tiflis 276
Tigris 40 f., 44 f., 49 f., 64, 123, 257, 259 f., 317, 328
Tilmun 333
Tiritaca 189
Totes Meer 126, 220, 225
Transkaukasus 256 f.
Transsylvanische Alpen 213
Trapezunt 189
Tschernobyl 153, 164
Tschoga Mami 66
Tunguska-See 200
Turin 112
Turkmenistan 212
Tyrrenisches Meer 81, 106
Ugarit 332, 334
Ur 34, 63 ff., 123, 259 f., 311
Ural 275, 280
Urartu 303, 333
Ur-Don 158, 160, 162
Urmia-See 279
Uruk 55, 123, 258, 295, 302, 307, 334
Van-See 230, 302
Vardar (Fluß) 246
Varna 152
Vesuv 93 f., 97, 233

Viktoria-See 239
Vinča 214
Warschau 139
Washington, D. C. 114
Weichsel 249
Wolga 202, 276, 280, 327
Woods Hole (s. a. Sachregister) 73 f.
Zuidersee 168
Zürich 95
Zweistromland s. Mesopotamien
Zypern 111, 127

REGISTER DER REALEN UND
MYTHISCHEN PERSONEN

Abraham 30, 34, 63, 259
Achaimenes 27
Achilles 57
Adad 336
Agassiz, Louis 35 ff., 68, 70, 134, 140, 145
Alexander d. Gr. 26
Ali 40
Ammi-saduqa 332
An 308
Anu 33, 60, 334, 337
Anunnaki (Götter) 334
Ariaramnes 27
Arsames 27 f.
Assurbanipal 51, 53, 56, 58, 293, 300, 311
Assurnasirpal II. 48
Atrachasis 334 ff.
Bard, Edouard 199 f.
Bar-Yosef, Ofer 230
Benson, Dick 114 f.
Berossus 34
Bottéro, Jean 258
Broecker, Wally 142, 144 ff., 153, 177, 197, 199
Buckland, William 24, 30, 38 ff., 52, 67 f., 299 f.
Campbell, Joseph 301
Cavalli-Sforza, Luigi Luca 267 ff., 277 f.

Charpentier, Jean de 35 ff.
Chaucer, Geoffrey 273
Chiang, Yin Ma 263
Childe, Vere Gordon 213 ff., 219 f., 227, 231, 242 f., 246, 251
Chumakov, I. S. 109 f., 123, 135
Chuwawa (Humbaba) 301 f.
Cita, Maria 98 ff., 104 f., 113, 124 f., 127 f.
Clarke, Joe 94 ff., 101 f.
Dareios 26 ff., 44, 47, 76, 119, 319
Darwin, Charles 22, 272
Degens, Egon 132 ff., 147, 150 f., 183, 185, 187, 201
Deukalion 315
Dewey, John 116, 118 ff., 126 f., 147 f., 151, 204, 299
Dimitrov, Petko 152 ff., 176, 192 f., 203
Diodor von Sizilien 315 f.
Djoser 185
Dumuzi 293
Ea 307
Enki 260, 310, 334 ff.
Enkidu 301 f.
Enlil 308, 310, 334 ff., 339
Erol, Orguz 282 ff.
Etcheverry, Michele Angelo 269 f.
Evans, Arthur 62
Ewing, Maurice 97
Fairbanks, Rick 197 ff., 203, 221
Foley, John Miles 291
Freud, Sigmund 294
Gamkrelidze, Tomas 274, 276 ff.
Gilgamesch 57, 295, 301 ff.
Gimbutas, Marija 250 f.
Gladstone, William 32
Goring-Morris, Nigel 230
Görür, Naci 204 ff.
Hammurabi 332
Harris, David 233
Harris, Richard 219 f., 225 ff., 231
Hedin, Sven Anders 280 f., 284
Heezen, Bruce 97
Herakleios 78

Herodot 23, 26 ff., 189
Hersey, Brackett 76, 78 ff., 84 ff.
Hiller, Edmund 74, 82 ff., 132
Hillman, Gordon 223 ff.
Hodder, Ian 216, 218 f., 236 ff.
Homer 23, 28, 57, 287 ff.
Hsü, Kenneth 95 f., 99 ff., 108, 113
Humbaba s. Chuwawa
Hutton, James 67 f.
Hystaspes 27 f.
Igigi (Götter) 334, 337
Irnini (Götter) 302
Isaak 30
Ishtar 293
Ivanov, Victor 274, 276 ff.
Jafer 25
Jahwe 33
Jakob 30
Jason 72, 78 f., 129, 178, 318
Jau (Jehu) 48
Jones, Glenn 183 ff.
Jones, William 25, 272 f.
Joseph 30
Josua 231
Kambyses 27
Karlin, Bob 208 f.
Kay, Marshall 116 ff.
Keith, Arthur 260
Kenyon, Kay 231 f., 235 f., 238, 253
Knott, Bud 79 ff.
Kos'yan, Ruben 156, 158, 160
Kukla, Jirí 139 ff., 171, 199, 213
Kyros 27
Lamont, Thomas 145
Layard, Austen Henry 40 f., 43 ff., 50 ff., 54, 58, 70
Leviathan 315
Lord, Albert 289 ff., 293
Luther, Martin 59
Lyell, Charles 24, 36, 68, 127, 300
Maclaren, Charles 140, 200
Major, Candace 155, 165 ff., 173 f., 176, 179 ff., 193
Manu 25
Marsilli, Luigi Ferdinando 79

McCall, Henrietta 292 f.
Mellaart, James 235 ff., 253, 255
Meriones 290
Milankovic, Milutin 142
Mohammed II. (Sultan) 286
Moore, Andrew 221 ff., 232, 238, 242, 256
Morgan, J. P. 145
Moses 231
Nebukadnezar II. 53
Nintu 337
Nisroch 45
Noah 24 f., 45, 54, 56, 61, 68, 120 f., 127, 147, 151, 302, 308, 310
Nur-Aya 333 f., 337 ff.
Odysseus 178, 288, 290
Okeanos 119
Omri 48
Parry, Milman 287 ff., 291, 293
Patai, Raphael 315
Pitman, Walter 117 ff., 126, 147, 150 ff., 154 f., 157 ff., 175, 178 ff., 192 f., 195 ff., 203 ff., 212, 216, 218 f., 225, 235, 242, 252, 280, 299 f., 302 f., 312
Plato 23
Plinius 23, 129
Polo, Marco 264, 284
Pumpelly, Raphael 212 ff., 219, 227, 242
Rahab 315
Ranke-Graves, Robert 315
Rawlinson, Henry Creswicke 22 ff., 31, 33 f., 39, 41, 43, 46 ff., 52, 54, 58, 63, 69 f., 258, 273
Ringe, Donald 277 f.
Roberts, Neil 233 ff., 238
Ross, David 132, 134 ff., 147, 150 f., 187 f., 201
Rossignol-Strick, Martine 240
Ryan, William 76, 79, 89 f., 92 ff., 104 f., 108, 110, 113 f., 119 ff., 127 f., 147, 150 ff., 154 f., 157, 160 ff., 166, 168 ff., 173, 176 ff., 187, 190 ff., 195 f., 208, 212, 216 ff., 225, 227 f., 230,
235, 238, 240, 242, 252, 280, 299 f., 302 f., 312
Sakinç, Mehmet 204
Salmanassar III. 48
Salmanassar V. 53
Sanherib 50, 53
Sargon I. 33
Sargon II. 53, 303
Schamasch 301 f.
Sengor, Çelal 204
Shakespeare, William 273
Sherratt, Andrew 217 ff., 241
Shimkus, Kazimieras 157 f., 160, 162 ff., 167, 169 f., 172, 178 f., 193, 200
Sîn-leqi-unninnï 311
Smith, George 29 ff., 52, 54 ff., 69 f., 293, 300 f., 310
Solecki, Ralph 252
Srejoviç, Dragoslav 218
Stein, Mark Aurel 263 f., 280, 284
Strabo 264
Stradner, Herb 100 f.
Sturani, Carlo 112 f., 122
Taylor, Ann 277
Tehom 60, 315
Teispes 27
Tethys 119
Thukydides 28
Tiamat 59 f., 315
Tiglat-Pileser III. 53
Tisalat 59
Ubartutu 303, 335
Ugljanin, Salih 286 ff.
Urschanabi 305 f.
Usher, James 67
Utnapischtim 302 ff., 306 ff., 310
Utu 308
Vasic, Miloje 214, 245 f.
Virgil 23
Warrow, Tandy 277
Wawilow, Nikolaj Iwanowitsch 219 f., 279
Wegner, 152

Woolley, Charles Leonard 22, 62 ff., 69 f., 259 f., 311
Xenophon 26, 50, 303
Xerxes 27, 49
Yüce, Hüseyin 205
Zeus 288
Zimrilim 333
Ziusudra 308

SACHREGISTER

Aal 112 ff.
Achämeniden 26, 28
Ackerbau, Ackerbaukultur 148, 193, 212 ff., 216, 219 ff., 225, 227, 242 f., 248, 255 ff., 261, 270 ff., 276 f., 279, 284, 298 f., 324 f., 327 f.
Acropora palmata 199
agrarische Revolution 226 f.
Akademie der Wissenschaften 180
akkadisch, Akkadier 31, 33, 50, 56, 60, 261, 291, 302, 307
Alabaster 103, 107
Alba ovata 168
Algen 104, 107, 112
Alter der Erde 67
Altes Testament, alttestamentarisch 24, 29 f., 45, 48, 51 ff., 61, 66, 309
Altpersisch s. Persisch
American Museum of Natural History 111
AMS (Accellerator Mass Spectrometer) 177, 184 ff., 190, 192
Anhydrit 103 ff., 109, 112, 115, 120
Aquanaut 157 f., 160, 163, 169, 172 f., 175 f., 178 f., 181 f., 190, 200, 208
Arche 32, 56, 120, 303, 307, 311, 313, 336
Arche, Landeplatz der 25
Arier 25
Artenaustausch, -wechsel, schneller 127, 135, 147, 151, 171, 187
Arthritis 243
Ashmolean Museum 62, 217, 292
Asiatische Gesellschaft von
Bengalen 25
Assuan-Staudamm 109
Assyrer, assyrisch 29, 44, 47 ff., 51 f., 54, 59, 103, 303
Atlantis II 132 ff., 136, 183
Auseinanderdriften des Meeresbodens s. *sea floor spreading*
Austrocknung d. Mittelmeers 101 ff., 147
Babylonier 57
babylonische Gefangenschaft 32
babylonische Schrift, Sprache etc. 27, 44, 47, 49 f., 54, 59 f., 63, 300
Balatino 103
Basalt 96
Basken, Baskisch 269 ff.
Basrelief 45, 48, 51, 103
bathyale Tiefenstufe 105, 107, 115
bathymetrische Karten 118
BBC 219
Befestigungsanlagen 45, 252 f.
Beschleuniger-Massenspektrometer s. AMS
Bestattung, neue Art der 232
Bewässerung, künstliche 243, 256 ff., 298, 325, 328
Bibel, biblisch 30 ff., 37, 40, 51 f., 56, 59 f., 63, 66, 299 f., 303, 309, 312, 315
Bibelarchäologie 32, 39, 55
Bibliothek v. Ninive 29 f., 51, 53, 56, 292 f., 300, 311
Bimsstein 93 f., 97
Birnen 223
Blaualgen 125 f.
Britische Vereinigung zur Förderung der Wissenschaften 38
British Museum 29 f., 32, 47, 49, 51, 53 f., 63, 70, 292
Buddhismus 263 f.
Butmir (Volk) 250
C-14 (-Datierung; s. a. Radiokarbon) 141, 149, 153, 176 f., 184 f., 199, 223, 232, 236, 240 ff., 255 f., 260
Caprini 220

Cardium edule 167 ff., 190, 330
CAT (Computer Aided Tomography) 159
Chain 72 ff., 78 f., 82, 84, 86, 90, 102, 114, 132, 189, 205
Chaldäer, chaldäisch 54, 63, 293
CHIRP 158 ff., 162, 164, 171 f., 175, 178 ff., 190, 193, 196, 206 f.
Coccolithophoren 188
Cro-Magnon-Menschen 270
Damm (bei Gibraltar) 104, 114
Danilo-Kultur 250
Diluvialtheorie, Diluvialismus 37 ff., 68, 299 f.
Domestikation, domestiziert 213, 215 f., 218, 220, 225 ff., 243, 256 f., 327
Dreissena polymorpha 167 f.
Dreissena rostriformis 170
Dreissena 173, 189
Dryas (Epoche) s. Jüngere Dryaszeit
Dryas 221
Dünen (unterseeische) 175
Dünenschichtung 171
East India Company 23 f.
Echolot 74, 76, 79 f., 114, 173, 205, 209
Einkorn 220, 223, 243
Einzeller 93
Eisberge 39, 68
Eiszeit, eiszeitlich 66, 68, 121 f., 128, 140 f., 145 ff., 150 f., 154, 158, 212, 240, 284, 299, 319
Eiszeithöhlen 126
Eiszeitsee 137, 170 f., 217
Eiszeittheorie 38 f., 300
Eiszeittheorie, astronomische 142
Elamitisch 27
elamitische Inschriften 44
Elefanten (Zwergwuchs) 111, 122, 127
Emiliania huxleyi 188 f.
Emmer 220
Erbsen 220
Erdmagnetfeld 117

erratische Blöcke 36
Fachwerkhäuser 216
Farben 248
Faunenwechsel s. Artenaustausch
Feigen 223
Fernhandel 214
Feuerstein 146, 232, 256, 259
Flußpferde (zwergwüchsige) 111, 127
Flut, Die 308
Foraminiferen 93, 112
Frauenfiguren s. Venus-Figurinen
Fruchtbarkeitskult 322
Funkenschläger 80, 82 ff.
Galata-Brücke 204
Garten Eden 40, 60, 75
Gastropoden 170
Gegenströmung (im Bosporus) 78 f., 86
Genesis 34, 41, 54, 56, 58 f., 61, 63, 66, 68, 121, 309 f.
genetische Drift, Gendrift 267 ff., 271, 278
Genzentren 220
Gerste 227
Geschiebe 23 f., 37 ff., 68
Gessoso Solfifera 99, 101, 103, 112
Getreide 220, 227, 230, 256
Gilgamesch-Epos 57, 61, 121, 258, 291, 293 ff., 302, 307, 311
Gilgamesch-Erzählungen 291
Gips 99
Gletscher 35 ff., 134, 320, 322 f.
Global Positioning System (GPS; s. a. Satellitennavigation) 173
Glomar Challenger 90 f., 94 f., 97, 101, 104, 106, 108 ff., 112 f., 115, 120, 122, 124, 127 f., 135, 198
Goldabbau 214
Goldbearbeitung 258
Grundgestein, engl. u. schott. 23
Hades 79
Hafer 220, 223
Halaf (Volk) 255 f., 325, 328
Halit 108
Hamangia (Volk) 250

Harif-Pfeilspitze 225
hebräische Sprache, Überlieferung etc.
32 f., 49, 61
Heiliger Baum 60
hellenistische Kolonisation 78
Herzmuschel 167
Hirnoperation 243
Höhlen der Tausend Buddhas 264, 267
Homo sapiens sapiens 121, 145, 272
Hoover-Damm 195
Hülsenfrüchte 220
Humangenetik 266, 270
Ilias 57, 287, 289 f., 293
indoeuropäische Sprachen, Völker etc.
50, 57
Indoeuropäisches Rätsel 25
INQUA (Internationale Gesellschaft
für Quartär-Forschung) 138 f., 143,
150
Internationale Behörde für Atomenergie 153
Internationaler Geologen-Kongreß 140
isostatische Senkung 197
Isothermen 83, 85
Israeliten 32, 61
Jean Charcot 102
Jüngere Dryaszeit 221, 223 ff., 228 ff.,
238 f., 241 f., 279, 284, 323 f.
Kalkflagellaten s. Coccolithophoren
Kalkstein 96, 99 ff.
Kanaaniter 295
Kanal (am Boden des Bosporus) 76,
78 f., 85 ff.
Känozoikum 101
Kapern 223
Katastrophentheorie (s. a. Diluvialtheorie) 38
Keilschrift 26, 28 f., 31, 45, 51, 54,
57, 59, 63, 273, 295, 301, 306, 329
KGB 178 ff.
Kichererbsen 220
Klappermuschel 214, 250
Klee 224
Kleinkrebse (blinde) 115
Klima-Chronologie 238

Klimaschwankungen, -zyklen,
-phasen etc. 141, 143 ff., 225, 228,
231, 240 f., 255
Knorr 208
Kohlenstoff-14 s. C-14
Königliche (wissenschaftliche)
Gesellschaft 68
Königliche Asien-Gesellschaft 28 f.
Königsgräber von Ur 64
Königslisten 52, 62 ff., 185
Konservierungsmethoden 321
Kontinentaldrift 118 f.
Kontinentalschelf 83 ff.
Korallen(riff) 148 f., 151, 153, 177,
197 ff., 203, 221
Kreationisten 69
Kulturpflanzen, Kultivierung von P.
220, 225, 230
Kulturtechniken 243
Kurgan (Volk) 275 f., 327
Lamont-Doherty Geological Observatory 97, 109, 117 f., 144 f., 149,
182, 197
Lamont-Forschungszentrum
s. Lamont-Doherty Geological
Observatory
Langhaus 248, 327
Laubwälder, Ausbreitung der 241
Lava 96, 117
LBK s. Linearbandkeramik
Lebenserwartung 244
Lehmziegel(haus) 44, 246, 248,
256, 298
Linearbandkeramik (LBK) 248 f.,
257, 276, 280, 298, 327
Linsen 220, 223
Löß 143, 148, 213, 245, 248
Magnetfeld (Umpolung) 141, 145
magnetische Anomalien 117 f.
magnetisierte Gesteinsbänder 117
Magnetisierungsmuster 118
Malaria 243
Massenspektrometer (s. a. AMS
u. Thermal...) 149
Meder 34

mediterrane Trockenphase 105
mediterranes Becken 111
Mergel 36, 38, 68
mesopotamische Königreiche 34
Miesmuschel 167
Mini-Eiszeit 239 ff., 252, 255, 279, 324
Miozän 101
Mollusken 87, 97, 99, 166, 170
Monodacna caspia 167, 190
Monotheismus 309
Moränen 35
Mosaische Schriften 24
Muscheln, Muschelschalen 24, 39, 87, 97 f., 112, 165 ff., 170
Mutationen 268
Muttergöttin 237
Mytilaster lineatus 167
Mytilus galloprovincialis 167 f., 190
National Museum of Natural History 114
Natoufien-Kultur 223 ff., 230, 232, 238, 242, 244
Naturalis historia 129
Navigationssatelliten 173
neolithische Revolution 220
Oase 212, 214, 219 f., 227, 230 f., 242 f., 264, 279, 324
Oasen-Theorie 213, 215, 219, 227
Obsidian 232, 234, 250, 259 f., 325
Odyssee 287 f., 293
Office of Naval Research 80
Osmose 11
Ovis vignei 215
Parvicardium exiguum 168
Pazifisch-Antarktischer Rücken 118
Persisch /Altpersisch 25 ff., 49
Pfeilspitze 232
Pferde 327
Pflaumen 223
Photosynthese 104
Photosynthese, anoxygene 305
pierre à bot (Felsen) 36
Plankton 98, 109
Platterbsen 223

Pollen 217, 241 f.
Pollenanalyse 230
Pollen-Chronik 240
Polytheismus 309
Porites 126
Protoeuropäer 279
Protoindoeuropäisch 274, 278, 325
Protosprache s. Ursprache
Radiokarbon-Methode (s. a. C-14 sowie Anm. 195) 141, 215, 218, 238, 248, 282 f.
radiometrische Altersbestimmung 100
Ranger 198 f.
Retusa truncatula 168
Rigveda 25, 273
Ritzornamentik 246
Roggen 223
Rollsiegel 60
Roter Hügel s. Tagebau
Salz 250
Sanddünen (als Grenze) 315
Sanddünen (anatolische) 229
Sanddünen (osteuropäische) 148, 150, 171, 193
Sandsturm 143, 171, 248
Sanskrit 25
Satellitennavigation (s. a. GPS) 182
Schaf, europäisches 215
Schamanen 243
Schlammschicht von Ur 65 f.
Schlucht (unter dem Nil) 109
Schnecken(häuser) 97 ff., 122, 165, 170
Schöpfungsbericht, -mythos 24, 54, 57 ff., 291, 299, 314
Schwarzer Obelisk 48
Schwarzmeerfauna, Wechsel der 147
Schweizerische Naturkundliche Gesellschaft 35
Science 117, 128 f., 131, 147
sea floor spreading 116 f.
Sebkha 103 f., 107
Seidenstraße 280, 284
Selenit 99, 101, 103, 112

semitisch (Sprache etc.) 31, 49, 57
Senkungsgraben-Oasen 220
Seßhaftigkeit 221, 324
Shirshov-Institut für Ozeanologie
157, 160, 180 ff.
Sintflut (-erzählung etc.) 24, 31 ff.,
36 ff., 54 ff., 62 f., 66 ff., 121, 285,
293, 299, 307 ff., 311 ff., 315, 317,
337
Sonar 74 f., 154, 156 ff., 171, 175,
178 f., 197, 204
Spiegel 234
Spondylus 214, 250
Sporen 217, 240
Stadtbefestigung s. Befestigungs-
anlagen
Stadtplanung 233
Stammbaum der sprachlichen
Evolution 273, 280
Stammbaum der stammesgeschicht-
lichen Evolution 270
Stammbaum des Indoeuropäischen 275
Stammbaum, genetischer 271, 277,
280
Stechkastenlot 132 f., 169, 172
Stufenpyramide 185
Sumerer, sumerisch 57, 258, 260 f.,
279, 291, 293 ff., 301, 307 f., 328 f.
Tagebau Roter Hügel 142 f., 145 f.
Tell (Siedlungshügel) 41, 44, 66, 126
Terrakotta 260
Tethys (Urozean) 119
Theorie der Sprachlaute 276
Theorie eines globalen Eiszeitalters 140
Thermal Ionization Mass Spectrometry
(TIMS) 199
Thermokline 73, 82
Thermometer(kette) 72, 80 ff.
Thiocapsa roseopersicina 305
Titanic 154, 178
Tocharer, Tocharisch 264 f., 278, 280,
284
Tontafeln 29, 32, 51, 54, 56, 58 ff., 62
Transformation (des Mittelmeers) 113
Triticum monococcum boeoticum 243

Triticum monococcum monococcum 243
Trojanischer Krieg 290 f.
Trübeströme 97
Tschernobyl (Katastrophe von) 153,
164, 172
U. S. National Science Foundation 90
U. S. Naval Oceanographic Office 117
Ubaiden 259 ff., 280, 298, 328
Überflutung (der mediterranen Senke)
105 f.
Überschwemmungstheorie
(s. a. Diluvialtheorie) 52
Umweltveränderungen 220 f., 225,
244
Unterwasserlawinen 99 f.
Uran-Thorium-Zeitmesser 149
Urartäer 303
Ursprache, Protosprache 25, 275 ff.
Veden 25
Vema 117 f.
Venus-Figurinen, Frauenfiguren
146, 323
Vinča-Kultur 215 f., 246 ff., 280,
327
Vulkan 93, 95 f., 232 f., 291
Vulkan, unterseeischer 102
vulkanische Kiesel 99
Waldsterben 224
Wein 279
Weizen 223, 225 ff.
Weltausstellung 52
Werkzeuge 225, 232
Wollhaar-Mammut 143, 150
Woods Hole Oceanographic
Institution 72, 131 f., 150, 177, 183,
187, 208
Wüsten-Beifuß 107
Zebramuschel 170, 189, 230
Zend (Sprache) 27
Ziegel, gebrannte 47
Ziegelhäuser 63
Ziegen 220
Zikkurat 45
Zürgelbaum 223
Zwergwuchs 98 f., 111

»Wer einmal den Baikal gesehen hat, den läßt er nicht mehr los«, sagt Klaus Bednarz und entführt den Leser in einen Landstrich voller Superlative und Rätsel.
»Heiliges Meer«, »Perle Sibiriens« oder »Das blaue Herz der Taiga« nennen die Russen den Baikalsee. Er ist nicht nur der älteste, sondern auch der tiefste und geheimnisvollste See der Erde, eingebettet in eine einzigartige Natur – und Ursprung einer uralten Kultur.
Sagen und Legenden erzählen von diesem einmaligen Naturphänomen, Lieder und Gedichte feiern den Zauber dieses Sees und der ihn umgebenden endlosen Wälder und Steppen.

»Ein Meisterwerk.«
Süddeutsche Zeitung

»Fast möchte man bedauern, daß sich Bednarz dem Fernsehjournalismus verschrieben hat. Er läßt auch ohne Kamera lebendige Bilder entstehen, allein mit der Kraft der Worte.«
DIE ZEIT

ISBN 3-404-60485-7